ATLAS DER VÖLKER

NATIONAL GEOGRAPHIC

ATLAS DER VÖLKER

Kulturen · Traditionen · Alltag

EINFÜHRUNG VON DAVID MAYBURY-LEWIS

NACHWORT VON WADE DAVIS

NATIONAL GEOGRAPHIC

Inhalt

Zur Vorbereitung auf ein Corroboree, eine festliche Zusammenkunft mit traditionellen Liedern und Tänzen, trägt ein Aborigine-Tänzer Farbe auf seinen Körper auf.

Vorhergehende Seiten: Ein Pilger im Mausoleum des Sultans Moulay Ismail, der Marokko im 17. Jahrhundert einte.

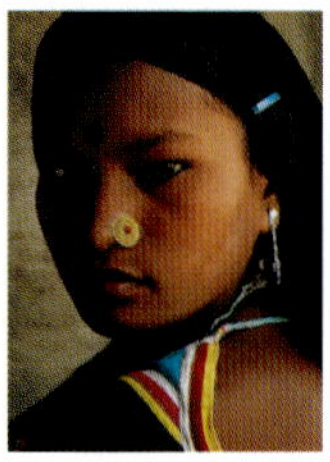

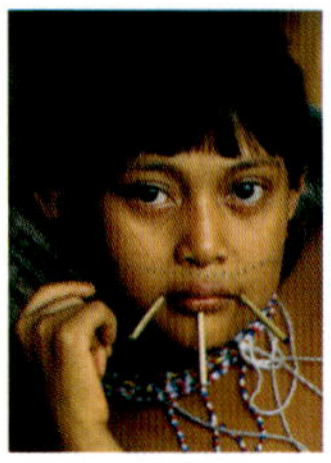
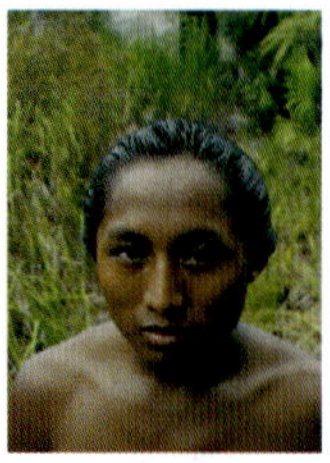

Vorbemerkung

des Herausgebers

Die Völker der Erde in einem einzelnen Band darzustellen, ist ohne Frage ein ehrgeiziges Unterfangen. Die zu diesem Projekt hinzugezogenen Anthropologen schätzen, dass es weltweit Tausende von Ethnien oder Völkern gibt, mehr Gruppen als je in einer Liste, einer einzelnen Datenbank, einem Band oder in Reihenwerken erfasst wurden. Aber hinter den reinen Zahlen steht ein noch viel schwierigeres Problem. Es ist die Frage: Was genau ist ein »Volk«? Welche Elemente müssen vorhanden sein, um eine ethnische Gruppe hervorzubringen, eine Kultur zu erschaffen?

Davis Maybury-Lewis erklärt dies in der Einführung zu diesem Buch auf folgende Weise: »Ethnizität ist eine Art Zusammengehörigkeitsgefühl, das Menschen verbindet und ihnen das Empfinden gibt, sich von anderen zu unterscheiden; trotzdem ist es schwierig, präzise zu sagen, was für ein Gefühl das ist und warum und wann es Menschen stark beeinflusst.« Bei der Auswahl der in diesen Band aufzunehmenden Gruppen haben wir das Kriterium »Zusammengehörigkeitsgefühl« zugrunde gelegt. Fast immer entsteht ethnische Identität durch eine gemeinsame Geschichte und Sprache, gemeinsame Traditionen und Werte. Aber auch eine gemeinsame Religion kann eine besondere kulturelle Ausprägung hervorbringen. Nationalität, im streng politischen Sinn, ist allerdings kein Bestimmungsfaktor für kulturelle Identität. Obwohl ethnische Gruppen gelegentlich einen Anspruch auf eigene Staaten erheben, sind politische Grenzen weder Kultur stiftend noch ausgrenzend.

Auch die geographische Zuordnung der Gruppen warf Probleme auf. Wir haben das Buch in neun Hauptteile gegliedert, die in etwa kulturellen Großräumen entsprechen; in jedem Teil zeigen wir Gruppen, die historisch bedeutsam für diese Region sind. Politische Grenzen werden durchlässig, aber gelegentlich auch neu gezogen. Viele der Gruppen, die wir einem Gebiet zugeordnet haben, können auch in anderen Regionen stark vertreten sein oder fern ihrer Heimatländer Einwanderergruppen formen; andere sind vielleicht im Begriff, in ihre Heimat zurückzukehren. Die Beschränkungen auf einen einzelnen Band ließ es – von wenigen Ausnahmen abgesehen – nicht zu, auf Einwanderergruppen und Hybridgesellschaften einzugehen, doch haben wir gelegentlich, wenn eine Einwanderergruppe eine eigene, sehr charakteristische Kultur entwickelt hat, diese einbezogen. Schließlich haben wir als Anhang zu diesem Buch noch eine umfassende Liste von weltweit mehr als 5000 ethnischen Gruppen erstellt.

In seinem Nachwort weist Wade Davis warnend darauf hin, dass Kulturen und Sprachen in einem in der Geschichte beispiellosen Tempo verschwinden. Obwohl die Globalisierung eine Bedrohung für die Vielfalt der Kulturen darstellt, dokumentiert die reichhaltige Fotoauswahl in diesem Band, dass Menschen ihre kulturellen Besonderheiten und ihre Zugehörigkeit zu einer bestimmten Gruppe immer noch schätzen.

K. M. Kostyal

MITARBEITER

DAVID MAYBURY-LEWIS, Edward-C.-Henderson-Professor für Anthropologie, lehrt seit 1960 in Harvard. Er und seine Frau untersuchten während mehrerer Feldforschungsaufenthalte Probleme des sozialen Wandels und der Entwicklung in Zentralbrasilien. 1972 gründeten sie die Organisation Cultural Survival Inc., die weltweit für die Rechte von Ureinwohnern eintritt. Maybury-Lewis ist Präsident dieser Organisation und. Autor von *The Savage and the Innocent* und *Millenium: Tribal Wisdom and the Modern World.*

WADE DAVIS, ein von der National Geographic Society geförderter Forscher, erhielt seinen Doktortitel in Ethnobotanik von der Universität Harvard. Seine Feldstudien haben ihn in alle Weltteile geführt. Er ist Autor vieler Bücher, u.a. *The Serpent and the Rainbow* und *One River.* Seine Forschungsgebiete waren wärend der letzten Jahre Peru, Borneo, Tibet, die Arktis, das Orinokodelta und Kenia. Sein jüngstes Buch, *Light at the Edge of the World*, veröffentlichte National Geographic.

BEEBE BAHRAMI ist Kulturanthropologin und freie Autorin. Sie hat in Marokko, wo sie als Fulbright-Stipendiatin war, in Ägypten, im Iran und in Spanien, umfangreiche Studien betrieben. Sie wirkte an *Charting Memory: Recalling Medieval Spain*, *City and Society* und *Edebiyyat* mit.

PATRICK BOOZ, Absolvent der Universität Wisconsin, hat sein halbes Leben in Asien verbracht, und spricht Chinesisch und Indonesisch. Er lebt in Südschweden und wirkt als Autor und Herausgeber an Büchern zu Asienthemen mit.

BRIAN FAGAN ist Professor für Anthropologie an der Universität Kalifornien, Santa Barbara. Eine seiner vielen Schriften über das präkolumbische Amerika ist *Kingdoms of Jade, Kingdoms of Gold*, ein Bericht über die alten Kulturen.

TRUDY GRIFFIN-PIERCE ist Fakultätsmitglied am Institut für Anthropologie an der Universität von Arizona. Sie hat *The Encyclopedia of Native America: Enduring Cultures and Traditions* geschrieben und *Native Peoples of the Southwest.*

ROY RICHARD GRINKER, Professor am Institut für Anthropologie an der George-Washington-Universität, ist Autor bzw. Herausgeber zahlreicher Veröffentlichungen über Afrika, darunter *Houses in the Rainforest: Ethnicity and Inequality among Farmers and Foragers in Central Africa*, *Perspectives on Africa: A Reader in Culture, History and Representation* und *In the Arms of Africa.*

CATHERINE HERBERT HOWELL, ausgebildete Anthropologin, hat an Dutzenden von National-Geographic-Publikationen mitgewirkt, darunter *Wonders of the Ancient World* und *Expeditions Atlas*, und war Herausgeberin von *Out of Ireland*, einem Begleitbuch zur gleichnamigen PBS-Dokumentation.

ROBERT LEE HUMPHREY, emeritierter Professor der George-Washington-Universität, hatte zwölf Jahre lang den Lehrstuhl für Anthropologie inne. Seine archäologischen Studien führten den Fachmann für paläoindianische Kulturen von Nord-Alaska bis Südamerika. Er schrieb über die Paläoindianer in Nordamerika, die Arktis, die alten Kulturen von Washington, D.C., und das mittelamerikanische Ballspiel.

IAN MCINTOSH ist Direktor der Cultural Survival Inc., einer gemeinnützigen Forschungsgesellschaft in Cambridge, Massachusetts, die für die Rechte von Ureinwohnervölkern eintritt. Der Australienforscher und Experte für Ureinwohnerfragen lebte von 1986 bis 1992 in der Aborigine-Gemeinde der Yolngu in Galiwin'ku. Er arbeitete mit den Aborigines in Nord-Queensland und im Kakadu-Nationalpark, wo er Chefanthropologe des Northern Land Council war.

EUGENE OGAN, emeritierter Professor für Anthropologie der George-Washington-Universität, lebt zur Zeit in Honolulu. Seit fast vierzig Jahren führt er Forschungen im Pazifik durch. Sein jüngster Artikel »The Nasioi of New Guinea« erscheint in *Endangered Peoples of Oceania.*

PHILIP SCHER, Dozent für Anthropologie an der George-Washington-Universität, hat auf den Westindischen Inseln Feldforschungen betrieben und in Westafrika Religionen erforscht. Sein Buch *A Moveable Fete: Caribbean Carnival as Transnational Cultural Process* erscheint 2002.

GEORGE STUART ist Präsident des Center for Maya Research in Barnardsville, North Carolina. Im Laufe seiner 40-jährigen Laufbahn leistete er Beiträge zur wissenschaftlichen Literatur, u. a. über die Archäologie und Anthropologie Amerikas und des Südostens der USA.

KEITH UND ELISABETH WARD sind ein Forscherpaar, dessen Arbeit durch seine europäische Herkunft inspiriert wird. Elisabeth erforschte als Mitherausgeberin des Smithsonian-Ausstellungskatalogs *Vikings: The North Atlantic Saga* ihre isländischen Wurzeln; Keith regte seine europäische Herkunft zum Erwerb des Doktortitels in englischer Literatur des Mittelalters an der George-Washington-Universität an.

JAMES F. WEINER verbrachte über drei Jahre in Papua-Neuguinea, hauptsächlich bei den Foi in der südlichen Hochlandprovinz. Der Autor dreier Bücher und vieler Artikel über die Foi ist zur Zeit Stipendiat an der Research School of Pacific and Asian Studies der Australian National University.

Ethnizität und Kultur

von David Maybury-Lewis

Ethnizität ist eine Art Zusammengehörigkeitsgefühl, das Menschen verbindet und ihnen das Gefühl gibt, sich von anderen zu unterscheiden. Trotzdem ist es schwierig, präzise zu sagen, was für eine Empfindung das ist und warum und wann sie Menschen intensiv beeinflusst. Manche Menschen sind unter bestimmten Umständen bereit, für ihre ethnische Gruppe zu sterben oder zu töten. Andere sind sich, unter anderen Umständen, ihrer Ethnizität kaum bewusst und widmen ihr im Alltag wenig Aufmerksamkeit. Was also ist Ethnizität, und warum hat sie diese schwer greifbare Qualität?

Ethnizität ist vergleichbar mit Verwandtschaft. Wenn Menschen einander als der gleichen ethnischen Gruppe zugehörig erkennen, fühlen sie eine entfernte Verwandtschaft. Sie sind vage miteinander verbunden durch eine gemeinsame Herkunft, die so weit zurückliegt, dass niemand mehr die genaue Beziehung zurückverfolgen kann. Ethnizität ist das Bewusstsein einer Gruppe, sich von anderen zu unterscheiden. Sie basiert stets auf gemeinsamer Geschichte und anderen kollektiven Merkmale wie Hautfarbe, Religion, Sprache, Kultur. Manchen Gruppen mag eine gemeinsame Ethnizität zugeschrieben werden, ohne dass sie diese selbst empfinden oder erkennen. Ein klassisches Beispiel sind die unterschiedlichen autochtonen Bevölkerungsgruppen Nord- und Südamerikas, die von Neuankömmlingen in dieser Hemisphäre in einen Topf geworfen und Indianer genannt wurden. Ethnizität ist folglich ein Verwandtsein, das Völkern zugeschrieben wird – entweder durch andere, durch sie selbst oder beides.

Wie Familien können ethnische Gruppen ein starkes Identitätsgefühl haben oder nicht, sie können zusammenhalten oder auch nicht. Und doch gibt es einen wichtigen Unterschied zwischen Familien und ethnischen Gruppen. Jeder beginnt sein Leben als Mitglied einer Familie und muss sich früher oder später auch so verhalten. Das gilt sogar für Gesellschaften – wie einst in der Sowjetunion–, die versucht haben, die Funktionen der Familie zu beschneiden, oder für Gesellschaften, in denen Familie auf ein verschwindendes Maß reduziert scheint, wie etwa in Teilen der USA. Man könnte sagen, Familienbande sind, wie auch immer definiert, in diesem Sinne echte Urbindungen. Das gilt für ethnische Bande nicht. Jeder bringt die latente Voraussetzung für eine ethnische Bindung insofern mit, als wir alle eine Sprache sprechen, eine Hautfarbe haben, an Orten leben, die eine Geschichte haben, und so weiter; aber diese

Diese auf kollektiven Erinnerungen und unzähligen Reisen beruhende Zeichnung zeigt die Regenwaldwelt des Tirió-Volkes von Suriname, das um den Rechtsanspruch auf Land streitet, das es seit Jahrhunderten bewohnt.

(und andere) Faktoren machen uns nicht zwangsläufig zu Mitgliedern ethnischer Gruppen. Ethnizität kommt allein durch das Anerkennen von bestimmten, Gruppenidentität schaffenden Kriterien ins Spiel.

Mancherorts kann Religion zur Unterscheidung einer ethnischen Gruppe dienen, anderswo ist sie als Kriterium untauglich. Ethnizität mag in manchen Gegenden von der Hautfarbe abhängen, in anderen wieder nicht. Eine gemeinsame Sprache kann eine ethnische Gruppe auszeichnen – oder auch nicht. Wer beispielsweise Französisch spricht, bildet an sich noch keine ethnische Gruppe, trotzdem ist in Quebec vorrangige Französischsprachigkeit das entscheidende Merkmal der ethnischen Gruppe, die Quebec zu einem unabhängigen Land machen will. Auch bei der Definition von Belgiens ethnischen Hauptgruppen (den französischsprachigen Wallonen und den Niederländisch sprechenden Flamen) ist Sprache das wichtigste Kriterium. Das wohl heikelste und dehnbarste Merkmal ist der Sinn für eine gemeinsame Geschichte. Ethnische Gruppen brauchen eine gemeinsame Vorstellung von ihrer Vergangenheit, aber diese Vergangenheit ist auf vielfältige Weise offen für Deutungen oder Neuinterpretationen, die in der Gegenwart tragische Folgen haben können.

Ethnische Gruppen formen sich also nicht, weil Menschen eine Rasse, Sprache oder Kultur teilen. Sie bilden sich, weil Menschen, die solche Merkmale gemein haben, *beschließen*, Angehörige einer bestimmten Gruppe zu sein, oder weil Menschen, die solche Merkmale teilen, *in einen Topf geworfen werden* und von Außenseitern als Mitglieder einer bestimmten Gruppe behandelt werden. Als ethnisch verwandt geltende Menschen stellen Regeln auf und treffen Übereinkünfte hinsichtlich des Wesens und der Grenzen dessen, was sie gemein haben, also in Bezug auf ihre Kultur. Sie versuchen auch, sich zu einigen, wer ihrer Gruppe angehört und wer nicht.

Diese Mechanismen zur Wahrung der Gruppengrenzen sind entscheidend, denn sie sorgen für das Fortbestehen der Gruppe. Menschen müssen wissen, ob man andere zur Gruppe zulassen kann und ob es möglich ist, sich als Mitglied der Gruppe darzustellen, formal oder inhaltlich. Sie müssen auch wissen, inwieweit ein Einzelner von den Normen und Verhaltensmustern der Gruppe abweichen kann, ohne nicht mehr als ihr Mitglied zu gelten. Vor allem müssen sie wissen, wie sehr und auf welche Weise Angehörige der Gruppe mit Außenseitern interagieren dürfen, wenn die Gruppe ihre Identität nicht verlieren soll. Manche Gruppen, wie die Amish in den Vereinigten Staaten, grenzen sich mithilfe eines aufwendigen Regelwerks ab, das dazu dient, Außenkontakte ihrer Gemeinschaftsmitglieder zu beschränken. Juden machen sich häufig Sorgen darüber, wie viel von den Bräuchen der umgebenden Nichtjuden wohl ihre Gemeindemitglieder übernehmen können, und insbesondere, ob sie Nichtjuden heiraten dürfen, ohne ihre jüdische Identität zu verlieren.

Ethnische Gruppen sind nie isoliert. Sie haben unweigerlich Kontakte zu anderen; ihre Mitglieder interagieren unweigerlich mit anderen, sogar feindlichen Gruppen. Deshalb sind Übereinkünfte über Grenzen und ihre Einhaltung absolut entscheidend; je stärker das ethnische Empfinden, das eine Gruppe verbindet, desto strikter versuchen ihre Mitglieder, den Grenzen Geltung zu verschaffen.

Das erklärt, weshalb ethnische Mischehen bei den betroffenen Familien häufig auf Widerstand stoßen. Tatsächlich verrät die Beurteilung solcher Ehen – als undenkbar, als möglichst nicht zu dulden und zu unterbinden, als folgenlos oder gar erstrebenswert – sehr viel über die Vorstellungen der Menschen von der eigenen Ethnizität und der interethnischen Situation, in der sie sich befinden. Zuwanderung, Exil und andere Situationen, die Völker verpflanzen, erzwingen oft die Bildung neuer ethnischer Identitäten, da diese Menschen Beziehungen zu den Menschen der Länder knüpfen, die sie aufnehmen.

Obwohl kaum Gesellschaften ohne Kontakte zum Rest der Welt geblieben sind, gibt es einige entlegene Völker, die vergleichsweise wenige haben. Solche Völker bezeichnet man gelegentlich als »Stämme«, weil sie relativ isoliert leben und es vorziehen, ihre Angelegenheiten ohne die zentralisierte Amtsgewalt eines Staates zu regeln. Andere ethnische Gruppen werden »Ureinwohner« genannt, weil ihre Territorien von Leuten übernommen wurden, die sich durch Merkmale wie Rasse, Sprache oder Kultur von ihnen unterscheiden. Es ist deshalb typisch für Ureinwohnervölker, dass sie Randgruppen bilden und von den Staaten, die die Hoheit über sie beanspruchen, beherrscht werden.

Ethnische Gruppen decken ein breites Spektrum ab – von Eingeborenen über Stämme bis hin zu substaatlichen Gemeinschaften, die man sogar als Nationalitäten bezeichnen kann und die nationale Souveränität anstreben. Chinas nationale Minderheiten etwa erfüllen die Bedingungen, um als Ureinwohner zu gelten. Sie unterscheiden sich jedoch insofern von den meisten Eingeborenenvölkern, als ihre Populationen in die Millionen gehen. Die Zhuang zählen etwa 16 Millionen, die Mandschu etwa 10 Millionen, die Hui geschätzte 9 Millionen und die Miao und die Uiguren jeweils 8 Millionen. Diese nationalen Minderheiten bewohnen fast die Hälfte des Staatsgebietes von China und haben in der chinesischen Geschichte eine bedeutende Rolle gespielt. In anderer Hinsicht gleicht ihre Situation der anderer Eingeborenenvölker überall auf der Welt. In den Tibetern, wie in den Uiguren und Moslems der fernen westlichen Provinz Sinkiang, sieht die Zentralregierung Völker, die sich an ihre überholten Kulturen klammern, sich weigern der chinesischen Mehrheit zu folgen und ständig versuchen, sich ganz vom Staat loszusagen.

Diese Sorge um ethnische Minderheiten, die nicht gewillt sind, sich der Mehrheit anzuschließen, ist verhältnismäßig neu in der Menschheitsgeschichte. Die meisten organisierten Staaten im Laufe der Geschichte waren multiethnisch und multikulturell. In Reichen herrschte typischerweise ein Volk über die anderen. In den meisten Staaten dominierte eine ethnische Gruppe die anderen. Staaten umfassten häufig Völker mit verschiedenen Sprachen, die nach Bräuchen und Traditionen lebten, die von denen der herrschenden Mehrheit abwichen. Die Idee, der Staat solle einer einzigen Nation oder Kultur entsprechen, ist eher neu. Sie geht auf zwei Hauptströmungen im westlichen Denken zurück, die auf unterschiedlichen Wegen zu diesem Schluss kamen.

Eine rührt von den Vordenkern der Französischen und der Amerikanischen Revolution. Schriftsteller, die Gesellschaftstheorien aufstellten, wie Jean-Jacques Rousseau, im 1792 veröffentlichten *Contrat social (Sozialvertrag),* und James Madison, in den 1787 publizierten *Federal Papers Nr. 10,* traten für ein Staatskonzept ein, in dem das Volk der Regierung seine Legitimation verlieh. Dieser revolutionäre Staat sollte die Würde seiner vor dem Gesetz gleichen Bürger als Individuen respektieren, aber nichts tun, um ihnen zu helfen, ihre Ethnizität zu bewahren, sollte das ihr Wunsch sein. Im Gegenteil, die Theoretiker der Revolution dachten, Ethnizität würde verschwinden, da die modernen Tendenzen des postrevolutionären Zeitalters sie bedeutungslos machen würden. Der Staat würde für all seine Bürger folglich eine einheitliche, moderne Kultur schaffen.

Ein weiterer Denkansatz in diese Richtung wurde vorrangig von deutschen Gelehrten des späten 18. und frühen 19. Jahrhundert wie Herder und Fichte angeregt. Sie beschäftigten sich mit dem Deutschtum, mit dem Problem, wie deutsche Kultur gedeihen könne, wenn die Deutschen selbst über eine Anzahl europäischer Staaten verstreut waren. Diese Theoretiker kamen zu dem Schluss, ein Staat habe idealerweise die Kultur eines einzelnen Volkes zu repräsentieren, woraus folgte, ein Volk mit einer eigenen Kultur könne und solle nach einem eigenen Staat streben. Diese

Idee bildete den Kern des Nationalismus im 20. Jahrhundert, eine verheerende Ideologie, die zu endlosen Konflikten und unaussprechlichem Leid führte.

Der ethnische Nationalismus in Ost- und Südosteuropa lieferte den Zunder, der sich schließlich in der Feuersbrunst des Ersten Weltkriegs entzündete. Zu Kriegsende unternahm man den ernsthaften Versuch, die Spannungen zu lindern, indem man einigen unterdrückten ethnischen Gruppen erlaubte, eigene Staaten zu bilden. Präsident Woodrow Wilson unterstützte diese Bestrebungen mit der Begründung, es sei für jene, die an Demokratie glaubten, nur folgerichtig, Freiheit für Völker wie auch für Menschen zu fordern. Diese Selbsbestimmungskampagne sah sich jedoch mit kaum lösbaren Problemen konfrontiert. Es war weder politisch noch praktisch möglich, jedem Volk mit nationalem Bestreben die Gründung eines eigenen Staates zu gewähren. Trotzdem zeichnete man die Karte Europas neu: Man erlaubte Tschechen und Slowaken den neuen Staat Tschechoslowakei zu gründen, den Südslawen die Gründung Jugoslawiens und so fort. Unweigerlich aber blieben in den meisten Staaten – auch in den neuen – Minderheiten übrig, die nicht der oder den dominierenden Nationalitäten angehörten. Diese Bevölkerungsgruppen waren häufig gleichfalls vom nationalen Gedanken erfüllt und fühlten sich an ihrer eigenen Selbstbestimmung gehindert. Der Völkerbund sollte Minoritäten Schutz bieten, aber er erwies sich dazu außerstande. Schlimmer noch. Er konnte nicht einmal Staaten wie die Tschechoslowakei schützen, die mit dem Völkerbund kooperiert hatten und seinen Ideen gerecht zu werden suchten, indem sie den Minderheitenschutz tatsächlich in die Tat umsetzten.

Es ist offensichtlich, dass die Theoretiker, die prophezeit hatten, Ethnizität würde sich in wahrhaft modernen Gesellschaften in Luft auflösen, nicht Recht behielten. Sie lagen in zweierlei Hinsicht falsch. Ethnizität löst sich in modernen Staaten nicht auf. Im Gegenteil, wir beobachten in den letzten Jahren ein Erstarken ethnischen Selbstbewusstseins. Völker wie die Ureinwohner Amerikas, die Hawaiianer, Australiens Aborigines und die Maori in Neuseeland fordern nun ihr Recht ein, die eigene Kultur zu bewahren und ihr Land selbst zu verwalten – und sie bestehen zugleich darauf, dass solche Forderungen sie nicht zu Außenseitern im eigenen Land machen und nicht dazu dienen sollten, sie als Bürger zweiter Klasse zu behandeln. Noch überraschender ist die Tatsache, dass sich in Nord- und Südamerika nach 500 Jahren der Verweigerung ein Staat nach dem anderen zum Vielvölkerstaat erklärt und somit bereit ist, innerhalb der Staatsgrenze halbautonome Nationen zu dulden. Mexiko, Kolumbien, Ecuador und Bolivien, alles Staaten mit großen Ureinwohnerpopulationen, haben sich verfassungsmäßig zu multiethnischen Staaten erklärt. Noch betrifft dieser neue Geist nur Urvölker. Europäische Nationen wie Großbritannien, Spanien und andere haben innerhalb der dezentralisierten Staaten ethnischen Provinzen Teilautonomie gewährt. Die Bereitschaft, innerhalb eines Staates unterschiedliche ethnischen Gruppen zu tolerieren, ist nicht nur politisch klug, sondern auch kulturell von Vorteil. Solche Toleranz schützt die wichtigste der Menschheit zugängliche Ressource, nämlich die außerordentlich reiche Vielfalt an von Menschen entwickelten Kulturen und Lebensweisen. Diese Vielfältigkeit wird gegenwärtig durch die Kräfte der Globalisierung bedroht, die dazu neigt, kulturelle Unterschiede zu eliminieren und Nationen in kaum noch unterscheidbare Einkaufszentren zu verwandeln. Kulturelle Vielfalt macht die Welt interessant. Sie zu tolerieren, macht die Welt zu einem angenehmeren und friedlicheren Lebensraum.

Die andere Form, in der Leute Ethnizität heutzutage systematisch missverstehen, ist, anzunehmen, sie führe, wenn man sie toleriert, automatisch zum Konflikt. Darüber hinaus gibt es heute weltweit eine Tendenz angesichts ethnischer Konflikte die Hände zu ringen und zu verkünden, man könne nichts gegen sie tun, da sie das Ergebnis uralter ethnischer Feindschaften seien, die über unsere retribalisierte Welt hereinbrächen.

Dieser Schluss ist jedoch zu pessimistisch. Er interpretiert ethnische Konflikte als Ergebnis uralten Hasses, obwohl sie in den meisten Fällen nichts dergleichen sind. Die meisten ethnischen Konflikte wurden und werden von Leuten geschürt, die von ihnen zu profitieren suchten. Selbst Katastrophenszenarien, wie der Völker mordende Krieg zwischen Tutsi und Hutu in Ruanda oder die ethnischen Säuberungen im einstigen Jugoslawien, können nicht als Beispiele für die Selbstentzündung ethnischer Konflikte dienen. Tutsi und Hutu gehörten ursprünglich ein und derselben Gesellschaft an, die durch die Politik der Kolonialmächte (Deutschland und später Belgien) in zwei feindliche Pseudokasten gespalten wurde. Die Völker Jugoslawiens hatten eine lange Geschichte friedlicher Koexistenz, bevor fremde Mächte sie im Zweiten Weltkrieg entzweiten und in der jüngeren Vergangenheit der opportunistische Nationalismus ihrer ehemals kommunistischen Führer erneut Konflikte schürte.

Die Beispiele zeigen, dass sich Hutu und Tutsi, Serben und Kroaten nicht immer »an die Gurgel gingen«. Im Gegenteil, jedes Völkerpaar hat eine ähnliche Kultur, spricht gegenseitig verständliche Sprachen und lebte über lange Zeiträume hinweg in friedlicher Vermischung. Wie ist das jüngste Blutvergießen unter ihnen zu verstehen?

Unmittelbarer Anlass für das Morden war die Anstiftung durch eine Sorte skrupelloser Politiker, die Valerie Tischkov, ein Experte für ethnische Fragen, als »ethnische Unternehmer« bezeichnet hat. Da Ethnizität Gegenstand manipulierbarer Definitionen ist, werden ethnische Unternehmer zu Spezialisten dieser Manipulation: im Herbeiführen von Situationen – selbst genozidähnliche –, die ihre eigene Macht und ihren wirtschaftlichen Profit fördern. Doch das erklärt nicht, warum und unter welchen Bedingungen solch »ethnische Unternehmer« erfolgreich sind. Serben und Kroaten können über lange Zeiträume relativ friedlich zusammengelebt haben, warum aber folgten sie in einem bestimmten Moment Anführern, die sie in Konflikte miteinander führten? Allgemeiner formuliert: Warum folgen Menschen ethnischen Unternehmern? Die Antwort: Sie tun es in Zeiten der Spannung und Angst, tatsächlich also in Zeiten wie jenen, in denen wir leben.

Es ist ein Zeitalter, in dem Unsicherheit und Instabilität auf viele der Staaten einwirkt, die aus alten Kolonialreichen hervorgingen. Ähnliche Bedingungen durchleben auch die zahlreichen Staaten, die sich an den Zusammenbruch des Kommunismus und den seiner Gesellschaftssysteme zu gewöhnen suchen und sich neu orientieren müssen. Neben politischen Unwägbarkeiten müssen sich die Menschen mit wirtschaftlicher Instabilität auseinandersetzen, hervorgerufen durch die technische Revolution, vor allem in der Informationsverarbeitung ,und die Globalisierung, die diese umwälzenden Neuerungen in das Leben der noch entlegensten Völker trägt. Wenn eine Supermacht wie die ehemalige Sowjetunion heute in schweren wirtschaftlichen Nöten steckt, geraten auch andere Nationen in den Sog von Armut und Unsicherheit. Die Menschen wissen oft nicht, ob ihr Staat bestehen bleibt, und wenn ja, in welcher Form. Sie fürchten, ihre Arbeit zu verlieren, ihre Ersparnisse, ihr soziales Netz – so sie eines hatten. In solchen Zeiten tauchen häufig Anführer auf, die den Menschen Sicherheit versprechen unter der Bedingung, dass sie kompromisslos die Sache ihrer eigenen ethnischen Gruppen verfechten.

Es ist jedoch wichtig, zu verstehen, wie und warum Zeiten der Instabilität Menschen überall auf der Welt in ethnische Konflikte führen können, und ebenso wichtig zu begreifen, dass diese Konflikte weder unausweichlich sind noch in der archaischen Natur der Menschen begründet. Es ist wichtig, einzusehen, dass Ureinwohner und ethnische Minoritäten den Staat durch das Bewahren ihrer Kulturen nicht unterminieren, vorausgesetzt der Staat behandelt jene Kulturen als Bereicherung und nicht als Bedrohung. Vor allem ist es wichtig, zu verstehen, dass Staaten zugleich friedlich und multiethnisch waren und sein können.

Asiens kulturelles Gefüge steht der geographischen Komplexität und dem Reichtum des größten Kontinents der Welt in nichts nach. Von Japan bis Georgien, von der Mongolei bis Malaysia bietet Asien mehr ethnischen Gruppen eine Heimat als jede andere Großregion. Diese Gruppen haben sich über eine sehr lange Zeit herausgebildet, einige entwickelten sich in Isolation, während andere auf eine komplexe Geschichte von Kulturkontakten zurückblicken.

China, Indien und Indonesien – die Nationen, die mit ihrem Bevölkerungsreichtum an erster, zweiter und vierter Stelle der Weltrangliste stehen – beherbergen 40 Prozent der Bevölkerung der Erde, und eine außergewöhnlich hohe Zahl unterschiedlicher ethnischer Gruppen. Die Sprachenvielfalt offenbart ebenfalls den menschlichen Reichtum dieser Länder.

In China zählen sich mindestens 90 Prozent der Bevölkerung zu den Han. Dieser Begriff wird üblicherweise gleichbedeutend mit »Chinese« verwendet und geht auf die Han-Dynastie zurück, Chinas erste lange Periode der Einheit. Über 2000 Jahre lang trieben die Han-Chinesen, die rund eine Milliarde Menschen zählen und heute die größte ethnische Gruppe der Welt bilden, kleinere ethnische Gruppen in die Berg- und Randgebiete.

Asien

Das schwierige aber selbstbestimmte Leben der Rana Tharu, an Nepals Grenze zu Indien, spiegelt sich im Blick dieser Frau.

Zu Chinas Bevölkerung zählen Abermillionen Angehörige von Minoritäten, die Hunderte ethnischer Gruppen bilden; trotzdem erkennt die chinesische Regierung nur 55 »nationale Minderheiten« an. Einige Gruppen haben ihre kulturelle Identität durch die fortschreitende Assimilierung bereits eingebüßt und auch Tibeter, Mongolen und andere Ethnien im Grenzgebiet zu dicht besiedelten chinesischen Regionen sind von diesem Prozess bedroht. Eine Gruppe, die Mandschu, regierten China als letzte Kaiserdynastie (bis 1911), allerdings um den Preis ihrer ethnischen Identität: Indem sie chinesische Bräuche übernahmen, verloren die Mandschu ihre eigene Sprache und Kultur. Obgleich es noch Millionen gibt, sprechen kaum mehr als hundert ihre Sprache.

Durch die Geschichte hindurch hat Religion ethnischen Gruppen Zusammenhalt und Sinn gegeben, und häufig deren gesamte Lebensweise stark geprägt. Der tibetische Buddismus ist ein Paradebeispiel für diese enge Verflechtung von Religion und Kultur. Der Islam, den die Araber seit dem 7. Jahrhundert mitbrachten, hat viele Teile Asiens berührt. Die religiösen, politischen und sozialen Kräfte dieses Glaubens bestimmen noch heute tagtäglich das Leben von einem Siebtel der Weltbevölkerung. In Armenien ist das Christentum eine Grundfeste der Gesellschaft und war ein Trost in der langen und schwierigen Geschichte seines Volkes. Aber Religion kann auch regionalen Hass erregen: In Indien brechen ethnische Feindseligkeiten zwischen Moslems und Hindus aus, in Sri Lanka zwischen Hindus und Buddhisten und in Indonesien zwischen Christen und Moslems.

Der Buddhismus hat sich seit seinen Anfängen in Indien vor 2500 Jahren zur Weltreligion entwickelt. In seinem Ursprungsland ist diese Religion fast verschwunden, aber sie verbreitete sich jenseits des Himalaja und entlang der Handelswege der Seidenstraße bis nach China und von dort auch in andere Teile Ostasiens. Der Buddhismus und die chinesische Hochkultur beeinflussten auch Japans kulturelle Ausprägung. Wenngleich sie an ihren heimischen Traditionen festhielten, entlehnten und adaptierten die Japaner sehr erfolgreich fremde Bräuche: Die Landschaftsgärtnerei, Blumensteckkunst und die Teezeremonie, nahmen ihren Anfang in China und gelangten in Japan zur Blüte. In der Teezeremonie verbinden sich ästhetische und spirituelle Aspekte und reflektieren so die Wertschätzung von Schönheit und innerer Harmonie. Japans moderner Lebensweise zum Trotz hat das Ritual überlebt und gewinnt sogar an Popularität.

Chinas Verwaltung und Architektur, Malerei und Bildhauerei, Wissenschaft und Kriegskunst, ja sogar die Kulinarik durch den Gebrauch von Essstäbchen, beeinflussten die Kulturen Koreas, Vietnams und anderer Regionen in Ost- und Südostasien. Trotzdem entwickelten und bewahrten die einheimischen Völker eigene lebendige und blühende Kulturen und bekannten sich zugleich zu einer gemeinsamen Schriftsprache und Elementen des Konfuzianismus. Tatsächlich liegt den modernen Staaten in China, Korea und Singapur noch immer das konfuzianische Wertesystem sozialer Beziehungen zu Grunde.

Auch Indien hat durch die Verbreitung seiner Zivilisation und Religionen in Süd- und Zentralasien Spuren hinterlassen. Einzelne Kulturelemente sind bis nach Sri Lanka, Pakistan und Afghanistan gelangt und über den Seeweg bis nach Bali, das bis heute hinduistisch ist. Indische Gelehrte und Priester machten viele Völker Asiens mit den klassischen Sprachen Sanskrit und Pali bekannt, die man in frühen Schriften und der Geschichtsschreibung verwendete.

Eine der bedeutendsten Entwicklungen der Geschichte ist der Nassreisanbau, der ein grundlegendes gemeinsames Erbe für viele Kulturen Asiens darstellt. Reis ist seit Jahrtausenden ein für das Überleben großer wie kleiner Gruppen entscheidendes Grundnahrungsmittel und liefert überdies das Rohmaterial für eine große Zahl von Gegenständen des täglichen Bedarfs. Das vielseitige Reisstroh wird verwendet für Dächer, Korbwaren, Bodenmatten, Sandalen, Besen, Bettzeug, grobe Umhänge und Hüte; es dient auch als Futter für die Tiere.

In den Reisanbauländern Asiens ehren die Menschen das Getreide in jahreszeitlichen Festen und Zeremonien. Für sie hat Reis heilige, ja göttliche Bedeutung, und so sorgen Opfergaben aus gekochtem und rohem Reis, Reiskuchen, Reishalmen und Reiswein für gute Ernten und verjüngen selbst die Lebenskraft der Erde.

Der Reisanbau setzt viele Hände voraus, die in kollektiver Arbeit die Felder pflügen, das Saatgut ausbringen, Schößlinge umsetzen, Bewässerungssysteme instand halten und das Getreide ernten, schälen und polieren (fast alle Asiaten ziehen polierten weißen Reis dem braunen ungeschälten Reis vor). Um Reis auf überfluteten Feldern anzubauen, haben Bauern von Hand ganze Landschaften mit Terrassen, Deichen, Wasserkanälen und genau konstruierten Beeten umgestaltet, die sich bis zum Horizont ausdehnen. Smaragdgrüne Reisterrassen wie die der Ifugao in den Bergen des nördlichen Luzon auf den Philippinen prägen das Landschaftsbild in weiten Gebieten Asiens.

Nachfolgende Seiten: Selbst im peitschenden Monsunregen noch fröhliche birmanische Frauen pflanzen Reisschösslinge in genau aufgeteilte Reihen um. Myanmar (Birma), dem einst weltgrößten Reisexporteur, gelingt es heute gerade noch, seine 48 Millionen Menschen zu ernähren.

ASIEN

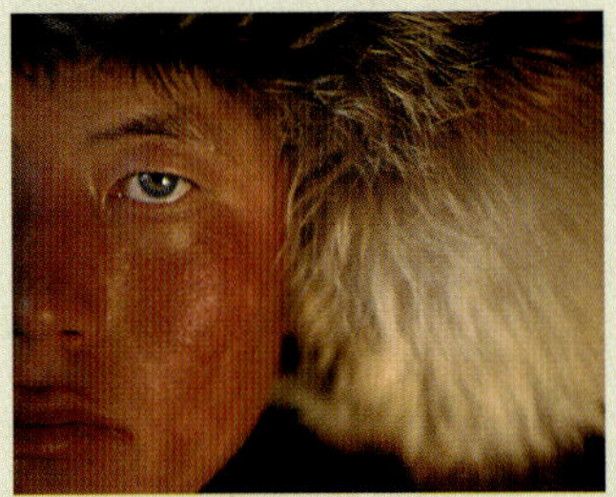

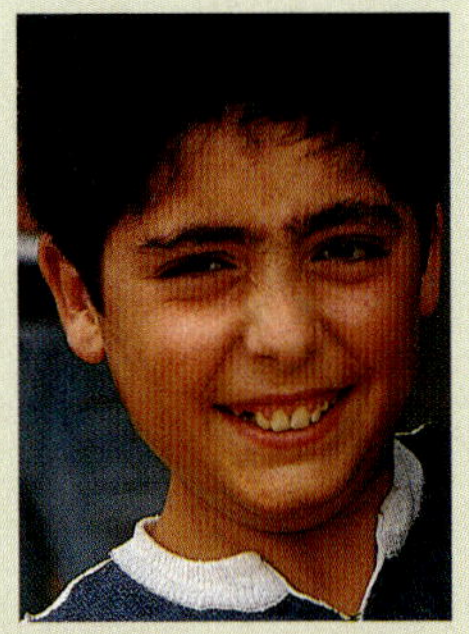

VON OBEN LINKS IM UHRZEIGERSINN: EIN KASACHISCHER FALKNER, EIN ARMENISCHER SCHÜLER, DIE FRAU EINES DAJAKHÄUPTLINGS UND EIN CHINESISCHER DORFÄLTESTER.

KAUKASUS

ZENTRALASIEN

OSTASIEN

SÜDOSTASIEN

SÜDASIEN

KAUKASUS

ARMENIER • ASERI

ARMENIER

DAS BINNENLAND ARMENIEN, ein gebirgiges Land etwas kleiner als Belgien, mit vielen Flüssen und engen fruchtbaren Tälern, zählt innerhalb seiner Grenzen 3,5 Mio. Menschen. Aber diese Bevölkerung stellt nur die Hälfte aller Armenier dar: der Rest – der offiziell als Teil des Staates gilt – lebt in der ehemaligen Sowjetunion, Indien, dem Nahen Osten, Polen, Rumänien, Westeuropa und Nordamerika, wo viele Armenier als Kaufleute, Handwerker oder in anderen Berufen arbeiten. Die erst seit 1991 unabhängige Republik Armenien sieht sich großen Problemen gegenüber: Fast die Hälfte der Menschen ist unter 25 Jahre, die Wirtschaft krankt, viele Facharbeiter emigrieren, und ein ethnischer Krieg gegen Aserbaidschan hat Zehntausenden das Leben gekostet.

Die Armenier erinnern sich an eine mittelalterliche Blütezeit, als sie noch Teil eines großen Königreiches waren, das auch die heutige Nordosttürkei einschloss. Aber die prägendsten Ereignisse im kollektiven Gedächtnis der Armenier während der letzten tausend Jahre sind Invasionen, Unterdrückung und erzwungenes Exil. Am schlimmsten war das Massaker von 1915, als die Türken die Armenier aus Ostanatolien vertrieben und mehr als 600 000 Menschen starben.

Bei den Armeniern in der Diaspora paart sich eine weltoffene Geisteshaltung mit große Liebe zur Heimat und zum überlieferten Brauchtum. Obwohl Armenisch zur großen indoeuropäischen Sprachfamilie gehört, hat es keine nahen linguistischen Verwandten und mit seinem einzigartigen 38-Buchstaben-Alphabet eine Sonderstellung.

Eine eigene Form des Christentums eint alle Armenier. Das Christentum war bereits im 4. Jh. Staatsreligion. Aus dieser religiösen Bindung erwuchs ein reicher Schatz religiöser Literatur und eine bemerkenswerte Kunst und Architektur. Die armenische Kunst ist bekannt für seine Mosaiken und Fliesen, und man nimmt an, dass der armenische Kirchenbaustil auch die byzantinische und osmanische Architektur stark beeinflusste.

Aus theologischen Gründen – vor allem wegen der Interpretation des Gottestums Christi – behauptet sich die armenische apostolische Kirche unabhängig und stolz neben der römisch-katholischen und den orthodoxen Kirchen. Sie ist eine Säule der Christenheit gewesen und eine treibende Kraft in der Bewahrung der armenischen Kultur.

ASERI (Aserbaidschaner)

ASERBAIDSCHANS SIEBEN MILLIONEN ASERI sind die größte Gruppe im Ethniengemisch des Kaukasus. Vor hundert Jahren war ihr Land der größte Ölförderer der Welt. Heute erfährt die Ölindustrie durch die Förderung gewaltiger Ölvorkommen unter dem Kaspischen Meer einen erneuten Aufschwung und verstärkt die Tendenz

zur Verstädterung. Zwar leben die meisten Aseri heute in Städten, doch viele sind Bauern und fast alle Moslems – anders als bei den Nachbarn Armenien und Georgien, die Christen sind. Dem einheimischen Brauch nach dürfen Aseri-Moslems Wein trinken und Frauen steht es frei, zu arbeiten und unverschleiert zu gehen.

Der Islam kam mit den arabischen Eroberern im 7. Jh. – der ersten von vielen Eroberungswellen durch Türken, Mongolen, Persern – und Russen, Letztere beherrschten das Gebiet im 19. Jahrhundert. Ethnisch und linguistisch waren die Aseri im 11. Jh. Türken, doch ihre Wurzeln reichen tief in den Kaukasus der Antike und den Iran. Im Süden des Landes liegt eine iranische Region, die ebenfalls Aserbaidschan heißt, deren Bevölkerung jedoch der nationale Zusammenhalt fehlt.

Die Aseri verehren Zarathustra (etwa 628 – 551 v. Chr.), den Begründer der Zoroastrismus, einer Religion die den kosmischen Konflikt zwischen Gut und Böse in den Glaubensmittelpunkt rückt. Heute aber läßt der Islam diese Religion in den Hintergrund treten. Die Herrschaft der Schiiten, eine der beiden Hauptströmungen im Islam, begann nach der Abspaltung der Sunniten, die sich im 19. Jh. den osmanischen Türken anschlossen. Später, als das Nationalgefühl der Aseri das gemeinsame Erbe betonte und konfessionelle Unterschiede herunterspielte, kam es zur Aussöhnung. Die verbesserten Beziehungen führten ab Mitte des 19. Jh. bis Anfang des 20. Jh. zu kultureller Blüte.

Die sowjetische Ära unterdrückte diese Tendenz durch die Schließung von Aserbaidschans 2000 Moscheen, die Unterdrückung von Intellektuellen und Künstlern, den Zwang zur Aufgabe des Arabischen und die Übernahme des kyrillischen Alphabets. Dann, unter Glasnost und der folgenden Unabhängigkeit ab 1991, kehrten Schriftsteller und Historiker zurück, um den alten Glanz neu zu beleben. In den letzten Jahren haben die Aseri ihre Moscheen wieder eröffnet oder aufgebaut. Nach 70 Jahren sowjetischer Herrschaft erinnert nur noch wenig an die russische Kultur, wenngleich eine Alphabetisierungsrate von 95 Prozent ihr Nebenprodukt ist.

Ein Junge sieht still zu, während Männer der Aseri in einer restaurierten Moschee beten. Seit 1991 die Jahrzehnte religiöser Unterdrückung durch die Sowjets zu Ende gingen, gerät Aserbaidschans gemäßigter Islam durch die strengen Moslems im benachbarten Iran zunehmend unter Druck.

Zentralasien

Belutschen • Buruscho • Kasachen • Paschtunen • Turkmenen • Usbeken

Belutschen

Die Belutschen, äusserst unabhängige Halbnomaden, deren Ursprünge wohl auf die Nomadenvölker im Mittleren Osten und am Kaspischen Meer zurückgehen, haben seit Jahrhunderten Randgruppen vieler Kulturen integriert. Heute zählt diese große Ethnie Dutzende von Stämmen und bewohnt ein weites Gebiet in Pakistan, Südostiran und im Südwesten Afghanistans. Die von wenigen Straßen durchzogenen Landschaften dieser Region sind größtenteils trocken und unwirtlich, weisen aber auch grüne Täler, Wacholderwälder und Berge mit üppigen Wildblumen auf. In bewässerten Gärten und Obstplantagen gedeihen Datteln, Äpfel, Kirschen, Mandeln und Kreuzkümmel. Wo das Land an das Arabische Meer grenzt, verfügt es über eine 800 Kilometer lange Küstenlinie mit feinen Sandstränden.

Etwa 70 Prozent der Belutschen leben in der Provinz Belutschistan, die etwa die Hälfte der Landfläche Pakistans einnimmt, aber nur fünf Millionen Einwohner unterhält. Weltweit zählt die Gruppe zwischen sieben bis zehn Millionen Menschen, darunter solche, die Belutschi sprechen, eine indo-iranische Sprache, die Kurdisch und Paschtu ähnelt, andere, die sich als Belutschen bezeichnen, aber Urdu oder Farsi sprechen und Menschen, deren ferne Vorfahren sich den Belutschen historisch zugehörig fühlten. Jede Stammesgruppe folgt einem obersten Häuptling oder einem *Pir*, einem Sufi-Mystiker oder moslemischen heiligen Mann.

Fast 80 Prozent aller Belutschen züchten Schafe und anderes Vieh, für einen Teil ihres Auskommens sind sie auf ihre Arbeit als Kleinbauern angewiesen. Nomadentum und Hirtendasein sind fast gänzlich verschwunden. Die zunehmende Anpassung an die moderne Lebensweise hat dazu geführt, dass viele Belutschen heute ihren Lebensunterhalt als Wanderarbeiter verdienen. Dennoch haben sie sich mit uralten Liedern um Tapferkeit, Heldentum, das Beschützen der Schwachen und die Verehrung der Vorfahren ein lebendiges erzählerisches Brauchtum bewahrt. Auch ein anderer bemerkenswerter Aspekt der belutschischen Kultur hat überlebt: In Afghanistan und im Ostiran bezeichnet der Name des Volkes noch immer Teppiche mit komplizierten Mustern in Rot- und Blautönen.

Buruscho (Hunzakut)

Die Region Hunza in Nordpakistans Karakorumgebirge ist die Heimat der Buruscho, eines Volkes, das behauptet, von den Soldaten der Armee Alexanders des Großen aus dem 4. Jh. v. Chr. abzustammen. So phantastisch das klingen mag, viele Buruscho wirken europäisch. Das von nur 60 000 Menschen gesprochene Burushaski ist mit keiner Sprache der Welt verwandt.

Irrige Vorstellungen über die Ernährungsweise der Buruscho und romantisch gefärbte Berichte haben dazu geführt, dass den Bewohnunern der Hunza-Region eine ungewöhnliche Langlebigkeit nachgesagt wird. Dass der Hauptbestandteil ihrer Nahrung während der Winterzeit aus Aprikosen bestand, ist richtig, aber die angeblich daraus resultierende lange Lebensdauer ist ein Märchen.Die Buruscho bewohnten einst ein wesentlich größeres Gebiet. Dann vertrieb man sie in die Berge und diese machten sie sich zur praktisch uneinnehmbaren Heimat. Hunza lag ideal und so konnten die Buruscho die zwischen Indien und China ziehenden Karawanen besteuern – oder plündern. Ab dem 11. Jh wurden die Buruscho von *Mir* (Herrschern) regiert, die traditionsgemäß immer aus derselben Familie stammten. Der Islam kam relativ spät in diese Rückzugsregion. 1904 schwor man Aga Khan und seiner ismailitischen Sekte – einem Zweig des Islam ohne Moscheen und Imame – die Treue. Die Sekte folgt dem *Pir*, einem religiösen Führer.

1974 wurde Hunza Pakistan einverleibt. Damit endete die lange Herrschaft der *Mir* und vier Jahre später setzte der Karakoram Highway ihrer tiefen Isolation ein Ende. Vor allem die Programme der Aga Khan-Stiftung für Gesundheit, Bildung, Landwirtschaft, Verkehr und Kleingewerbe geben dem Volk neue Hoffnung. Langsam verdrängt Geld den Tauschhandel, und Schulbildung, gerade für Mädchen, gilt als wünschenswerter Fortschritt.

Kasachen

Die kasachische Geschichte ist geprägt von Kämpfen zwischen mongolischen und türkischen Stämmen, von der Wüste Gobi bis zum Kaspischen Meer. Kasachen sprechen eine Turksprache, aber einige Gelehrte halten sie für Turk-Mongolen; ihr Aussehen wirkt mongolischer als das ihrer türkischen Brüder.

Die in usbekischen Gebieten unter den Mongolen vereinten kasachischen Clanführer sagten sich um 1460 los, um in ihr Ursprungsgebiet im Osten zurückzukehren, wo sie als Nomaden lebten. Ab dieser Zeit wurden sie als

Kasachen – »Abtrünnige« oder »Unabhängige« – bezeichnet und ihre ethnische Identität nahm Gestalt an.

Die Ankunft russischer Soldaten und Händler im 17. Jh. bedeutete für die Stammeskultur den allmählichen Untergang. In der Neuzeit spielte Kasachstan in der industriellen und militärischen Entwicklung der Sowjetunion eine große Rolle – sein Nordosten war Schauplatz von mehr Atomtests als irgendein Ort auf der Erde.

Heute bilden Kasachstans sieben Millionen ethnische Kasachen im eigenen Land keine deutliche Mehrheit (nur 44 Prozent); es gibt fast ebenso viele Russen. Weitere zweieinhalb Millionen Kasachen wohnen in China, Usbekistan, der Mongolei und Russland. Als größtes Land Zentralasiens und neuntgrößtes Land der Welt ist Kasachstan, das zu Dreiviertel aus Wüste oder Halbwüste besteht, dünn besiedelt. Doch tief im Boden liegen reiche Öl-, Gas- und Kohlevorkommen.

Die Kasachen aller Regionen sprechen ein ähnliches Idiom, aber ihre Sprache hat kein modernes technisches Vokabular entwickelt und bleibt folglich im Schatten des Russischen, der Sprache der Bildung, des Handels und der Technik. Sprache und Ethnizität sind Streitthema, seit die beiden Landessprachen – Kasachisch und Russisch – um die Vormachtstellung ringen. Sie symbolisieren die tiefe Kluft zwischen zwei Völkern, die in völlig unterschiedlichen Welten leben. Die Russen sind gebildet, technisch und international, die Kasachen wirken in dem Versuch, zwischen den Bedürfnissen einer jungen Nation, dem Islam und moderner Massenkultur abzuwägen, auf dem Weg in die Zukunft unsicher.

Selbst in der modernen Gesellschaft finden die Menschen Sicherheit, indem sie auf traditionelle Bande vertrauen, die 500 Jahre zurückreichen. Jeder Kasache fühlt sich einer der drei uralten Gruppen oder *Zhus* (Horden) zugehörig: der Kleinhorde im Westen, der Mittleren Horde im Norden und Osten und der Großen Horde im Süden. Weil solche Zugehörigkeiten die Clan- und Staatspolitik wie auch wirtschaftliche Entscheidungen bestimmen, bleiben die uralten Horden für die Zusammensetzung und das Funktionieren der kasachischen Gesellschaft wichtig.

PASCHTUNEN (Pathan)

IM SÜDOSTEN AFGHANISTANS und den nahen Grenzregionen Pakistans leben die Paschtunen oder – wie sie sich selbst nennen – Pathan. Lang bevor das Wort zur geographischen Bezeichnung wurde, bezeichnete der persische Name »Afghane« speziell diese Gruppe. Im multiethnischen Afghanistan, wo 45 Sprachen gesprochen werden, bildet dieses Volk mit acht Mio. Mitgliedern die größte Ethnie. Pakistan ist die Heimat von mehr als zehn Mio. Paschtunen.

(Fortsetzung auf Seite 28)

Im Altaigebirge, an den Grenzen von Russland, Kasachstan, der Mongolei und China, leben die halbnomadischen Kasachen und pflegen ihre uralten Bräuche: eine Tänzerin bei der Feier zu einer Beschneidungszeremonie (unten).

Nachfolgende Seiten: Buruscho-Dorfbewohner in Nordpakistan sortieren sonnengetrocknete Aprikosen – in der Region Hunza lange Grundnahrungsmittel. Mit der Karakorum-Schnellstraße als Verbindung zur Außenwelt verkauft das Volk diese Früchte nun auch in Pakistan und China. Zugleich bringen Transportverkehr, Fernsehen und Tourismus ein Stück Außenwelt nach Hunza.

Seiten 26-27: Die im 4. Jh. v. Chr. von Alexander dem Großen gegründete Garnison Herat beherrschte ein dicht besiedeltes Gebiet in Nordwestpakistan. Perser und Zentralasiaten brachten der Region Handel, Wissenschaft und Kultur.

Paschtu, eine ostiranische Sprache mit zahlreichen persischen und arabischen Lehnwörtern, ist eine der beiden Amtssprachen Afghanistans. Die seit dem frühen 16. Jh. in einer Art arabischem Alphabet geschriebene Sprache inspirierte Dichter und Schriftsteller, darunter Ahmed Schah Durrani, den Gründer des afghanischen Staates im 18. Jh.

Das Paschtunenland erlebte Invasionswellen von Persern, Alexander dem Großen, Türken, Mogulen, Briten und jüngst den Sowjetrussen, die 1979 nach Afghanistan eindrangen. Unverzagt und selbstsicher hat sich das Volk der Kontrolle von Außen widersetzt und den Ruf erbitterter Krieger erworben.

Die Paschtunen bilden etwa 60 Stämme mit getrennten Territorien und bestreiten ihren Lebensunterhalt als Bauern, Hirten, Händler und Krieger. Von zentraler Bedeutung für das soziale Leben der Paschtunen ist das *Pashtunweli*, das Werten wie Stolz, Ehre und Gastfreundschaft einen hohen Stellenwert beimisst. Der strenge Rechtskodex regelt u.a. Besitzrechte, Erbfolgen und verpflichtet bei bestimmten Vergehen zur Blutrache.

Die meisten Männer tragen Gewehre. Schwere Prügel oder Tod können der Preis sein, den ein Fremder zahlt, der eine Paschtunin anspricht. Außenstehenden erscheint dies hart, aber das strenge Einhalten von Regeln hat die Gesellschaft unabhängig und intakt gehalten. Dennoch weicht das stete Vordringen von Elektrizität, Straßen, Schulen und Regierungsbeamten die Stammessitten auf. Gerade der legale Handel, der die uralte Beschäftigung mit Schmuggel verdrängt, erschließt die Paschtunen einer größeren Welt.

Turkmenen

Turkmene zu sein bedeutet, von einem männlichen Turkmenen abzustammen, sunnitischer Moslem zu sein, und das dem modernen Türkisch und Aseri verwandte Turkmenische zu sprechen. Einst waren die Turkmenen berühmte Reiter und Krieger aus den Steppen Zentralasiens. Als Nomaden hüteten sie Herden auf Land, das wenig mehr bot denn als Weideland für die Tiere, und plünderten gelegentlich besiedelte Gebiete. Ihr unstetes Leben erlaubte ihnen, sich der Steuern und Kontrolle zentraler Regierungsmächte zu entziehen. Heute leben mehr als vier Mio. Turkmenen im Nordostiran, Turkmenistan, Afghanistan, der Türkei, Syrien und dem Irak.

Zwar sind die Stammesbindungen noch immer stark, aber heute sind nur noch wenige Turkmenen Nomaden. Die meisten sind sesshafte Bauern, die Weizen, Gerste und Baumwolle anbauen, oder Halbnomaden, die ihren Lebensunterhalt durch Landwirtschaft und das Hüten von Schafen, Kühen, Ziegen, Pferden und Kamelen bestreiten. Die Bedeutung von Nomadismus und Viehzucht wird am höheren Status sichtbar, den ein *Chorva* (Viehzüchter) im Vergleich zu einem *Chomus* (Bauern) genießt. Unter Turkmenen ist die Meinung weit verbreitet, dass ein Bauer nicht genug Reichtum besaß, um Viehzüchter zu bleiben, und sich deshalb in politische Abhängigkeit verstrickte. Die von den Frauen aus Schafwolle und Seide gefertigten Teppiche werden wegen ihrer Qualität, Muster und Farben in aller Welt geschätzt. Für ihre geometrischen Muster werden *Gul* genannte polygonale Formen verwendet. Jeder Stamm hat ein bestimmtes *Gul*, das die Stammesherkunft der Knüpferin verrät; dieses Muster wird von Generation zu Generation weitergegeben. Das turkmenische Kunsthandwerk habt neben textilen Erzeugnissen auch bemerkenswerte Silberschmuckarbeiten hervorgebracht.

Usbeken

Die Usbeken bewohnen ein zentralasiatisches Land, das jahrhundertelang für seinen Wohlstand, seine Bildungszentren und Kultur berühmt war. Vor 2000 Jahren trieben die Vorfahren der Usbeken als Kaufleute an der Seidenstraße Handel mit Russland, China, Indien und Afghanistan und schufen so ein prosperierendes Handelszentrum, dessen Reichtümer unweigerlich Invasoren anlockten.

Arabische Eroberer brachten im 7. Jh. den Islam und läuteten eine goldene Ära ein, in der Buchara zu einer der größten Städte der Welt wurde. Ab dem 9. Jh. kamen Türken aus den Steppen im Norden; die Mongolen im 13. Jh. Die türkische Sprache und Kultur behielten jedoch die Oberhand, denn Dschingis Khans Armeen bestanden hauptsächlich aus türkischen Soldaten, von denen sich viele niederließen und einheimische Frauen heirateten. Ein Mongolenführer, Öz Beg, hinterließ als Vermächtnis seinen Namen, der als »Usbek« überdauerte.

In den 1380ern vereinnahmte der türkische Eroberer Timur (Tamerlan) weite Teile Asiens und brachte weitere Forscher, Künstler und Architekten in die Region; er führte auch das Türkische als Schriftsprache ein. Doch als Tamerlans Reich nach 1501 zerfiel, drang ein Stamm vom Norden des Aralsees vor, der den Kern des Volkes bildet, das wir heute Usbeken nennen.

Anfang des 20. Jh. veränderten die von den Sowjets gezogenen, künstlichen regionalen und ethnischen Grenzen das usbekische Leben dramatisch: Bis zur Gründung der Sowjetrepublik Usbekistan in den 1920ern empfanden sich die Menschen als Stammes- und Clan- Angehörige und nicht als Teil einer Nation. Auch die Geschichte des Usbekischen als eigene Sprache ist noch jung. Vor den 1920ern galt es nicht als eigene Staatssprache, sondern als einer der zahlreichen Turkdialekte. 1991 wurde Usbekistan unabhängig.

Usbekistans Bevölkerung von 25 Millionen – die größte in Zentralasien – besteht zu 70 Prozent aus Usbeken. Auch in Afghanistan, China und Kasachstan leben ansehnliche usbekische Populationen. Zwar stützen geographische Lage und ethnischer Einfluss Usbekistans Anspruch auf die Führerrolle in Zentralasien, aber das Land krankt an wirtschaftlichen und ökologischen Übeln. Das Ausweiten der Baumwollanbaus und Wassermissbrauch lassen den Aralsee schrumpfen: Er hat heute noch ein Drittel des Volumens von vor 40 Jahren. Wütende Stürme schleudern Tonnen von Salz und Sand in die Luft und verursachen schwere Gesundheitsprobleme. Viele Leute fürchten um die Zukunft der Usbeken, der einst so ruhmreichen Bewohner des Landes.

Ostasien

Ainu • Bai • Dong • Koreaner • Mongolen • Tibeter • Uiguren

Ainu

Eine der geheimnisvollsten Volksgruppen Asiens lebt auf Japans Insel Hokkaido, dem russischen Sachalin und den Kurilen: die Ainu. Seit unzähligen Generationen führt das europäisch aussehende Volk ein einfaches, von Fischfang, Jagd und einfachem Landbau abhängiges Leben. Einst waren sie als die »haarigen Ainu« bekannt, weil den Männern lange Bärte wuchsen und die Frauen um den Mund zum Schmuck schnurrbartähnliche Tätowierungen trugen. Traditionell kleideten sie sich in Tierhäute und schöne Gewänder aus Ulmenrinde und Federn. Die Herkunft des Volkes bleibt rätselhaft.

Heute sind nur noch etwa 24 000 Ainu übrig, und nur wenige gelten als echte oder reine Ainu. Bis ins 18. Jh. lebten die meisten auf Honschu, der japanischen Hauptinsel, aber sie unterschieden sich so stark vom Rest der Bevölkerung, dass die japanische Mehrheit ihren Untergang betrieb. Offizielle Politik und Siedlungsdruck trieben sie nach Norden. Heute halten die Japaner ihre Kultur für schützenswert, doch die Ainu sind vor allem in den letzten 50 Jahren, durch Mischehen und die Dominanz der japanischen Kultur fast völlig assimiliert worden.

Seit jeher ist für die Ainu die Bärengeisterzeremonie oder *Iyomante* Brennpunkt ihres spirituellen Lebens: Ein eigens für dieses Ritual aufgezogener Bär wird getötet, damit seine Seele in die Geisterwelt zurückkehren kann. Das Opfer bekräftigt Respekt und Hingabe der Ainu für die verborgenen Kräfte der Natur. Haut und Fleisch des Bären galten als Geschenk der Götter.

Das Alltagsleben der Ainu vollzog sich innerhalb des Dorfes und seiner direkten Umgebung. Diese Siedlungseinheit *(Iwor)* bestimmte die Grenzen der Welt innerhalb derer sie weitgehend Selbstversorger waren und von Lachs, Wild und Hirseanbau lebten. Die Ainu waren hervorragend im Herstellen von Bögen, Pfeilen, Speeren, Fallen und Harpunen, und sie bewahrten sich ein tiefes Wissen um die Wälder und Gewässer ihrer Heimat.

Heute arbeiten viele Ainu in Japans Baubranche. Ihr kultureller Niedergang steht beispielhaft für die unsicheren Zukunftperspektiven kleiner Ethnien.

Bai

Die 1,75 Mio. Bai der Provinz Yunnan zählen zu am stärksten assimilierten, wohlhabendsten und erfolgreichsten Minoritäten Chinas. Jahrhundertelang unterhielten sie enge Kontakte zur größten Volkseinheit, den Han-Chinesen, und da sie keine eigene Schrift besaßen, hielten sie sich fast immer an das chinesische Alphabet. Ihr Name bedeutet »Weiß«, und sie selbst bezeichneten sich als »Sprecher der Weißen Sprache« ihre tatsächliche Herkunft und Sprachzugehörigkeit ist ungesichert. Ethnolinguisten sind sich unschlüssig, ob ihre gesprochene Sprache zu Tibetisch, Khmer, Thai oder Chinesisch gehört.

Von Dali, der Hauptstadt der Bai, weiß man, dass sie einst das Zentrum eines fast 500 Jahre währenden, vom dynastischen China bis Mitte des 13. Jhs. unabhängigen Königreiches war. Dieser gut dokumentierten Geschichte verdankt das Volk, als eigenständige Ethnie betrachtet zu werden.

Die Geographie ihrer Heimat hat die Bai, die an den Ufern des glitzernden Erhaisees im Schatten einer schneebedeckten Bergkette leben, stark beeinflusst. Die 56 Kilometer lange Ebene entlang des Sees scheint wie geschaffen für ein friedliches und behagliches Leben: Fruchtbare grüne Reisfelder und leuchtend gelbe Rapsblüten kontrastieren mit dem blauen See, den roten Hügeln am fernen Ufer und den mit Birnen- und Pfirsichbäumen bepflanzten Obstgärten. Die ganze Ebene war einst mit Hunderten von Pagoden als weithin sichtbare Zeichen buddhistischen Glaubens übersät. Drei tausendjährige Pagoden stehen heute noch als Wahrzeichen der Bai.

Pferde waren in der entlegenen Bergregion einst wichtig, und die Bai wurden für die starken, kleinen Ponys gerühmt, mit denen sie Angehörige vieler Dynastien versorgten. Erst die Einrichtung der Burma Road in den 1930ern veränderte Lebensweise und Verkehrsform der Bai. Flughäfen, Schnellstraßen und Züge haben eine Verbindung zum modernen China hergestellt..

Die alte Liebe zu den Pferden lebt in einem jährlichen Markt weiter, den die Bai veranstalten. Das Ereignis erhält gewaltigen Zulauf von Bergbewohnern und Minderheiten aus vielen Teilen Chinas, die nicht nur kommen, um mit Tieren und traditioneller Medizin zu handeln, sondern auch der Pferderennen wegen, um zu essen, zu trinken und die Bergszenerie zu genießen. Die Bai glauben, dass ihre Pferde und ihr Land die gesegnetsten in ganz China sind.

Dong

Die faszinierenden Dörfer der 2,7 Millionen Dong, einer offiziell anerkannten Minderheit der Volksrepublik China, übersäen das Grenzland der Provinzen Guangxi, Hunan und Guizhou in Südchina. Die Dong gelten als die nördlichste Gruppe des größeren Thaivolkes. Sie sprechen eine Thaisprache; – eine Tonalsprache, die die Unterscheidung 15 verschiedener Töne voraussetzt und somit zu den am schwersten zu sprechenden Sprachen der Welt zählt.

Die Dong sind bekannt für Bauwerke. Eltern pflanzen bei der Geburt eines Kindes häufig einen Pinienhain an, die so genannten »18-Jahre-Bäume«, die später Sohn oder Tochter mit Holz für ein Heim versorgen. Die Häuser sind meist zweistöckig: Vorräte und Tiere unten, Wohn- und Schlafräume oben . In allen größeren Siedlungen gibt es einen oder mehrere Trommeltürme: kunstvolle, bis zu 13 Stockwerke hohe, reich geschmückte Bauwerke mit pagodenähnlich überstehenden Dächern. Die Dachsimse sind mit Szenen aus Mythen, Legenden und aus dem Alltagsleben bemalt: Kochen, Feldarbeit, Weben, Jagen und Musizieren sind häufige Motive. Tier- und Vogelstatuen zieren die Dächer. Von fern wirken die Türme wie stilisierte Fichten, Bäume, die den Dong heilig sind.

In früheren Zeiten warnte das Ertönen einer riesigen, im Turm aufgehängten Trommel vor Gefahr, heute ruft ihr Schlag die Menschen zu Versammlungen und Festen, während derer man den Türmen auch Loblieder singt. Zur Dong-Architektur gehören auch elegant proportionierte »Wind- und Regenbrücken«, wobei zu jeder Brücke bis zu fünf einzelne Pagodenbauten gehören. Die ursprünglich als Schutz errichteten, überdachten Brücken mit ihren ungewöhnlichen Dächern setzen heute in der Landschaft schöne Akzente. Aber die Einheimischen haben noch einen Vorzug entdeckt: Sie hängen Blattgemüse zum Trocknen über die Geländer.

Die Lust an kreativer Gestaltung wird auch an den Stickereien der Dong sichtbar. An heißen Tagen sitzen die Frauen im Schatten der Wind- und Regenbrücken und besticken, mit den Füßen im kühlen Bach planschend, in derselben Weise wie einst mit leuchtend bunten Fäden in mühevoller Kleinarbeit Taschen, Krägen, Schürzen oder Babytragetücher.

Koreaner

Mit 55 Prozent der Landmasse beherbergt das bergige Nordkorea nur etwa halb so viel Menschen wie Südkorea; zusammen zählen die Länder 68 Mio. Menschen. Die Teilung der Halbinsel 1945 durch eine 240-Kilometer-Grenze führte schließlich zum Koreakrieg, der von 1950 bis 1953 wütete.

Trotz ihrer Spaltung verbindet die Koreaner eine gemeinsame, historisch und geographisch bedingte Identität. Ihre Lage zwischen China im Norden und Westen und Japan im Osten spielte bei der Ausformung ihres nationalen Charakters eine bedeutende Rolle. Die frühe Kolonisation durch China hinterließ ihre Spuren in Verwaltung, Schrift und Künsten, aber die eigene Identität gaben die Koreaner nie auf. Sie leisteten Hervoragendes in Handwerk, Kunst und Architektur. Die koreanischen Beiträge zur ostasiatischen Malerei, Kalligraphie, Bildhauerei und Töpferkunst sind von ästhetischer Schönheit. Viele Sammler schätzen die blassgrüne, als Seladon bekannte Keramik, die unter der Koryo-Dynastie des 10. bis 14. Jhs. entstand.

Auch die Sprache hat die koreanische Identität geformt. Die heutige Sprache, die wohl der altaischen Sprachfamilie angehört und somit dem Mongolischen näher steht, ist von Chinesisch weit entfernt und entwickelte sich im 7. Jh.; zur Zeit der Einigung Koreas. Bis sie im 15. Jh. eine eigene, *Hangul* genannte Schrift erfanden, deren 40 Symbole gesprochene Laute äußerst präzise wiedergeben, verwendeten die Koreaner zum Schreiben chinesische Schriftzeichen. Dieser Bruch markierte den Beginn einer eigenen, populären Literaturtradition. Heute weisen die Koreaner eine der höchsten Alphabetisierungsraten in Asien auf und Südkorea hat eine der welthöchsten Quoten an Hochschulbesuchern.

Die vielfältige und komplexe koreanische Religion wurzelt in den alten, später vom Christentum überlagerten Bräuchen des Konfuzianismus und Buddhismus. Zur Glaubensrichtung des Ch'ondogyo mit Elementen aus Konfuzianismus, Buddhismus, Taoismus, Schamanismus und Katholizismus gesellten sich in den letzten Jahren Hunderte neuer charismatischer Sekten – auch Sun Myung Muns Vereinigungskirche mit Millionen von Anhängern.

Stolz sind die Koreaner auf ihre Küche; sie schätzen gegrilltes Fleisch und Gemüsegerichte wie Kimchi: scharf gewürzter, eingelegter Kohl, der fast allen Gerichten als Beilage dient.

Mongolen

Die Mongolen stürmten im 13. und 14. Jh. die Bühne der Welt und hinterließen als historische Akteure einen nachhaltigen Eindruck. Nachdem Dschingis Khan die verschiedenen Clans im Herzen von Asiens Steppen geeint hatte, brachen die »Mongolen« genannten, schnellen Reiterkrieger auf, Eurasien zu erobern. Doch ihr übergroßes Reich, vom Pazifik bis an Ägyptens und Westeuropas Grenzen, hielt nur 175 Jahre, bevor es zerbrach. Das Klischee von den grausamen Horden hielt deutlich länger, obwohl seit jenen fernen Tagen friedliche Viehzucht das Kriegerhandwerk ersetzt hat.

Im weiten Grasland, das sie bewohnten, lebten die Mongolen als Hirtennomaden und Viehzüchter in Jurten (oder auf Mongolisch *ger*), halbkugeligen, mit Filz bespannten Holzgerüsten. Auch Frauen und Kinder nahmen, aktiv am Nomadenleben teil, versorgten die Tiere und sammelten Dung als Brennmaterial. Aus der entbehrungsreichen Lebensform erwuchs den Mongolen Zähheit und Ausdauer. Das Überleben einer Gruppe hing von der ge-

schickten Handhabung ihrer kleinen Pferde beim Hüten der Schafe, Ziegen, Rinder, Kamele und Yaks ab. Auch heute noch liefern diese Tiere die Basis für die Ernährung aus Milchprodukten und Fleisch. Milch, Käse und Joghurt gibt es in Hunderten von Varianten und für Feste sogar destillierten »Milchwodka«. Alle Teile der Tiere werden verwertet und große Fettbrocken gelten als Delikatesse.

Der Buddhismus, ein fremder aus Tibet eingeführter Glaube, hat die mongolische Kultur, die ihn mit einheimischem Schamanismus kombiniert, über die Jahre stark beeinflusst. Die Nomaden lernten, tragbare Altäre zu benutzen und fromme Bildrollen, die sich leicht aufrollen und transportieren lassen. Im 16. Jh. wurde das Band zwischen Tibet und der Mongolei so eng, dass ein mongolischer Khan einem tibetischen Führer den Titel Dalai Lama – »Ozean der Weisheit« – verlieh.

Heute haben die Mongolen ein eigenes Land im nördlichen Mittelasien. Der als Mongolische Volksrepublik bekannte Staat umfasst ein hohes, hügeliges Plateau, das – fast dreimal so groß wie Frankreich – eine Bevölkerung von 2,6 Millionen beherbergt. Jenseits der Südgrenze, in Chinas Innerer Mongolei und anderen chinesischen Provinzen, leben weit mehr Mongolen: 3,5 Millionen. Weitere Populationen haben sich in Kasachstan, Sibirien und der russischen Kalmyk-Region, der Kalmückensteppe an der unteren Wolga, erhalten.

Die Mongolei, nach Russland das zweite Land der Welt, das sich dem Kommunismus verschrieben hatte, erhielt 1924 den Status als Republik. Antireligiöse Revolutionäre töteten Tausende von Mönchen, schränkten den Nomadismus ein und errichteten Kollektive. Die meisten Mongolen leben heute in Städten und Siedlungen, doch viele ziehen das Leben in *gers* vor – sogar in den Vororten der Hauptstadt Ulan-Bator.

Das allgemeine Wiederaufleben von Ringen, Bogenschießen, Volkstanz und Pferderennen bezeugt den tief verwurzelten Wunsch der Mongolen, uralte Bräuche zu bewahren.

Auf der japanischen Insel Hokkaido tanzen Männer und Frauen der Ainu in Festkleidern einen rituellen Kranichtanz und opfern Sake, Reiskuchen und Talismane. Die uralte Kultur der Ainu nahm ihren Anfang vermutlich schon in der späten Eiszeit.

Nachfolgende Seiten: Die in der Jagd mit Steinadlern geübten Kasachen bewohnen das Ödland weit im Westen der Mongolei. Die wilden Adler mit Flügelspannweiten über zwei Meter können mit Geschwindigkeiten bis zu 160 km/h herabstürzen, um Pelztiere zu schlagen – für ihre Herren eine Einnahmequelle.

Tibeter

Das tibetische Volk von schätzungsweise fünf bis sechs Mio. Menschen, lebt auf einem ausgedehnten Hochplateau, einer Hochwüste umgeben von öden, kalten Weiten und dem höchsten Gebirge der Erde, dem Himalaja.

Kulturell gesehen ist Tibet weitaus größer als das »Autonome Region Tibet« genannte Gebiet in China. Dieses »größere Tibet« schließt Bhutan, Sikkim, Nordnepal und Teile von Kaschmir in Nordindien ein. Weite Teile von Chinas Provinzen Gansu, Qinghia, Sichuan und Yunnan sind ethnisch betrachtet ebenfalls tibetisch. Von der tibetischen Kultur beeinflusste Gruppen sind die Sherpa in Nepal, die Drukpa in Bhutan und die Ladakhi in Nordindien. Dutzende kleinerer Gruppen, die zahlreiche Dialekte sprechen, tragen das Ihre zur komplexen tibetischen Welt bei. In China ist Mandarin für viele Tibeter zur Verkehrssprache geworden.

Seine geographische Lage und Isolationspolitik erlaubten es den Tibetern, bis Mitte des 20. Jahrhunderts eine fast mittelalterliche Lebensweise zu bewahren. Ihre Kultur entstand im relativ fruchtbaren Süden des Plateaus, wo Gerstenanbau möglich war, während im hohen Norden die in schwarzen Zelten lebenden Nomaden Vieh züchteten, vor allem den allgegenwärtigen Yak. Im 7. Jh. kam der

Ein lachendes Sherpamädchen in der typisch tibetischen Streifenschürze (oben links). Die zähen, als fähige Bergsteiger berühmten Sherpas im Süden des Mt. Everests kamen vor rund 400 Jahren aus Osttibet. In Chinas Südwesten: Frauen und Kinder der Bai (oben rechts) beobachten ein Feuerwerk anläßlich eines Richtfestes. Ein Uigure (oben) begutachtet Motorräder in Kaschgar, einst legendäre Station an der Seidenstraße im fernen Westchina. Eine Straße nach Pakistan und eine Zugverbindung nach Ostchina haben das Verkehrssystem modernisiert, zugleich ersetzen Supermärkte die uralten Basare.

Buddhismus aus China, dem bald buddhistische Missionare aus Nordchina folgten. Religiöse und weltliche Institutionen verschmolzen miteinander und durchdrangen alle Lebensbereiche. Zuletzt unterhielt das Land 6000 Klöster und zumindest ein Sohn aus jeder Familie wurde Mönch.

Obwohl der tibetische Buddhismus zahlreiche Zweige hat, dominiert seit dem 17. Jh., als der fünfte Dalai Lama die Spitze der Theokratie erreichte, die Gelukpa-Sekte. Auf der Basis des Buddhismus entwickelte sich eine weltoffene Philosophie, ein Streben nach Erkenntnis, das sich zum großen Teil bis heute erhalten hat. Tibets faktische Eigenständigkeit von 1912 bis 1950 endete, als China das Land besetzte und 1959 das Exil des Dalai Lama und 80 000 seiner Anhänger in Nordindien erzwang. Religiöse Unterdrückung und die Zerstörung von Klöstern folgten und ein ständiger Zustrom von Chinesen hat die Tibeter mit fremden kulturellen Einflüssen konfrontiert.

Uiguren

Die mehr als 7,5 Millionen Uiguren in der westchinesischen Region Sinkiang bewohnen die öden und bergigen Weiten, die man einst als Ostturkestan kannte. Weitere zwei Millionen Uiguren leben in Pakistan, Afghanistan, Saudi-Arabien, der Türkei, Europa und Nordamerika.

Die Ursprünge des uigurischen Volkes reichen zurück in das 3. und 4. Jh., als türkische Nomadenstämme auf der Suche nach Weideland und Oasen umherzogen. Mit der Zeit entstanden verschiedene Reiche, die sich im Osten bis an den Hwangho erstreckten, im Norden bis nach Sibirien, und im Süden bis nach Pakistan. Die an der Seidenstraße beheimateten Uiguren gaben allmählich das Nomadenleben auf und wurden sesshafte Bauern und Händler. Die durch Handelskontakte eingeflossenen, neuen Elemente bereicherten die uigurische Kultur, die bald eine Schrift, Gelehrte, Erfinder und eine wohlgeordnete Verwaltung hervorbrachte. Der Beitrag der Uiguren zu Architektur, Musik, Drucktechniken und Medizin bereicherten die gesamte Region.

Zentren des lange an Oasen gebundenen Lebens der Uiguren ist das buddhistische Turfan im Nordosten und das moslemische Kaschgar im Südwesten – beide in der heutigen Region Sinkiang. Ende des 13. Jh. unterwarfen die Moslems ihre Brüder im Nordosten und blieben bis zur Machtübernahme der Qing-Dynastie 1759 von China unabhängig. Seitdem bestimmt China das Geschick der Uiguren.

Obwohl die Uiguren in ihrer Heimat scheinbare Autonomie genießen, gibt es ethnische Spannungen. Seit Jahrzehnten betreibt China eine Einwanderungspolitik durch Han-Chinesen in Sinkiang um den Bevölkerungsdruck andernorts abzubauen und die Region zu entwickeln. Die Uiguren sehen darin eine Bedrohung ihrer kulturellen Identität.

Heute sind Sinkiangs Märkte eine Mischung aus arabischem Suk, chinesischem Basar und mittelasiatischem Handelsposten: Tiere, Sattlereien, scharfe Gewürze, Felle, Teppiche, Seidenkleider in leuchtenden Tönen und Händler, die Kebab und riesige, flache Brote verkaufen. Abseits der Märkte bewässern Bauern ihre Felder noch immer mit einem genialen unterirdischen Kanalsystem, das Wasser aus dem fernen Tien-Schan-Gebirge bringt.

Südostasien

Balinesen • Dajak • Javaner • Khmer • Minangkabau • Thai • Vietnamesen

Balinesen

Die kleine Vulkaninsel Bali, östlich von Java im indonesischen Archipel, ist die Heimat von drei Millionen Balinesen. Die wegen ihrer Schönheit gerühmte Insel, das Traumziel vieler Ferntouristen, ist für die Balinesen weit mehr als die Basis ihrer wirtschaftlichen Existenz; sie ist in religiös-spiritueller Hinsicht ein eigener Kosmos. Der balinesische Alltag ist durchdrungen vom Streben nach einem Leben im Einklang mit der göttlichen Ordnung: Kaum ein Tag vergeht ohne Prozession oder Tempelfest, untermalt von der kunstvollen Musik der Gamelan-Orchester.

Im ansonsten moslemischen Indonesien, ist Bali eine Hindu-Bastion geblieben. Indische Händler brachten den Hinduismus mit auf die Insel und die Religion fand im 7. und 8. Jh. solch festen Halt, dass Bali später allen Konvertierungsversuchen widerstehen konnte – selbst als im 16. Jh. auf Java und anderen Inseln der Islam die Oberhand gewann.

Am Fuß eines heiligen Vulkans, bekannt als Gunung Agung, »Nabel der Welt«, erstrecken sich smaragdgrüne Reisfelder und unzählige Dörfer. Sie sind das Herz des balinesischen Lebens. Hier erneuern und lehren Künstler immer noch ihre hochentwickelten Handwerkstraditionen. Auf Bali scheinen Mythos, Ritual, Malerei, Schnitzkunst, Theater und Tanz miteinander zu verschmelzen;davon zeugen auch die mehr als 5000 Tanzgruppen, die es auf der Insel gibt. Die Balinesen kennen außerdem Methoden um Trancezustände herbeizuführen, um auf diese Weise direkt mit der Geisterwelt zu kommunizieren.

Balis bedeutendstes Schauspiel dreht sich um den Konflikt zwischen zwei mythischen Wesen: Barong und Rangda. Das Löwentier Barong – es symbolisiert Sonnenschein, Medizin, Leben und Licht – liefert das Gegenmittel für das Böse. Er tanzt gern aus purer Freude. Aber seine Ausgelassenheit wird von Rangda gestört, einer abscheulichen Hexe und Königin des Todes. Auf dem Höhepunkt des Dramas eilen Trancetänzer Barong zu Hilfe, doch Rangdas böse Magie wendet deren Dolche gegen sie selbst. Allein Barongs Macht verhindert, dass die Dolche ins Fleisch dringen. Langsam führt Barongs Bart, das Zentrum seiner Kraft, die Tänzer aus der Trance. Keines der mythischen Wesen gewinnt den kosmischen Kampf; das Gute erringt nur einen vorübergehenden Sieg.

Seit den 1930ern ist Bali Ziel wachsender Ströme von Touristen. Heute schwärmen jährlich rund eine halbe Million Fremder durch Dörfer und Tempel. Der drohende Kulturkollaps und die Kommerzialisierung der Insel sind stets gegenwärtig, aber Balis dynamisches und anpassungsfähiges Volk hält den Blick streng auf sich und seine einzigartige Kultur gerichtet.

Dajak

Sie leben an grossen, sich durch die Wälder Borneos windenden Flüssen: die Dajak. Sie sind ein Volk, dessen Name zahlreiche nichtmoslemische Ethnien abdeckt. Die meisten der zwei Millionen Dajak wohnen in Süd- und Westborneo, im östlichen Malaysia und dem indonesischen Kalimantan.

Traditionell bestanden Dajak-Gemeinden aus einigen hundert Menschen, die wenig Kontakt zu anderen Gruppen unterhielten. Familienverbände lebten in Langhäusern und betrieben Subsistenzwirtschaft auf der Basis dessen, was Wald und Fluß ihnen bot. Auf etwas weiter vom Flußufer entfernten Feldern bauten sie Trockenreis in Feldwechselwirtschaft an. Einige Gruppen der Dajak waren als Kopfjäger gefürchtet, die Iban oder See-Dajak waren bis ins 19. Jahrhundert berüchtigte Piraten.

Während der letzten Jahrzehnte sind die Dajak mit großen Veränderungen konfrontiert worden. Seit Anfang der 1960er sendet Indonesiens Regierung Menschen und Maschinen nach Kalimantan, um die Wälder auszubeuten und den Siedlungsdruck andernorts zu lindern. Ein *Transmigrasi* genanntes Programm siedelte Ethnien aus anderen Teilen des dicht bevölkerten Staates um, vor allem Maduresen aus Madura und Ostjava. Die Gewinnung von Hartholz, das im Dajakgebiet gefällt und abtransportiert wird, ging mit dem Anwachsen von Farmen, Anbauflächen und Städten einher. Die neben einheimischen Dajak-Animisten angesiedelten moslemischen Einwanderer riefen Brotneid und Misstrauen hervor. Das schürte die Spannungen zwischen ihnen und den Dajak, die fürchteten, die Neuankömmlinge würden ihnen ihre Gebiete und jede für sie mögliche Arbeit in der Stadt wegnehmen.

Immer wieder flackerten Kämpfe auf, die Anfang 2001 allerdings ein nie gekanntes Ausmaß erreichten, als mit Speeren, Äxten und alten Jagdgewehren bewaffnete Dajak die Maduresen angriffen und vertrieben. Hunderte starben und im rasenden Blutvergießen brach die Kopfjagd wieder aus. Viele Maduresen verließen Borneo und flohen in Auffanglager; in den Städten forderten Gegenschläge weitere Tote. Historische Versäumnisse und unsensibler Umgang mit den Nöten der Dajak schufen die Basis für Missverständnisse und Konflikte, die inzwischen zu einem ethnischen Trauma geführt haben.

Javaner

Java, eine indonesische Insel kleiner als Florida, ist die Heimat von 100 Millionen Menschen; zwei Drittel sind ethnische Javaner, die im Zentrum und Ostteil der Insel leben. Im Schatten einer Bergkette mit Vulkanen und Kraterseen widmen sich die Menschen seit 4500 Jahren der Feldarbeit. Hier erlaubten die fruchtbaren Böden und reichen Wasservorkommen den emsigen Dorfbewohner, ihre Heimat in ein Nassreiswunder zu verwandeln, das die große Bevölkerung ernähren kann.

Im Laufe ihrer Geschichte haben die Javaner die Fähigkeit erworben, sich Kräften von außen anzupassen und sie in ein vielfältiges kulturelles Erbe zu verwandeln: Invasoren, Einwanderer, Händler und Siedler aus Polynesien, Indien, China, Arabien, Portugal, den Niederlanden und Großbritannien brachten viele der großen Weltreligionen mit – Hinduismus, Buddhismus, Islam und Christentum – und drückten der Kultur ihren Stempel auf.

Die indische Kultur auf Java erreichte ihren Höhepunkt zwischen 750 und 900 n. Chr. in einer großen Ära des Tempelbaus, von der die über das Land verstreuten hinduistischen und buddhistischen Bauten zeugen. Borobudur, eine gewaltige, in Stein gehauene Stupa, ist Javas großartigstes Bauwerk aus dieser Epoche. Die Verfeinerung des höfischen Lebens in dieser Zeit förderte eine bis heute erhaltene Sprachhierarchie, in der abweichende Wortschätze die soziale Stellung des Sprechers spiegeln. Damit verfügt das Javanische über mehrere Sprachebenen: derb, normal, ehrerbietig und respektvoll.

Im 15. und 16. Jh. brachten seefahrende Händler den Islam mit, aber die Verbreitung dieses Glaubens entsprang weniger einer förmlichen Bekehrung als der Anpassung des Islam an ältere hindu-buddhistische Institutionen. Die Javaner glauben an das Übernatürliche, sie bekennen sich zu einer Welt der Geister und Gespenster, der Zauberei und des Bösen und praktizieren auch Animismus und Ahnenkult. Ihre religiösen Epen, mythisch-heroische Geschichten und Komödien – als Theaterstücke für *Wayang Kulit* (Schattenfiguren), *Wayang Golek* (Holzpuppen) und *Wayang Wong* (menschliche Schauspieler) – finden ein enthusiastisches Publikum.

Auch in Kunst und Handwerk findet dieser Glaube an überirdische Kräfte seinen Ausdruck. Das Kris, ein zweischneidiges Schwert mit wellenförmiger Klinge, umgibt eine Aura des Heiligen. Viele glauben, das Kris könne fliegen oder die Seele des ersten Besitzers lebe in der Klinge. Javanische Meister der Wachsbatik, schaffen auf weltlichen, religiösen, antiken und modernen Motiven basierende Meisterwerke. Neben Batikarbeiten, die wegen ihres Stils und der verwendeten Farben und Symbole als Kunstwerke betrachtet werden, gibt es auch rein funktionale Produkte für Hemden, Sarongs und Taschen.

Khmer

Kambodschas Khmer, eine Ethnie mit mehr als 11 Mio. Menschen, leben auf fruchtbarem, vom Mekong und dem großen See Tonle Sap bewässertem Land.Während mehr als tausend Jahren hat der Buddhismus, – beeinflusst durch den frühen Hinduismus, – als persönlicher Glaube und als Staatsreligion die Khmer beseelt. In einer Ära bedeutender buddhistischer Könige, die durch die Schaffung einer wohlgeordneten Verwaltung und eine rege Bautätigkeit in die Geschichte eingingen, entstand eine hochentwickelte Zivilisation. Der in Stein gehauene Komplex in Angkor, nicht nur ein Tempel, sondern eine

Stadt, repräsentiert die Blüte der Khmer vom 9. bis 13. Jahrhundert. Kultureller Mittelpunkt war das höfische Leben mit rituellem und klassischem Tanz, einer anmutigen Kunstform, die indische Epen, Romanzen und buddhistische Themen darstellte. Tempeltänzerinnen galten als irdische Entsprechnungen himmlischer Nymphen. Angkor dokumentiert in Stein gehauen diese Tanzkunst, die nicht nur die Götter unterhielt, sondern auch die kulturellen Werte der Khmer widerspiegelt.

Unfassbar, dass dieses Kulturland von 1975 bis 1979 in dunkle Barbarei verfiel. Die Roten Khmer erhoben sich in einem blutigen Aufstand, der über 1,5 Millionen Menschenleben forderte, die Khmer an den Rand des kulturellen Selbstmords führte und fast alle Spuren der Vergangenheit zerstörte. Sie ermordeten Künstler, Tänzer und Musiker und drohten, die fast tausend Jahre alte klassische Tanztradition auszulöschen. Massenmorde, Zwangsarbeit, Krankheiten und Hunger verstörten die Gesellschaft. Viele Khmer flohen, fast 150 000 fanden in den USA Zuflucht.

Als der Albtraum vorbei war, belebte eine Handvoll Überlebender klassische Traditionen wie Musik und Tanz aufs Neue und bereits acht Jahre alte Kinder lernten, wie man, in prachtvoll, glitzernden Kostümen, dem antiken Hoftanz Leben einhaucht. Trotz ihres Kampfs ums nackte Überleben haben die Khmer die großen Künste ihrer Nation als lebendige Elemente des kulturellen Gedächtnisses bewahrt, die sie mit der Vergangenheit und der Hoffnung auf die Zukunft verbinden.

Minangkabau

Die rund 5 Millionen Minangkabau bewohnen den Westen von Sumatra, der sechstgrößten Insel der Welt, ein Gebiet grüner Hochebenen, Wälder, Schluchten und Steilabbrüche. Die Minangkabau leben von der Landwirtschaft und vom Handwerk. Besonders die filigranen Silber- und Goldarbeiten und feine Stickereien sind bemerkenswert.

Die Minangkabau sind eine der größten matrilinearen Gesellschaften der Welt. Eigentumsrechte, Besitz, Familiennamen und Erbfolge werden über die weibliche Linie bestimmt – auch unter dem Islam, der generell die männliche Erbfolge bevorzugt. Diese Erb- und Abstammungsregelung sorgt für ein für Asien untypisches Maß an sozialer Gleichheit.

Traditionell teilen mehrere matrilinear miteinander verwandte Familien ein *Rumah Gadang* (Langhaus). Jedes Individuum bleibt lebenslang Mitglied des Hauses der Mutter. Möchte ein Paar heiraten, führt üblicherweise die Familie der Braut die Heiratsverhandlungen. Nach der Heirat zieht der Ehemann ins Sippenhaus der Frau. In einigen ländlichen Gegenden gibt es sogar einen »Brautpreis« für den Bräutigam.

Nimmt eine Tochter einen Ehemann, wird dem Langhaus für die wachsende Familie ein Anbau hinzugefügt. Die steilen Satteldächer solcher Anbauten enden in hornförmigen Giebeln, die Hörner des Wasserbüffels symbolisieren, das den Minangkabau heilige Tier. Die Zahl der verheirateten Töchter und Enkelinnen einer Urahnin lässt sich anhand der Anzahl der Anbauten ablesen. Dank der starken Familienbande und der Betonung von Bildung haben

(Fortsetzung auf Seite 42)

Mit festlichen Batikschärpen geschmückte Hindufrauen mit Opfergaben aus Blumenketten, Nahrung, handgemachten Bambusdekorationen und anderen Geschenken in Vorbereitung auf ein Fest, das einmal jährlich auf Bali stattfindet

Nachfolgende Seiten: Moslemmädchen auf Java während der Beerdigung einer Mitschülerin. Im Laufe von 400 Jahren wurde der Islam zur Hauptreligion.

Seiten 40–41: In Bangkoks Marmortempel (Wat Benchamabophit) erleuchten Kerzen eine Prozession von Mönchen. Der Buddhismus durchdringt alle Bereiche der Thaikultur. Viele Männer ziehen sich gelegentlich für Wochen oder Monate zurück, um als Mönche zu leben.

die Minangkabau eine der höchsten Alphabetisierungsraten Indonesiens. Die Gruppe glänzt in der indonesischen Literaturwelt und hat im letzten Jahrhundert viele bekannte Schriftsteller hervorgebracht.

Überbevölkerung und der Niedergang der Traditionen hat viele Männer der Minangkabau veranlasst, in andere Teile des Inselstaates zu emigrieren. Die meisten zogen in die Hauptstadt Jakarta und wurden erfolgreiche Ladenbesitzer, respektierte Lehrer oder hervorragende Köche, die jene schmackhaften, würzigen Gerichte auftischen, für die die Minangkabau berühmt sind.

Thai

Im täglichen Trubel und Lärm von Bangkok, der Hauptstadt von Thailand und einer der Megastädte Asiens, begegnen sich alle Elemente der Thaigesellschaft auf engstem Raum. Hier leben die vier Kerngruppen nebeneinander, aus denen sich die größere ethnische »Nation« zusammensetzt: Mittel-Thai, Lao-Thai, Nord-Thai und Süd-Thai. Allen gemeinsam sind der buddhistische Theravada-Glaube, eine gemeinsame Sprache, die in mehrere Dialekte zerfällt, die ethnische Herkunft – und sie alle trotzen demselben sommerlichen Monsunregen und den langen Trockenperioden von Herbst bis Frühling.

Die 62 Millionen Thai stammen von Vorfahren ab, die aus der Provinz Yunnan in Südwestchina kamen. Zwischen dem 9. und 13. Jh. erwies sich ein großes nichtchinesisches Königreich als Puffer, durch den die Thai der Assimilation durch die Chinesen entgingen. In diesem Königreich hatten Thai die höchsten Positionen inne, sie konnten sich ausbreiten und kontinuierlich nach Südostasien einwandern, sogar in Gebiete, die weit jenseits der heutigen Grenzen Thailands liegen. Infolgedessen sind die meisten Laoten der Abstammung nach Thai, wie etwa die Schan, die auch rund zehn Prozent der Bevölkerung von Myanmar (Birma) stellen. Andere Thai-sprechende Gruppen leben in Südchina und Vietnam.

Die meisten frühen Thai siedelten im fruchtbaren Gebiet des Chao Praya, der Thailands Zentralebene beherrscht. Offiziell traten sie als Volk 1238 in Erscheinung, als das Königreich Subkothai verschiedene Gruppen einte und von den vormals herrschenden Khmer befreite. Der Buddhismus förderte den Zusammenhalt, und dies wiederum inspirierte einen eigenständigen Kunststil, in dem sich, wie man an den gemeißelten Tempeln und riesigen Buddhastatuen sehen kann, Wohlstand und Selbstvertrauen spiegeln.

In heutigen Thailand ist Thaiboxen eine der beliebtesten Sportarten, eine Art nationaler Zeitvertreib.

Viele Thai richten sich nach dem Mondkalender und freuen sich auf die jährlich wiederkehrenden Feste die davon bestimmt sind. Das vielleicht beliebteste Fest ist das Loy Krathong. Unter einem vollen Novembermond werden die Flüsse, Bäche, Seen und Kanäle des Landes zu Stätten der Verehrung von Mae Khongkh, der Göttin der Flüsse und Wasserwege. Menschen jeden Alters bereiten kleine Boote in Form von Lotosblüten oder kleinen Tempeln vor, die dann gesegnet und mit Kerzen, Weihrauch, Blumen und Münzen dekoriert werden, bevor man sie schwimmen lässt. Die ganze Nacht hindurch treiben winzige Lichter auf dem Wasser und hüpfen auf und ab.

Vietnamesen

Nach vier Jahrzehnten des Kampfes gegen unterschiedliche Gegner – Japaner, Amerikaner, Kambodschaner und Chinesen – und einem langen Bürgerkrieg, der auf die Vereinigung 1975 folgte, haben sich die 79 Millionen Vietnamesen dem Wiederaufbau zugewandt.

Das vietnamesische Volk stammt aus der Deltaregion des Roten Flusses im Norden. Über die frühe Geschichte der Vietnamesen weiß man nicht viel. Irgendwann zwischen 500 und 200 v. Chr. entstiegen sie als ethnische Einheit einem Schmelztiegel von seefahrenden Wandervölkern aus Ozeanien und etlichen Nomadengruppen aus Asien, wobei die Merkmale der nördlichen Mongolen vorherrschten. Aus ihrem Ursprungsgebiet wanderten die Vietnamesen langsam und kontinuierlich südwärts und erreichten im frühen 18. Jh. das südliche Mekong-Gebiet. Heute erstreckt sich ihr Land wie ein lang gezogener Buchstabe S über 1600 Kilometer Länge von der chinesischen Grenze bis an den Golf von Thailand.

Zur Salzgewinnung leiten Vietnamesinnen Meerwasser mit Fußkraft in Verdunstungsbecken. Trotz der Modernisierung des Landes haben solche einfachen Methoden immer noch überlebt.

Seiten 44-45: Diese Form des Fischfangs auf Sri Lanka setzt ein Höchstmaß an Geschicklichkeit voraus und bietet den Fischern ein karges Einkommen. Der seit Jahrzehnten währende Bürgerkrieg erschwert die Lebensbedingungen der Bevölkerung.

Die vietnamesische Sprache, höchstwahrscheinlich ein Mitglied der komplexen austroasiatischen Sprachfamilie des südostasiatischen Festlandes, wurde in einem Jahrtausend chinesischer Vorherrschaft stark von China beeinflusst, als das klassische Chinesisch das offizielle Verständigungsmittel von Mandarinen und Gelehrten war. Viel später, im 17. Jahrhundert, schufen europäische Missionare eine neue, auf dem lateinischen Alphabet basierende Schrift, die die chinesischen Schriftzeichen ersetzte.

Das Wertesystem des aus China stammenden Konfuzianismus hielt die Gesellschaft zusammen und trug zur Herausbildung von vier Hauptgruppen bei: Gelehrte und Beamte, Handwerker, Kaufleute, Bauern. Damals wie heute ist der Reisanbau die Lebensgrundlage der ländlichen Bevölkerung, ergänzt durch Fischfang. Noch heute leben fast vier von fünf Vietnamesen auf dem Land.

Sowohl Mahayana- wie Theravada-Buddhismus fassten in Vietnam Fuß: Die buddhistischen Institutionen bestanden bis der Kommunismus kam und alle Aspekte religiösen Lebens beschnitt. Nach der französischen Kolonialzeit breitete sich Mitte des 19. Jhs. auch der Katholizismus aus, zu dem sich heute drei Mio. Vietnamesen bekennen. In den frühen Jahrzehnten des 20. Jhs. wurde Vietnam Zeuge der Entstehung des Caodaismus – einer Mischung aus Taoismus, Buddhismus, Konfuzianismus und Christentum –, in dem utopische wie kosmologische Ideale mit einer allumfassenden Theologie verschmolzen. Zu den Heiligen des Caodaismus zählen Victor Hugo, Napoleon, Louis Pasteur und Winston Churchill.

SÜDASIEN

BENGALEN • NAGA • SINGHALESEN • TAMILEN

BENGALEN

DORT, WO SICH DER BRAHMAPUTRA mit dem Ganges in einem großflächigen Mündungsdelta vereint, liegt das Kernland der Bengalen. Das Volk ist über zwei Hauptregionen verteilt: den Staat Bangladesch und den indischen Bundesstaat Westbengalen. Beiden Gebieten mangelt es an vielen Ressourcen , aber sie verfügen beide über Wasser und Menschen im Überfluss. Bangladesch ist mit fast 126 Millionen Menschen das am dichtesten besiedelte Land der Erde, zugleich ist Westbengalen mit 70 Millionen Indiens bevölkerungsreichster Bundesstaat. Die bengalische Sprache rangiert in Bezug auf die Zahl der Muttersprachler auf Platz sechs der Weltrangliste.

1947 spaltete die Teilung Indiens die bengalische Provinz in einen indischen und einen pakistanischen Sektor. Schließlich erklärte 1971 Bangladesch (ehemals Ostpakistan) seine Unabhängigkeit. Die Teilung folgte religiösen und nicht ethnischen Grenzen, denn alle Menschen in der Region sprachen Bengalisch (Bangla) und sahen sich als Bengalen. Das indische Westbengalen war mehrheitlich stets hinduistisch, Bangladesch aber, mit der höchsten Konzentration an Moslems in der Welt, folgt einer Form des Islam, die vor-islamische, hinduistische und buddhistische Elemente aufgreift.

Die Bengalen beider Gebiete blicken auf eine gemeinsame Geschichte zurück und auf das erfolgreiche Wiederaufleben ihrer traditionellen Literatur, Musik und Kunst im 19. Jh. Ihre gemeinsame (indoeuropäische) Sprache bewahrt ein reiches literarisches Erbe. Die Werke von Rabindranath Tagore, vielgeliebter Dichter und 1913 Nobelpreisträger für Literatur, werden noch immer gelesen und von Moslems wie Hindus auswendig gelernt. Der Dichter und Dramatiker Kazi Nazrul Islam, »die Stimme des bengalischen Nationalismus«, wurde zur Kultfigur der armen Bauern. Seine Stücke und Erzählungen zu politischen und historischen Themen gaben den lang unterjochten Moslems Hoffnung.

Obwohl viele Bengalen in großen Städten wie Kalkutta und Dhaka wohnen, leben die meisten immer noch als Bauern, Fischer und Händler in Dörfern. Während die Siedlungen in Norden von der Sicherheit einer hügeligen Landschaft profitieren, leben viele Bengalen in unsicheren, wasserreichen Regionen, in kleinen Buchten, auf Inseln und Landzungen. Das alljährliche Hochwasser bringt zwar fruchtbaren Schlamm mit sich, aber große Überschwemmungen fordern oft Tausende von Menschenleben.

Tägliche Notwendigkeit für Bengalen (unten): Schirme bieten in Bangladesch Schutz vor dem Sommerregen des Monsun und gegen die Sonne in der heißen Trockenzeit. Das dicht bevölkerte Ganges-Brahmaputra-Delta erlebt fast jedes Jahr Überflutungen.

Busreisende auf Indiens Grand Trunk Road (gegenüber) begrüßen einen Elefanten. Verkehrsmittel jeder Art begegnen sich auf Nordindiens historischer Straße von Kalkutta nach Amritsar, die von britischen Siedlern anlegt wurde.

Naga

In Nordostindien bietet ein zerklüfteter Streifen Land zwischen Myanmar (Birma) und dem Brahmaputratal den zahlreichen Stammesvölkern von Nagaland eine Heimat. Obwohl die Naga von Ethnien in Assam und Birma schwer zu unterscheiden sind, bekennen sich diese Menschen, die tibetobirmanische Sprachen sprechen, zu einer unverwechselbaren gemeinsamen Identität. Die Bräuche der einzelnen Naga-Gruppen unterscheiden sich, nicht aber das Siedlungsmuster. Sie leben in kleinen Dörfern, die auf Gebirgsausläufern errichtet worden sind. Die topographische Beschaffenheit dieses Rückzugsgebietes hat die entwicklung von über 50 Dialekten ermöglicht, und so müssen Nagagruppen untereinander manchmal in Pidgin oder Assamesisch kommunizieren.

Schon immer lebten die Naga als Bauern und Kleinhändler und betrieben Jagd und Fischfang. Schöne Eingangstore mit Basrelief-Schmuck empfangen jeden, der sich dem umfriedeten Dörfern auf gewundenen Hohlwegen nähert.

Die politischen Strukturen der einzelnen Naga-Gruppen unterscheiden sich stark voneinander. Es gibt Häuptlinge mit nahezu absoluter Macht und auch demokratische Ratsversammlungen und Ältestenräte. In allen Nagastämmen genießen Frauen einen hohen Status und sind den Männern bei der Arbeit und bei Ratsversammlungen gleichgestellt.

Als die Briten in den 1870ern die Kontrolle über die Naga-Bergregion erlangten, setzten sie der rituellen Kriegskunst und Kopfjagd ein Ende – eine Praxis, die der Idee entsprang, ein Kopf bewahre nach der Enthauptung des Opfers dessen Lebens- oder Seelenkraft. Durch den Kopf eines Feindes gewann der Krieger an Ansehen, erhöhte seine Chancen bei der Brautwerbung und verhalf seinem Dorf zu einem Zugewinn positiver Energien. Auch Tanz- und Kunstformen hatten die Kopfjagd als zentrales Motiv. Zum letzten Fall von Kopfjagd kam es 1958, Jahre nach dem Abzug der Briten aus dem Gebiet.

Im späten 19. Jh. begannen amerikanische Missionare die Naga zum Christentum zu bekehren und zwei Drittel sind heute Christen. Die Religion hat ihre Identität in einer Region, in der die Mehrheit Hindus sind, gestärkt.

Singhalesen

Im multiethnischen Sri Lanka, einer tränenförmigen Insel vor der Südostspitze Indiens, kommt die singhalesische Mehrheit auf 15 Millionen der 20 Millionen zählenden Bevölkerung. Seit frühester Zeit haben die Singhalesen neben Tamilen, dann moslemischen Händlern, Portugiesen, Holländern und Briten gelebt. In jüngerer Zeit jedoch hat der Streit mit den Tamilen immer wieder zu Kämpfen geführt. Die den Norden und Osten der Insel bevölkernden Tamilen haben eine andere Religion, Sprache und ethnische Identität und streben nach Unabhängigkeit.

Indoeuropäische Gruppen aus Nordindien wanderten etwa im 5. Jh. vor Chr. nach Sri Lanka ein und wurden allmählich zu Singhalesen mit einer eigenen Sprache, dem Sinhala. Bereits ab dem 3. Jh. v. Chr. bekannten sie sich zum Buddhismus und der gemeinsame Glaube war ein weiterer identitätsstiftender Faktor. Singhalesische Könige spielten als Förderer des Buddhismus eine wichtige Rolle. Während die Religion in seinem Ursprungsland Indien allmählich verschwand, übernahm der Inselstaat eine Art Beschützerrolle für den Buddhismus. Durch die Missionsarbeit singhalesischer Lehrer und Künstler gelangte die Religion auch in andere Gebiete Südostasiens.Noch heute ist das Kloster oder der Tempel das kulturelle Zentrum eines singhalesischen Dorfes, und Mönch zu werden gilt als erstrebenswertes Ziel.

Ausgedehnte Bewässerungsanlagen für den Reisanbau, eine eindrucksvolle Kunst und Architektur kennzeichnen die Geschichte des singhalesischen Königtums: Eine Periode ungewöhnlicher Blüte brachte im 12. Jh. Polonnaruwa hervor, eine prächtige buddhistische Königsstadt, die wegen ihrer Kunst, Bildhauerei und Architektur berühmt wurde.

Tamilen

Die Tamilen leben hauptsächlich in Tamil Nadu, einem indischen Bundesstaat, den man 1956 als tamilsprachige Heimat für sie schuf. Seit der Ankunft indoeuropäischer Gruppen um 1500 v. Chr hat dieses Volk an der Südostgrenze des indischen Subkontinents gelebt.

Mehr als 50 Mio. Tamilen definieren sich als tamilsprachige Hindus, die eine große dravidische Kultur eint. Der Begriff »dravidisch« beschreibt eine unabhängige Familie von 22 Sprachen und die besondere Kultur des Südens. Sieht man vom klassischen Sanskrit ab, ist Tamil die älteste Schriftsprache Indiens. Sie ist etwa 2000 Jahre alt und ihr reiches literarisches Repertoire schließt Epen, weltliche wie religiöse Dichtung, Philosophie und Morallehre ein.

Besonders interessant sind die Verse und Hymnen der Erbauungsliteratur aus dem 6. bis 9. Jh. Diese Werke gelten als einer der großen Beiträge zur indischen Kultur. Die Tamilen glauben, dass *Bhakti*, »Hingabe«, die persönliche Beziehung zu Gott den gläubigen Menschen auf eine Ebene ekstatischer Liebe und selbstlosen Gebets erhebt und zur Erlösung führt.

Seit langem widersetzen sich die Tamilien dem Vordringen der Hindi-Sprache und kulturellen Einflüssen aus dem Norden – und das, obwohl sie selbst überwiegend Hindus sind. Über 9000 Tempel zeugen von der Bedeutung dieser Religion für die tamilische Kultur.

Madras, die tamilische Hauptstadt, war ein Zentrum der Weberei, als die Britische Ostindien-Kompanie dort Mitte des 17. Jhs. einen befestigten Handelsposten errichtete. Später wurde er Südindiens Verwaltungs- und Handelszentrum. Weil die Briten andernorts Arbeitskraft benötigten, förderten sie die Zuwanderung von Tamilen in weit entfernte Regionen ihres Kolonialreiches. Dadurch entstanden tamilische Gemeinden auf den Fidschi-Inseln, in Malaysia, Singapur, Südafrika und auf Mauritius.

Die Tamilen auf Sri Lanka teilen sich in zwei Gruppen: Sri-Lanka-Tamilen, die sich hier vor über 1500 Jahren ansiedelten, und Indien-Tamilen, die im 19. und 20. Jh. kamen.

Im 19. Jahrhundert unterteilten europäische Gelehrte den Pazifik in drei geographische, kulturelle und linguistische Zonen: Melanesien im Norden und Osten von Australien, Polynesien im Zentralpazifik und Mikronesien im Nordpazifik östlich der Philippinen. Diese sehr willkürliche Einteilung, die wichtige Gemeinsamkeiten und Beziehungen zwischen den Inseln außer Acht lässt, soll auf den französischen Entdecker Jules-Sébastien-César Dumont D'Urville (1790–1842) zurückgehen, der fälschlicherweise annahm, dass drei unterschiedliche Menschenrassen die weit versprengten Inseln bewohnten.

Australien hingegen wurde immer gesondert betrachtet. Sprachen und Bräuche der Aborigines sind nicht eng mit denen anderer Pazifikvölker verwandt, doch archäologische Funde legen nahe, dass schon vor etwa 60 000 Jahren eine stete Wanderung aus Asien über Melanesien zur »größten Insel der Welt« einsetzte.

In den letzten Jahrhunderten hat der Kolonialismus die indigenen Kulturen Ozeaniens – ein Oberbegriff für die Pazifikinseln und Australien – stark beeinflusst. Viele wurden zerstört, andere einten sich im Widerstand. In Neuseeland etwa führte der massive Widerstand der Maori gegen die Besiedlung durch Europäer 1840 zu einem Vertrag, der die Koexistenz regelte – in

OZEANIEN

Das Gesicht von Melanesien: Auf der Insel Neuguinea trägt ein alter Krieger einen geschwungenen Nasenschmuck in Form eines Schweinerüssels.

Australien erwog man einen solchen Vertrag mit den Aborigines nie. Obwohl zur Zeit von James Cooks Expedition 1770 dort 500 Stämme lebten, sahen die Briten Australien als *terra nullius*, als »Land ohne Volk«. Weil die Ureinwohner in den Augen der britischen Einwanderer kein erkennbares System von Landbesitz hatten, glaubten die Briten, sie hätten keine Verhandlungen über Landbesitz zu führen.

Nach den tragischen Exzessen in den Wirren der Pionierzeit führte Australiens Politik gegenüber den Aborigines von Schutzbestimmungen, über Assimilation und Integration endlich zur Selbstbestimmung. Erst 1992 hob Australiens Hohes Gericht die *Terra-nullius*-Doktrin auf. Nun fordern Aborigine-Gruppen aufgrund bundesstaatlicher Gesetze zu Rechtsansprüchen auf Ureinwohnerland ihre Heimatgebiete zurück, und die Aussöhnung mit den Aborigines steht weit oben auf der nationalen Tagesordnung. All dem zum Trotz haben die Aborigines an vielen ihrer Bräuche festgehalten und üben ihre Rituale um das Träumen und die Traumzeit – ein Glaubenssystem, das sich um die Ereignisse am »Anbeginn der Zeit« rankt – weiter aus.

Traditionen sind auch für die Pazifik-Insulaner wichtig. Sie erinnern sie an ihre Vergangenheit und helfen ihnen, ein Gemeinschaftsgefühl zu erhalten. Über zahllose Generationen und manchmal große Distanzen hinweg nahmen die Insulaner Kontakt zu andern Pazifikvölkern auf und knüpften Beziehungen durch Handel und Heirat. Doch im 16. Jh. segelten europäische Entdecker in ihre Gewässer und in den 1850ern hatten Deutschland, Frankreich, Spanien und England die meisten ihrer Inseln beansprucht. Die USA betraten die koloniale Arena nach dem spanisch-amerikanischen Krieg 1898 mit Erwerbungen auf den Philippinen, Guam, Hawaii und Samoa. Nach dem Ersten Weltkrieg übernahm Japan die Kontrolle über ehemals deutsche Territorien.

Der Eingriff der Kolonialherren auf den Inseln variierte stark: In einigen Fällen blieb der Kontakt sporadisch und ohne Bedrohung für die kulturelle Integrität der Urbevölkerung, in anderen wurden die Selbstbestimmungsrechte der Insulaner beschnitten. Einige Gruppen sahen sich gezwungen, Strategien der Meidung oder des Widerstandes zu entwickeln, die sich oft zu antikolonialistischen oder pronationalistischen Bewegungen auswuchsen. Zu den bekanntesten Reaktionen gehören die melanesischen Cargo-Kulte, ihre Anhänger glaubten, mit den gelieferten Zivilisationsgütern kämen auch Gottheiten und Ahnen auf die Inseln, die ein Zeitalter des Überflusses mit einer neuen moralischen Weltordnung ohne europäische Herrschaft einläuten.

Zwischen 1962 und 1980 wurden die meisten Kolonialgebiete unabhängig. Für viele aber war die Nachkolonialzeit von tiefer Zerrissenheit und Bürgerunruhen geprägt. In Polynesien, wo Häuptlinge eher aufgrund persönlicher Qualitäten als durch Genealogie und Seniorität diese Position innehaben, vollzogen Inselherrscher willig den Wandel zur politischen Führerschaft, allerdings wird die Legitimität ihrer Herrschaft bisweilen in Frage gestellt. In weiten Teilen Melanesiens formen sich politische Organisationen um »große Männer«, die durch Rednergabe, Geschenke und Heiratsallianzen an die Macht kommen. Melanesier teilen eine gemeinsame Religion (Christentum), trotzdem lehnen sie Bündnisse mit Fremden und ehemaligen Feinden häufig ab. Militärische Umstürze auf Fidschi 1987, Unabhängigkeitsbewegungen in Bougainville und Irian Jaya und die Ermordung des Präsidenten von Palau 1985 sind Symptome der Probleme, mit denen Pazifik-Insulaner auf dem Weg in die Demokratie konfrontiert sind. Die Regierungen bemühen sich, einen Sinn für gemeinsame Identität zu wecken.

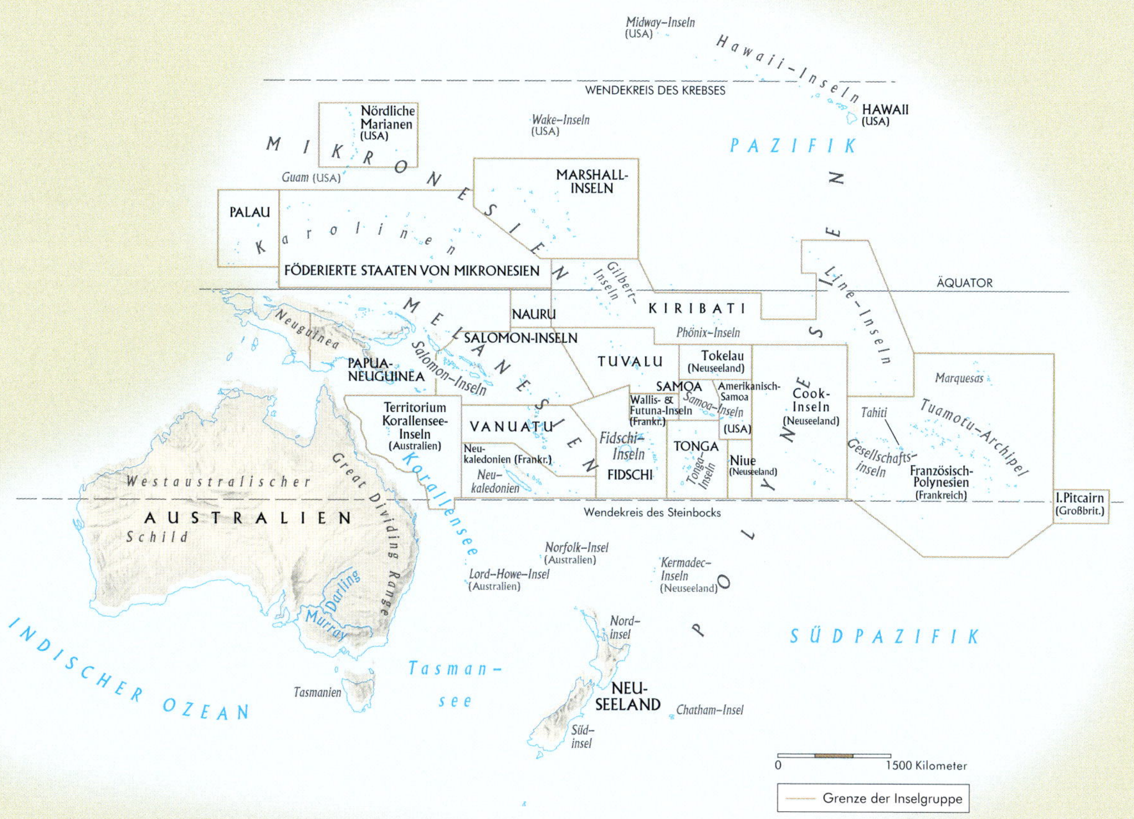

Melanesiens Völker haben schon immer ihre Bräuche und Traditionen weiterentwickelt, indem sie Lieder, Mythen, Tänze, die mit den verschiedenen Stammesgruppen in Verbindung gebracht wurden, umgestalteten oder neu kreierten. Solche Ausdrucksformen sind für ihre Schöpfer Prestigequellen, und neue Variationen werden auf traditionelle Weise weitergegeben und ausgetauscht, wie zum Beispiel durch den rituellen *kula*-Tauschhandel der Trobriand-Inseln. Mitglieder des Handelsnetzes bereisen in Kanus die Inselgruppe vor Papua-Neuguinea und stärken, indem sie Armreifen, Halsketten und andere Waren tauschen, die Bande zwischen den *kula*-Mitgliedern und ihren Gemeinden.

In einigen Staaten Ozeaniens zählt das Bevölkerungswachstum zu den höchsten der Welt, trotzdem ist das Überleben so mancher Gruppe durch Großplantagen-Landwirtschaft, Bergbauinitiativen, Wanderung und Auswanderung, unkontrollierten Fischfang und Holzschlag bedroht. Durch Atomtests bedingte Zwangsumsiedlungen und Krankheiten führten in Mikronesien, wo alarmierende Strahlungswerte viele von der einstigen Heimat fernhalten, zu massiven Problemen. Ursprünglich lebten die Mikronesier in kleinen Dörfern mit einer ausgeprägt hierarchischen Gesellschaftsordnung . Bis heute hat sich an diesem System nur wenig geändert, obwohl inzwischen, wie beispielsweise auf den Palau-Inseln, konstitutionelle Regierungen an der Macht sind. Ein tiefes Gefühl der Verbundenheit mit der Heimat und den alten Bräuchen ist geblieben – ein Gefühl, das viele Ozeanier teilen.

Nachfolgende Seiten: Auf den Trobriand-Inseln, einem Korallen-Archipel vor Papua-Neuguineas Küste, leben die Menschen nach traditioneller melanesischer Weise – so auch diese jungen Frauen, die in den tropisch-warmen Gewässern um Kaileuna baden

OZEANIEN

In Uhrzeigersinn von oben: Hawaiianische Hula-Lehrerin mit Schülerinnen, Dorfbewohner in Papua-Neuguinea, ein australischer Ureinwohner

Australien

Arrernte • Kap-York-Völker • Mardu • Ngarrindjeri • Nyungah • Palawa • Pintubi • Tiwi • Torres-Strasse-Insulaner • Warlpiri • Wurundjeri • Yolngu

Arrernte (Aranda oder Arunta)

Die Arrernte in Zentralasien sind vielleicht die berühmtesten Ureinwohner Australiens, teilweise dank der Werke so angesehener europäischer Wissenschaftler wie Sigmund Freud (1856–1939) und Émile Durkheim (1858–1917). Ihre Arbeiten basieren auf ethnographischen Studien, und befassen sich mit dem Konzept und der Bedeutung von Träumen oder der Traumzeit – der traditionellen Religion der Aborigines – und dem Verwandtschafts- und Heiratssystem der Arrernte, das einem Mann vorschreibt, vorzugsweise die Tochter der Tochter des Bruders der Mutter seiner Mutter (seine Cousine zweiten Grades) zu heiraten.

Die Arrernte sind eine Gruppe arandisch sprechender Völker aus der wasserreichen Macdonnell-Gebirgsregion unweit von Alice Springs. Zu diesen Völkern gehören die Alyawarre, Anmatyerre und die West-Arrernte. Der Kontakt mit den Europäern führte bei allen Gruppen zu hohen Sterblichkeitsraten, physischer und emotionaler Entwurzelung; einige Gruppen starben aus.

In den 1860ern, nachdem sie 20 000 Jahre in dieser Region gelebt hatten, begegneten die Arrernte den ersten Nicht-Aborigines. Die Kolonisation verwandelte ihr Land in Weideland, wo sie gegen Verpflegung und für ein Taschengeld als Farmarbeiter und Hausdiener arbeiteten. Seit den 1970ern erhalten ursprüngliche Besitzer durch bundesstaatliche Landgesetze und die Einschränkung von Farmen einen Teil des Landes zurück.

Obwohl inzwischen das Christentum ihr Leben prägt, ist das Träumen für die Arrernte noch immer wesentlich. Die Großfamilien der einstigen Nomaden leben heute in festen Siedlungen, in denen die halbe Bevölkerung aus Kindern besteht. Arbeitslosigkeit ist ein ernstes Problem und Arbeitslosenhilfe und Renten bilden einen großen Teil des Einkommens. Arrernte kaufen das Gros ihrer Nahrung im Einzelhandel und ergänzen sie durch Kängurus, Emus, so genannte Buschtruthähne, Goanna-Echsen, Kaninchen, Honigameisen, Witchetty-Larven und Buschfrüchte.

Kap-York-Völker

Die 6000 Aborigines, die auf Kap York leben, zeigen eine beachtliche soziale, kulturelle und sprachliche Vielfalt. Sie stellen 35 Prozent der Bevölkerung des Kaps und besitzen 20 Prozent des Bodens. Die meisten wohnen in von Ureinwohnern verwalteten Gemeinden. Archäologische Funde zeigen, dass sich die Kap-Aborigines einst an Feldbau versuchten, aber die Vorteile der Landwirtschaft überwogen den Aufwand an Arbeitskraft nicht. Eine nomadische Lebensweise bot mehr Raum für Freizeitaktivitäten,

Rituale und den Aufbau und die Pflege von Beziehungen im eigenen und zu anderen Clans.

Die Wik von der zentralen Westküste sind die vielleicht bekanntesten Kap-Aborigines. Ihre Mitwirkung in der folgenreichen politischen Bewegung der 1990er trug zum Ende der alten Fiktion der *terra nullius*, des »Landes ohne Volk«, bei, einer politischen Richtlinie, die die Enteignung der Aborigines-Gebiete ermöglicht hatte. Vor einigen Jahren hat man das Kap-York-Land-Komitee gegründet, das die Landbesitzrechte von Ureinwohnern auf dem Kap vertritt. Es hat eine Reihe neuer und richtungweisender gemeinschaftlicher Regionalverwaltungsprogramme mit Umweltschützern, Hirten und Bergarbeitern ins Leben gerufen. Trotz allem ist der allgemeine Gesundheitszustand der Kap-Aborigines schlecht und ihre Lebenserwartung eine der niedrigsten im ganzen Land.

Mardu

In Australiens westlicher Wüste, einer der unwirtlichsten Landschaften der Erde, gibt es keine Seen oder Flüsse. Die Heimat der Mardu galt deshalb bei Nicht-Aborigines lange als wenig attraktiv und blieb bis weit in die 1960er unbesiedelt. So gelang es den Wüstenbewohnern, den Kontakt mit den Europäern mit intakten Kulturen zu überstehen.

Vor dem Kontakt führten die Mardu – ein Oberbegriff für die Sprachgruppen Giyadjarra, Mandjildjarra und Budidjarra – in der Wüste ein Nomadenleben. Sie zogen von Ort zu Ort, nutzten wechselnde Wetterlagen und waren auf Stein-, Knochen- und Holzwerkzeuge angewiesen. Die Bevölkerungsdichte war niedrig: im Schnitt nur eine Person je 194 Quadratkilometer.

Wie andere Aborigines glauben die Mardu, dass die dauerhafte Existenz sowohl der Welt wie ihres Volkes

Corroboree Rock im Osten des Arrernte-Gebiets ist eine Wasserstelle für Kängurus, Emus und andere Tiere. Eine Aborigine erinnert sich, dass sich hier früher auch Leute zum Singen, Tanzen und Reden trafen

Nach einem Jagdtag in der Großen Sandwüste, wo die Temperatur 54 °C erreicht, zeigt ein Ureinwohner ein Buschhuhn (brush turkey) – eine Wüstenspezialität und begehrte Beute.

vom Erhalt ihrer Beziehung zu den allmächtigen Traumwesen, den zentralen Gestalten ihres religiösen Lebens, abhängt. Diese Wesen, heißt es, entstiegen dem flachen, undefinierten Nichts, aus dem die Erde am Anbeginn der Zeit bestand. In der Gestalt von Menschen oder Tieren zogen sie über das Land und formten auf ihrer Reise das Gebiet der Mardu. Diese Totemwesen übten Rituale aus, die das Volk nachahmen sollte, und sie belebten das Land mit dem Geist, der Menschen und alle Lebewesen erfüllt. Sie führten Gesetze für das Zusammenleben, die Jagd, Beschneidungszeremonie, Subinzision und andere gesellschaftlich Verhaltensregeln ein. Zuletzt verwandelten sich die Wesen als ewige Mahnung an die von allen Mardu zu befolgenden heiligen Gesetze in Merkmale der Landschaft. Noch heute verbringen die Männer der Mardu viel Zeit damit, spirituelle Themen zu erörtern, heilige Objekte anzufertigen und an heiligen, *jabiya* genannten Stätten, alte Rituale zu vollziehen.

Ngarrindjeri

Die Ngarrindjeri am unteren Lauf des Murray in Südaustralien waren einst am bekanntesten für ihre – unter Australiens Ureinwohnern einmalige – annähernde Gleichberechtigung von Mann und Frau. Obwohl heilige Rituale generell Vorrecht der Männer waren, spielten die Ngarrindjeri-Frauen im rituellen Stammesleben eine wichtig Rolle.

Die mit fünf verschiedenen Tieflandzonen reiche Umwelt des Stammes war für Siedler besonders attraktiv. Deshalb waren die Ngarrindjeri schon um 1900 vorwiegend gemischter Abstammung,und weniger als ein halbes Jahrhundert später hatten sich nur noch Einzelne das Wissen um alte Sitten und Bräuche bewahrt. Die Situation eskalierte, als die Regierung den Druck auf das Volk erhöhte, sich Australiens europäisch geprägter Gesellschaft anzupassen.

Gegenwärtig sind die Ngarrindjeri die sozioökonomisch vielleicht am besten integrierten Aborigines. Doch bekennen sie sich zu ihrer Herkunft als Aborigines und bemühen sich aktiv um eine Neubelebung ihres Glaubens und ihrer Bräuche. Sie bemühen sich auch um die Lösung sozialer Probleme durch Alkoholmissbrauch und wirtschaftliche Benachteiligung. Eines ihrer Hauptziele ist der clanweite, fortgesetzte Widerstand gegen die Zerstörung von Kultstätten durch weitere Landerschließung, besonders in der Nähe der Hindmarsh-Insel. Der Protest unter Führung der Ngarrindjeri-Frauen hat weltweite Aufmerksamkeit auf die Probleme dieser Randgruppe gelenkt und die Debatte über bedeutsame Frage erzwungen: Haben durch den Lauf der Geschichte nicht nur Glauben und Bräuche der Vorfahren an Bedeutung verloren, sondern auch die traditionelle Beziehung zum Land und der Anspruch darauf?

Nyungah

Mehr als 40 000 Jahre haben die Nyungah und ihre Vorfahren im Gebiet am Swan River bei Perth gelebt. Der Name ihrer Sprachgruppe, auch er lautet Nyungah, findet sich in der Bezeichnung für eine Sprachfamilie wieder, die von 80 Prozent der Aborigines – von der Spitze des Kap York bis an den Südwestrand des Kontinents – gesprochen wird: die Pama-Nyungah-Sprachfamilie.

Bis die Briten 1829 eine Kolonie in der Heimat der Nyungah in Westaustralien errichteten, waren die Menschen Halbnomaden gewesen. Sie hatten sich, abhängig von der Verfügbarkeit von Wasser, Fisch, Wild, Früchten und essbaren Wurzeln, frei von Ort zu Ort bewegt. Aber die Besiedlung traf die Wirtschaft der Aborigenes im Kern. Traditionelle Nahrungsquellen der Nyungah wurden ausgebeutet oder zerstört, bald war das Volk von Importgütern abhängig. In den ersten Jahrzehnten der Besiedlung entlang des Swan Rivers starben zahllose Aborigenes an eingeschleppten Krankheiten.

Trotz blutiger Konflikte mit Soldaten, Sträflingen und freien Siedlern im 19. Jh. – gefolgt von den Schikanen der Bürokraten im 20. Jh. – haben sich die Nyungah den Sinn für kulturelle Eigenständigkeit bewahrt. Als Ureinwohnergemeinde in der Stadt stehen sie vor großen Problemen – nicht zuletzt vor der Frage, wie man eine landorientierte Kultur belebt, wenn Asphalt und Beton die bedeutendsten Kultstätten überdecken.

Inwieweit jemand als Ureinwohner gilt, ist in Australien eine Frage der Selbstdefinition; die Anerkennung durch den Staat aber hängt von zwei Faktoren ab: dem Abstammungsnachweis und der Zugehörigkeit zu einer Aborigine-Gemeinde. Im Fall der Nyungah mischten sich im späten 19. Jh. territoriale und sprachliche Gruppen. Sie bildeten neue Gemeinden, die ihre Herkunft von älteren Gruppen ableiten konnten. Heute erheben Nyungah-Verbände in Fragen von allgemeinem Interesse ihre kollektive Stimme.

Palawa

Die als Palawa bekannten Aborigines lebten schon seit 32 000 Jahren in Tasmanien und waren die südlichste menschliche Population der Welt. Am Ende der Eiszeit vor rund 10 000 Jahren trennte der steigende Meeresspiegel Tasmanien und seine Völker von Australien. Die Bevölkerung blieb bis zur Ankunft holländischer, französischer und britischer Entdecker isoliert.

Die Palawa bestanden aus 70 bis 85 Gruppen zu je 30 bis 80 Menschen, wobei jede Gruppe ein Revier von etwa 500 bis 800 Quadratkilometern bewohnte. Die Tasmanier bildeten neun größere Sozialverbände oder Stämme mit gemeinsamer Sprache und Kultur. Über ihre religiösen Überzeugungen und Bräuche ist, abgesehen von der Tatsache, dass sie vor 3500 Jahren aus unbekannten Gründen aufhörten, Fisch zu essen, wenig bekannt. Stattdessen wurden Pinguine, Schalen- und Krustentiere ihre Hauptnahrung.

1803 errichteten die Engländer in Hobart eine Strafkolonie; zu diesem Zeitpunkt begann das Massaker an den Aborigines. 1828 wurde das Kriegsrecht ausgerufen. Sein Höhepunkt war die »Black Line«, eine gewaltige Militäroperation, die überlebende Aborigines auf Küsteninseln und in entlegenen Enklaven inhaftieren sollte. 1838 lebten nur noch 82 Menschen der ursprünglichen Population; das letzte »Vollblut«, eine Frau namens Truganini, starb im Jahre 1876.

Heute berufen sich Tausende auf die Palawa als Vorfahren, weil sie von Ureinwohnerinnen und nichtschwarzen Robben- und Walfängern abstammen. Von ihren Müttern kennen sie die Bedeutung und die Kraft ihrer Aborigine-Herkunft. Auch sie setzen auf Verwandtschaft, mündlich überlieferte Geschichte und Bräuche, um ihre Kultur lebendig zu halten. Aborigine-Schulen lehren die alten Sprachen wieder, und man verehrt die heiligen Stätten.

Pintubi

1965 vertrieb die Regierung des Nördlichen Territoriums den so genannten verlorenen Stamm der Pintubi aus ihrer Heimat, und siedelte ihn Hunderte von Kilometern östlich in Papunya an. Die Siedlung, 240 Kilometer westlich von Alice Springs, war eine der letzten Ureinwohnerkolonien, die man errichtete. Sie sollte als Umerziehungslager die Anpassung an die Mehrheit der Gesellschaft sicherstellen. Aber es gelang den verschleppten Aborigines, ihre überlieferte Sprache und Kultur zu bewahren. Die Papunya-Gemeinde, heute eine der bekanntesten autonomen Ureinwohnergemeinden, wurde im 20. Jh. Schauplatz einer außergewöhnlichen Erfolgsgeschichte. Zeremonielle Sandmuster, aber auch Muster, die man in geheimen und heiligen Pintubi-Ritualen auf Körper malte oder aufbrachte, wurden zum Kernmotiv einer Kunstbewegung, die schließlich ganz Australien eroberte. Eines der erfolgreichsten Unternehmen im Besitz und unter der Leitung von Aborigines ist die 1971 gegründete Initiative Papunya Tula Artists. Ihre auch international sehr erfolgreichen Werke erzielen in Städten wie New York oder Paris Rekordpreise.

Die zunehmende Berühmtheit der Pintubi-Muster hat in Zentralaustralien eine nachhaltigeWirkung auf die Kunst- und Handwerksproduktion gehabt. Um die wachsende Nachfrage der Touristen zu bedienen, fühlen sich auch andere Aborigines motiviert, mehr über die eigenen Traumgeschichten und -muster zu lernen und nach alten Leuten zu suchen, von denen sie unterwiesen werden können. Das hat eine umfassende kulturelle Renaissance eingeläutet. Die Künstler betonen, dass sie nicht ihr Kulturerbe verkaufen. Ihr Ziel ist vielmehr, dass die Welt von ihrer Kultur erfährt. Heiliges Wissen behalten sie für sich, um es ihren Kindern weiterzugeben. Der Stil mag sich geändert haben, sagen sie, die heilige Botschaft hat sich nicht gewandelt.

Seit 1981 haben die Künstler erfolgreiche und florierende Außenstationen in Warlungurra und Kiwirrkura an der Grenze des Nördlichen Territoriums zu Westaustralien errichtet. Kiwirrkura war 1984 Schauplatz einer erstaunlichen Entwicklung: Es kam zum ersten Kontakt mit den vielleicht letzten der traditionellen oder Busch-Pintubi. Weder Aborigines noch Nicht-Aborigines hatten geglaubt, dass es noch Wüstenbewohner gäbe, die der überlieferten nomadischen Lebensweise folgten. Das Zusammentreffen von neun Busch-Pintubi mit Familienmitgliedern – die den Kontakt vor 25 Jahren verloren hatten – zog daher großes internationales Medieninteresse auf sich.

Tiwi

Die Tiwi auf den Inseln Melville und Bathurst vor Nordaustralien hatten im 18. Jh. nachweislich den ersten Kontakt zu Europäern. Es war eine Begegnung, der mit den Jahren viele weitere folgen sollten. Nach einem Fehlschlag in den 1820ern begann die intensive Besiedlung Anfang des 20. Jhs. 1976 wurde schließlich das Aborigines-Landrechtsgesetz (Nördliche Territorien) verabschiedet und die Tiwi haben die uneingeschränkte Kontrolle über ihre Inseln zurückerhalten.

Heute leben die meisten Tiwi in drei Kleinstädten: Nguiu, der ehemaligen katholischen Mission, Pularumpi, das eine Schule für Kinder mit teilweiser Aborigine-Abstammung war, und Milikapi, der einstigen Regierungssiedlung. Einige der Ureinwohner gehen am Wochenende auf die Jagd nach Kängurus und Schildkröten, aber sie verlassen sich dabei auf Motorboote und Gewehr statt auf traditionelle ausgehöhlte Einbäume und Speere.

Das Traumkonzept der Tiwi unterscheidet sich von dem anderer Ureinwohner. Ihre in *murukupupuni* oder einzelne »Tiwi-Länder« geteilten Inseln sind Zentren von »Geistkindern«; der Begräbnisort des eigenen Vaters entscheidet über die Zugehörigkeit. Die Tiwi glauben, dass bei der Empfängnis eines neuen Clanmitglieds ein Geistkind durch einen Traum des Vaters an eine Mutter des gleichen Clans übertragen wird.

Der Kultur der Tiwi widmet sich die Tiwi Design Aboriginal Corporation in Nguiu. Sie ist die Operationsbasis von Tiwi Design, einem Kollektiv von rund hundert in Textilgestaltung, Weberei, Malerei, Druck, Holzschnitzerei und Keramik tätigen Künstlern. Vielen gilt sie als Modell für andere Kunstunternehmen von Aborigines.

Torres-Strasse-Insulaner

An der Stelle der einstigen Landbrücke trennen heute 150 Kilometer See Australiens Halbinsel Kap York von Papua-Neuguinea. Mehr als hundert bekannte Inseln und viele Tausend Inselchen, Riffe und Sandbänke sprenkeln die Torres-Straße, die Heimat einer Urbevölkerung, die sich von den ursprünglichen Bewohnern des australischen Festlandes deutlich unterscheidet. Die 30 00 Inselbewohner der Torres-Straße vereinen kulturelle und genetische Einflüsse sowohl Melanesiens wie Australiens. Sie leiten ihre Herkunft von 14 Inselgruppen ab und erheben Besitzanspruch auf das Land, wo ihre Vorfahren mehr als 4000 Jahre lebten, und dessen Gewässer.

Vor der Besiedlung durch die Europäer waren die Inseln im Osten und Norden der Torres-Straße, wie Mer und Sabai, die Heimat fester Dörfer aus Bambus- und Strohhütten. In ihren großen Doppelauslegern widmeten sich die Inselbewohner ausgedehnten Handelsbeziehungen nicht nur untereinander, sondern auch zu den Papua im Norden und den Aborigines im Süden. Sie lieferten Perlmuschelharpunen, Ornamente und Menschenschädel und bekamen im Gegenzug Yams, Kokosnüsse, Tabak Paradiesvogelfedern und Auslegerkanus. Das Meer und der Gartenbau sorgten für ihr Auskommen: Von im flachen Wasser errichteten Plattformen aus fischten die Insulaner und jagten Schildkröten und Seekühe. Die Familien ernährten sich auch von fest umrissenen Gartenparzellen, die über die Vorfahren der männlichen Linie vererbt wurden. Die Besitzer konnten ihr Land auch übertragen oder für den Anbau von Nahrungsmitteln verleihen. Anders als die australischen Festlandbewohner waren die Insulaner der Torres-Straße in der Lage, traditionelle Produktion, Tausch- und Versorgungspraktiken zu bewahren. Heute ist die Torres-Straße weitgehend autonomes Gebiet – für australische Ureinwohner eine einzigartige Situation. Die Inselbewohner regeln ihre Angelegenheiten durch die Regionalverwaltung Torres-Straße, das Inselkoordinationskomitee und das Komitee Torres-Straße selbst. Zudem verfügt jede Insel über ein Gremium mit örtlichen Verwaltungsaufgaben.

Zu den großen Problemen gehören die massive Abwanderung auf das Festland, der schlechte Gesundheits- und Bildungsstand und die Überbevölkerung in den nur begrenzt verfügbaren Siedlungen. Die Kontakte zu den Küstengemeinden Neuguineas werden schwächer oder reißen ab – die internationale Grenze schränkt die Kommunikation ein und die Ungleichheit in Hinblick auf den Wohlstand der einstigen Handelspartner nimmt zu. Der Stolz auf das kulturelle Erbe aber bleibt; das zeigen die jährlichen kulturellen Fest, die Tausende von Besuchern anziehen.

Warlpiri

Eine der bevölkerungsreichsten Aborigine-Gruppen im Nördlichen Territorium sind die Warlpiri – Jäger und Sammler, die in kleinen Gruppen von bis zu 30 Leuten lebten. Sie führten ein hydrozentrisches Dasein in der Tanamiwüste; ihre Wanderungen um Wasserquellen waren typisch für das Leben in ihrer weiten, trocknen Heimat. Regelmäßige Kontakte mit Europäern gab es seit der Ausbeutung der Tanami-Goldfelder ab 1911. Im Coniston-Massaker 1928 töteten Regierungstruppen an die hundert Warlpiri; andere flohen vor weiteren Übergriffen aus der Heimat nach Norden. Die Überlebenden zwang man in den 1940ern, sich niederzulassen. Heute bewohnen sie und ihre Nachfahren die kleinen Gemeinden Yuendumu, Lajamanu, Warrabri, Willowra und Nyirrpi sowie einige Außenstationen.

Nach der Verabschiedung der Landrechtslegislative des Bundes erhielten die Warlpiri fast das ganze Land, das ihnen vor dem Kontakt gehört hatte, zurück. Das hat jedoch nicht die ehemals genossene Unabhängigkeit wiederhergestellt. Die meisten sind arbeitslos und erhalten – durch Bergbaulizenzen und Kunstverkäufe spärlich ergänzte – staatliche Unterstützungen.

Die Warlpiri sind bekannt für ihre »Punktbilder« – illustrierte Visionen ihrer *Jukurrpa,* Traumerzählungen. Indem sie individuelle und kollektive Träume sowie damit verknüpfte Orte in der Landschaft – mit den vertrauten U-Formen, konzentrischen Kreisen und Wanderlinien – neu erschaffen, unterstreichen die Künstler das Recht auf ihr Land und erweisen dem Land den Dank, den sie ihm schulden. Einer der bekanntesten Warlpiri-Künstler ist Michael Jagamara Nelson, der das Mosaik im Vorhof des Parlamentsgebäudes in Canberra gestaltete und ausführte. 1985, gründete man die Warlukurlunga Artists Aboriginal Association nachdem Werke von Warlpiri-Künstlerinnen, die Motive ihrer Körperbemalung auf Leinwand übertrugen, international Aufmerksamkeit erregt hatten.

Wurundjeri

»Koorie« ist unter Aborigines ein beliebter Name für die 17000 Ureinwohner von Südostaustralien. Die Wurundjeri, eine Koorie-Gruppe, lebt in den Niederungen des Yarra, die heute zu Melbourne, Australiens zweitgrößter Stadt nach Sidney, gehören.
Im ersten Jahrzehnt des Kontakts zwischen englischen Siedlern und den Wurundjeri dezimierten Krankheiten die Urbevölkerung. Die Überlebenden sahen hilflos zu, wie kulturell wichtige Stätten zerstört wurden und man ihre Jagdreviere rodete und trockenlegte. Nach zehn Jahren waren nur noch 300 bis 400 Menschen übrig, und bald waren sie von den Neuankömmlingen völlig abhängig.

Über ihr traditionelles religiöses und spirituelles Leben weiß man wenig, außer dass Clanmitglieder zwei durch Heirat verbundenen Untergruppen angehörten, den Krähen und den Haubenadlern. Die Wurundjeri gehörten zu einem Clanbund namens Kulin; heute jedoch konzentriert sich das soziale Leben auf die Großfamilie. Die Wurundjeri pflegen die spirituelle und kulturelle Beziehung zum Land und verteidigen ihre Rolle als traditionelle Hüter des von einem Traumwesen namens Bunjil erschaffenen Gebietes.

Als Antwort auf die Situation der Ureinwohner in der Stadt hat die Bundesregierung einen Rat für Aborigine-Land berufen, der seitdem die Wurundjeri beim Kauf der alten Mission Coranderrk und der umliegenden 80 Hektar Land unterstützt – ein kleiner Teil des einstigen Stammesgebiets. Die Wurundjeri haben einen Kultur- und einen Buschlehrpfad in Melbourne angelegt, in der Hoffnung das allgemeine Bewusstsein für die Geschichte der Region und die Bedeutung der Koorie zu schärfen. Melbournes Innenstadt wurde auf Friedhöfen, Ressourcen, früheren Lagerplätzen, Zeremonial- und Weihestätten errichtet. Tafeln entlang der Pfade erläutern die überlieferte Lebensweise der Aborigines.

Yolngu

Die 4000 Aborigines im Nordosten von Arnhemland gehören zur Palma-Nyungan-Sprachgruppe und nennen sich selbst Yolngu. Sie sind nicht nur für den Reichtum ihrer Kultur bekannt, der zum Beispiel in traditionellen Federornamenten und Gemälden auf Eukalyptusrinde zum Ausdruck kommt, sondern auch für die Ursprünglichkeit ihres Christentums. Die Yolngu-Gemeinde Galiwin'ku, Herz der richtungsweisenden Adjustment Movement in Arnhemland, ist vor allem bemerkenswert für die innovative Weise, in der die Menschen das Christentum ihrem Weltbild einverleibten, ohne das Heilige des Träumens anzutasten. Die Einwohner bekannten sich zum Glauben an die alte wie auch die christliche Religion und erklärten öffentlich, keine werde in ihrem Leben bevorzugt. Galiwin'ku ist Ausgangsort der umherreisenden Aboriginal Black Crusade, deren Ziel es ist Australiens Nicht-Aborigines wieder zum Christentum zu bekehren.

Die Geschichte der Yolngu ist reich an Kontakten zu Fremden. Vom späten 17. Jh. bis ins frühe 20. Jh. trieben sie Handel mit indonesischen Fischern, die Fischgründe und Handel außerhalb der Kontrolle europäischer Kolonial-

(Fortsetzung auf Seite 64)

Schnurspiel: Kinder in Arnhemland (gegenüber) sehen Frauen beim Knüpfen der Gestalt eines Traumahnen – einer Schildkröte – aus Borkenzwirn zu. Bei dem beliebten Zeitvertreib zeigen die Frauen den Kindern einige der rund 250 Muster und bringen ihnen die traditionellen Vorstellungen nahe.

Nachfolgende Seiten: Um Kopf und Lungen ihrer neugeborenen Enkelin rituell zu reinigen, bewegt eine Aborigine sie durch den Rauch eines Feuers aus Conkerberryholz und sorgt so für den guten Start ins Leben.

Seite 62-63: Auf Irian Jaya teilt eine Familie ein Baumhaus, Männer und Frauen haben getrennte Herdstellen. Wände und Dach sind aus Palmwedeln, Feuer machen sie auf schlammbedeckten Gittern über Bodenlöchern.

mächte suchten. Diese Fernreisenden arbeiteten mit den Yolngu beim Beschaffen von Trepang (Seegurken) zusammen, die man mit gutem Profit verkaufte – Australiens erstes internationales Unternehmen. Vermutlich halfen diese vorkolonialen Kontakte den Yolngu später im Umgang mit Missionaren, Bergleuten und Beamten.

In den 1960ern protestierten die Yolngu massiv gegen den Bauxitabbau in Yirrkala durch einen multinationalen Konzern. Eine ihrer Initiativen war eine Petition an die Regierung. Sie konnten den Prozess gegen den Bergbau auf ihrem geweihten Land nicht gewinnen. Doch der Fall rief eine Kommission ins Leben, die prüfte, wie Landrechte an australische Ureinwohner zu übertragen seien. Diese Untersuchung führte schließlich 1976 zur Verkündung des Aborigines-Landrechtsgesetzes. Inzwischen haben die Aborigines über 50 Prozent des Nördlichen Territoriums zurückerhalten.

Melanesien

Chimbu • Enga • Foi • Marind-anim • Völker am Mittleren Sepik • Motu • Tannesen • Tolai • Trobriander

Chimbu

Die Chimbu, die in den Tälern von Whagi und Chimbu im östlichen Hochland leben, bilden eine der größten Populationen Papua-Neuguinas. Den ersten Kontakt zu ihnen stellten die australischen Entdecker und Goldsucher Jim Taylor, sowie Michael und Dan Leahy 1933 auf ihrer legendären Reise durch das Hochland Neuguineas her, als Australien die Region noch beherrschte.

Bald nach dem Kontakt missionierten Lutheraner und Katholiken die Chimbu. Nach dem Zweiten Weltkrieg, als Australien das Territorium Papua und das Treuhandgebiet Neuguinea einer Verwaltung unterstellte, erlebten sie einen rasanten kulturellen Wandel. 1975 wurde Papua-Neuguinea unabhängig.

Die Chimbu, die früher zum Osthochlanddistrikt (heute eine Provinz) gehörten, sagten sich los. Ihr Siedlungsgebiet bildete später die Provinz Simbu. Heute sind sie und andere Osthochlandbewohner erfolgreiche Kaffeepflanzer und eine treibende Kraft im politischen und wirtschaftlichen Geschehen des Landes.

Die landwirtschaftliche Revolution durch die Einführung der Süßkartoffel in Neuguinea vor etwa 300 Jahren hatte erhebliche Auswirkungen auf die Chimbu wie auch die Bewohner im Westen der Hochebene. Die Feldfrucht, die intensiven Anbau ermöglicht, führte nicht nur zu Bevölkerungswachstum, sie trug auch zur Steigerung des Hausschweinbestandes bei. Die Chimbu entwickelten daraufhin ein aufwändiges Zeremoniell, den Tausch von Schweinen, wertvollen Muscheln, Federn und anderen Waren.

Durch den Bevölkerungszuwachs litt das Volk chronisch unter Landmangel. Anfang der 1960er stieg die Bevölkerungsdichte in Teilen des Chimbu-Gebiets auf fast 200 Einwohner je Quadratkilometer. Lokale Kämpfe waren die Folge; die Chimbu drangen in dünner besiedelte, tiefer gelegene Gebiete im Süden vor.

Wie bei den Hochlandbewohnern im Westen sind Führungspositionen bei den Chimbu nicht erblich. Ihr System ist ausgesprochen egalitär. Männer üben Autorität aufgrund persönlicher Vorzüge wie Stärke, Mut und Großzügigkeit aus.

Enga

Die Enga sind eine der bevölkerungsstärksten Populationen im westlichen Hochland von Papua-Neuguinea. Wie die Chimbu im Osten des Hochlands haben die Enga eine eigene Provinz – die Provinz Enga –, deren Hauptstadt Wapenamanda ist. Ihre Nahrungsgrundlage ist die intensiv angebaute Süßkartoffel, die auch große Schweineherden versorgt. Anbauerzeugnisse wie Gemüse, Zuckerrohr, Bananen und Importgemüse ergänzen die Süßkartoffel.

Schweinefleisch gehört bei den Enga nicht zur täglichen Ernährung, vielmehr verwenden sie Schweine in einem *Tee* genannten, regionalen Tauschkreislauf, der den Handel mit zeremoniellen sichelförmigen Perlmuscheln einschließt. Man schlachtet die Schweine bei großen rituellen Feiern, die Bestandteil des Tee sind.

Der Konkurrenzkampf, der mit dem Erwerb und der Präsentation von Muscheln und Schweinen einhergeht, ist in mancher Hinsicht ein friedlicher Ersatz für echte Kämpfe, die vor der kolonialen Befriedung durch die Australier in den 1950ern an der Tagesordnung waren. Allein zwischen 1900 und 1955 fielen 25 Prozent der Männer lokalen Kriegen zwischen Enga-Gruppen zum Opfer. Seit dem Einzug der Pax Australiana sind die Kämpfe zurückgegangen und das *Tee* hat in der Lokalpolitik an Bedeutung gewonnen.

Die Enga sind für ihre strikte Trennung von Mann und Frau bekannt. Wie ihre Nachbarn, die Huli, fürchteten Enga-Männer die Verunreinigung durch weibliche Geschlechts- und Menstruationsflüssigkeiten. Während der Menstruation war Geschlechtsverkehr verboten, und Frauen durften die den Männern vorbehaltenen Räume nicht betreten. Zugleich ist weibliche Fruchtbarkeit vor dem Erstkontakt ein zentrales Motiv in den Männerkulten der Enga – typisches Merkmal der westlichen Hochlandgruppen.

Erbliche Häuptlingswürde und formale Führungspositionen gibt es in der Enga-Kultur und bei den meisten großen Bauerngesellschaften in den Hochebenen Neuguineas nicht. Kriegskunst, Erfolg im *Tee*-Tausch, magische Fähigkeiten, Redekunst und die Kenntnis von zeremoniellen Praktiken machen Männer zu Führern. Das egalitäre System spiegelt sich in der dynamischen Politik der Enga, wider.

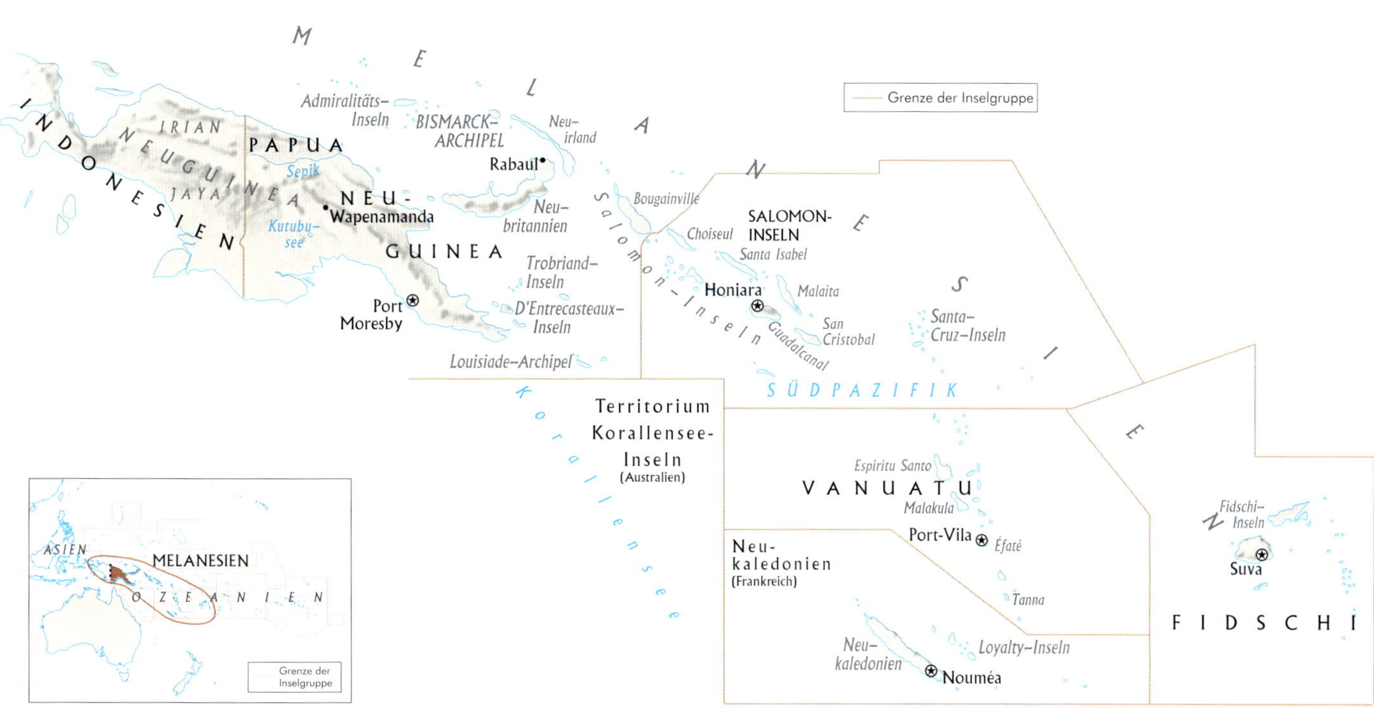

Foi

Die heute etwa 6000 Foi wohnen am Ufer des Kutubusees und im Tal des Mubi in der südlichen Hochlandprovinz Papua-Neuguineas. Ihr Siedlungsgebiet liegt in einer strategisch günstigen Position zwischen dem Rand des Hochlandes und dem Hinterland zur Südküste. Den ersten folgenreichen Kontakt stellten 1936 die Entdecker Ivan Champion und William Anderson her. Das später von ihnen errichtete Polizeicamp war Ausgangspunkt ihrer historischen Frieden stiftenden Bamu-Purari-Patrouille.

Als Selbstversorger leben die Foi von Sagoverarbeitung, Jagen, Sammeln und Gemüseanbau. In der Mitte jedes Dorfes steht ein Langhaus, in dem die Männer wohnen; Frauen bewohnen kleinere, das Langhaus flankierende Häuser. Jedes Dorf besteht aus drei bis elf patrilinear verwandten Clans, die Ehen untereinander oder mit Clans benachbarter Dörfer bevorzugen. Traditionell handelten, verheirateten und bekriegten sich die Foi mit allen ihren Nachbarn. Die meisten Männer beherrschten zumindest eine weitere Sprache – meist die des nächstgelegenen Stammes.

Die Religion der Foi, war höchst flexibel, und sie übernahmen bereitwillig Kultpraktiken benachbarter Gruppen. Fruchtbarkeits- und Zauberkulte und die zugehörigen Ritualobjekte gelangten im Tausch gegen Luxusgüter wie Schweine, schwarze Palmbögen, Vogelfedern und ein *digaso* genanntes Baumöl aus dem Mubital in andere Gebiete. Digaso, das Hauptexportgut der Foi, besteht aus dem Harz des *Campnosperma brevipetiolata*, einem in ihrem Gebiet verbreiteten Baum.

Den Foi fehlt die grafische Kunsttradition, die im übrigen Küstengebiet Papua-Neuguineas so ausgeprägt ist. Hingegen ist ihre Wortkunst, die in poetischen Liedern über verstorbene Angehörige zum Ausdruck kommt, höchst ausgefeilt. Männer tragen die von Frauen komponierten Lieder bei öffentlichen Zeremonien vor, die in der Nacht nach dem großen Tausch von Muscheln und Schweinen stattfinden. Häufig nehmen auch Männer benachbarter Ethnien an den Feiern teil und tragen ähnlich lyrische Lieder in eigener Sprache und eigenem Stil vor.

Marind-anim

Die traditionellen Bewohner der Südküste Neuguineas, die Marind-Anim, lebten in Irian Jaya, einer indonesischen Provinz, die kürzlich ihre Unabhängigkeit von Westpapua erklärte. Sie waren eine schillernde Gesellschaft, bekannt für häufige, ausgedehnte Kopfjagden, kunstvolle Rituale und ihre Mythologie. Ihre Sexualpraktiken weckten das Interesse von Anthropologen und Medizinern.

Die Marind-Anim bildeten, wie die meisten Südküstenvölker, zwei Gruppen mit jeweils eigener Mythologie und spezifischen zeremoniellen Aufgaben gegenüber der anderen Gruppe. Man wies jedem Jungen einen *Binahor*-Vater aus der Komplementärgruppe zu, der mit dem Jungen regelmäßig bis zur körperlichen Reife anal verkehrte. Der Samen galt als Quelle männlichen Wachstums, des Lebens und der Fruchtbarkeit im Allgemeinen. Man ging davon aus, dass die regelmäßige Zufuhr Männer wie Frauen stärke und ihre Fruchtbarkeit steigere.

Die Marind-Anim glaubten, für die Empfängnis sei der Same der gesamten patrilinearen Verwandschaft des Mannes nötig. Folglich war die Frau regelmäßig zum Koitus mit dem Ehemann wie dessen männlichen Angehörigen verpflichtet, aber auch wenn Männer Sperma zu medizinischen oder rituellen Zwecken brauchten. Laut Studien eines holländischen Ärzteteams aus dem

Ein Fest im östlichen Hochland Papua-Neuguineas. Dieser kleine Junge aus dem Asaro-Tal ist mit Farbe aus Schlamm bemalt – eine typische Zierde der schönheitsbewussten Männer der Region.

frühen 20. Jh. führte dieser Brauch häufig zu Genitalinfekten und damit Sterilität bei Frauen. Die Folge waren sehr niedrige Geburtenraten, die die Marind-Anim ausglichen, indem sie bei Kopfjagden Kinder benachbarter Stämme entführten.

Die holländische Kolonialpräsenz und die spätere indonesische Herrschaft über Irian Jaya (ab 1962) setzte den Zeremonien, Mythologien und sexuellen Bräuchen der Marind-Anim, aber auch ihren Kriegskulten und der Kopfjagd ein Ende. Die Kolonialbehörden unterdrückten die überlieferten Traditionen rigoros, und viele Marind-Anim traten zum Christentum über und gingen in der indonesischen Gesellschaft auf.

Völker am Mittleren Sepik

Dank ihrer hoch entwickelten Kunst und Architekturstile gehören die Völker am Mittleren Sepik wohl zu Neuguineas bekanntesten Gruppen. Ihr berühmtes *haus tambaran* (Geisterhaus), ein zeremonielles Langhaus mit hohem, überhängendem Dach, war das Vorbild für das Gebäude der Hochkommission für Papua-Neuguinea in Canberra, Australien.

Die Völker am Mittleren Sepik – Kwoma, Arapesch, Manambu und Iatmul – haben kulturell viel gemeinsam, etwa ein in größeren Gruppen organisiertes, totemistisches Clansystem und aufwändige Initiationsriten für Jungen, bei denen geweihte Bambusflöten eine wichtige Rolle spielen.

Geheimhaltung ist ein wichtiger Aspekt des öffentlichen Lebens am Sepik und je älter Männer werden, desto mehr Wissen um mythische Namen und deren Bedeutung erwerben sie. Bei den Iatmul und Manambu fordern sich die Männer gegenseitig zu öffentlichen Debatten über geheime Totemnamen heraus. Die Iatmul stellen in Knotenschnüren die mythischen Reisen der Schöpferahnen dar – jeder Knoten steht für einen Ort, an dem ein Ahne auf der Schöpferreise anhielt. Das Wissen um die Schöpfer gilt als Zeichen ritueller Führungsqualität.

Bei den Kwoma und anderen Tieflandvölkern am Sepik steht das Grundnahrungsmittel Yams im Mittelpunkt von Fruchtbarkeitszeremonien. Heutzutage nehmen diese Zeremonien und die Knaben-Initiation neue Formen an: nicht-sakrale Versionen für die vielen Touristen, die jedes Jahr kommen. Auch Kunst für Touristen ist heute eine wichtige Säule der lokalen Wirtschaft. Die Schnitzer der Sepik sind bekannt für ihre Masken und Figuren einheimischer Tiere und Vögel.

Die Provinz Ostsepik hat im Staat Papua-Neuguinea seit langem bedeutende Führer gestellt, darunter Michael Somare, der 1975 erster Premierminister wurde. Die Provinz war auch eine der ersten, in der sich die traditionellen Land besitzenden Clans den Erfordernissen der wirtschaftlichen Entwicklung anpassten und sich in moderne geschäftsorientierte Organisationen umwandelten.

Motu

Dieses Ureinwohnervolk der Küstenregion um Port Moresby im Südosten Papua-Neuguineas, lebt in einer tropischen Savanne, die sich zwischen Trocken- und Regenzeit dramatisch verändert. Traditionell waren die Motu Töpfer, Händler und Fischer, die zusätzlich der Jagd und dem Feldbau nachgingen. Sie leben eng mit den Koita zusammen – Brandrodungsbauern, mit denen sie häufig Mischehen eingehen und deren Gartenprodukte sie gegen Tonwaren und Fisch eintauschen.

Am bekanntesten waren die Motu für die *hiri*, jährliche Handelsfahrten in Auslegerkanus entlang der Golfküste von Papua. Unter der Führung eines Mannes, der durch, eine Traumvision zur Organisation der Fahrt aufgefordert wurde, gingen bis zu 600 Männer auf die Reise. Sie brachten von den Frauen gefertigte Töpfe nach Elema und der Heimat der Namau und tauschten dafür Sago und Holz für den Kanubau ein. Kehrten die Händler heim, hielten die Motu ein *koriko* ab – ein Fest, bei dem man die Gegengeschenke feierlich verteilte. Diese Reisen machten Motu an der Südküste zur Handelssprache und heute ist sie in Papua-Neuguinea die indigene Verkehrssprache. Tok Pisin, eine Mischung aus Tolai, Deutsch und Englisch, bleibt die herrschende Landessprache.

Eine zentrale religiöse Idee der Motu ist *irutahuna*. Der Begriff kann sich auf die Hausmitte, das Herz oder den Verstand eines Menschen, die Mitte zwischen den zwei Masten eines Auslegers oder die Basis eines Einmasters beziehen. Offensichtlich ist für die Motu der Kern oder das Zentrum wichtiger Bauwerke oder Lebewesen ein höchst sakraler Ort. Dieses Konzept einer allen Lebewesen und Dingen innewohnenden Lebenskraft ist unter Melanesiern weit verbreitet.

Tannesen

Die Einwohner der Insel Tanna im Süden des Vanuatu-Archipels (vormals Neue Hebriden) haben faszinierende Geschichte und eine reiche zeremonielle Kultur.Wie auch bei anderen Dörfern in Vanuatu liegt nahe jeder kleinen Ansammlung von Hütten ein *nakamal* genannter Tanzplatz. Hier finden Feiern, Rituale und gesellschaftliche Gemeindeereignisse statt, und hier versammeln sich am Abend die Männer, um *kava* zu trinken.Diese Männergruppe heißt *kanu* – das einheimische Wort für eine kleine väterlicherseits verwandte Gruppe.

Da die Tannesen seit langem Kontakt zur europäischen Welt haben, ist ihre Kultur in vieler Hinsicht durch koloniale Begegnungen beeinflusst. Zu den prägendsten Ereignissen zählten die berüchtigten »Blackbirding«-Fahrten seefahrender Händler aus Australien im 19. Jh. Diese Expeditionen verschleppten Tausende Tannesen und männliche melanesische Ureinwohner aus dem Osten Neuguineas, von den Salomonen und umliegenden Regionen nach Australien, wo man sie zur Arbeit auf Zuckerrohrfeldern in Nord- und Zentral-Queensland einsetzte. Mehr als 100 000 Melanesier wurden zwangsweisenach Australien, auf Plantagen und in die Minen auf Fidschi, nach Neukaledonien und Samoa gebracht; viele ihrer Heimatinseln blieben entvölkert und kulturell geschwächt zurück. »Tanna« hat sich als Nachname unter den Nachfahren dieser ersten Zwangsarbeiter erhalten.

Die Bemühungen der Tannesen ihr Kulturerbe und ihre Eigenständigkeit angesichts der dominierender Einflüsse von außen zu bewahren, lassen sich unter dem Begriff *kastom* (»Brauch«), der aus dem Bislama-Pidgin in Vanuatu übernommen wurde, zusammenfassen. Das im ganzen Archipel gebräuchliche Wort beschreibt eine Mischung aus alten, wiederentdeckten und neuen oder nachempfundenen Bräuchen.

Die Insel Tanna ist die Heimat des berühmten, von John Frum begründeten Cargo-Kults. In den 1930ern und 1940ern predigte Frum die Rückkehr der alten politischen Macht der Tannesen und betete für die Abreise der Europäer. Mit Entschlossenheit versuchten die Briten 1941, die Bewegung zu zerschlagen, aber die Legende von John Frum und der Einfluss seiner Anhänger halten sich bis heute.

Tolai

Die Tolai bewohnen die Halbinsel Gazelle an der Ostküste der Insel Neubritannien. Hier liegt auch Rabaul, die wichtigste Stadt auf den Inseln Papua-Neuguineas und ein bedeutender japanischer Marinestützpunkt im Zweiten Weltkrieg. Für melanesische Verhältnisse wurde die Insel relativ früh kolonialisiert. Vor den Japanern kamen 1884 Deutsche, nach dem Ersten Weltkrieg Australier. So wurden die Tolai eine der gebildetsten, kultiviertesten und sprachmächtigsten Gruppen in ganz Papua-Neuguinea, und sie sind heute eine treibende Kraft im Land.

Die Tolai-Gesellschaft gliedert sich in Gruppen, die man *vunatarai* nennt. Mit diesem Begriff werden Clans oder Gruppen verschiedener Clans bezeichnet, wobei ein Clan alle Nachfahren eines bestimmten Ahnen umfasst, der mit dem derzeitigen Führer assoziiert wird. Mitglieder eines Vunatarai teilen den Besitz an Land, persönlichem Eigentum und Kultobjekten.

Durch die frühe Plantagenwirtschaft auf Neubritannien ist der Anbau, mit Kopra und Kakao als wichtigsten Produkten, seit langem ein Hauptelement der dörflichen Ökonomie. Die Menschen sind berühmt für das verwendete Muschelgeld, bekannt als *tambu* – Nassamuscheln, die sie auf etwa zwei Meter lange Stränge fädeln. Als einheimische Währung dient Tambu zum Kauf von Nahrung und Werkzeug und wird auch im zeremoniellen Rahmen verwendet, beispielsweise als Brautgabe oder Bezahlung für ein Begräbnis.

Die Kunst der Tolai umfasst aufwändige Bilder und Masken, die die weiblichen Geister der *tubuan* verkörpern; sie gehörten den Clans und galten als Inkarnation ritueller und soziopolitischer Macht.

Trobriander

Die Trobriander bewohnen eine Anzahl kleinerer Inseln vor der Ostküste der Provinz Milne Bay und gehören wohl zu den bekanntesten Gruppen Papua-Neuguineas – vor allem dank des Anthropologen Bronislaw Malinowski, der Anfang des 20. Jhs. bei ihnen richtungsweisende Feldstudien durchführte. Wie er berichtete, sind die Männer und Frauen schon sehr früh und relativ uneingeschränkt sexuell aktiv. Sexuelle Erfahrungen werden geschätzt und bewundert, und so verwenden Männer wie Frauen viel Zeit, Sorgfalt und Mittel auf Schönheitszauber und Liebesbeziehungen.

Die Trobriander sind bekannt für ihre Beteiligung am *kula* genannten regionalen Handelsnetzwerk, das alle Atolle und größeren Inseln der Massimgruppe vor der Ostküste Papua-Neuguineas umfasst. In seetüchtigen Kanus reisten die Händler in entgegengesetzten Richtungen um die Inselgruppe und brachten auf den Inseln wertvolle Muschelarmbänder und -ketten in Umlauf. Auch Tontöpfe und andere Waren wurden gehandelt.

Wie die meisten Völker der Massim-Region sind die Trobriander in Clans organisiert, deren Angehörige durch die mütterliche Abstammungslinie verwandt sind. Aber auch Väter übertragen wichtige Besitzrechte auf ihre Kinder, die den eigenen matrilinearen Verbindungen entstammen.

In den letzten Jahren sind Künstler der Trobriander für ihre traditionellen Bugschnitzereien an Kanus, Figuren und Masken international bekannt geworden – eine Kunstform, die das Interesse des Tourismushandels geweckt hat.

Polynesien

Hawaiianer • Maori • Samoaner • Tahitianer • Tonganer

Hawaiianer

Fernsehzuschauer, die Wiederholungen von *Hawaii 5-0* oder *Magnum* sehen, sind sich der reichen Kultur und Geschichte der einheimischen Bevölkerung des Hawaii-Archipels wahrscheinlich nicht bewusst. Die Nachfahren furchtloser Reisender, die in ihren Kanus eine der isoliertesten Inselgruppen der Welt erreichten, werden als hawaiische Ureinwohner oder Kanaka Maoli bezeichnet. Obwohl sich die Wissenschaftler über Einzelheiten streiten, kamen die ersten Hawaiianer vermutlich vor 1700 Jahren von den Marquesas-Inseln. Es könnte spätere Einwanderer aus Tahiti gegeben haben, lange bevor James Cook 1778 die Inseln entdeckte.

Bei seiner Ankunft traf Cook auf das am höchsten entwickelte politische System ganz Polynesiens. Wie anderen Pazifik-Insulaner war den Hawaiianern die Metallverarbeitung unbekannt, aber auch ohne Metallwerkzeug warf ihr Agrarsystem genug Nahrung ab, um eine Population von – vorsichtig geschätzt – 300 000 Menschen zu erhalten. Es gab eine Schicht von Häuptlingen, Priestern und Handwerkern, deren Lebensstil sich von dem der restlichen Gesellschaft abhob. Die hawaiischen Häuptlinge oder *ali'i*, von denen es hieß, sie stammten von den Göttern ab, erbten ihr Amt theoretisch als Erstgeborene einer männlichen Linie. In der Praxis jedoch war Fähigkeit – gerade in der Kriegsführung – ein wesentlicher Faktor bei der Errichtung und Expansion eines Häuptlingstums. Auch Frauen konnten den Ali'i-Status erwerben.

Ein Häuptling auf Hawaii hatte Kontrolle über das Land, vor allem über die bewässerten Felder und die Arbeitskraft des einfachen Volkes. Der Machtanspruch der Häuptlinge beruhte auf ihrer ideologischen Verbindung mit übernatürlichen Kräften: Kamehameha I. zum Beispiel erbte den Titel eines Kriegsgottes. Er setzte seine Fähigkeiten und die Waffen der Europäer ein und einte 1811 alle Inseln, eine beispiellose Tat auf Hawaii. Nach dem Tod des Häuptlings 1819 übernahm seine Witwe Ka'ahumanu das Amt und wurde zu einer mächtigen und einflussreichen Persönlichkeit.

1820 kamen amerikanische protestantische Missionare auf die Inseln. Schon vor dieser Zeit waren die hawaiischen Ureinwohner durch Masern, Grippe und andere eingeschleppte Krankheiten, gegen die sie nicht immun waren, stark dezimiert worden. 1854 hatte sich ihre Zahl um mindestens 75 Prozent reduziert. Als Ausländer begannen, Plantagen anzulegen, mussten sie Arbeitskräfte aus Asien importieren. Diese Vertreter kommerzieller Interessen, aber

auch missionierte Nachkommen, übernahmen im hawaiischen Königreich nach und nach die Macht. 1893 wurde die letzte hawaiische Monarchin, Königin Liliuokalani, von einer Gruppe größtenteils amerikanischer Geschäftsleute abgesetzt, die 1894 eine Republik errichteten. Die USA annektierten 1898 die Inseln als Territorium und 1959 wurde Hawaii 50. Staat der USA.

Hawaiis Ureinwohner, inzwischen meist gemischter Herkunft, nahmen im 20. Jh. zahlenmäßig zu. Aber sie blieben nicht nur »weißen« Amerikanern, sondern auch den Nachkommen der asiatischen Arbeiter, die nach der Staatsgründung wirtschaftlich und politisch aufgestiegen waren, sozial untergeordnet. Doch in den letzten 40 Jahren ist ein neuer Geist hawaiischer Identität erwacht. Selbstbewusst beleben Hawaiianer ihre Sprache und Bräuche wie Hulatanz und traditionelle Heilkunst neu. 1976 wurde das Segelkanu *Hokule'a* auf traditionelle Weise gebaut. Mit der Hilfe eines Steuermanns von den Karolinen segelte die Crew nach Tahiti, wobei sie sich allein von Wind und Wellen leiten ließ und sich an den Sternen orientierte. Später fuhr die *Hokule'a* alle großen Inseln im polynesischen Dreieck an und inspirierte junge Hawaiianer, Tahitianer und andere Pazifik-Insulaner sich mit Stolz zu ihrer Kultur zu bekennen.

Maori

DIE MAORI WAREN die letzte große polynesische Gruppe, die ferne Inseln besiedelte. Der Sage nach verließ Kupe, ein Fischer und Steuermann, seine Heimat Hawaiki in Ostpolynesien, um einen riesigen Oktopus zu verfolgen, der seine Köder gestohlen hatte. Er holte das Tier ein und tötete es. Dann erkundete er das Land, das heute Neuseeland heißt. Kupe segelte heimwärts, um anderen von dem unbewohnten, besiedelbaren Land zu erzählen. Ungeachtet der Frage, ob sich diese Geschichte so abspielte, sind sich die Wissenschaftler einig, dass die Maori Neuseeland vor 1200 Jahren besiedelten, nachdem sie die längste und letzte Siedlungsreise der polynesischen Geschichte unternommen hatten.

Die neuen Siedler entstammten einem wärmeren Klima, aber sie trotzten der Herausforderung und passten sich der neuen Umwelt an. In der ersten Zeit lebten sie teils von den Moas, riesigen flugunfähigen Vögeln, die die Maori-Jäger schließlich ausrotteten. Das Volk versorgte sich mit Fisch, Süßkartoffelanbau und dem Sammeln von Waldprodukten. Zwischen den Süßkartoffelernten ernährten sie sich zum Beispiel von Farnwurzeln, die einen wichtigen Teil ihrer Nahrung ausmachten.

Größte soziale Einheit im traditionellen Leben der Maori war das *iwi*, oft mit »Stamm« übersetzt. Jedes Iwi bewohnte ein definiertes Gebiet und leitete sich im Idealfall über Vater oder Mutter von einem Gründungsahnen ab.

(Fortsetzung auf Seite 74)

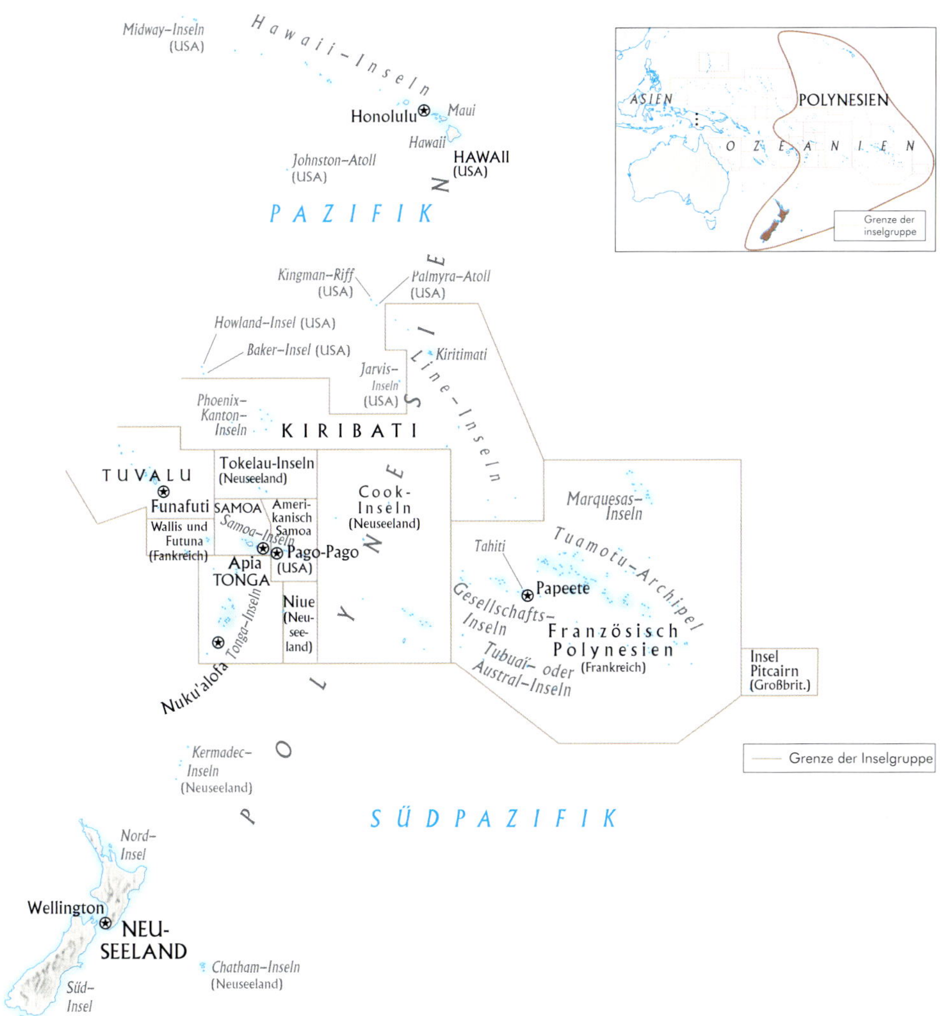

Die Trobriander (gegenüber) gehen auf eine Handelsfahrt vor der Ostküste Papua-Neuguineas. Sie segeln in verzierten Auslegerkanus zu den Inseln, die dem so genannten Kula-Ring – einem fast kreisförmig geschlossenen Handelsnetzwerk– angehören. Die Männer nehmen an einem Handelszyklus teil, der nicht nur dem Tausch rituellen Muschelschmuckes dient, sondern auch die Allianzen zwischen den Inseln stärkt. ***Nachfolgende Seiten:*** Tahitianischer Tanz schockierte frühe Missionare. Heute unterhält er dankbare Touristen. ***Seiten 72–73:*** An den Marae – einstigen Zeremonialplätzen für religiöse Rituale – demonstrieren Maori heute Solidarität. Zu jedem wichtigen Ereignis wie dieser dreitägigen Beerdigung in Reporua, Neuseeland, versammeln sich die Leute bei den Marae ihrer Verwandtschaftsgruppen.

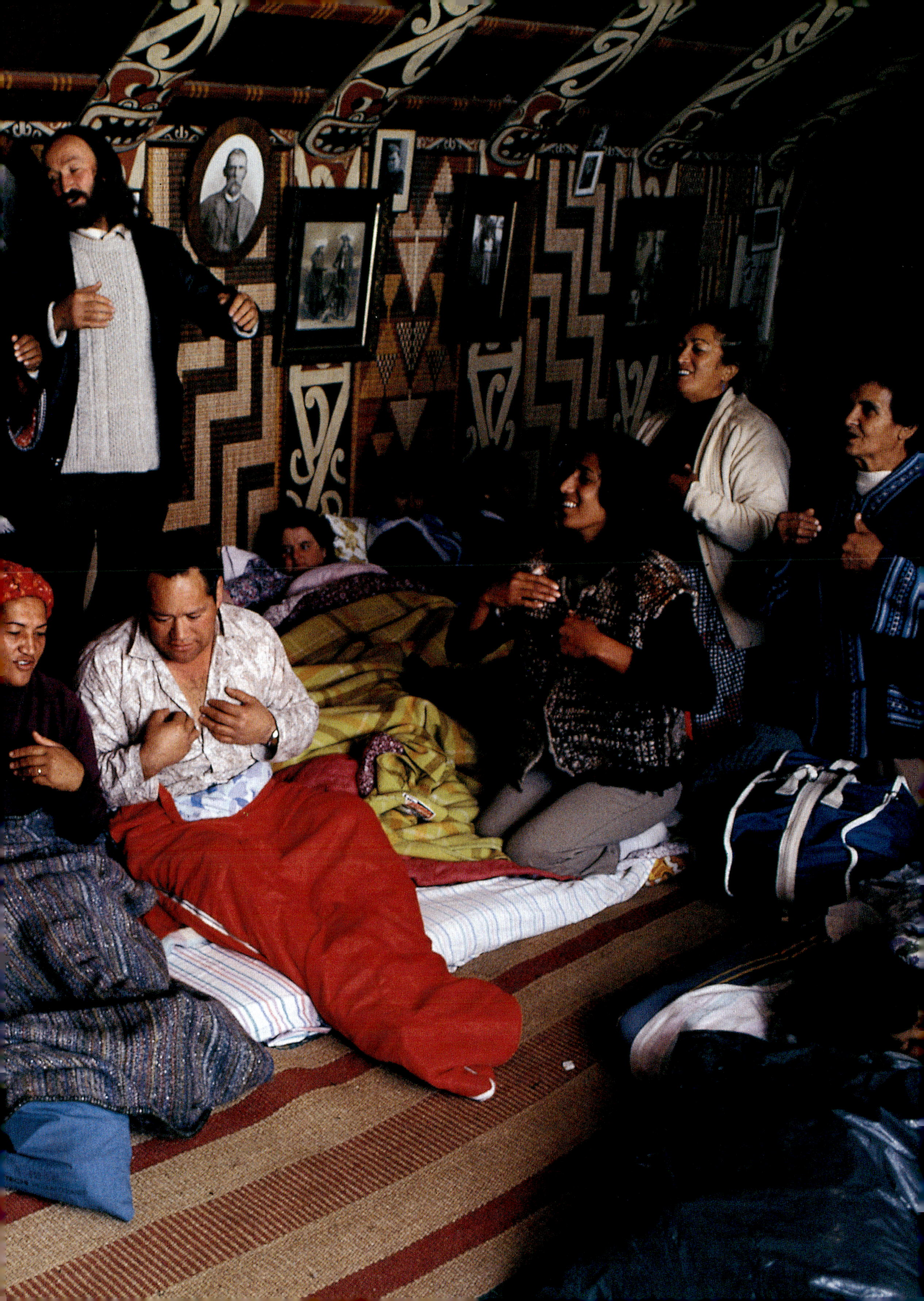

Ein Iwi bestand aus vielen *hapu* – Sektionen –, deren Mitglieder miteinander verwandt waren. Weil die Maori ihre Abstammung über beide Geschlechter herleiten konnten, gehörte jeder potenziell mehreren Hapu an. Die tatsächliche Mitgliedschaft hing vom Wohnort und der Beteiligung am Gruppenleben ab.

Jede Hapu hatte einen eigenen Anführer, und der Führer der ältesten Hapu war der oberste Häuptling des Iwi. Im Idealfall löste der Erstgeborene den Stammeschef ab, aber in einigen Gruppen fiel die Würde an die älteste Tochter. Konflikte waren häufig, selbst innerhalb eines Iwi. Als die Europäer Neuseeland erreichten, erwarben die Maori sich rasch einen grausamen Ruf. Maoristämme waren bekannt dafür, besiegte Feinde zu versklaven oder gar – als ultimative Erniedrigung – zu verspeisen.

Wie andere Polynesier glaubten die Maori an ein komplexes Pantheon übernatürlicher Wesen, die den ranghöchsten Personen ihre Macht verliehen. Häuptlinge standen wichtigen Zeremonien vor, aber es gab auch ein ausgebildetes Priestertum. Viele öffentliche Riten vollzog man auf besonderen Freiluftbühnen, die einem bestimmten Iwi oder einer Hapu gehörten.

Die Europäer zog es Ende des 18. Jhs. nach Neuseeland, um die reichen Robben- und Walgründe vor der Nordinsel auszubeuten. 1814 kamen protestantische Missionare, und bald folgten Australier und weitere Europäer. 1840 unterzeichneten viele Maorihäuptlinge den Vertrag von Waitangi, der England die Souveränität übertrug. Aber von 1860 bis 1865 – gelegentlich die Zeit der Maori-Kriege genannt – kam es zu Kämpfen über Landrechte und Fragen der Souveränität. Bis heute sind diese Streitfragen ungelöst; jetzt jedoch tragen die Maori die Kämpfe um ihr Recht normalerweise im Gerichtssaal aus.

Rund 525 000 Menschen, etwa 10 bis 15 Prozent von Neuseelands Bevölkerung, verstehen sich als Maori. Obwohl sie eine ethnische Gruppe mit stärkerem Zusammenhalt bilden als ihre Verwandten auf Hawaii, verfolgen sie zum kulturellen Überleben teils die gleichen Strategien. Während Exponate traditioneller Kunst und Kunsthandwerk erfolgreich in Übersee touren, finden jüngere Künstler zu eigenen Aussagen über ihre ethnische Identität. Maori-Sprachschulen dienten denen auf Hawaii als Vorbild.

Samoaner

Seit 1900 sind die Samoaner in zwei Gemeinwesen geteilt. Ostsamoa ist Staatsgebiet der USA, die westlichen Inseln – erst von Deutschland regiert, dann bis 1962 von Neuseeland – sind unabhängig. Die Samoaner siedelten hier vor rund 3000 Jahren und pflegten Jahrhunderte lang Wechselbeziehungen mit den Tonga und Fidschi-Insulanern. Heute sind ihre Inseln die Heimat der welthöchsten Konzentration an Vollblut-Polynesiern: Mehr als 60 000 leben in Amerikanisch-Samoa, etwa 165 000 im unabhängigen (Westlichen) Samoa.

Das traditionelle Leben auf Samoa basierte auf Gartenbau; Taro und Brotfrucht galten als wichtigste Feldfrüchte. Männer übernahmen mühseligere Aufgaben, etwa das Roden und Bepflanzen des Bodens, das Fischen jenseits der Riffe und sogar das Kochen. Frauen sammelten kleine Meerestiere in den Lagunen und Riffen sowie Wildpflanzen. Sie flochten Matten, die noch heute wichtige Tauschobjekte bei feierlichen Ereignissen wie Hochzeiten sind.

Samoaner lebten typischerweise in selbstständigen Gemeinden. In jeder Gemeinde gab es mehrere Verwandtschaftsverbände, die über die Abstammung von einem gemeinsamen Vorfahren oder einer Vorfahrin verwandt waren. Grundlegendes Element der samoanischen Sozialstruktur ist noch immer das *Matai*-System, nach dem Führungstitel abhängig von Geburt, Können oder einer Kombination aus beidem verliehen werden. Es gibt zwei Arten von Titeln, *ali'i* (Häuptling) und *tulafale* (Redner), die dem Dorf und dem weiteren politischen Umfeld zugeordnet sind. Der Grad der Autorität, die ein Titelinhaber ausübt, hängt vom Rang ab, so hat etwa ein Matai-Rat in Dorfangelegenheiten die höchste Autorität inne. Als Samoa unabhängig wurde, durften allein Titelinhaber wählen und bei allgemeinen Wahlen kandidieren. Dies änderte sich 1990, als ein Referendum das allgemeine Wahlrecht einführte. Trotzdem können für die meisten Parlamentssitze nur Matai kandidieren.

In früheren Zeiten übten Matai auch religiöse Funktionen aus und waren für die Verehrung der Familiengötter verantwortlich. Schließlich aber nahmen Lehrer der Londoner Missionsschule ihre Arbeit auf Samoa auf, und heute gehören etwa die Hälfte der Menschen im unabhängigen Samoa den Freien Evangelischen Gemeinden an. Etwa ein Viertel sind Katholiken, der Rest Methodisten, Mormonen oder Angehörige anderer Bekenntnisse.

Auffallend ist die Migrationsbereitschaft der Samoaner: Es leben mehr Samoaner fern ihrer Heimatinseln – vor allem in der Englisch sprechenden Welt – als auf ihnen. In Neuseeland gibt es mehr als 100 000 und die gleiche Anzahl wohnt auf Hawaii und in den anderen 49 Staaten der USA. Einige Samoaner sind oder waren Mitglieder von Fußball-Profivereinen. Aber unabhängig davon, wo Samoaner leben, sie bewahren ihre ethnische Identität durch eigene Kirchengemeinden. Sie haben auch den Brauch kunstvoller Tätowierungen neu belebt. Dazu verwenden sie traditionelle Instrumente wie gezahnte Kämme und Schlegel, um das Pigment in die Haut zu klopfen.

Tahitianer

Viele romantische Bilder von der Südsee entstanden, als englische und französische Entdecker im späten 18. Jh. auf die ersten Tahitianer trafen. Vor diesen ersten Begegnungen mag es um die 30 000 Inselbewohner gegeben haben, nachher jedoch sank ihre Zahl einige Zeit. (1999 überstieg die Zahl 100 000, Menschen gemischter Herkunft eingeschlossen.) Wie andere Sprecher polynesischer Sprachen besiedelten die Tahitianer ihre Heimat nach langen Kanufahrten von Südostasien aus. Diese Reisen führten sie an Tonga und Samoa vorbei, bevor sie die Inseln erreichten, die heute Gesellschaftsinseln heißen.

Traditionell teilten die Tahitianer ihre Gesellschaft in drei Klassen: *ari'i* (Adel), einfaches Volk und Diener. Adlige erbten ihren Rang von ihren Vätern, üblicherweise erbte der erstgeborene Sohn, obwohl auch Frauen einen

hohen Rang einnehmen konnten. Da Tahitianer der höchsten Gesellschaftsebene sich auf eine Abstammung von den Göttern beriefen, war ihre Kultur eine komplexe Mischung aus Religion, Status und Macht.

Häuptlinge erhielten Tribut von niedrigeren Schichten, aber die interen Machtkämpfe in den verschiedenen Teilen der Inselgruppe sorgten dafür, dass sich kein Herrscher über alle anderen erheben konnte. Diese Situation änderte sich, als die Europäer kamen und auf den Inseln neue Waffen und neue politische Ideen einführten.

Die Tahitianer gehörten zu den ersten Polynesiern, die zum Christentum übertraten. Ursprünglich glaubten sie jedoch an eine Götterhierarchie. Einige Gottheiten wurden von der gesamten Bevölkerung einer Region verehrt, andere nur von Familien oder Einzelnen. Aus den Rängen der Ari'i rekrutierten sich die Priester, die für ganze Distrikte bedeutende Zeremonien leiteten. Manche galten auch als Zauberer. Die Menschen glaubten, göttlicher Zorn könne den vorzeitigen Tod herbeiführen, zugleich akzeptierten sie den Tod durch Alter als normalen Vorgang. Bestattungsrituale hingen vom sozialen Status des Verstorbenen ab: Den Körper eines hoch stehenden Tahitianers etwa stellte man vor der Bestattung auf einer erhöhten Plattform oder in einem Geisterhaus aus, und lange, kunstvolle Trauerbekundungen waren ein Vorrecht des Häuptlings.

Die Tahitianer ernährten sich von Gartenbau und Fischen. Männer fischten, erledigten Bauarbeiten und fertigten Werkzeug, Waffen sowie Kanus. Frauen stellten Stoffe aus Borke her – eine wichtige Ware für Handel, Geschenke und Kleidung. Sie flochten aus Schraubenpalmwedeln Matten, Hüte und Körbe. Männer und Frauen teilten die Feldarbeit und bauten eine Vielzahl von Feldfrüchten an, darunter Yams und Süßkartoffeln. Kokospalmen lieferten nicht nur Nahrung sondern auch Handwerksmaterial. Heute beteiligen sich die Tahitianer an modernen Wirtschaftsunternehmungen wie dem Tourismus und der Zucht von schwarzen Perlen. Der traditionelle Tanz mit den von rasenden Trommeln begleiteten schnellen Hüftbewegungen gehört heute zum Standardprogramm touristischer Darbietungen auf den Pazifikinseln und ist ein kraftvolles Symbol ihrer Identität.

Tahiti war lange an Frankreich gebunden, das es 1842 zum Protektorat erklärte. Heute gehört Tahiti zum Überseeterritorium Französisch-Polynesien. In den letzten Jahrzehnten waren Frankreichs Atomtests in anderen Teilen der Gesellschaftsinseln Gegenstand der Kritik. Die Tests endeten 1996, und heute bilden Entschädigungen und Zuschüsse der französischen Regierung einen großen Teil des tahitianischen Einkommens. Seit über 60 Jahren fordert das Volk größere Freiheit von Frankreich, und es ist ihm gelungen, stärkere lokale Autonomie durchzusetzen.

Samoaner versuchen, überall auf der Welt die Eckpfeiler ihrer Identität – Kirche und Familie – zu bewahren. Dieser Vater, der eine traditionelle Lavalava trägt, hofft, sein Wissen als Kirchen-Bandleader und begabter Trompeter weitergeben zu können.

Tonganer

In ganz Polynesien können sich allein die Tonganer rühmen, dass ihre Inseln nie von einer fremden Macht beherrscht wurden. Wie Samoa, dessen Häuptlinge einst Adlige von Tonga heirateten, wurde der Tonga -Archipel als größte Inselgruppe am Westrand des polynesischen Inseldreiecks vor 3000 Jahren besiedelt. Zirka 100 000 Tonganer leben heute dort, fast 70 Prozent von ihnen auf der Hauptinsel Tongatapu.

Die Gesellschaft auf Tonga scheint stets extrem zentralistisch und hierarchisch gegliedert gewesen zu sein. Traditionsgemäß trug der oberste Herrscher den Titel Tu'i Tonga. Er berief sich auf eine göttliche Abstammung, und seine Macht war ursprünglich sakraler wie weltlicher Natur. Als die Bevölkerung wuchs, delegierte der Tu'i Tonga mehr Aufgaben an nächste Verwandte, die in eigenen Gebieten zu Führern wurden. Die daraus resultierende politische Instabilität führte zur Teilung der Gewalten, wobei der Tu'i Tonga die geistliche Führung behielt und ein anderer die weltliche Herrschaft übernahm. Später übertrug der weltliche Herrscher seine Amtsgewalt auf seinen Sohn und schuf so eine neue Königslinie mit neuem Titel. Auch die Schwester des Tu'i Tonga – Tu'i Tonga Fefine – besaß große Macht; ihre älteste Tochter, die den Titel Tamaha trug, hatte jedoch die höchste sakrale Bedeutung. Theoretisch leiten alle Tonganer – auch der regierende Monarch – ihre verwandtschaftlichen Beziehungen und ihren Status innerhalb ihres Verwandtschaftsverbandes von einem dieser vier Titelinhaber ab.

Ein wichtiges Merkmal der Tonga-Gesellschaft war die Macht der Frauen über ihre Brüder: Männer mussten sich ihren Schwestern und deren Kindern fügen. Der höhere Status hatte einen materiellen Hintergrund, denn Frauen fertigten wertvolle Besitztümer wie Matten, Körbe und Borkenstoff an, die man bei wichtigen Ereignissen austauschte. Zudem bereiteten sie aus Pfefferpflanzen den Kava, den man zu wichtigen Anlässen trank.

Die Missionierung brachte für das traditionelle Leben auf Tonga große Veränderungen mit sich, darunter eine durch neue europäische Wirtschaftsinteressen hervorgerufene höhere politische Instabilität. 1826 gründeten Methodisten eine Mission; 1845 besiegte ein zum Protestantismus konvertierter Tonganer den von katholischen Missionaren unterstützten Tu'i Tonga. Als König George Tupou I. gestaltete er – von Methodisten-Missionaren beraten – seine Regierung nach der konstitutionellen Monarchie der Briten. Die Verfassung von 1875 übertrug dem Souverän allen Landbesitz, sie berief eine Klasse erblicher Beamter zu Treuhändern und garantierte allen erwachsenen Männern eine Farm und eine Dorfparzelle.

Auch heute noch ist das unabhängige Königreich Tonga zentralistisch und traditionell. Der heutige König, der vierte der Tupou-Dynastie, ernennt ein Kabinett, das höchste Regierungsorgan. Obwohl es seit 1994 eine prodemokratische Bewegung gibt, scheinen Monarchie und Adel sicher an der Macht. Tonga ist stark von Hilfe aus dem Ausland und von Einkommen abhängig, das ausgewanderte Tonganer nach Hause schicken. Mehr als 30 000 von - ihnen wohnen heute in Neuseeland.

Mikronesien

Chamorro • Chuuk-Insulaner • Marshal-Insulaner • Palau-Insulaner

Chamorro

Das Pazifikvolk der Chamorro auf Guam und den Marianen hat seit langem Kontakte zur westlichen Welt. Fernando de Magellan landete 1521 als Kommandant der ersten Expedition zur Umseglung der Welt auf ihren Inseln. Spanien beanspruchte die Inseln 1565, gründete dort aber erst 1668 Siedlungen. Drei Jahrzehnte Krieg und Krankheiten folgten und 1710 waren weniger als 4000 Chamorro übrig. Heute wohnen schätzungsweise 150 000 auf Guam, weitere 72 000 leben im Staatenbund der Nördlichen Marianen. Viele sind gemischter Abstammung. Ihre Vorfahren waren vielleicht Spanier, Filipinos, Amerikaner, Asiaten oder Mikronesier (von den Karolinen). Gleich welcher Herkunft, die Chamorro verbindet eine Sprache. Man nimmt an, dass diese am engsten mit den Sprachen auf den Philippinen verwandt ist.

Die ursprünglichen Chamorro bekleideten sich spärlich und ihre physische Erscheinung beeindruckte frühe europäische Beobachter. Sie lebten vom Fischfang und Gartenbau und waren die einzigen Pazifik-Insulaner die zur Zeit des Erstkontakts Reis bereits als Grundnahrungsmittel anbauten. Die Männer kümmerten sich um den Gartenbau, einen Teil des Fischens, den Bau von Häusern und Kanus und errichteten Steinbauten. Die Frauen stellten Töpfe her, kochten, sammelten Nahrung im Dschungel und fischten mit Handnetzen auf den Riffen. Sie waren besonders geschickt im Fertigen von feinen Matten, Segeln, Hüten, Körben und Schachteln aus Schraubenbaumfasern, mit denen man an so fernen Orten wie den Karolinen Handel trieb. Die Betelnuss mit Pfefferpflanze und Limone gekaut, war das beliebteste Genussmittel der Chamorro.

Die traditionelle Gesellschaft der Chamorro basierte auf Clans, in denen die Zugehörigkeit über Frauen vererbt wurde. Diese Clans waren hierarchisch geordnet, wobei die Frauen der ranghohen Verwandtschaftsverbände in der Gesellschaft hohe Positionen einnahmen. Innerhalb der Clans selbst hing der Rang vom Alter ab, und ältere Clanmitglieder konnten den Clanbesitz zum Vorteil der Allgemeinheit verwenden. Heute ist der überwältigende Teil der Chamorro Christen; die Mehrheit sind infolge der spanischen Missionierung im 17. Jh. Katholiken. Ursprünglich scheint eine Art von Ahnenkult vorgeherrscht zu haben; zu jener Zeit war auch der Glaube an Zauberer verbreitet. Die Geschichte der Chamorro hat nach dem Erstkontakt mit den Europäern viele verschiedene Wendungen genommen. Unter der frühen spanischen Herrschaft wurde die Bevölkerung der Marianen nach Guam umgesiedelt. Erst 1815, als man auch andere Mikronesier auf den Inseln ansiedelte, kehrten sie zurück. Nach dem spanisch-amerikanischen Krieg übernahmen die USA Guam, während Deutschland weitere Inseln der Marianen erwarb. Nach dem ersten

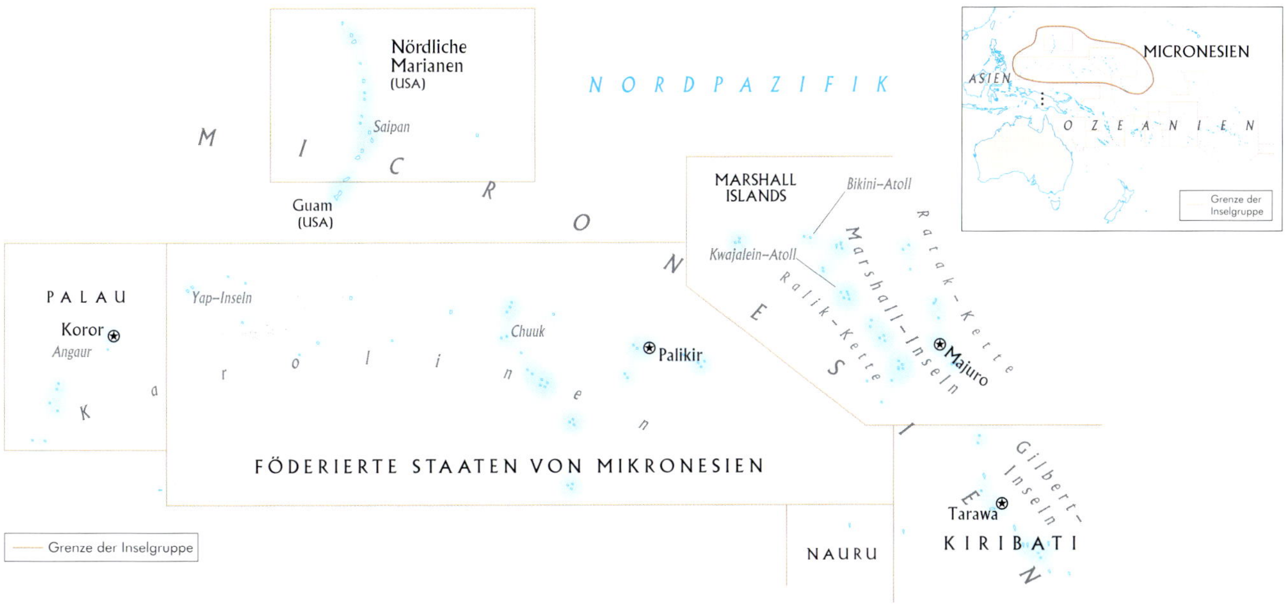

Weltkrieg wurden die ehemaligen Besitzungen Deutschlands als Völkerbundsmandat an Japan übergeben. Der Zweite Weltkrieg entfachte auf den Inseln blutige Kämpfe. Heute ist Guam Territorium der USA, während die Nördlichen Marianen seit 1986 ein unabhängiges Commonwealth bilden, das jedoch eng mit den USA assoziiert ist. Die Chamorro leben angepasst an eine politisch und wirtschaftlich moderne Welt, nur ihre Sprache verbindet sie noch mit dem Leben, das sie einst führten.

Chuuk-Insulaner

Die Chuuk, früher Truk-Insulaner genannt, leben auf einer Inselgruppe in einer großen Lagune, die von Korallenriffen umschlossen ist. In Auslegerkanus erreichten die Vorfahren der Chuuk die Inseln um Christi Geburt und besiedelten sie. Sie knüpften und pflegten Handelsbeziehungen zu nahen Atollen, wo sie Palmfasermatten und Kokosfaserseile eintauschten und gelegentlich maßgefertigte Boote orderten. Im Gegenzug belieferten sie die Atolle mit einer pflanzlichen Farbe, die zum Schminken verwendet wurde.

Chuuk war in kleine Bezirke aufgeteilt. In jedem Bezirk waren verschiedene Großfamilien ansässig, die jeweils von einer Gruppe verwandter Frauen gebildet wurden. Ehemänner lebten im Allgemeinen auf dem Land ihrer Frauen. Auch die Clans und kleineren Verwandtschaftsverbände, wie Lineages, waren matrilinear organisiert, d. h. die Zugehörigkeit war durch die mütterliche Abstammungslinie vorgegeben. In jedem Bezirk beanspruchten einzelne Lineages bestimmte Ländereien, und in allen Bezirken war dieser Anspruch Voraussetzung für die Häuptlingswürde. Diese wurde meist dem ältesten männlichen Mitglied der ältesten Lineage übertragen. In jeder Lineage fungierte der älteste Mann als eine Art symbolisches Oberhaupt, das Anrecht auf Lebensmittelgeschenke hatte. Die Frage, welches Familienmitglied dem Oberhaupt nachfolgen und damit das Land und die Ressourcen kontrollieren würde, löste häufig Konflikte aus.

Kokosnüsse lieferten Nahrung, Getränke und Fasern für Seile, die Brotfrucht aber war das traditionelle Grundnahrungsmittel, das man in Gruben durch Gärung konservierte. In Gärten gab es Taro, Pflanzen, aus denen kosmetische Farben hergestellt wurden, und Zuckerrohr. Die Männer kümmerten sich um den Anbau, bereiteten Großmahlzeiten zu, fischten im tiefen Wasser, engagierten sich in Krieg und Politik, bauten Boote sowie Häuser und arbeiteten mit Holz, Muscheln und Stein. Frauen woben auf Webstühlen Hibiskus- und Bananenfasern, flochten Matten und Körbe, kochten das tägliche Essen, fischten an der Küste und trugen die Hauptverantwortung bei der Kindererziehung.

Die Chuuk glaubten an eine Vielzahl von Geistern, einige von ihnen bevölkerten den Himmel und waren besonders wichtig. Vor allem Clans leiteten ihre Macht von den Beziehungen zu diesen Geistern und dem von ihnen kontrollierten magischen Wissen ab. Es gab Geister, die über bestimmte Handwerke herrschten, andere brachten Krankheiten. Generell galten Erkrankungen als Werk böswilliger Geister, die ein Zauberer beschworen haben mochte, den Schwachen zu schaden. Die Chuuk glaubten, jeder besäße zwei Seelen: eine gute, die nach dem Tod in den Himmel aufsteige, und eine schlechte Seele, die sich zu einem potenziell bösen Geist wandle. Seit Mitte des 20. Jhs. sind die Chuuk protestantische oder katholische Christen.

Wie viele andere Mikronesier waren die Chuuk Untertanen aufeinanderfolgender Kolonialmächte. Zwischen dem Ersten und Zweiten Weltkrieg verwaltete Japan die Inseln als Völkerbundsmandat und baute sie zu Militärbasen aus. Im Zweiten Weltkrieg fielen US-Truppen ein und brachten Leid und Tod. Chuuk gehörte später zum Treuhandgebiet Pazifische Inseln unter der Verwaltung der USA für die Vereinten Nationen. Nach 20 Jahren Verhandlungen setzten die Föderierten Staaten von Mikronesien (FSM) die Selbstverwaltung in freier Zusammenarbeit mit den USA durch. Chuuk ist einer der vier Staaten der FSM; zu seinen 50 000 Bewohnern gehören auch die Bewohner der nahen Atolle. Da »freie Zusammenarbeit« auch bedeutet, dass Insulaner in die USA einwandern dürfen, haben viele genau das getan. Heute finden sich auf Hawaii und in -Kalifornien zahlreiche Chuuk-Gemeinden.

Marshal-Insulaner

Die Welt wurde 1946 auf das Volk der Marshall-Inseln aufmerksam, als die USA auf dem winzigen Bikini-Atoll eine Reihe von Atomtests starteten. Die Marshal-Insulaner, Nachkommen der Seefahrer, die diese Inseln vor fast 2000 Jahren besiedelten, sprechen eine Sprache, die am engsten mit denen auf Fidschi, Nauru und den nahen Karolinen verwandt ist.

Die Marshall-Inseln – fünf kleine Inseln, 29 Atolle und Hunderte von Riffen – bilden eine Doppelkette, wobei das Klima der südlichen Inseln günstiger und zuverlässiger ist. Gartenbau, Fischen und das Sammeln im Riff sorgten ursprünglich für den Unterhalt der Bewohner. Auf den Nordatollen baute man neben Brotfrüchten Pfeilwurz, Schraubenbäume und Kokosnüsse an. Die Südatolle brachten größere Brotfruchternten und etwas Taro ein. Die Männer zog es aufs Meer, wo sie mit selbstgebauten Kanus fischten. Frauen kümmerten sich um die Arbeit an Land, fertigten Matten, Körbe und Kleidung aus Schraubenbaum- und Kokospalmwedeln, kochten, versorgten die Kinder, fischten und sammelten in den Riffen.

Auf so kleinen Inseln war Land unweigerlich im sozialen Leben ein Schlüsselfaktor. Aufgrund der matrilinearen Gesellschaftsordnung vererbten die Frauen die Landrechte. Die obersten Häuptlinge aber, die sich auf die Herkunft von Göttern beriefen, waren Männer. Das soziale System war dennoch flexibel genug, um alle mit dem nötigen Auskommen zu versorgen.

Die Marshal-Insulaner glaubten an viele Arten weiblicher wie männlicher Geistwesen. Die höchsten Götter wurden mit Sternbildern, andere, mit besonderen Orten der Umgebung assoziiert, und das Alltagsleben beeinflussten vor allem die Ahnengeister. Amerikanische Protestanten waren die ersten Missionare auf den Inseln.

Nach einer Reihe von Kolonialmächten und schließlich dem Zweiten Weltkrieg nahm man die Marshal-Insulaner 1947 in das US-verwaltete Treuhandgebiet Pazifische Inseln auf. 1986, als ein Vertrag zur Freien Zusammenarbeit in Kraft trat, wurde die Republik Marshall-Inseln (RMI) ausgerufen. Die USA zahlen für die Nutzung einer Waffentestanlage auf Kwajalein und entschädigen für die gesundheitlichen und sozialen Folgen der Atomwaffenversuche. Heute leben über 60 000 Marshal-Insulaner in der RMI, weitere sind nach Hawaii und Kalifornien ausgewandert.

Palau-Insulaner

Die Heimat der Palau-Insulaner sind die westlichsten Karolinen, deren Nähe zu Asien ihre Kultur mit der Zeit stark beeinflusst hat. Man nimmt an, dass die ersten Menschen die Inseln vor über 2000 Jahren erreichten. Sie waren Seefahrer, die vermutlich direkt aus Südwestasien kamen und es vorzogen, hier zu siedeln statt sich nach Osten vorzuwagen. Das Volk spricht heute eine Form von Austronesisch, die enger mit den Sprachen Westindonesiens und der Philippinen verwandt ist als mit denen der Inseln im Osten. Durch die Etablierung eines selbstverwalteten Staates haben die Palauaner einen von den anderen Mikronesiern getrennten politischen Weg eingeschlagen.

In der Frühzeit bauten die Insulaner landeinwärts Dörfer auf kunstvollen Steinfundamenten. Das Versammlungshaus, das *bai*, war Mittelpunkt des Dorfes. Hier trafen sich die Mitglieder der dörflichen Familien, die nicht nur das Land für Häuser und Tarofelder kontrollierten, sondern auch Aufgaben in Bezug auf Häuptlingstitel, bestimmte Wertobjekte und rituelle Funktionen erfüllten. Die Mitglieder waren mütterlicherseits oder – seltener – väterlicherseits verwandt, und Adoptionen innerhalb der erweiterten Verwandschaftsgruppe waren üblich. Die Beziehungen zwischen Verwandten, zwischen den Häusern eines Dorfes, den Titelträgern in politischen Gremien und den Dörfern innerhalb einer größeren politischen Einheit waren durch ein Rangsystem geregelt. Der Status eines Häuptlingstitels hing vom sozialen Wert des örtlichen Landbesitzes ab und Titelinhaber wiesen den Familien das Land nach deren Bedürfnissen zu.

Fischen und Taroanbau bildeten die Grundlage der Selbstversorgung. Das Fischen galt als männliche Tugend, der Taroanbau als Zeichen weiblicher Produktivität. Dieser Teilung folgte auch die Kontrolle über Wertgegenstände: Frauen tauschten gehämmerte Schildpatttabletts, Männer verwendeten Perlen fremder Herkunft. Welche anderen Waren – etwa Kanusegel, Keramik und Holzwerkzeug – unter den Bezirken getauscht wurden, hing von den örtlichen Ressourcen ab.

Wie die anderen Inselbewohner der Karolinen lebten auch die Palau-Insulaner unter verschiedenen kolonialen Mächten: Spanier, Deutsche, Japaner und schließlich Amerikaner, die das Treuhandgebiet der Pazifischen Inseln unter der Ägide der Vereinten Nationen verwalteten. Seiner Lage wegen stand der Palau-Archipel in der Zeit zwischen den Weltkriegen besonders unter japanischem Einfluss. Gelegentlich heirateten japanische Männer einheimische Frauen, und noch heute wird auf Angaur neben dem einheimischen Dialekt Japanisch gesprochen. Im Zweiten Weltkrieg diente der Archipel den Japanern als Basis für ihre Angriffe auf die Philippinen.

Palau ist das letzte der vier politischen Gebilde – nach den Nördlichen Marianen, den Föderierten Staaten von Mikronesien und der Republik Marshall-Inseln –, das aus dem einstigen Treuhandgebiet Pazifische Inseln hervorging. Die Verhandlungen zogen sich hinaus, weil die Palau-Insulanern 1981 eine Verfassung verabschiedeten, die ihre Inseln zur atomwaffenfreien Zone erklärte – ein Knackpunkt für die USA, die hofften, ihre strategische Präsenz in der Region zu halten. 1994 fand sich ein Weg aus der Sackgasse und die Palau-Insulaner nahmen als Bürger einer Republik eine neue nationale Identität an.

In Mikronesien ist Essen mehr als nur Nahrungsaufnahme; Festmähler sind von größter gesellschaftlicher Bedeutung. Hier bringen 25 Männer eine riesige Yamsknolle, um bei dem Begräbnis eines Ältesten ihren Respekt zu erweisen.

HAWAII
81

SÜDAMERIKA IST EIN KONTINENT extremer landschaftlicher Kontraste und einer bemerkenswerten ethnischen Vielfalt. Im Norden grenzt eine breite Küstenebene an die Karibik, dahinter erhebt sich ein schmaler Ausläufer der Anden. Die Anden selbst verlaufen von etwa 10 Grad nördlich des Äquators 8000 Kilometer nach Süden und bilden das westliche Rückgrat des Kontinents. An den Bergflanken liegen Zonen mit unterschiedlichen Klima- und Vegetationsbedingungen übereinander, oftmals in tiefen Hochlandtälern. Der berühmte Altiplano (Hochebene), der den Titicacasee umgibt, bietet Weiden für Lamas. Östlich der Anden erstreckt sich feuchter Tropenwald über das fast sechs Millionen Quadratkilometer große Amazonasbecken. Doch an der Pazifikküste westlich der Berge befinden sich einige der trockensten Wüstenregionen der Erde, durchzogen von wenigen fruchtbaren Flusstälern, die von Gebirgsquellen gespeist werden.

Im zentralen Teil Südamerikas geht das Amazonasbecken ins brasilianische Hochland über. Hier liegt das riesige Sandsteinplateau Mato Grosso, wo in den letzten Jahrzehnten ausgedehnte Waldrodung Lateritboden freilegte, der hart wie Beton wurde. Südwestlich von Mato Grosso befindet sich der Gran Chaco, eine

SÜDAMERIKA

Im Regenwald Venezuelas lebt dieses Mädchen vom Volke der Yanomami, deren Kultur seit vielen Jahrhunderten unverändert ist.

Reihe trockener Andenplateaus. In diesem unwirtlichen, von Dickicht bewachsenen Gebiet mit sehr niedrigem Grundwasserspiegel und sandigem Boden können nur Menschen überleben, die auf der Suche nach Nahrung ständig umherziehen. Südlich davon liegen die riesigen Grasflächen der Pampas. Heute sind sie für ihre Farmen berühmt, doch früher waren sie Heimat von Jägern und Sammlern. Sie reichen bis zu den ariden Plateaus von Patagonien. Eine Gebirgslandschaft aus Inseln, Fjorden, Gletschern und dicht bewaldeten Tälern erstreckt sich westlich davon bis nach Tierra del Fuego (Feuerland). Dieses südliche Ende des Kontinents, wurde vor über 8000 Jahren erstmals besiedelt.

Die landschaftliche Vielfalt spiegelte sich in einer erstaunlichen Vielzahl von Gesellschaften wider die sich ihrer jeweiligen Umgebung angepasst hatten. Zur Zeit der spanischen Eroberung im 16. Jahrhundert etwa kultivierten Andenvölker 70 heimische Pflanzenarten – fast so viele wie in Europa und Asien zusammen. Einige davon, vor allem die Kartoffel, wurden auf der ganzen Welt zum Grundnahrungsmittel. Die Südamerikaner nutzen ihre botanischen Kenntnisse auch für rituelle Zwecke. Auf dem ganzen Kontinent spielen nach wie vor halluzinogene Pflanzen eine zentrale Rolle im religiösen Glauben. Viele Völker betrachten ihre Welt noch immer als Ort, an dem das Materielle und das Übernatürliche fast unmerklich ineinander übergehen und jeder markante Punkt in der Landschaft eine symbolische Bedeutung hat. Schamanen – Männer und Frauen, die in Trance durch das übernatürliche Reich reisen – sind deshalb enorm wichtig.

Die Anden waren eines der großen Zentren früher Hochkulturen, das im 15. Jahrhundert n. Chr. mit dem Inkareich seinen Höhepunkt erreichte. Die Inka nannten ihre Territorien Tawantinsuyu, »Land der vier Viertel«, und in Cuzco, hoch in den peruanischen Anden, stießen diese vier Teile aufeinander. Als der spanische Konquistador Francisco Pizarro 1532 an der Küste Nordperus landete, herrschte der oberste Inka über sechs Millionen Menschen. Sein Herrschaftsgebiet erstreckte sich von Bolivien und Chile nach Norden bis Ecuador und von den Wüsten an der Pazifikküste durch die Andenhochländer bis zum Amazonasbecken. Das Inkareich fiel schließlich auf Grund von Bürgerkriegen und habgierigen Eroberern auseinander, doch viele Nachfahren der Inkas pflegten in abgelegenen Tälern und Wüstengemeinden weiterhin ihren traditionellen Lebensstil.

Andernorts bot die natürliche Umgebung wenig Möglichkeiten, komplexe Staaten zu bilden. Zur Zeit der spanischen Eroberung lebten viele Südamerikaner vom Jagen, Sammeln, Fischen und Vogelfang, vor allem in Patagonien und in den Pampas im Süden. Die Aché, die Mataco und andere zogen als Jäger und Sammler in den südlichen Anden umher, auf die gleiche Weise ernährten sich Völker am Rand des Regenwalds im Norden. Die meisten Eingeborenen aber lebten in kleinen, egalitären Gruppen vom Anbau tropischer Wurzelfrüchte wie Maniok.

Die Vielfalt der Lebensweisen wurde durch die spanische Kolonisation zerstört, die nicht nur europäische Kulturpflanzen, Anbaumethoden und Technologie sowie Pferde mit sich brachte, sondern auch dem einflussreichen Katholizismus den Weg bereitete. Tausende starben bei Epidemien, Tausende an Misshandlung und Zwangsarbeit in Minen oder auf den riesigen Gütern der Eroberer. Heute führen viele der einst mächtigen Indianer ein ärmliches Leben in den Slums der Städte oder leben am Existenzminimum in kleinen Landgemeinden. Andere fristen nahezu wie Leibeigene ihr Dasein auf großen Anwesen, wo sie für ihre mächtigen Herren schuften. Trotz all dieser Wandlungen haben erstaunlich viele ihre traditionelle Lebensweise beibehalten, vor allem in den abgeschiedeneren Teilen des Amazonasbeckens. Doch auch hier dringen Kolonisten und Goldsucher ein und bedrohen die Existenz der kleinen Gemeinden.

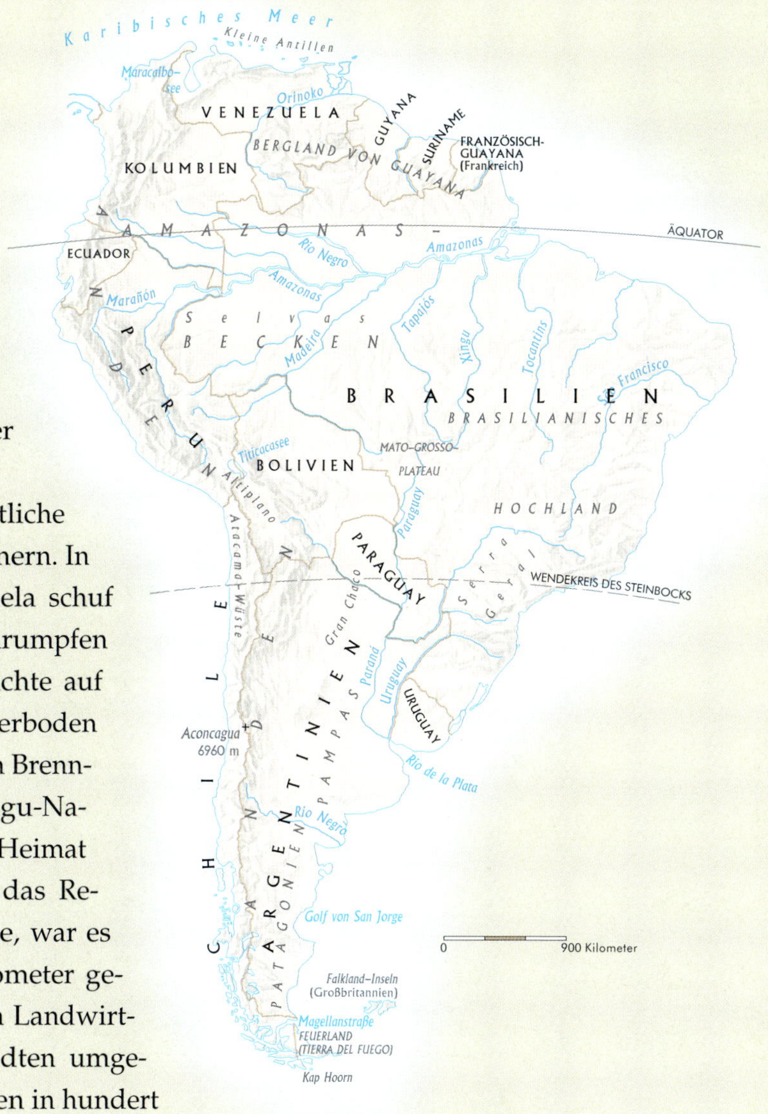

Es gibt in Südamerika keine einheitliche Politik bezüglich der Landrechte von Indianern. In vielen Ländern wie Brasilien und Venezuela schuf man Stammesreservate, doch diese schrumpfen angesichts der steigenden Bevölkerungsdichte auf dem Lande, chronischen Mangels an Ackerboden und der weltweiten Nachfrage nach fossilen Brennstoffen und Mineralien zusehends. Der Xingu-Nationalpark in Brasilien etwa wurde 1961 als Heimat von 6000 Indianern gegründet, doch bis das Reservat von der Regierung anerkannt wurde, war es bereits von 310 000 auf 31 000 Quadratkilometer geschrumpft. Heute ist es von kommerziellen Landwirtschaftsunternehmen und wachsenden Städten umgeben. Wenn diese Entwicklung anhält, werden in hundert Jahren nur noch wenige oder gar keine Indianer mehr ihren herkömmlichen Lebensstil pflegen können.

Im Moment ist das Erbe der Eingeborenen noch in Kunst und Handwerk sowie in der Vermischung einheimischer und christlicher Glaubenselemente zu erkennen. Halluzinogene Trance und Schamanen spielen überall auf dem Kontinent noch immer eine einflussreiche Rolle und trotz des tiefgreifenden gesellschaftlichen und technologischen Wandels bleiben die Menschen ihrem tiefen Glauben verbunden und vollziehen ihre Rituale. Viele Völker sind zu bewundern: die erstaunlichen Aymara-Bauern, die talentierten Otavaleño-Weber, die oft konsultierten Kallawaya-Wahrsager und die kreativen Mapuche-Sänger. Sie alle bereichern die südamerikanische Gesellschaft in kaum vergleichlicher Weise.

Folgende Seiten: Eine Hochlandfrau drückt mit den Füßen Wasser aus Kartoffeln, die anschließend auf dem Feld trocknen. Getrocknete Kartoffeln – *chuño*, sind ein wichtiges Grundnahrungsmittel, das man jahrelang aufbewahren kann.

Südamerika

Im Uhrzeigersinn von links oben: Mapuche-Heilkundige, Quechua-Frau, brasilianischer Gaucho

Karibikküste

Amazonas- und Orinokobecken

Anden

Zentrales Südamerika

Patagonien

Karibikküste

Kogi

Die Kogi in Nordkolumbien leben in einer Landschaft der Kontraste: Innerhalb von nur 35 Kilometern erhebt sich das Land vom Meeresspiegel bis auf die 5400 Meter hohen Gipfel der Sierra Nevada de Santa Marta. Hier gibt es noch in 3500 Meter Höhe kleine Flächen, die sich für die Kultivierung eignen. Deshalb leben die Kogi »vertikal«, d. h. – sie ziehen durch die heiße, gemäßigte und die kühlere Zone. Im tropischen Tiefland bauen sie Bananen und Maniok an, bis auf 2500 Meter Bananen und Bohnen und in den gemäßigten Zonen Kartoffeln und Zwiebeln. Keine Zone kann allein ihre Bedürfnisse decken. Früher aßen sie auch Fisch aus der Karibik, doch diese Ressource wurde knapper, als die weiße Bevölkerung anwuchs.

Die Kogi würden um vieles besser leben, wenn sie auf den fruchtbaren Terrassenfeldern, die ihre Vorgänger, die Tairona, hinterließen, Mais anbauen dürften. Doch ihre rituellen Führer, die *mámas*, verbieten den Anbau auf diesen Feldern, da sie glauben, böse Geister seien dort zu Hause. Das Glaubenssystem der Kogi beschränkt somit ihre landwirtschaftliche Produktivität und das Nahrungsangebot. Die Kogi haben den Ruf, die Umgebung gut und »einfühlsam« zu nutzen. Inzwischen hat sich jedoch gezeigt, dass ihre Ebenen und Hänge nach Jahrhunderten der landwirtschaftlichen Brandrodung erodierten und schlechter wurden – heute klagen die Kogi, dass ihr Boden sie nicht mehr ausreichend ernähren könne.

Um sich für die harte Arbeit zu stärken, nehmen die Männer vor allem Kokablätter, die mit Limonen gekaut

Eine Embera-Familie (gegenüber) aus Bolivien entlädt ihren Einbaum während eines tropischen Regengusses. Im dichten Regenwald sind schmale Kanus das beste Transportmittel, um Dorfmärkte oder andere Gemeinden zu besuchen.

werden, um narkotische Alkaloide freizusetzen. Sie essen nur wenig. Frauen und Kinder dagegen scheinen gut genährt und kauen kaum Koka. Ihre Ernährungslage ist dennoch immer prekär, da der geringe Regen und der ausgelaugte Boden oftmals schlechte Ernten zur Folge haben. In guten Jahren ziehen sie von einer Zone zur nächsten, wobei sie die tiefen, produktiveren Lagen bevorzugen. Dann herrscht wenig Hunger, die Kogi handeln mit Mestizen und anderen Gruppen an der Küste, und das rituelle Leben kommt zum Stillstand. In schlechten Zeiten gehen sie auf die Berge und bewegen sich kaum zwischen den Zonen.

Die meisten Siedlungen liegen zwischen 900 und 1800 Meter über dem Meeresspiegel, doch sie sind nur ein paar Tage die Woche bewohnt, wenn die Familien von den Feldern kommen. Die runden Häuser haben konische Strohdächer und stehen um ein zentrales Gebäude,in dem die Männer leben. Frauen und Kinder wohnen in Familienhäusern. Jede Familie hat außerdem drei oder vier saisonal genutzte Feldbehausungen in verschiedenen Höhenlagen. Zwei Häuser stehen einander gegenüber: In einem wohnen Ehemann und erwachsene Söhne, im anderen Ehefrau und jüngere Kinder. In harten Zeiten lassen sich die Kogi oft nahe der rituellen Zentren bei ihren spirituellen Führern nieder.

Die Kogi-Gesellschaft teilt sich in zwei Hauptgruppen, von der eine alle Männer und die andere alle Frauen umfasst. Diese Zweiteilung spiegelt sich in der Häuseranordnung wider. Darüberhinaus gibt es kleinere Verwandtschaftverbände, die für die Heiratsregeln eine Rolle spielen. Diese sind so kompliziert, dass nur *mámas* sie entschlüsseln können. Nach der Hochzeit arbeitet der Mann für seine Schwiegereltern, bis er eigene Felder bewirtschaften darf.

Etwa 2000 Kogi lebten in den 40er-Jahren des 20. Jahrhunderts, als ihre Gesellschaft untersucht wurde, in einem Gebiet von knapp 1000 Quadratkilometern. Heute versperren Siedlungen den Zugang zu den Nachrungsquellen und viele Kogi sind sesshafte Bauern oder Arbeiter geworden, da ihre traditionelle Lebensweise keine Perspektive bietet.

Amazonas-und Orinokobecken

Amahuaca • Bororo • Campa • Desana • Kariben • Kuikuru • Mundurucú • Nukak • Saramaka • Shuar • Tapirapé • Xikrín • Yanomami

Amahuaca

Die Amahuaca sind Pekari- und Nagetierjäger sowie einfache Mais- und Maniokbauern. Sie leben in kleinen Siedlungen aus strohgedeckten Häusern in der Grenzregion Südwestperus und Westbrasiliens. Ihre Heimat ist der schwer zugängliche tropische Regenwald, so dass sie auch

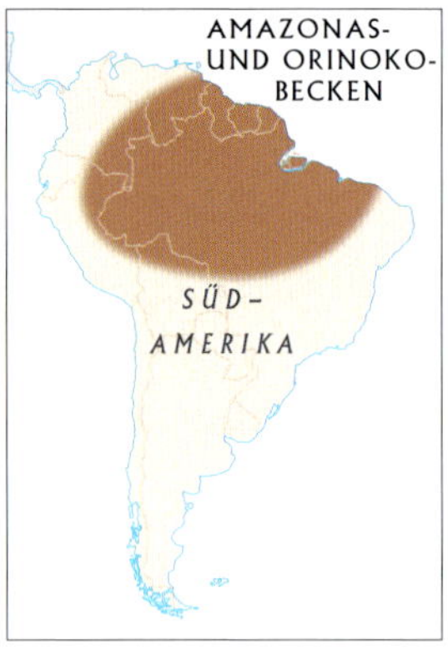

heute noch wenig Kontakt zur Außenwelt haben. Die Amahuaca wollen ihren traditionellen Lebensstil aufrechterhalten, aber Holzfäller und Goldschürfer bedrohen ihre Heimat und Kultur. Ehe Ende des 19. Jahrhunderts Stahlaxt und Breitbeil eingeführt wurden, arbeiteten sie mit Steinaxt, Stock und Beilen, die aus Schildkrötenpanzern gefertigt wurden. Die Bekleidung ist spärlich.

Wie bei anderen Waldstämmen sind die Grenzen zwischen der materiellen und der spirituellen Welt fließend, und Schamanen gelten als Vermittler zwischen beiden. Um in Trance zu geraten, nehmen die Amahuaca Halluzinogene, vor allem Ayahuasca, ein narkotisierendes Getränk aus dem *Yagé*-Wein , das zu Schwindel und Visionen führt. Die Amahuaca erzählen, dass nach dem Genuss von Ayahuasca die Seele den Körper verlässt und dass Geister erscheinen, die man befragen könne.

Diese Gruppe praktizierte einst Endokannibalismus – sie aß das Fleisch ihrer eigenen Stammesangehörigen. 1960 wurde die Anthropologin Gertrude Dole Zeugin, wie ein Amahuaca-Kind nachts starb. Der Körper wurde unter dem Haus begraben, wieder ausgegraben und in einem Topf verbrannt. Die Mutter des Babys entfernte sorgfältig die Knochen aus der Asche, und nach mehreren Tagen Trauer bereitete sie Maisbrei zu, mischte ihn mit Knochenpulver und trank ihn. Die Trauerzeit sollte den Geist des Toten besänftigen, falls er irgendwo Böses vorhatte. Als die Mutter alle Knochen konsumiert hatte, wurde sie – laut Dole – wieder geschwätzig und glücklich.

Bororo

Mitte des 20. Jahrhunderts studierte der französische Anthropologe Claude Lévi-Strauss die Bororo im südlichen brasilianischen Hochland, die ein sehr komplexes Sozialleben haben. In den produktiveren Zeiten des Jahres traf man sich in einer großen Siedlung, in den trockeneren Monaten verteilten sich kleine Gruppen auf Nahrungssuche übers Land.

Für seine Arbeit beschränkte sich Lévi-Strauss auf 140 Bororo, die im Dorf Kejara ein »zauberhaft choreografiertes gesellschaftliches Ballett« vorlebten. Eine imaginäre Linie, die parallel zum Fluss verlief, teilte das Dorf in die Hälften Tugaré und Cera; eine andere Linie teilte es in »flussaufwärts« und »flussabwärts«, mit weiteren Unterteilungen zwischen reichen und armen Clans. Jede Gruppe hatte eigene religiöse Symbole. Die Tugaré-Hälfte ehrte die mythischen Helden für Wasser, Flüsse, Vegetation, Fische und menschliche Artefakte. Die Cera-Helden stammten aus der Zeit der Schöpfung, als sie Ordnung in die Welt brachten. Der natürlichen Hierarchie entsprechend (jedenfalls nach Bororo-Begriffen) waren die Tugaré näher am Universum und somit »stark«, während die Cera der menschlichen Welt näher standen und »schwach« waren.

Die Bororo gestalteten ihre sozialen Beziehungen besonders komplex. Noch heute sind beide Hälften der Gesellschaft einander verpflichtet: Sie begraben die Toten der anderen und heiraten Partner der jeweils anderen Gruppe. Die Bororo haben Freude an gesellschaftlicher Interaktion, die die soziale Ordnung erhält und sicherstellt, dass sie in Übereinstimmung mit ihrer Vorstellung vom Kosmos leben.

Campa

Dreissigtausend Campa leben in den peruanischen Anden an fünf Flüssen, die in den Urubamba fließen. Wie bei vielen südamerikanischen Hochlandvölkern ist ihre Lebensweise den natürlichen Gegebenheiten angepasst. Die Campa leben vor allem von Yucca, Mais, Bananen und Maguey (*manihot* oder Maniok), einem Wolfsmilchgewächs, das nicht viel Pflege braucht.

Ihre palmblattgedeckten Häuser sind hell und offen, innen befinden sich Hängematten, handgefertigte Tontöpfe und *Masato*-Tröge aus Holz, die als Möbel dienen. Der Mann trägt eine Art Hemd, die Frau einen kurzen Rock aus gewebtem, schwarz gefärbtem Tuch. Alle tragen silberne Nasenringe und malen ihr Gesicht schwarz an.

Ursprünglich waren die Campa eine polygame Gesellschaft, die schwächere Stämme überfiel, um deren Frauen zu rauben. Ehe Feuerwaffen erhältlich waren, verwendeten sie Pfeil und Bogen. Wie andere Gruppen tranken sie *Yagé*-Wein, der Visionen hervorruft und Kontakt zur übernatürlichen Welt erlaubt.

Die Campa sehen, ihre Heimat als ein klar umrissenes Gebiet auf einer flachen Erde, die sich in alle Richtungen ausbreitet. Darüber erstrecken sich die zahlreichen-Schichten des Himmels, in dem die guten Geister, leben. Ein unsichtbarer Fluss, fließt durch den Himmel. Wolken liegen zwischen Himmel und Erde und sind ebenfalls von guten Geistern bewohnt. Unter der Erdoberfläche sind zwei Schichten: Die obere beherbergt gütige Geister, die untere ist eine Festung von Dämonen.

Die Campa glauben, dass ihre Vorfahren – unsterbliche Wesen mit beachtlichen Kräften –auf der Erde lebten, seit diese geschaffen wurde. Nach und nach wurden diese Ur-Campa in die ersten Repräsentanten verschiedener Tier- und Pflanzenarten verwandelt. Einige jedoch entkamen, und die heutigen Campa verstehen sich als Nachkommen dieser Gruppe. Ihre Welt ist ein Reich ständiger Transformationen, in dem das Beseelte und das Unbeseelte sich manifestierten, dann verschwinden – ein Ort der Vergänglichkeit, und die Campa als die schwächsten Wesen sind dazu bestimmt, von größeren Kräften im Universum vernichtet zu werden.

Die Campa schufen sich einen Kosmos, der die widerstreitenden Kräfte des Guten und des Bösen reflektiert. Und die Menschen versichen, durch ihr Verhalten ein Gleichgewicht zwischen diesen Kräften herzustellen.

Desana

Im Regenwald von Kolumbiens südöstlichem Tiefland leben die Desana, ein Jäger- und Fischervolk, das sich auch von Maniok ernährt. Jeder Haushalt muss für sich selber sorgen und baut auf einer genau bestimmten Fläche Nahrungsmittel an. Da Fisch und Wild wichtige Nahrungslieferanten sind, versucht man, den Bestand nicht zu »überjagen«.

Von größter Bedeutung sind die lokalen Verwandschaftsgruppen, jeweils vier bis acht verwandte Familien in langen, rechteckigen Gebäuden aus Holz und Stroh. Sie praktizieren strenge Geburtenkontrolle mit oralen Verhütungsmitteln aus Kräutern sowie durch sexuelle Abstinenz der Männer, besonders vor und auch nach der Jagd. Nach Aussagen der Desana können zu viele Kinder ihr Überleben gefährden: Menschen und Tiere teilen sich Territorien mit begrenzten Ressourcen, und so haben alle das gleiche Potenzial zur bestmöglichen Fortpflanzung. Wenn die menschliche Bevölkerung zu sehr anwächst, werden die Tiere und der übernatürliche Herr der Tiere verärgert, über den Missbrauch der sexuellen Energie, die allen zur Verfügung steht. In dieser Kultur werden Männer, die mehr Kinder als üblich zeugen, und auch ihre Familien verachtet. Die strengen gesellschaftlichen Kontrollen und der Tadel, wenn man diese ignoriert, tragen zur Ausgewogenheit zwischen der Bevölkerungszahl und den Nahrungsressourcen bei.

Kariben

Die Kariben-Indianer von den Kleinen Antillen sind erfahrene Kanufahrer und Krieger. Sie vertrieben die einheimischen Arawak etwa 100 Jahre vor Kolumbus und ließen sich an den Küsten im Norden und Nordwesten Südamerikas nieder. Ursprünglich kannte man sie als »Galibi«, was die Spanier zu »Kannibalen« verballhornten. Man unterstellte Ihnen, sie würden Menschenfleisch essen. Wenn die Kariben tatsächlich Kannibalen waren, so hatte der Verzehr ihrer Feinde wohl rituellen Charakter. Diese Stämme wurden von den Europäern im Kampf um die Kontrolle über die Karibik stark dezimiert. Heute gibt es nur noch kleine Enklaven, vor allem in Venezuela und Guyana.

Die Kariben waren und sind hervorragende Fischer. Sie bauten Einbäume, statteten sie mit Segeln aus und fuhren aufs Meer hinaus. Mit Blasrohr sowie Pfeil und Bogen gingen sie auf Wildjagd, und sie bauten Mais, Maniok, Yams und Kürbis an. Heute leben die Küsten-Kariben in geräumigen strohgedeckten Häusern an Flussufern. Die größte Siedlung, Galibi, ist eine Fischerstadt in Suriname; eine Kooperative verkauft Fisch, um die Eigenständigkeit der Gemeinde zu unterstützen.

Die Barama-Kariben von Guyana leben in kleinen Dörfern mit Holzhäusern am Fluss Barama und entlang von Dschungelpfaden. Sie sind Jäger, Fischer und Bauern, deren Land jetzt von Mineraliensuchern und internationalen Holzunternehmen bedroht ist. Seit Jahrhunderten wenden sie im Fischfang einfache, traditionelle Methoden an, doch sie benützen gelegentlich auch europäische Angelhaken und Netze. Meist greifen sie jedoch auf alte Strategien zurück: Von Felsen im Wasser aus versuchen sie, die Fische aufzuspießen oder mit Pfeilen zu erschießen, doch das trübe Wasser steht dem Erfolg oft entgegen.

Barama-Kariben werfen auch Angelruten aus, mit Haken aus Dornen oder gebogenen Nadeln, doch ihre effektivste Waffe ist ein Gift aus *haiari*-Wurzeln. Obwohl die Regierung von Guyana die Verunreinigung der Flüsse verbietet, ist diese Methode noch allgemein verbreitet. Fast jeder Bach hat einen geflochtenen Zaun an seiner Mündung, um die toten oder betäubten Fische aufzufangen. Frauen und Kinder töten die Fische, wenn sie an die Oberfläche kommen.

Die Kariben sind heute Katholiken. Bis vor kurzem spielten jedoch Schamanen eine wichtige Rolle. Als spirituelle Hilfsmittel dienten ihnen starke Seile, an denen sie durch die Luft schwangen. Auf diese Weise riefen sie ein Schwindelgefühl hervor, das sie in die übernatürliche Welt führen sollte.

Kuikuru

Etwa 300 Kuikuru leben noch in einem einzigen Ort am Kuluene, einem Nebenfluss des Xingu im zentralbrasilianischen Regenwald. Sie sind bekannt für Brandrodung und Wechselwirtschaft mitten in einem Wald nahe ihrem Dorf. Vor der Einführung von Eisenwerkzeugen um 1900 lichteten Kuikuru-Bauern mit Steinäxten und scharfzähnigen Piranhakiefern ihre Anbauflächen. Sie produzierten schönen Federschmuck und Körbe. Wie andere brasilianische Stämme bauten sie ihre strohgedeckten Häuser im Kreis um das Männerhaus als zeremoniellem Zentrum.

Heute wie damals bereiten die Kuikuru am Ende der Regenzeit ihr Land vor. Sie lassen gefällte Bäume und andere Pflanzen trocknen und verbrennen sie auf den Feldern; kurz bevor der Regen kommt. Der Regen spült die Holzasche in den Boden und macht ihn fruchtbar. Die Kuikuru pflanzen mindestens elf Manioksorten an, eine tropische Knollenpflanze, die roh giftig ist und vor dem Verzehr gestampft und gekocht wird. Die Ernte ist reichlich – vier oder fünf Tonnen Maniok pro Morgen (40,47 Ar) doch über die Hälfte wird von Pekaris und Ameisen vernichtet.

Die meisten anderen Brandrodungsbauern müssen ihre Dörfer regelmäßig verlegen, doch die Kuikuru haben so viel Land innerhalb eines Radius von 6,5 Kilometern, dass sie ihre Siedlung nie verlassen müssen. Unter idealen Bedingungen verbringt jeder Mann nicht mehr als drei Stunden täglich mit Arbeit, um seine Familie zu ernähren – etwa zwei Stunden mit Farmarbeit und eine Stunde mit Fischen. Der Rest des Tages ist für Tänze, Ringkämpfe und Gespräche reserviert. Heute, da mehr und mehr moderne Landwirtschaftsmethoden und Düngemittel angewandt werden, verlassen viele ihr angestammtes Dorf und lassen sich auf kleinen Gehöften in der Nähe nieder. Nichtsdestotrotz haben die Kuikuru gezeigt, dass die einfachsten Methoden des Maniokanbaus genügend Nahrung liefern, um dauerhaft im selben Dorf zu wohnen.

Es gab immer wieder soziale Spannungen und Streitigkeiten, doch die Kuikuru finden im traditionellen religiösen Glauben Kraft. Sie erbitten die Hilfe ihrer Schamanen, die eine wichtige Stellung einnehmen. Sie entschärfen Zwistigkeiten, die drohen, in Gewalt zu eskalieren, verfolgen Schadenszauberer und machen sie unschädlich. Die Kuikuru glauben an einen Schöpfergott – Kanassa –, der einen Königsgeier, den Meister des Feuers, gefangen und so den Menschen Feuer und Leben gebracht haben soll.

Mundurucú

Im Jahr 1770 wanderte ein Mundurucú-Trupp von seiner Heimat am brasilianischen Tapajós-Fluss 650 Kilometer weit zum Amazonas, um portugiesische Siedlungen anzugreifen. Wenig später verpflichteten die Portugiesen sie als Söldner, um gegen andere Indianer zu kämpfen. Ursprünglich lebten die Mundurucú auf hügeligem Grasland, abseits des Flusses. Doch bis 1920 waren viele näher an den Uferwald gezogen, wo sie in den landwirtschaftlich flauen Monaten Gummibäume anzapften, um die wachsende Nachfrage der fernen industriellen Welt zu decken.

Heute gibt es nur noch etwa 1250 Mundurucú, da Krankheiten und Misshandlung durch Gold- und Kautschuksucher sie dezimierten. Die meisten sind Bauern und Kautschukhändler. Von September bis Ende Mai kultivieren sie Maniok und andere Nutzpflanzen, und das ganze Jahr über sind auch Jagen und Fischen wichtig.

Die Mundurucú-Krieger lebten im Männerhaus und waren für die Bewachung ihres Dorfs zuständig. Sie waren gefürchtet und überfielen in den trockenen Sommermonaten ihre Feinde, um Schädeltrophäen zu erbeuten. In ihrer heimischen Umgebung legten die Mundurucú jedoch Wert auf Kooperation und Harmonie zwischen den Dörfern und gingen gemeinsam auf die Jagd und zum Fischen.

Die Mundurucú haben einfaches Werkzeug und stellen Baumwollstoffe, Körbe und Tongefäße her. Bei der Jagd verwenden sie Bogen, Pfeile aus Rohr und Holzspeere, und über Generationen benützten sie bei Überfällen auf ihre Feinde Keulen. Sie sind berühmt für ihre Schurze, Umhänge und Armbänder aus den Federn tropischer Vögel und für ihre Körper- und Gesichtstatunierungen, die an ein Flügelmotiv erinnern.

Jedes Dorf hat einen oder zwei männliche Schamanen, denen angeborene übernatürliche Kräfte zugeschrieben werden. Sie heilen Kranke, indem sie ihnen Tabakrauch auf die Haut blasen, dann die Haut massieren und dabei nach den magischen Pfeilen suchen, die die Krankheit verursacht haben sollen. Schamanen werden wegen ihrer Kräfte gefürchtet, da man auch glaubt, sie könnten Krankheit und Unglück herbeiführen. Wenn sie verdächtigt werden, einer Person oder einem Dorf geschadet zu haben, werden sie im Extremfall exekutiert. Obwohl es Überfälle und Kopfjagd nicht mehr gibt, sind die Mundurucú noch immer eine von Männern dominierte Gesellschaft, in der Gewalt vor allem gegen Frauen und Zauberern toleriert wird.

Nukak

Erst 1988 kamen die Nukak Ostkolumbiens in dauerhaften Kontakt mit der westlichen Zivilisation. Die Folge waren Grippeepidemien und Massaker von Seiten der Kolonisten. Von 1991 bis 1997 führte der Druck der Gruppe Cultural Survival Inc., die sich für die Ureinwohner einsetzt, zur Gründung eines Reservats für die noch lebenden Indianer. Heute wohnen 700 bis 1000 Nukak auf einem 175 mal 60 Kilometer großen Gebiet. Als Jäger und Sammler erbeuten sie Affen, Pekaris und Vögel sowie Insekten, Pflanzen und Fische. Zugleich kultivieren sie Wildpflanzen wie *chontaduro*-Palmen, *achiote* und Bananen in kleinen Gärten. Auf Grund des Einflusses von Missionaren und Grenzfarmern bauen die Nukak seit einigen Jahren systematischer an.

Im Laufe der Jahrhunderte haben die Streifzüge der Nukak den Regenwald verändert: Alle fünf bis sechs Tage ziehen sie weiter und bauen ein neues Zeltlager. Stets hinterlassen sie Samen von Pflanzen, die sie gesammelt und konsumiert haben,– und diese sprießen und wachsen schließlich.

Die Nukak leben in einer klar strukturierten Welt. Wie andere Stämme unterscheiden sie drei geografische und soziale Bereiche: das Gebiet, das gewöhnlich von den einzelnen Jäger- und Sammler-Gruppen genutzt wird, einen größeren Bereich um ihr Streifgebiet herum sowie diese beiden Bereiche in Bezug zu dem von anderen Stämmen beanspruchten Gebiet.

Saramaka

Die Saramaka, Nachkommen entflohener afrikanischer Sklaven, leben im Dschungel von Suriname. Sie überlebten sowohl die Ära der Sklaverei als auch bewaffnete Angriffe und andere Bemühungen, sie aus dem Territorium zu vertreiben, das England 1667 an die Niederlande abtrat. Ihre Zahl wuchs ständig, da sie Sklaven auf den Plantagen gewaltsam befreiten und entflohene Sklaven bei ihnen um Asyl baten.

Die Saramaka-Gesellschaft war seit ihrer Gründung im 18. Jahrhundert auf Waren und Nahrungsmittel aus Europa angewiesen – der Vertrag von 1762 mit den Niederländern garantierte den Saramaka uneingeschränkte Freiheit und jährliche Tributzahlungen. Repräsentanten der niederländischen Krone brachten daraufhin Äxte, Töpfe, Gewehre, Garn, Nadeln, Tuch und andere Waren zu den Saramaka.Im Gegenzug unterließen die Saramaka weitere Überfälle auf niederländische Plantagen.

Nachdem 1863 alle Sklaven an der Küste befreit waren, schickten die Niederländer keine Tributzahlungen mehr, sondern erlaubten den Saramaka, frei in europäisch kontrollierte Gebiete zu reisen. Im benachbarten Französisch-Guayana konnten sie Arbeit finden und Geld verdienen, das ihren Dörfern zugute kam.

Im 19. Jh. verbrachte nahezu jeder kräftige Mann die Hälfte seines Erwachsenenlebens außerhalb des Saramaka-Territoriums, entweder in Suriname oder Französisch-Guayana. Diese Form der Wanderarbeit dauert bis heute an. Zu den meistgefragten Gütern gehören nun Außenbordmotoren, Benzin, Kettensägen und Nahrungsmittel.

Wenn die Männer schließlich in ihre Dörfer zurückkehren, geben sie die Hälfte ihres Vermögens ihren Frauen, Kindern, Tanten, Schwestern und anderen, die von ihnen abhängig sind. Die andere Hälfte wird für Zeiten der Arbeitslosigkeit oder besondere Bedürfnisse aufbewahrt. Wenn beispielsweise jemand krank wird oder heiratet, wird darauf zurückgegriffen.

Die Saramaka stützen ihre Wirtschaft durch Brandrodungs-Anbau. Die Männer bereiten die Felder vor, indem sie Bäume fällen und verbrennen, und die Frauen pflanzen und ernten. Die meisten Lebensmittel stammen aus diesen Gärten, in denen Reis und andere Grundnahrungsmittel angebaut werden. Männer jagen und fischen und verteilen den Beuteüberschuss unter ihren sämtlichen Verwandten.

Da die Saramaka-Gesellschaft matrilinear ist, erhält jede Person ihre Identität durch die Familie der Mutter. Väter spielen bei der Erziehung der Kinder eine wichtige Rolle, doch die bedeutsamsten Verbindungen bestehen zur mütterlichen Seite: zu deren Schwestern, Eltern und Großeltern. Zugleich ist die Polygamie weit verbreitet, Männer haben also mehrere Ehefrauen. Jeder Mann und jede Frau hat ein eigenes Haus. Alle haben Häuser im eigenen Dorf, sprich: im Dorf der Mutter, und häufig haben Frauen auch Häuser im Dorf ihres Gatten.

Im Lauf der Jahre entwickelten die Saramaka eine polytheistische Religion mit Himmel-, Erd-, Wasser- und Waldgöttern. Sie glauben auch an *Akaa*, den wichtigsten Geist einer Person. Die Saramaka sagen, wenn ein Kind geboren wird, kommt Akaa aus der Welt seiner Ahnen, um es sein Leben lang zu begleiten; später reist er mit ihm ins Land der Toten.

Es gibt zwei Arten von Akaas: gute und böse. Der »böse« ist jedoch nicht durchweg schlecht. Er schützt den Körper eines Menschen vor anderen bösen Geistern. Außerdem führt er Träume herbei, die in Albträumen enden, wenn der Geist den Körper plötzlich verlässt. Der »gute« Akaa ist loyal und verlangt Schönheit und Reinheit. Doch er ist sehr furchtsam: Beim ersten Anzeichen eines Problems verschwindet er und verursacht dadurch möglicherweise eine Krankheit. Wenn die Akaas einer Person aus dem Gleichgewicht geraten, wird sie mit Sicherheit krank.

Shuar (Jívaro)

Im südlichen Tief- und niedrigen Hochland Ost-Ecuadors und Perus leben die Shuar oder Jívaro. Die 20000 Untsuri-Shuar, die größte Gruppe, sind durch den Fluss Macuma von ihren traditionellen Feinden, den Achuar, getrennt.

Töten, Kriege und andere Formen von Gewalt durchdrangen alle Aspekte der traditionellen Shuar-Gesellschaft, die großen Wert auf körperliche Stärke legte. Von Jugend an wurde jeder Shuar auf Kämpfe vorbereitet. Jeder hatte potenzielle Feinde, und die erfolgreicheren Krieger hatten ein höheres Gewaltpotenzial. Ihr Ziel war alle Mitglieder eines feindlichen Haushalts zu töten und zu enthaupten, um *tsantsas*, Schrumpfköpfe, herzustellen. Die Trophäen waren nicht nur Beweis der Rache, sondern lieferten dem Sieger auch magische Kräfte und hielten die Seele des Toten davon ab, in diesem oder dem folgenden Leben Rache zu üben.

Heute sind die meisten Getöteten Opfer von Fehden innerhalb der Gruppen. Diese Fehden können durch den Wettstreit um Frauen, Anschuldigungen wegen Zauberei oder Streitigkeiten über Ernteschäden durch Schweine ausgelöst werden und über Generationen andauern.

Bis vor kurzem lebten diese Jäger und Knollenfrucht-Anbauer in kleinen, autonomen Gruppen, die sich auf Grund stetiger Fehden, sich verschiebender Allianzen und Kriege in dauernder Unruhe befanden. Die politische Macht lag in den Händen talentierter Personen, die erfah-

(Fortsetzung Seite 96)

Folgende Seiten:
Ein Nachkomme entflohener afrikanischer Sklaven entwirrt ein Fischernetz am Ufer eines Flusses in Suriname, dem Tapanahoni.

Seiten 94–95:
Yagua-Kinder an der kolumbianischen Grenze warten darauf, für Regierungsrepräsentanten und deren bewaffnete Leibwächter zu tanzen. Für viele südamerikanische Stämme bietet ihre traditionelle Kultur, wie die Vorführung von Tänzen, heute eine Verdienstmöglichkeit.

rene Jäger, gute Krieger oder Schamanen waren. Qualitäten wie körperliche Stärke und Kenntnis des Übernatürlichen, der Mut, Angehörige zu beschützen und zu rächen, und die Fähigkeit, die Härten des Krieges auszuhalten, waren in dieser kriegslustigen Gesellschaft hoch angesehen. Da sie keine formelle politische Struktur besaß, galten persönliche Macht und Einfluss am meisten. Verwandtschaftsbande hielt die Gesellschaft in losen, sich verschiebenden Allianzen zusammen, wobei jeder die moralische Verpflichtung hatte, den Tod eines Angehörigen zu rächen.

Auf den Kontakt mit europäischen Kolonisten, Missionaren und der ecuadorianischen Regierung reagierten die Shuar mit der Bildung einer Föderation, um ihr Land und ihre Rechte vor weißen Kolonisten zu schützen. Seit 1961 hat diese Föderation feste Zentren und kommunale Genossenschaften eingerichtet, die das Land verwalten. Sie gibt auch Darlehen, um Vieh-Kooperativen zu gründen. Der Stamm regiert sich nun mit einer Mischung aus traditionellen und modernen politischen Organisationen selbst.

Die Kopfjagd ist von der Regierung verboten. Nach wie vor gehören physische Stärke und Rache zu den zentralen Werten der Shuar-Gesellschaft, doch heute wenden sie häufig unblutige Methoden wie Speer-Wettkämpfe an, um Konflikte zu lösen.

Tapirapé

Bis Anfang des 20. Jhs. hatten die Tapirapé in Zentralbrasilien keinen Kontakt mit Europäern. Sie lebten als Waldbauern in abgeschiedenen Dörfern zwischen den Flüssen Araguaia und Xingu, und ihr Schicksal ist ein Beispiel für die Auswirkung eingeschleppter Krankheiten auf solche Gemeinschaften.

Um 1900 gab es fünf Tapirapé-Dörfer mit jeweils 200 bis 300 Einwohnern. Innerhalb einer Dekade war ein Dorf nach feindlichen Überfällen aufgelöst, ein anderes wurde von einer Epidemie, vielleicht Malaria, dahingerafft. Die ersten Brasilianer kamen 1910. Obwohl die Tapirapé in den folgenden Jahrzehnten nur sporadischen Kontakt zu Fremden hatten, erlagen viele neuen Krankheiten wie Grippe, Pocken und Gelbfieber. 1932 war ein weiteres Dorf ausgelöscht, und sieben Jahre später verbanden sich die letzten beiden zu einer einzigen Siedlung, die es noch immer gibt.

In den 40er-Jahren kamen die ersten Dominikanermönche immer während der Trockenzeit zu den Tapirapé. Sie brachten Geschenke wie Salz, Werkzeuge und andere Waren. Schließlich ließen sich katholische Missionare unter den Tapirapé nieder und halfen den wenigen Überlebenden, ihre Bräuche und Zeremonien zu pflegen; dennoch veränderte sich diese Gesellschaft grundlegend.

Heute gibt es einen Männerüberschuss, das heißt, viele Männer haben keine Frau, die ihnen die traditionellen Frauenaufgaben abnimmt. Um dieses Problem zu lösen, gehen Männer pro forma die Ehe mit kleinen Mädchen ein, deren Mütter dann die Hausarbeit übernehmen. Die Tapirapé verkaufen heute Feldfrüchte und werden langsam in die brasilianische Gesellschaft integriert, doch die Familien, die in Städte gezogen sind, leben in sehr ärmlichen Verhältnissen.

Xikrín (Kayapó)

Nur noch wenige brasilianische Stämme halten an ihrem traditionellen Lebensstil fest, da die westliche Zivilisation tief in den Amazonas-Regenwald vorgedrungen ist. Zu ihnen gehören die Xikrín. Diese nördlichsten Kayapó-Indianer sind Bauern, Jäger und Sammler, die am Rio Catetė in einem Gebiet mit vielen Paranussbäumen leben. Mit Ausnahme ihres Federschmuckes und ihrer Korbwaren ist die materielle Kultur sehr einfach. Die Männer tragen einen Penisschutz, die Frauen kurze Röcke. Innerhalb einer Tageswanderung von ihren Siedlungen bauen sie Maniok und Mais an. Männer und Knaben jagen Landschildkröten, während die Frauen Wildpflanzen wie *Babassú*-Palmherzen sammeln. Ihre Siedlungen bestehen aus strohgedeckten Häusern, die kreisförmig um einen offenen Platz angeordnet sind. Das wichtigste Haus einer Siedlung ist das Wohnhaus der unverheirateten Männer: Hier werden die Jungen unterwiesen und Zeremonien, vorbereitet. Die verheirateten Männer leben bei der Familie ihrer Frau.

Abends treffen sich die Dorfbewohner, um den nächsten Tag zu planen, sich zu unterhalten und Wortgefechte zu liefern, durch die das persönliche Ansehen steigt. Über ihre traditionelle Religion weiß man nur wenig, aber Schamanen spielen auch hier bei der Vermittlung zwischen der diesseitigen und der übernatürlichen Welt eine wichtige Rolle.

In der ersten Hälfte des 20. Jhs. waren Kontakte mit brasilianischen Kautschukinteressenten, Nüssesammlern und Mahagonifällern sporadisch und feindselig. Doch Anfang der 60er-Jahre zogen jüngere Stammesmitglieder an die Mündung des Rio Catetė, um sich besser in die brasilianische Gesellschaft zu integrieren. Die anderen gingen weiter flussaufwärts, um sich abzugrenzen. Das Dorf am unteren Flusslauf wurde zum Rastplatz für Nüssesammler, die mit Waffengewalt Frauen gefügig machten und Hilfskräfte bei der Suche nach Nussbäumen requirierten. Auch eine Reihe von Krankheiten dezimierten die indianische Bevölkerung.

Schließlich erkannten die Xikrín den wahren Marktwert ihrer Ressourcen und ihrer Arbeitskraft sowie das Maß ihrer Ausbeutung. Sie vereinigten sich wieder mit der Gruppe flussaufwärts und ließen katholische Missionare in ihr Gebiet, die bei der Kontrolle sozialer wie kommerzieller Verbindungen mit der Außenwelt halfen. 1998 trafen sie mit der brasilianischen Regierung und der Weltbank eine Übereinkunft über ein längerfristiges Projekt zur Mahagoniabholzung. Doch die traditionelle Kultur der Xikrín ist mehr denn je durch die globalen Wirtschaftsinteressen bedroht.

Yanomami

Die Yanomami gehören zu den bevölkerungsstärksten indigenen Stämmen Südamerikas. Etwa 20000 Mitglieder leben im bergigen Regenwaldgebiet am oberen Orinoko beiderseits der venezolanisch-brasilianischen Grenze. Dank eingehender anthropologischer Forschung sind sie eine der bekanntesten Gruppen.

Insbesondere seit den Studien des Anthropologen Napoleon Chagnon gelten die Yanomami als aggressiv und grausam. In jüngster Zeit werden die Forschungen Chagnons und seiner Mitarbeiter in Frage gestellt. Kritiker werfen ihnen vor, mit unangebrachten Untersuchungsmethoden Gewalt erst geschürt und die Yanomami vorsätzlich durch eine Impfung mit Masern angesteckt zu haben. Viele der Anschuldigungen sind zwar falsch, und die Gewaltbereitschaft unter den Yanomami dürfte übertrieben dargestellt sein, aber erst zukünftige, genau kontrollierte Feldstudien werden zeigen, ob der Stamm so gewalttätig ist, wie es einer Generation von Studenten glauben gemacht wurde.

Die Yanomami sind Bauern, die von Bananen, Süßkartoffeln und anderen kohlenhydratreichen Früchten sowie von Wildtieren und -pflanzen leben. Die Dörfer liegen weit auseinander, und jedes ist auf bestimmte Produkte wie halluzinogene Drogen, Pfeilspitzen oder Hängematten spezialisiert. Die Gemeinden unterstützen sich gegenseitig, dennoch misstraut jeder jedem, und jederzeit können Kämpfe ausbrechen. Es liegt beim Dorfhäuptling, die Kontrolle zu behalten.

Viele Streitigkeiten werden durch Schlägereien beigelegt. Männer tragen Keulengefechte aus, benachbarte Dörfer führen Krieg gegeneinander. Manchmal wird dem Gegner eine Falle gestellt, beispielsweise indem ein Dorf seine Feinde zum Friedensmahl einlädt, und ein schwaches Dorf ohne Verbündete kann sich nur durch Widerstand oder indem seine Bewohner so weit wie möglich fortziehen, gegen seine Feinde schützen.

In tiefer gelegenen Dörfern, wo die Einwohnerzahl höher und das Land weniger fruchtbar ist, kommt Gewalt häufiger vor. Die Dorfoberhäupter müssen sehr klug und überzeugend sein , um Streitigkeiten zwischen den Leuten schlichten und die Tragweite ihrer Entscheidungen abwägen zu können. In dieser egalitären, von Aggression geprägten Gesellschaft kann nur Anführer sein, wer sich durch Tapferkeit Respekt verschafft.

Manchmal sind die Häuptlinge auch Schamanen und erfahren in der Anrufung der *hekura*-Geister, die Böses abwenden und herbeiführen können. Die Hekura werden durch den halluzinogenen Schnupftabak herbeigelockt, den fast alle Männer konsumieren, aber nur Schamanen können schädliche Hekura-Pfeile gegen ihre Feinde schleudern. Deshalb nehmen viele Männer die lange Fasten- und Übungszeit auf sich, um Schamane zu werden. In dieser männerdominierten Gesellschaft besagen Schöpfungsmythen, dass grimmige, kriegerische Männer vor den Frauen die Erde bevölkerten. Deshalb seien sie ihnen überlegen.

Anden

Aymara • Kallawaya • Mapuche • Otavaleños • Q'eros • Quechua

Aymara

Vor 600 Jahren zahlten die Aymara, die am Titicacasee im Hochland Boliviens Landwirtschaft betrieben, Tribut ans Inkareich. Sie bauten Grundnahrungsmittel wie Kartoffeln, andere Knollenfrüchte, Mais und Quinoa an. Außerdem hielten sie auf dem semiariden Altiplano (Hochebene) um den See Lamaherden. Die Aymara waren gute Fischer, die *Totora*-Riedkanus und -flöße bauten. Sie waren bekannt für diese Boote, die noch immer im Gebrauch sind, aber auch für ihre Kleidung, die koloniale spanische Kleider kopierte. Männer trugen konische Wollhüte mit Ohrklappen, die Frauen Melonenhüte mit Wollschleier für kalte Tage.

Nach der spanischen Eroberung wurden die meisten Aymara auf großen Anwesen als Sklaven gehalten. 1953 schließlich schaffte eine Agrarreform unbezahlte Arbeit ab und sorgte für die Verteilung von Land unter den ehemaligen Arbeitern. Die meisten Aymara-Gemeinden haben heute auf Grund von Übervölkerung, schlechtem Boden und rauem Klima Schwierigkeiten, autark zu werden. Die Bewohner leben in Einraumhäusern mit Strohdach und Schlafstätten aus getrocknetem Lehm.

Vor tausend Jahren bauten die Dörfer rund um den Titicacasee Kartoffeln in erhöhten, bewässerten Äckern an; diese Anbaumethode war sehr produktiv und bot Schutz vor Frostschäden. Doch vor einigen hundert Jahren wurde sie aufgegeben. Beweise für die riesigen erhöhten Ackersysteme fanden Archäologen bei Ausgrabungsarbeiten der antiken Stadt Tiwanaku, Hauptstadt eines großen Anden-Imperiums, das vor den Inka existierte und vielleicht von den Ahnen der Aymara gegründet worden war.

In Zusammenarbeit mit lokalen Gemeinden rekonstruierten Wissenschaftler auf bolivianischer wie auf peruanischer Seite des Titicacasees die erhöhten Äcker und Kanäle. Auf peruanischer Seite wurden bislang 2000 Morgen wiederhergestellt. Allerdings schwanken die Ernteerträge auf Grund von Frösten; die Kanäle, die durch die Sonne erwärmt werden, dienen als Warmwasserreservoir.

Das Experiment beweist, dass diese Methode äußerst effektiv ist und solche Äcker von wenigen Menschen gebaut und gepflegt werden können. Viele moderne Landwirtschaftbetriebe auf dem Altiplano arbeiten nach modernen Methoden, doch die Aymara und ihre Nachbarn haben nicht das Kapital dafür. Nun, da sie etwas Land bekommen haben, besinnen sie sich auf alte, fast vergessene Methoden, um eigenständig zu werden.

Kallawaya

Die Kallawaya, die in den peruanischen Anden nordwestlich des Titicacasees leben, sind Hochlandbauern. An den Hängen des Berges Kaata bauen sie auf übereinander liegenden Ackerflächen Mais, Kartoffeln, Quinoa und andere Feldfrüchte an.

Die *ayllu* der Kallawaya, eine soziale Einheit, die auf Verwandtschaft und gemeinsamem Landbesitz beruht, ist eng mit dem Kaata verbunden. Sie vergleicht den Berg mit einem menschlichen Körper, dessen Teile von den Ayllu-Mitgliedern in Ordnung gehalten werden. Die Wahrsager von Ayllu Kaata sind dafür verantwortlich, dass Energie in die 13 Erdenschreine auf dem Berg gelangt. Der Berg »isst« Produkte jeder klimatischen Zone und ist dadurch wiederum in der Lage, seine Bewohner zu ernähren. Die Schamanen, die als Wahrsager agieren, erhalten ihre Kraft von Ahnen, deren mumifizierte Relikte einst bei Fruchtbarkeitsritualen durch die Felder getragen wurden.

Die Kallwaya sind für ihre Heilkräfte und Koka-Wahrsagung bekannt. Mindestens ein Fünftel der Männer und Frauen haben mit Wahrsagerei zu tun und sind Besuchern zu Diensten, die dafür Hunderte von Kilometern anreisen. Der mächtigste Wahrsager ist auch für die Neue-Erde-Zeremonie verantwortlich. Bei diesem wichtigen Ritus werden Blut und Fett in die Erdschreine geschüttet, um den Berg Kaata zu nähren, damit er seine Ressourcen weiterhin Menschen, Früchten und Tieren zur Verfügung stellt.

Wie bei vielen anderen Andengruppen sollen auch bei den Kallawaya die Rituale das Leben in geordnete Bahnen lenken und ihre Lebensgrundlage sichern. Die Riten regeln und erhalten jeden Aspekt der menschlichen Existenz, seien es die Umgebung, die Tätigkeiten oder die zwischenmenschlichen Beziehungen.

Mapuche

Die Mapuche, »Menschen des Landes«, gehören zu den letzten Gruppen von Araukaner-Indianern, die einst die fruchtbaren Täler und Küstengebiete Zentral- und Südchiles bevölkerten. Die Araukaner hatten eine gemeinsame Sprache und boten den Spaniern erbittert Widerstand, aber die Mapuche verteidigten sich am energischsten und wurden nie völlig unterworfen. Viele zogen sich in abgeschiedene Siedlungen zurück, als die Spanier sie zur Arbeit auf Haziendas zwingen wollten.

Heue leben in Südchile über 1,5 Millionen Mapuche in Landdörfern oder -städten oder auch in ärmsten Verhältnissen in Großstädten wie Santiago. Auf dem Land leben die Mapuche noch immer in relativ abgeschiedenen kleinen Siedlungen. Gelegentlich gibt es Versammlungen, um heimkehrende Reisende zu ehren, wichtige Fragen zu erörtern oder einfach eine Fiesta zu feiern. Dann wird gegessen, getrunken, geredet und vor allem gesungen.

Der Mapuche-Gesang hat eine tiefe gesellschaftliche Bedeutung, und jedes Lied hat eine Botschaft. Es sind Gebets- und Bitt-, Klage- oder Liebeslieder. Häuptlinge und Schamanen haben ihre eigenen festgelegten Kompositionen, während andere Sänger auch improvisieren können, um eine Botschaft deutlich zu machen oder Unmut zu äußern. Besonders Frauen drücken mit Liedern ihre Gefühle aus, und sprechen auch Eheprobleme in dieser gesellschaftlich akzeptieren Form an. Die Lieder sind häufig sehr poetisch und tragen dazu bei, die eigene Individualität zu entwickeln.

Diese Tradition nimmt auch eine wichtige erzieherische Rolle in einer Gesellschaft ein, in der Fähigkeiten von einer Generation zur nächsten mündlich überliefert werden.

Otavaleños

Das von Vulkanen umgebene Siedlungsgebiet der Otavaleños liegt zwei Stunden nördlich von Quito im Hochland Ecuadors. 1455 kamen Inka-Armeen in die Region und brachten das Lama und die Quechua-Sprache mit, und nach kurzer Zeit webten die Otavaleños, die zuvor seit Generationen Baumwolle gesponnen hatten, auch Wolle und sprachen die neue Sprache.

Otavaleño-Weber verwendeten ursprünglich Webstühle, bei denen sie sich zurücklehnen mussten, um die nötige Spannung zu erzeugen. Als die Spanier Mitte des 16. Jahrhunderts in die Region kamen, führten sie Pedal-Webstühle und Schafwolle ein und förderten den Anbau von leicht verkäuflichen Produkten, die die Kultivierung von Mais, Kartoffeln und Quinoa mit Schaufel und selbst betriebenem Pflug ersetzten. Die Weber machten bis ins 19. Jh., als die industrielle Revolution billige Massentextilien brachte, gute Geschäfte. Und auch dann blieben die Otavaleños bei ihren alten Webmethoden und wurden in ganz Ecuador bekannt für solides Handwerk. Sie hielten ihre traditionellen Werte und ihre Kultur sowie ihre starke ethnische Identität aufrecht. Heute sind sie zwar Katholiken, doch sie haben nach wie vor traditionelle religiöse Glaubensvorstellungen, die mit der Landwirtschaft und den Jahreszeiten eng verbunden sind.

Auf Grund ihrer berühmten Textilien gehören die Otavaleños heute zu den wohlhabendsten Indianerstämmen Südamerikas. Der Handwerksmarkt auf der Poncho Plaza in der Stadt Otavalo entwickelte sich in den 60er- und 70er-Jahren zu einem beliebten Touristenziel.

Viele Otavaleños kleiden sich noch traditionell. Die Männer tragen Filzhüte, Ponchos, weiße Hemden und wadenlange Baumwollhosen, und ihre Haare sind zu einem langen Zopf oder *shimba* gebunden, der bis zur Taille reicht. Der Zopf wird nie abgeschnitten – dies ist kulturell so tief verwurzelt, dass Männer, die in der ecuadorianischen Armee dienen, den Zopf behalten dürfen. Frauen tragen weiße Blusen, blaue Röcke, Kopftücher und Schmuck, z. B. Gold- und Korallenketten. Die stolzen, traditionsbewussten Otavaleños schätzen ihre Kleidung als Symbol ihrer ethnischen Identität.

Frauen aus Otavalo (Ecuador) säubern in einem Bergbach die Familienwäsche und lange Wollstränge. Aus ihnen werden Decken und Ponchos gewebt, die Otavaleño, die sie an Einheimische und Touristen verkaufen.

Folgende Seiten: Ein Fest im bolivianischen Tarabuc. Die Festteilnehmer ahmen die spanischen Konquistadoren nach und tragen Wollhüte in der Form von Metallhelmen. Der Einfluss der spanischen Kultur ist in ganz Südamerika stark, doch die einheimischen kulturellen Traditionen und Religionen sind noch immer lebendig.

Seiten 102–103: Christentum und alter Glaube in Einklang: Eine Chipaya-Familie ehrt an Allerheiligen, dem Vortag von Allerseelen, einen toten Angehörigen und andere Ahnen auf einem Friedhof.

SUNS

Eine Prozession in Cuzco (Peru) erinnert an das Sonnenfest der Inka, bei dem die Menschen für die Ernte dankten und um neue Früchte baten.

Q'EROS

DIE PERUANISCHEN Q'EROS, einer der isoliertesten Andenstämme, leben auf der Ostseite des Kettengebirges in zerklüftetem Terrain. Sie wohnen in kleinen Dörfern mit strohgedeckten Häusern, die in den Schluchten am Abfall des hoch gelegenem Weidelandes liegen, etwa 800 Meter hoch – einen dreistündigen Fußmarsch – darunter liegt ihr zeremonielles Zentrum. Die Türen seiner 56 Häuser, die meist leer stehen, sind dem Sonnenaufgang zugewandt. Auch eine Kapelle und ein Schulhaus gehören zu diesem Komplex, da die traditionelle Religion der Q'eros heute vom katholischen Glauben durchsetzt ist.

Das Gebiet der Q'eros erstreckt sich von einem bewaldeten Vorgebirge auf 1800 Metern bis zu einer trockenen, tundraähnlichen Landschaft auf 4700 Metern, und im Umkreis von 32 Kilometern schöpfen sie alle Möglichkeiten aus, die ihre Umwelt bietet: In den höchsten Lagen halten sie Alpakas und Lamas, deren Wolle von den Webern zu Textilien – Wollmützen, Ponchos und Röcken – verarbeitet wird.Weiter unten werden Kartoffeln, *ullucu*, und andere Knollengewächse kultiviert. Auf 2600 Meter und darunter überwiegt eine Mischkultur von Knollengewächsen mit Mais, Kürbis, Paprika und Süßkartoffel. Ehe europäische Werkzeuge erhältlich waren, verwendeten die Q'eros die *chaquitaclla*, einen Grabstock, den man mit einem Fuß in den Boden trieb. Weit unterhalb der Äcker liegt *sacha-sacha*, ein Ort, an den sich die Q'eros nie wagen: Es ist das Land endloser Bäume, der Amazonas-Regenwald.

Das Leben der Q'eros ist hart, und sie entwickelten im Laufe der Zeit ein tiefes Misstrauen gegen Fremde. Jahrhundertelang wurden sie von den mächtigen Inka ausgebeutet, dann von den Spaniern, die mehrere – heute verlassene – Haziendas errichteten. Seit Generationen werden über Zwischenhändler Lamawolle und Kartoffeln aus dem Q'eros-Gebiet im Süden am Titicacasee verkauft. Die Händler (*runa*), die Eisenwerkzeug und andere industriell gefertigte Waren bringen, sind bei den Q'eros gern gesehen, doch anderen Fremden bringen sie Argwohn entgegen.

Quechua

Die Quechua im Hochland Perus lebten vom 16. bis zum 19. Jh. unter spanischer Herrschaft. In vorspanischer Zeiten drängte das Inkareich dem Andenhochland kulturelle Uniformität und die Quechua-Sprache auf. Doch nach der spanischen Eroberung zerfielen die Stämme in viele kleine Gruppen, die sich durch die Lage ihres Siedlungsgebietes und kulturelle Besonderheiten unterschieden. Heute sprechen sie noch immer Quechua, die am weitesten verbreitete einheimische Sprache Südamerikas. Die Quechua sind meist Bauern oder Arbeiter in großen Haziendas oder Landwirtschaftsbetrieben. Viele Dorfbewohner zogen auf Arbeitssuche in größere Städte, wo sie in Armut leben.

Im Hochland Perus war die Landwirtschaft auf Gebirgstäler und steile Berghänge beschränkt: Mais und Quinoa wurden in niedrigeren Lagen angebaut, Kartoffeln auf terrassierten Feldern in höheren Regionen. Alle Quechua-Gruppen haben erfahrene Weber, die noch immer traditionelleWebstühle zur Anfertigung ihrer Decken, Ponchos und anderer Kleidung verwenden. Viele Quechua wohnen auf kleinen Höfen oder in Dörfern, häufig um eine Plaza und eine katholische Kirche herum. Die Häuser bestehen aus Lehmziegeln oder Holz und haben Strohdächer.

Die Quechua sind zwar zum Katholizismus, Perus offizieller Religion, übergetreten, halten jedoch den traditionellen Glauben aufrecht, der ihre Weltsicht bestimmt. Sie stellen sich den Kosmos in Schichten vor. Eine obere Welt – Hanaqpacha – ist ein Ort des Überflusses, wo neben dem Pantheon der Quechua-Götter, dem christlichen Gott und Jesus Christus auch die Geister von Menschen wohnen, die ein vorbildliches Leben führten. Kaypacha ist die Welt der Lebenden, die die Erde, Menschen, Tiere, Pflanzen sowie die guten und bösen Geister umfasst. Ukhupacha schließlich, die Innere Welt, wird von winzigen Menschen bewohnt.

Für die Quechua wird das Schicksal des Menschen von den Göttern bestimmt. Sie nehmen Einfluss auf das tägliche Leben und teilen Belohnung und Bestrafung in Form von Glück und Unglück zu. Der höchste Gott ist der Schöpfergott Roal, einst als Viracocha bekannt. Von seinem Berg aus schaut er auf die Menschheit und hält die Kräfte der Natur im Gleichgewicht. Die Göttin Pachamama wohnt im Innern der Erde, sie herrscht über die Landwirtschaft und ist besonders für weibliche Belange zuständig. Ihre wichtigsten Zeremonien finden zur Pflanzzeit im August und September statt, wenn ihr die Saat der nächsten Ernte dargebracht wird.

Zentrales Südamerika

Guaraní • Kadiwéu • Mataco • Tupinambá

Guaraní

In vorspanischer Zeit zogen die Guaraní mit anderen Stämmen, die eine gemeinsame Sprache (Tupí-Guaraní) sprachen, von der unteren Amazonasregion nach Süden in das heutige Paraguay. Wie andere Stämme suchten diese ehemaligen Tropenfarmer ihre eigene Form des Heiligen Grals, das Land des Großvaters, eines mythischen Gottes. Sie hatten sporadischen Kontakt mit dem Inkareich und wurden von den Spaniern, die Silber und Gold zu finden hofften, unterjocht. Zur rechten Zeit riefen Guaraní-Schamanen eine Bewegung ins Leben, die auf dem christlichen Glauben an den Erlöser basierte und die Stämme dazu aufforderte, sich gegen ihre Unterdrücker zu erheben, ehe sie in ein »Land ohne Böses« reisten.

Die Bewegung ist heute nur noch Erinnerung, doch das Vermächtnis der Guaraní ist in Paraguay noch immer lebendig: Heute sprechen über eine Million Paraguayer Guaraní, die meisten davon leben nahe der Hauptstadt Asunción. Die Sprache der Guaraní (Tupí-Guaraní) und ihre Traditionen werden heute als kulturelles Erbe Paraguays glorifiziert, doch die Guaraní-Bauern haben sich schon vor Jahrhunderten der Lebensweise der spanischen Eroberer angepasst. Allenfalls ihre strohgedeckten Häuser und der Anbau von Mate-Tee, den bereits ihre Vorfahren kultivierten, erinnert noch an ihre frühere Lebensweise. Auf dem Lande sind die Menschen noch meist autark, bauen ein paar verkäufliche Früchte an und leben am Existenzminimum. Mit ihren Einnahmen werden Fiestas finanziert, die hier – wie in ganz Südamerika – eine große Rolle spielen.

Kadiwéu

Die Kadiwéu sind die einzige noch existierende Gruppe der Mbayá, die einst ein Gebiet beherrschten, das sich von Paraguay bis über Mato Grosso hinaus erstreckte. Dieser Stamm berief sich auf ein gottgegebenes Recht, wenn er seine indianischen Nachbarn und portugiesische und spanische Siedlungen überfiel und die Menschen versklavte. Die Kadiwéu, die ursprünglich Jäger und Sammler waren, verlangten von ihren Opfern Tribut in Form von Agrarprodukten.

Bei der Jagd benützten sie hauptsächlich *bolas*, zwei oder drei an Riemen gebundene Kugeln, sowie Schlingen zum Fangen von Guanacos und anderem Wild. Die umherstreifenden Gruppen hatten einfache, leicht zu transportierende Werkzeuge und kleideten sich in Felle. Federschmuck und Tatauierungen unterschieden die einzelnen Verwandtschftsgruppen.

Heute sind die Kadiwéu friedliche Bauern, die sich mit den Behörden arrangiert haben, doch ihre soziale Hierarchie kennt noch immer Herren und Sklaven. Letztere sind gefangene Mitglieder anderer Gruppen und deren Nachkommen. Trotz regelmäßiger Proteste unterstehen die »Sklaven« ihren »Herren« und müssen diesen unentgeltlich dienen. Im Laufe der Generationen wird jedoch die Kluft zwischen Herren und Sklaven immer geringer.

Bis in die 30er-Jahre des 20. Jhs. waren bei den Kadiwéu Abtreibungen und Kindsmord weit verbreitet – vor allem an Mädchen, weil männliche Nachkommen bevorzugt wurden. Für Abtreibungen benützten sie ein Gebräu aus bitteren Wurzeln oder schlugen auf den Bauch der Schwangeren ein, bis der Fötus starb. Viele neugeborene Mädchen starben durch Erstickung oder Genickbruch und wurden dann unter den Betten der Eltern begraben.

Mataco

Seit 1628 haben die Mataco-Indianer im trockenen Gran Chaco in Nordwestargentinien Kontakt mit Europäern. Sie widersetzten sich Kolonisations- und Missionierungsversuchen, und viele wurden getötet oder in Reservate abgeschoben. Heute gibt es ungefähr 8000 hispanisierte Mataco, von denen viele als Holzfäller oder Wanderarbeiter auf großen Zuckerrohrplantagen tätig sind.

Die Mataco lebten ursprünglich von Mais- und Bohnenanbau und vom Sammeln von Kaktusfrüchten und anderen Wildpflanzen im dornigen Unterholz. Sie durchstreiften die Region und die Männer jagten Guanacos und fischten im Fluss, wenn er Wasser führte. Heute sind viele sesshafte Bauern und wohnen auf kleinen Höfen. Noch immer sind in den traditionelleren Gemeinden – trotz des weit verbreiteten Katholizismus – Schamanen als Vermittler zwischen Menschen und Geisterwelt wichtig.

Die Mataco legen großen Wert auf soziale Normen und gegenseitige Unterstützung. Hiervon zeugt der Brauch, Nahrung an alle Dorfbewohner zu verteilen, aber

auch das Rechtssystem: Diebstahl von Feldfrüchten, vor allem von Tabak, wird als Vergehen gegen jedermann betrachtet. In kleinen Dörfern kennen sich die Leute gegenseitig so gut, dass sie Fußspuren erkennen, die den Dieb überführen. Wenn er gefasst wird, muss er normalerweise bezahlen, was er entwendet hat. Morde können aus Eifersucht und Ehestreitigkeiten geschehen. Ist ein Mord verübt worden, legen die Angehörigen des Opfers Kriegsbemalung an und statten dem Täter in dessen Dorf einen Besuch ab, bedrohen ihn mit Speeren und packen ihn an der Brust. Normalerweise wird das Vergehen durch die Zahlung einer Strafe gesühnt, beispielsweise mit Ziegen, die unter der Familie des Getöteten aufgeteilt werden. Neben der Forderung von »Blutgeld« können die Angehörigen eine Fehde ausrufen und somit den Konflikt ausdehnen oder den Skalp eines Mitglieds des verfeindeten Stammes fordern. In jedem Fall gilt ein Mord als Angriff auf die ganze Gemeinschaft.

Auch als die Mataco sich langsam in die argentinische Gesellschaft integrierten, hielten sie traditionelle Werte aufrecht. Ihre Rechtspraktiken bieten einen gewissen Schutz vor der sich schnell verändernden Welt, in der das Individuum mehr gilt als die Gemeinschaft.

Tupinambá

Als im frühen 16. Jh. die Portugiesen nach Brasilien kamen, wohnten die Tupinambá über 3200 Kilometer entlang der Küste, von Ceará im Norden bis Porto Alegre im Süden. Sie hatten sich einige Jahrhunderte zuvor in diesem Gebiet niedergelassen, nach langer Wanderschaft auf der Suche nach dem idyllischen Land ihres mythischen Himmelsgottes. Sie wohnten in großen umfriedeten Dörfern, bauten fünf Maniok-Arten an und fischten in Flüssen und im Meer. Jede Gruppe führte Kriege gegen Nachbarn, ständig wurden Fehden gesponnen und Rachemorde verübt. Bei den Portugiesen galten sie bald als grimmige Krieger, Kopfjäger und Kannibalen, doch tatsächlich legten sie in ihren Gemeinden großen Wert auf soziale Harmonie.

Im Kampf gegen die Portugiesen wurden viele Tupinambá gefangen genommen und auf Zuckerrohrplantagen zur Arbeit gezwungen. Obwohl sie unterworfen wurden, hielten sie doch ihre traditionelle Kultur am Leben. Im 17. Jh. entstand eine messianische Bewegung,die erneut zur Suche nach dem Land des mythischen Himmelsgottes aufrief. Sie verhieß Unsterblichkeit, ewige Jugend und ein unbeschwertes Leben. Doch diesmal verließen die Tupinambá ihre Dörfer nicht. In vielen Gemeinden hörten sie einfach zu arbeiten auf, da sie dachten, die Werkzeuge und Ackergeräte würden die Arbeit selbst erledigen. Heute leben die Tupinambá als Bauern und ihre religiösen Vorstellungen sind vom katholischen Glauben verdrängt worden.

In Brasilien wartet ein Waurá-Ringer mit Bizeps-Bändern und kunstvoller Körperbemalung, bis er an die Reihe kommt. Stärke und Ausdauer zählen zu den wichtigsten Eigenschaften bei den traditionellen Ringkämpfen, die vor dem Eindringen der westlichen Kultur weitverbreitet waren.

Patagonien

Feuerlandindianer

Der portugiesische Seefahrer und Entdecker Fernando de Magellan begegnete den Feuerlandindianern erstmals 1520, als er durch die nach ihm benannte Meerenge kam und nachts mehrere Lagerfeuer am Strand sah – daher auch der Name Tierra del Fuego (Feuerland). Der englische Botaniker Charles Darwin machte den Stamm in seinem Bericht über die Reise der *Beagle* im 19. Jh. als »grausame Barbaren« unsterblich. Die Yámana (Yahgan) an der Küste und die Selknam (Ona) im Landesinneren, zwei Gruppen der Feuerlandindianer, hatten nach 1875 dauerhaften Kontakt mit christlichen Missionaren, wurden aber erst um 1920 erforscht.

Die Selknam durchstreiften als Jäger weite Gebiete im Westen Feuerlands. In den offeneren Gebieten jagten sie kleine Nagetiere, bekannt als *cururos*, Tinamus (Steißhühner) und Nandus. Sie fingen Guanacos, die Wildform des Lamas . An der Küste machten sie Jagd auf Meeressäugetiere. Zwischen den verschiedenen Selknam-

Carlos Gardel
PROXIMO DEBUT
EL DIA QUE ME QUIERAS
CAFÉ

Gruppen kam es wegen der Überschreitung territorialer Grenzen häufig zu Kämpfen und Blutfehden. Bei lebenswichtigen Entscheidungen hörten sie auf ihre Schamanen, die Gesundheit und Krankheit, Wetter und Krieg kontrollierten; sie konnten angeblich sogar die Entdeckung gestrandeter Wale voraussagen, was ihnen großen Respekt einbrachte.

Die Yámana bewohnten den windgepeitschten Archipel am Beagle-Kanal und wanderten auf Nahrungssuche über weite Strecken. Sie lebten in Rindenkanus, die die Frauen furchtlos übers offene Meer paddelten. Frauen sammelten Muscheln und fischten, während die Männer Wale und Robben fingen. Im Gegensatz zu den relativ großen Selknam waren die Yámana kleinwüchsig: Die Männer waren etwa 1,50 Meter groß. Sie trugen fast keine Kleidung und rieben sich zum Schutz gegen die dauernde Kälte und Nässe mit Fischöl ein.

Die traditionellen Kultur der Feuerlandindianer verschwand, als viele durch Pocken und andere Krankheiten, Unterernährung und durch europäische Kopfgeldjäger umkamen. Von den Überlebenden heirateten viele spanische Immigranten. Heute verdingen sich einige wenige Selknam als Hilfsarbeiter; die echten Yámana sind gänzlich ausgestorben.

Die von Armut geprägten Barrios im argentinischen Buenos Aires waren die Wiege des Tango. Diese beliebte Tanzmusik kombinierte die Rhythmen südamerikanischer Indios und afrikanischer Sklaven mit der Musik der spanischer Kolonisten.

Mittelamerika und die karibischen Inseln können zumindest teilweise auf eine gemeinsame Geschichte und Kultur zurückblicken. Jedes Gebiet hat aber auch seine eigene, lange und komplexe Geschichte, die zu tief greifenden Unterschieden geführt hat.

Anthropologen betrachten Mittelamerika als eine eigenständige Region, deren Völker bedeutende charakteristische Merkmale teilen, die sich über lange Zeit hinweg und trotz verschiedener Umweltbedingungen erhalten haben. Von den Halbwüsten Zentralmexikos im Norden erstreckt sich Mittelamerika nach Süden und Osten bis zu den Tropenregionen, die Guatemala, Belize und Teile von Honduras, El Salvador und Nicaragua prägen.

Die Gebiete des südlichen Zentralamerika von Costa Rica bis zum Isthmus von Panama zählen nicht zu Mittelamerika. Sie waren früher in unzählige Häuptlingstümer zersplittert, die mehr mit den indigenen Völkern Südamerikas gemein hatten als mit ihren Nachbarn im Norden. Zusammen mit den Westindischen Inseln kann man jedoch die Ost- und Nordküste von Zentral- und Südamerika zur karibischen Kulturregion zählen.

Mittelamerika und Karibik

Ein junger Maya aus dem östlichen Yucatán steht bei einem Tempel, den seine Vorfahren vor rund 600 Jahren errichteten.

Im späten 15. Jh., als die Europäer in die westlichen Gebiet vordrangen, regierten die Azteken über weite Teile Mittelamerikas. Dieses Reich der Neuen Welt erstreckte sich von der zentralen mexikanischen Hochebene bis nach Guatemala und in die Tiefebenen der Halbinsel Yucatán, wo die Maya inmitten der großartigen Überreste ihrer antiken Kultur lebten. Doch nur wenige Jahrzehnte nach ihrer Ankunft hatten spanische Konquistadoren den Großteil der Region unter ihre Kontrolle gebracht. 1521 besiegte Hernán Cortés die Azteken bei Tenochtitlán, dem heutigen Mexiko City. 1524 nahm Pedro de Alvarado nach dem Sieg in der Schlacht gegen die Hochland-Maya die Festungen der Völker Quiché, Cakchiquel und Mam in Guatemala ein. 1526 begann Francisco Montejo mit der Eroberung der Tiefland-Maya von Yucatán, ein Unterfangen, das bis in die 1540er dauerte, als sein Sohn gleichen Namens die letzten großen Gruppen offiziell besiegte.

Die Maya verschwanden nach der Eroberung durchaus nicht, ebensowenig die (Nahuatl-sprachigen) Azteken, die Zapoteken, Mixteken und all die anderen indigenen Populationen. Ihr Leben jedoch veränderte sich grundlegend: Krankheiten und Krieg dezimierten sie; die Indios wurden in Dörfern und Städten nach europäischem Vorbild angesiedelt und zum römisch-katholischen Glauben »bekehrt«. Man machte sie mit neuem Vieh, mit Früchten und Getreiden, mit Hacke, Pflug und Säge vertraut und lehrte sie, neue Produkte aus Fasern, Ton, Holz, Leder und Metall zu fertigen. Kurz, man zwang sie, sich einem neuen Wirtschaftssystem anzupassen.

Um ihren steigenden Bedarf an Arbeitskräften zu decken, bedienten sich Spanier und spätere Kolonialmächte afrikanischer Sklaven, die man in die Neue Welt verschleppte. In Zentralamerika entstand durch Obstplantagen an der karibischen Küstenebene, den Bau der Panama-Eisenbahn und die frühen Arbeiten am Panamakanal zwischen Mitte und Ende des 19. Jhs. eine gewaltige Nachfrage nach Arbeitern. Erneut wurden Tausende von Afrikanern und auch Chinesen ins Land gebracht. Heute sind viele Menschen in Mittelamerika wie in den Ländern um die Karibik gemischter – meist europäisch-indianischer, aber auch europäisch-afrikanischer oder indianisch-afrikanischer – Herkunft.

Auch in Kochkunst, Religion, Festen und Künsten spiegeln sich europäische und indigene Einflüsse wider. Weizen, Zitrusfrüchte, Fleisch von Rind, Schwein und Huhn – einst eingeführt aus Europa – ergänzen einheimische Nahrungsmittel wie Bohnen, Mais, Chili, Jicamas und Guaven. In der Religion mischt ein volkstümlicher Katholizismus die überlieferten Glaubensvorstellungen der Ureinwohner mit katholischen Bräuchen. Es gibt zahlreiche religiöse Feste, viele zu Ehren von Heiligen, und Masken, Tanz, Musik und Straßentheater sind ein wesentlicher Teil davon.

Im karibischen Meer, östlich von Mittelamerika liegen die Westindischen Inseln mit den Kleinen Antillen, den Großen Antillen und den Bahamas. Sie erstrecken sich von der Nordküste Südamerikas bis zur Südspitze Floridas. Seit der Ankunft von Kolumbus 1492 bis in die 1620er, als die Nordeuropäer schließlich dauerhafte Siedlungen anlegten, herrschten die Spanier über all diese Inseln. Sie führten als erste afrikanische Sklaven ein. Doch erst als die Plantagenwirtschaft in den französischen und englischen Kolonien sich durchsetzte, stieg der Sklavenhandel dramatisch an und Millionen von Afrikanern wurden über den Atlantik in die Sklaverei verschleppt. Im 17. und 18. Jh. prägten die Kriege und die Piraterie der herrschenden

Kolonialmächte Frankreich, England, Spanien, Dänemark und Niederlande die Inseln. Das 19. Jh. brachte der gewaltigen Sklavenbevölkerung die Gleichberechtigung, gefolgt von der Einwanderung von Arbeitskräften aus Indien und anderen Ländern.

Die ethnische Zusammensetzung auf den Westindischen Inseln ist schwer zu beschreiben, denn die Kulturen, Ethnien, Klassen und Rassen haben sich über Generationen auf so vielfältige Weise verwoben, dass sie sich einfachen Kategorisierung entziehen. Schwarze und Weiße sind etwa gleich stark vertreten, ein etwas kleinerer Teil ist gemischter Herkunft. Über nationale Grenzen hinweg teilen die Menschen afrikanischer Abstammung viele gemeinsame kulturelle Elemente. Und auf mancher Insel sind kulturelle Traditionen entstanden, die von allen Menschen unabhängig von ihrer ursprünglichen Herkunft gepflegt werden. Die Sprachen der Kolonialherren , der verschiedenen Einwanderer und ehemaligen Sklaven sowie kreolische Formen machen die Westindischen Inseln zu einer linguistisch reichen Region. Die Kreol- und Patois-Sprachen leiten sich von einer »Muttersprache« ab, die durch Einflüsse anderer Sprachen in eine völlig neues Idiom umgewandelt wurde. Die Afrikaner übernahmen europäische Sprachen und verwandelten sie in einzigartige lokale Dialekte mit eigener komplexer Grammatik und teils neuem Wortschatz.

Überall in der Karibik blühen Katholizismus, Protestantismus, Hinduismus, Islam und synkretistische Religionen wie Santeria, Vodoo, Orishma und spiritueller Baptismus. Das gilt auch für die Musik, die europäische, afrikanische und einheimische Traditionen vermischt. Heute haben Calypso und Reggae die ganze Welt erobert.

Nachfolgende Seiten: Nach einem harten Arbeitstag treffen sich Jugendliche in Todos Santos Cuchumatán, Westguatemala, vor einem Laden des Ortes. Ihre bunte, für den Ort typische Kleidung erinnert an die alte Webtradition der Hochland-Maya.

LUIS

Mittelamerika und Karibik

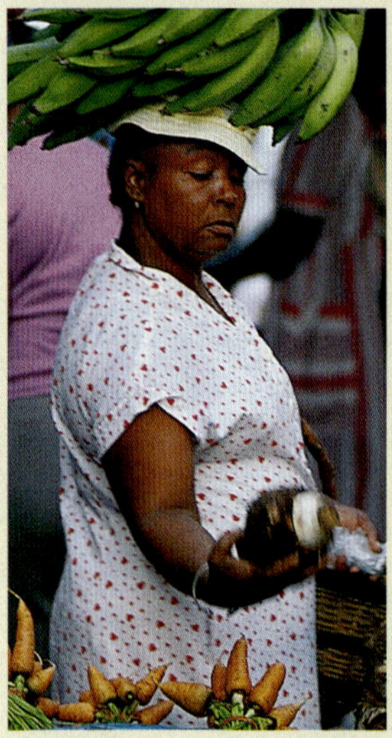

Im Uhrzeigersinn von oben: Zapotekische Besucher eines Festes, ein mixtekischer Bauer, Einkauf in der Karibik

Mittelamerika

Karibik

Mittelamerika

Garifuna • Hochland-Maya • Tiefland-Maya • Huichol-Indianer • Mixteken • Nahua-Indianer • Otomí-Indianer • Tarascan-Indianer • Zapoteken

Garifuna

Die auch als Schwarze Kariben bekannten Garifuna stammen von schwarzen Sklaven und karibischen Indianern ab, die ihnen einst auf der Insel St. Vincent auf den Kleinen Antillen Zuflucht gewährten. Die Garifuna leben heute vor allem in Belize, Honduras, Guatemala und Nicaragua, eine beachtliche Zahl auch in den USA.

Der Ursprung der Garifuna geht auf die französische und englische Politik im 17. und 18. Jh. zurück. Zunächst war St. Vincent als Reservat für karibische Ureinwohner angelegt worden. Diese verkauften später im Austausch gegen Waffen Land an französische Siedler. Den Kariben schlossen sich von Nachbarinseln entflohene oder schiffbrüchige afrikanische Sklaven an. 1763 übertrug der Vertrag von Paris die Kontrolle über St. Vincent von Frankreich an England, ohne die Landrechte der Kariben zu berücksichtigen. Weitere europäische Siedler drängten nach. Als die Engländer mehr Land für ihre Plantagen benötigten, wuchs der einheimische Widerstand. Die folgenden Kämpfe wurden 1773 durch einen Vertrag mit den Engländern beendet, der den schwarzen Kariben ihre Landrechte festschrieb. Im Gegenzug erkannte das Volk den König von England als Herrscher an. 1795 führte der erneute Ausbruch von Feindseligkeiten zum Ende der Unabhängigkeit der Kariben und deren Deportation nach Roatán vor der Küste von Honduras. Von dort aus besiedelten sie Festlandgebiete in Zentralamerika, wo sie als Garifuna bekannt wurden.

Heute leben die Garifuna meist in Kleinstädten und Dörfern, viele sind in die Großstädte der USA ausgewandert. Ihre Sprache leitet sich von diversen indianischen, afrikanischen und europäischen Sprachen und Dialekten ab, wie Arawakisch, Yoruba, Swahili, Bantu, Spanisch, Englisch und Französisch. Sie zeichnet sich durch viele geschlechtsspezifische Wörter aus, das heißt, Männer und Frauen verwenden für denselben Gegenstand oder Sachverhalt verschiedene Wörter.

Über die Jahre haben die Garifuna einen einzigartigen, durch die vielfältigen Wurzeln der Gruppe beeinflussten Musikstil entwickelt. Die Musik basiert auf zwei oder drei *garaon*-Trommeln: Die Herztrommel *primera* (erste) improvisiert zu der gegenrhythmischen *segonda* Schattentrommel; eine Basstrommel, *tercera* (dritte), hält das Ensemble zusammen. Manchmal werden mehrere Gitarrensaiten oder Drähte (Schnarren) über das Trommelfell gespannt, um den surrenden Klang einiger traditioneller Musikinstrumente aus Westafrika zu erzeugen. Gelegentlich kommen Percussioninstrumente wie Schildkrötenpanzer, Flaschen, und verschiedene Rasseln und Kratzinstrumente zum Einsatz.

Hochland-Maya

Die Tzotzil, Quiché und Cakchiquel sowie etwa 15 weitere Gruppen der Hochland-Maya wohnen im Land ihrer Vorfahren in Südostmexiko und dem angrenzenden Guatemala. Jede Gruppe spricht eine eigene Sprache aus der größeren Maya-Sprachfamilie, die aus rund 30 verwandten Idiomen besteht, die im Hochland wie im Tiefland gesprochen werden. Von den hohen, vulkangespickten Bergketten der Pazifikküste bis zu den Ufern von Yucatán sprechen fünf Mio. Maya mindestens eine dieser Sprachen.

Die Tzotzil (wörtlich »Volk der Fledermaus«) leben mit ihren Nachbarn im mexikanischen Bundesstaat Chiapas in der Region um die ehemalige Kolonialstadt San Cristóbal de Las Casas, dem Handelszentrum der nichtindianischen Mestizenkultur. Diese Maya-Gruppen leben relativ isoliert als Maisbauern. Nur zaghaft öffnen sie sich staatlichen Einflüssen, die ihre traditionellen, mehr als 2000 Jahre alten Bräuche berühren.

In ihren Glaubensvorstellungen spielt ihre Umwelt eine besondere Rolle: Berge oder Gewässer sind Gegenstand besonderer Verehrung und in ihren Ritualen ver-

schmelzen religiöse Bräuche von Maya und Christen.

Die Frauen der Hochland-Maya in Chiapas und Guatemala sind vor allem berühmt für ihre traditionellen, kunstfertig auf Gurt-Webstühlen hergestellten Webstoffe. Die Webmuster, die von Ort zu Ort verschieden sind, greifen oft alte Vorstellungen über Zeit und Kosmos auf. Einen Schöpfungsbericht und eine Darstellung von Göttern und Helden enthält das berühmte *Popol Vuh* oder *Buch des Rates*. Das Werk stammt von den Vorfahren der heutigen Quiché, die nahe der guatemaltekischen Stadt Chichicastenango leben. Einheimische Mestizen haben Generationen von Hochland-Maya als Hindernis auf dem Weg zu Entwicklung und Handel angesehen. Aufgrund dieser Einstellung wurden die Maya von ihren Regierungen vernachlässigt und unterdrückt. In den letzten Jahrzehnten hat die Verfolgung der Maya in Guatemala durch das Militär – begleitet von Folter und Exekutionen – Massenfluchten nach Mexiko ausgelöst. Ein Waffenstillstand ließ viele zurückkehren – zum Teil ein Erfolg von Rigoberta Menchú, einer Quiché, die 1992 den Friedensnobelpreis erhielt.

In Mexiko hat die zapatistische Rebellenbewegung, die in San Cristóbal de Las Casas ihren Anfang nahm, von vielen Maya-Städten Besitz ergriffen. Sie fordert von lokalen und nationalen Verwaltungen sofortige Maßnahmen zur Linderung der Armut und ein Ende der Gleichgültigkeit gegenüber den Maya, deren traditionelle Kultur sich so bemerkenswert erhalten hat.

Tiefland-Maya

Die Gebiete, die von den Yukateken, Lacandonen und anderen Sprechern der Tiefland-Maya-Idiome bewohnt werden, reichen vom Staat Tabasco in Mexiko nach Osten bis ans Karibische Meer und von Guatemalas Hochland und Vorgebirge bis an die Nordküste von Yucatán. Sieht man von Puuc, dem Hügelland auf Yucatán, und den Mayabergen in Belize ab, bestehen die nördlichen Maya-Tiefebenen aus einer gewaltigen Kalksteinplatte, die sich immer weiter aus dem Meer hebt.

Tiefland-Maya sprechen hauptsächlich Yukatekisch oder eng verwandte Sprachen wie Lacandon und Itzá, die unterschiedlich stark mit Spanisch vermischt sind. Als Selbstversorger sind die Menschen meist auf den Anbau von Mais, Bohnen, Kürbis und Chilischoten auf *milpas* angewiesen, selektiv gerodeten und abgebrannten Feldern, die zu Beginn der Regenzeit Anfang Juni bepflanzt werden.

In der klassischen Periode, von 250 bis 900 n. Chr., entwarfen die Architekten der Maya großartige Steinpaläste, Tempel und öffentliche Gebäude. Sie waren Kennzeichen einer kosmopolitischen Gesellschaft, die bekannt war für Malerei, Bildhauerei, Astronomie und ein komplexes Schriftsystem. Viele Bräuche der Tiefland-Maya haben überlebt, von den Häuserformen bis zum Glauben der Vorfahren an die Bedeutung der Himmelsrichtungen und an mit Landschaft und Regen verbundene übernatürliche Wesen. Die Tiefland-Gruppen verknüpfen das Geschlecht mit Zahlen: Die männliche Zahl Vier steht für die Ecken der *milpa*; die weibliche Drei spielt auf die Zahl der traditionellen Herdsteine an. In den Städten findet man verschiedene Wohnhausformen, etwa rechteckige Steinhäuser oder Häuser aus lehmverputzten Holzpfählen mit Palmstrohdach. Zudem haben manche eine *mamposteria*, einen Flachdachbau aus Zement mit Dachspeicher für Regenwasser.

1847 erhoben sich die nördlichen Maya gegen Mestizen und Weiße. Dieser Konflikt, bekannt als Burgkrieg von Yucatán, wurde später von einer örtlichen religiösen Bewegung angefacht, der ein »sprechendes Kreuz« als Orakel diente. Die Feindseligkeiten endeten 1902, als die mexikanische Armee Chan-Santa Cruz, die Hauptstadt der Maya-Rebellion, besetzte.

Die Neuzeit hat das Leben der nördlichen Maya bedeutend verändert. Mitte des 20. Jhs. zum Beispiel sank die internationale Nachfrage nach Sisalfasern aus Yucatán, wodurch eine wichtige einheimische Einkommensquelle und Arbeitsplätze zerstört wurde. Dies wiederum verstärkte die Wanderung der Landbevölkerung in die Städte Mérida, Campeche und die von Cancún beherrschten Küstenorte, wo die alten kulturellen Bräuche schnell verschwinden.

Huichol-Indianer

Die traditionelle Heimat der Huichol liegt in der westlichen Sierra Madre, einer schroffen Landschaft, wo die mexikanischen Staaten Nayarit, Jalisco, Zacatecas und Durango aneinandergrenzen. Dank ihrer relativen Isolation und Entfernung von der spanischen Kolonialhauptstadt und den Siedlungen der Europäer auf dem Zentralplateau ist es den Huichol und ihren direkten Nachbarn, den Tepehuans und Cora, besser als anderen gelungen, dem Wandel im Kielwasser der spanischen Eroberung zu widerstehen.

In grundlegenden Dingen unterscheidet sich die Huichol-Kultur nur wenig von ihrer vorspanischen Form. Das gilt insbesondere für Weltanschauung und Religion, dem katholischen Habitus letzterer zum Trotz. Es ist üblich, dass Lineageoberhäupter in Familienschreinen Riten durchführen. Bei besonderen Ereignissen leiten einheimische Priester von geweihten Plätzen aus die Gemeinderituale. Bei diesen Riten spielen die fast einhundert Geisterwesen des komplexen Huichol-Pantheons eine wichtige Rolle – unter ihnen ein Botengott in Gestalt eines geflügelten Hirschs, der als Mittler zwischen Menschen und Geisterwelt fungiert.

Am bekanntesten sind die Huichol wohl für ihre religiösen Objekte: Einige bestehen aus Federn, Perlen und Webbändern, andere aus bemalten Steinscheiben und Kalebassen. Mit Hilfe von »Gebetspfeilen« mit federgeschmückten Schäften schicken Schamanen den Göttern Botschaften. Zwischen zwei gekreuzte Stöcke gespannte bunte Fäden formen *Ojos de Dios*, – die »Augen Gottes«, die böse Geister und die Seelen der Toten abwehren. Die vielleicht bemerkenswerteste Kunstform der Huichol sind die *tablas* – »Bilder« aus bunten Wollfäden, die in den Bienenwachsüberzug von Brettern gepresst sind und die in geometrischer oder bildlicher Form übernatürliche Wesen und Tiere darstellen.

Die Kreativität der Huichol zeigt sich auch in Handwerk, Kleidung und Schmuck. Jedes Stück besticht durch die Geometrie verschlungener Formen und Farben.

Mixteken

In Nahuatl, der Sprache der Azteken, bedeutet Mixteken »Wolkenvolk« – ein passender Name, immerhin leben die meisten Mixteken in den Bergen des Staates Oaxaca in Westmexiko. Andere besiedeln tiefer gelegene Gebiete wie die feuchtheiße Küstenregion im Süden. Im Osten, im Tal von Oaxaca, leben die Zapoteken, das andere große Volk der Region. Die verwobene Geschichte von Zapoteken und Mixteken reicht weit in die Vergangenheit und führt zu der berühmten Ausgrabungsstätte Monte Albán, der alten, auf einem Berg gelegenen Hauptstadt, die gleichzeitig zeremonielles Zentrum war.

Archäologische Funde legen nahe, dass die Zapoteken ihre Blütezeit in Monte Albán von 250 bis 750 n. Chr. erlebten, bevor die benachbarten Mixteken in das Tal eindrangen und die Stadt übernahmen. In den Jahrhunderten vor der Spanischen Eroberung blühten Kunst und Handwerk der Mixteken, vor allem ihr Goldschmuck, Türkis-Intarsien und Hirschleder-Kodizes (Bücher mit Handschriften). Diese Bücher enthielten königliche Ahnentafeln und Bildergeschichten, die sich insbesondere um das Leben und die Taten des Königs und Kulturheroen Na Cuaa (»achter Hirsch«) ranken.

Die modernen Mixteken leben noch heute in dem Land, das ihre Ahnen einst bewohnten: den Hochland- und Küstenregionen in Westoaxaca und den angrenzenden Gebieten Guerrero und Puebla. Ihr Leben dreht sich, wie das anderer traditioneller mittelamerikanischer Völker, um die Viehzucht und den Anbau von Mais, Chili, Bohnen und Kürbissen.

Die Mixteken und die Zapoteken unterscheiden sich in Sprache, Kultur und Kunsthandwerk. Deutlich wird

(Fortsetzung Seite 124)

Vor der Kulisse der 800 Jahre alten Ruinen von Tulum (oben), einst Handelshafen der Maya: Wie damals fischen die Maya von heute in der Lagune hinter dem Barriereriff vor Yucatán.

Nachfolgende Seiten: Bei Sonnenaufgang fahren die Tarascan-Indianer mit ihren typischen Flügelnetzen auf den Pátzcuarosee. Der See liegt im Hochland von Westmexiko, wo bereits in vorspanischer Zeit die Vorfahren dieses Volkes lebten.

Seiten 122–23: Aufbruch zu einem Fest hoch in den Bergen von Oaxaca (Mexiko): Gefeiert wird die *quinceañera*, der 15. Geburtstag, eines Triquemädchens. Ihre moderne Kleidung kontrastiert mit den traditionellen handgewobenen *huipil* ihrer Familienangehörigen.

dies an stilistischen Eigenheiten ihrer Keramiken, Körbe und gewobenen oder gestickten *huipil*, traditionellen Blusen oder Tuniken, die Frauen der Region tragen.

Nahua-Indianer

Die Nahua im zentralen Hochland von Mexiko definiert man vor allem über ihre Idiome: eng verwandte Dialekte, die sich von Nahuatl ableiten, der Sprache, die die Azteken zur Zeit der Ankunft des spanischen Konquistadors Hernán Cortés in ihrer Reichshauptstadt Tenochtitlán (heute Mexiko City) 1519 verwendeten. Die Nahua sprechen auch Spanisch, verwenden diese Sprache aber vorwiegend in städtischer Umgebung. Heute leben etwa 1,5 Millionen Nahua in und um Mexiko City und fast überall auf dem Zentralplateau – ein Gebiet, das mehr oder minder dem Kernland des Aztekenreiches unter Montezuma II. entspricht.

Die verschiedenen Nahua-Gruppen betreiben Subsistenzwirtschaft. Auf den fruchtbaren Böden ihres Kernlandes kultivieren sie Mais, Bohnen, Chilis, Tomaten und Kürbisse. Bei der Feldbestellung verwenden sie heute die einst aus Europa eingeführten Pflüge, die von Tieren gezogen werden. In steilen Bergregionen, wo der Boden mager und unfruchtbar sein kann, brennen die Bauern die Felder vor dem Pflanzen ab. Sie pflanzen abwechselnd Mais und Bohnen, um die Fruchtbarkeit zu steigern. Weitere wichtige Produkte sind die Nutzagave Maguey (aus der man Pulque-Wein herstellt), Zuckerrohr, Reis und Kaffee.

In der Mitte eines typischen Nahua-Dorfes befinden sich eine Kirche und ein Platz, auf dem meist der örtliche Markt abgehalten wird. Die Kirche ist gleichzeitig Mittelpunkt, der vier Viertel oder Barrios eines Ortes, von denen jedes einen Namen in Nahuatl trägt. Dieses Siedlungsmuster geht auf die Zeit vor der Eroberung durch die Spanier zurück. Das vielleicht berühmteste aller Nahua-Zentren ist die Gegend um Milpa Alta, südlich von Mexiko City, die für ihre geometrisch gewebten *quexquemitl* (Dreieckstücher) und andere auf Gurt-Webstühlen hergestellte Kleidungsstücke bekannt ist. Auch Lehmziegel, Seile aus Magueyfasern und verschiedene Waren für den Touristenmarkt werden hier hergestellt. Zu den beliebtesten Nahua-Arbeiten gehören Keramiken, Kopien antiker Figurinen und die bemerkenswerten lackierten Schachteln, Truhen und Kalebassen aus dem Ort Olinalá in Guerrero.

Otomí-Indianer

Eine Otomí genannte Gruppe bewohnt eine Gegend in Zentralmexiko, die direkt im Nordwesten der Nahua-Gebiete liegt. Wie die meisten ihrer Nachbarn sind die Otomí-Indianer ein Hochlandvolk, das nur selten in Regionen unter 900 Metern über Meereshöhe siedelt. Ihre Sprache, unterscheidet sich vom Nahuatl und den in den Nachbargebieten gesprochenen Uto-aztekischen Idiomen und ist enger mit den Sprachen der Mixteken- und Zapotekenvölker im Süden verwandt.

Die Lebensweise der Otomí variiert je nach Landschaft und Anbauprodukten. Gruppen, die sich stärker an westliche Einflüsse angepasst haben, bauen Weizen, Gerste und Kaffee an; die traditionelleren Bauern pflanzen in Mischkultur Mais, Bohnen und Kürbisse, wobei sie beim Pflanzen oft den alten Grabstock oder eine moderne Version mit Metallspitze einsetzen. Die Siedlungsweise der Otomí reicht von kompakten Kleinstädten bis zu verstreuten Ortschaften. An Haustypen findet man einfache Holzbauten, die mit Gras oder Magueyblättern gedeckt sind, oder Lehmziegelhäuser mit Flach- oder Schrägdächern.

Die Otomí-Handwerker fertigen eine Vielfalt an Waren für Einheimische wie Touristen an: Keramiken, *metates* aus Stein (Maismühlen), Körbe, Webtextilien und -taschen. Einige Otomí, vor allem die Frauen in der Stadt San Pablito im Staat Puebla, sind für die Herstellung von *amate* bekannt, einem Papier aus Feigenbaumrinde (*amatl*); diese Technik ist über tausend Jahre alt. In vorspanischer Zeit benutzte man Amate bei Ritualen oder auch als Seiten für Kodizes. Diese Folioschriften hielten in Hieroglyphentexten und Illustrationen die wichtigen Ereignisse und Wahrsagepraktiken fest. Heute schneiden manche Otomí Bilder übernatürlicher Wesen aus diesem Papier und verwenden sie in Wasser- und Fruchtbarkeitsritualen. Sehr beliebt sind in Zentralmexiko auch Bilder von Otomí-Gottheiten, die aus dunklem Papier ausgeschnitten und auf helles Grundpapier geklebt sind.

Tarascan-Indianer (Purépecha)

Eine Hochlandregion im Westen von Mexiko ist die Heimat der Tarascan-Indianer, von denen die meisten im Staat Michoacán leben. In diesem Gebiet, das wegen seiner Vulkane und Seen oft als »Land aus Feuer und Wasser« bezeichnet wird, entstand 1943 der Vulkan Paricútin. Aus den tiefen Erdspalten im Feld eines Bauern wuchs rasch ein 120 Meter hoher Kegel, der zwei Dörfer mit seinen Lavaflüssen zerstörte.

Die Sprache der Tarascan, die kaum Dialekte aufweist, scheint nicht mit anderen linguitischen Gruppen in Mittelamerika verwandt zu sein. Es deuten sich jedoch Verbindungen zu Sprachfamilien in Nord- und Südamerika an, die auf eine sehr frühe Existenz in Mittelamerika hinweisen. Die heutigen Tarascan pflegen die traditionelle Lebensweise anderer mittelamerikanischer Völker: Maisanbau, Töpferei und Weben.

Dennoch nehmen sie in Hinblick auf ihre Herkunft und Kulturgeschichte eine Sonderstellung ein.

Die Geschichte der Tarascan-Kultur in vorspanischer Zeit entschlüsselt sich vor allem durch Grabungen in Tzintzuntzan, der alten Hauptstadt der Region am Ufer des Pátzcuarosees, und aus diversen Chroniken, die während der spanischen Eroberung entstanden. Die Illustrationen der ungewöhnlichen Kleidung, die die Tarascan zu jener Zeit trugen, lassen die Historikerin Patricia Anawalt vermuten, dass das Volk aus dem heutigen Ecuador stammt und über eine gut bekannte, uralte Handelsroute entlang der Pazifikküste in den Norden von Mexiko zog.

Heute ist jedes Tarasacan-Dorf auf eine, oder zwei Handwerke spezialisiert – eine Praxis, die vermutlich auf den ersten Bischof von Michoacán, Vasco de Quiroga, in der Mitte des 16. Jhs. zurückgeht. Der Bischof organisierte nicht nur das soziale und religiöse Leben in den Dörfern, sondern förderte auch die in vorspanischer Zeit übliche berufliche Spezialisierung, indem er neue Produkte und Techniken einführte. Heute fertigen die Tarascan-Handwerker feinteilige »Federbilder«, Gitarren, lackierte Kalebassen- und Holzarbeiten, darunter kunstvolle, bei traditionellen Tänzen getragene Masken. Diese Tänze bilden ein wesentliches Element der religiösen Vorstellungen mittelamerikanischer Völker. Die Tarascan sind bekannt für ihre Arbeit mit Legierungen wie Kupfer und Bronze – eine Tradition, die mindestens auf das Jahr 1000 n. Chr. zurückzugehen scheint, als in der Region erste Kenntnisse in Verhüttung auftauchten.

Zapoteken

Die Zapoteken sind heute die größte indigene Gruppe im mexikanischen Bundesstaat Oaxaca. Sie siedeln überwiegend im östlichen Oaxaca, aber auch in Nachbarstaaten. Das geologische Spektrum dieser Region reicht von trockeneren, flachen Landstrichen am Isthmus von Panama zu den hohen Bergkämmen und tiefen Schluchten der Südlichen Sierra Madre, in der die großen Täler Oaxacas– Zaachila, Tlacilula und Etla – liegen.

In der klassischen Periode, von 250 bis 750 n. Chr. bauten die Vorfahren der Zapoteken einige der größten und wichtigsten Städte des alten Mittelamerika. Die größte, Monte Albán, bedeckt einen künstlich abgeflachten Berggipfel, der die heutige Stadt Oaxaca überblickt. Auf diesem Gipfel errichteten die Zapoteken auf den Ruinen, die frühe Siedler um 1000 v. Chr. verlassen hatten, prächtige Paläste, Plätze, Pyramidentempel und andere Bauten, darunter ein großes fünfeckiges Observatorium.

Die jüngere Geschichte Oaxacas steht im Zeichen des bis heute verehrten Benito Juárez (1806–1872), einem Zapoteken aus Guelatao, einer Stadt in der Sierra. Er stieg zum Gouverneur von Oaxaca auf und wurde schließlich Mitte des 19. Jhs. Präsident von Mexiko.

Die Zapoteken teilen heute die Lebensweise und die Glaubenssysteme vieler ihrer mittelamerikanischen Nachbarn: Sie praktizieren den Katholizismus und verehren gleichzeitig ein Pantheon übernatürlicher Wesen, die mit Landschaftsformen, Stürmen, Regen und anderen Naturelementen verbunden sind. Sie haben auch den alten Glauben an tiergestaltige Schutzgeister bewahrt, die die Menschen von Geburt an begleiten.

Zu einem bedeutenden Wirtschaftszweig hat sich im Lauf der Jahre die Herstellung traditioneller Webtextilien und Keramiken entwickelt, wobei sich die Waren der verschiedenen Orte in Farbe (rot oder schwarz) und Form unterscheiden. Das Volk ist bekannt für seine Musik und seine Diskussionskultur – eine Praxis, die eine Reihe örtlich bekannter Redner hervorgebracht hat.

Karibik

Afrikaner • Indianer • Inder • Europäer

Afrikaner

Afrikaner haben seit dem 16. Jh. bedeutenden Einfluss auf die Entwicklung der Karibik gehabt. Aus weiten Teilen des afrikanischen Kontinents brachten Sklavenhändler Millionen von Menschen unterschiedlichster Herkunft in die Neue Welt. Diese Erfahrung, aber auch der Kontakt zu anderen afrikanischen Völkern und Europäern, hat auf den Westindischen Inseln eine einzigartige Kultur geprägt. Natürlich gibt es viele Unterschiede zwischen den Inseln; dennoch haben sie wesentliche Aspekte der afro-karibischen Kultur gemeinsam.

Schätzungsweise 36 Millionen Menschen leben in der Karibik, und mehr als die Hälfte von ihnen sind afrikanischer Abstammung. Sie stammen von Menschen ab, die eigene Familienstrukturen, Religionen, Essgewohnheiten, Musikformen, Tänze und Feste mitbrachten oder später entwickelten. Sie hatten sogar Kreditvereine, bekannt als *susus*, deren Mitglieder regelmäßig Geld in eine Kasse zahlten und bei Bedarf einzelne Summen entnahmen. Die afrikanische Bevölkerung griff auch Bräuche der Neuen Welt auf,wandelte sie ab, integrierte sie, und so entstanden neue kulturelle Ausdrucksformen: synkretistische Religionen wie die Rastafa-Bewegung Voodoo, Santeria und Musikformen wie Calypso, Reggae oder Rumba und Feste wie Jonkonnu und Crop-Over.

In fast allen Teilen der Karibik lehnten sich Afrikaner gegen ihre Versklavung auf. In einigen Fällen entstanden in unwegsamem Gelände Gemeinden von entflohenen Sklaven, *Maroons*, die sich erfolgreich gegen die Kolonialmächte behaupteten. Immer wieder kam es auch zu Rebellionen; der beachtlichste Erfolg war der Sturz der Franzosen 1804 auf Haiti.

Nicht nur in den Maroon-Gemeinden, sondern in weiten Teilen der Karibik haben afrikanische Sprachen den heutigen Idiomen ihren Stempel aufgedrückt. Der Wortschatz und die Syntax jeder karibischen Sprache, sei es das Kreolische auf Haiti oder Patois auf Jamaika, lassen afrikanischen Einfluss, etwa des Yoruba oder Kikongo, erkennen.

Indianer

Bei seiner Ankunft in der Neuen Welt begegnete Kolumbus drei verschiedenen einheimischen Völkern: Die Ciboney oder Siboney hatten Siedlungen auf Kuba und Hispaniola; die Arawak beherrschten die Bahamas, Trinidad und den Großteil der Großen Antillen; die Kariben siedelten vor allem auf den Jungferninseln und den Kleinen Antillen. Einige Kariben-Gruppen waren auf dem südamerikanischen Festland zwischen dem Amazonas und der Guayana-Region im Norden ansässig.

Die Kariben lebten in kleinen autonomen Siedlungen, bauten Nahrungsmittel wie Kassava und andere Knollenfrüchte an und jagten nahe ihren Dörfern mit Blasrohr oder Pfeil und Bogen. Obwohl ein großer Teil ihrer Geschichte im Dunkeln liegt, galten die Menschen als wilde Krieger, die durch Krieg, Krankheiten und die brutalen Bedingungen der Sklaverei in den frühen Jahrzehnten der europäischen Kolonisation dezimiert wurden. Die Unterscheidung zwischen den Kariben-Gruppen wurde vor allem an sprachlichen Kriterien festgemacht, dennoch scheinen ihre Idiome untereinander verständlich gewesen zu sein.

Die Arawak, die von den Spaniern oft als sanft und gastfreundlich beschrieben wurden, führten ein Leben, das technisch schlicht, aber erfinderisch war. Sie und die Kariben hatten eine ökologisch sinnvolle Anbaumethode, *conuco*, entwickelt, bei der kleine Parzellen abgebrannt wurden, um den Boden anzureichern. Die Bauern häuften dann Hügel auf, wo sie Maniok und andere Saaten pflanzten, die hohe Ernteerträge brachten aber geringe Umweltauswirkungen hatten. Da sie in tropischem Klima lebten, benötigten die Arawak nur einfache Unterkünfte. Das Volk war bekannt für seine kunstvollen Steinskulpturen, Körperbemalungen und Schmuck.

Den Berichten von Zeitgenossen zufolge waren Arawak und Kariben zentralistischer organisiert als die Ciboney. Die Arawak hatten komplexe Formen der Religion und Verwaltung, die miteinander verflochten waren; die Schamanen kontrollierten die *zemis*, gute und böse Geister, die in goldenen Statuen ihren Aufenthaltsort hatten. Kaziken oder örtliche Führer herrschten über halbautonome Provinzen innerhalb des größeren Territoriums einer Insel. Die Verwaltung der Kariben war weniger zentralisiert: Ihre Dörfer waren weitgehend unabhängig von einander. Die europäischen Siedler hielten die Kariben für Menschen fressende Wilde. Nach Meinung heutiger Wissenschaftler wurden diese Berichte übertrieben, um die Unterwerfung des Volkes zu rechtfertigen. Ritueller Kannibalismus dürfte Bestandteil ihrer Kultur gewesen sein. Die mutigsten Gegner wurden gefoltert und getötet, dann verspeiste man in einer Zeremonie Teile ihrer Körper.

Heute gibt es keine »reinen« einheimischen Populationen mehr, aber viele Karibik-Gemeinden pflegen ihre alten Bräuche; sie feiern ihre Abstammung bei Anlässen wie dem Rosa Carib Festival in Nordtrinidad.

Auf den San-Blas-Inseln vor Panama arbeitet eine Cuna-Frau an einer Zuckerrohrpresse. Die traditionellen Cuna-Kleider bestehen aus *molas*, Stoffstreifen mit verschlungenen bunten Mustern, die durch Applikationen entstehen.

INDER

IM JAHR 1838 ENDETE DIE SKLAVEREI auf den Westindischen Inseln. Aber die Plantagenwirtschaft brauchte weiterhin Arbeiter und oft waren die Pflanzer nicht bereit oder in der Lage, den früheren Sklaven – den einzigen Arbeitskräften auf den Inseln – faire Löhne zu zahlen. Zudem waren viele Afrikaner verständlicherweise wenig geneigt, für ihre einstigen Herren zu arbeiten. Daher baten Pflanzer die Kolonialregierung um Hilfe bei der Suche nach billigen Arbeitskräften im Empire. Es gab verschiedene Ansätze, dem Problem zu begegnen: Die Anwerbung von Europäern, freien Afrikanern und Arbeitern aus China. Schließlich rekrutierten die Engländer indische Zwangsarbeiter.

Zwischen 1838 und 1917 holte man über eine halbe Million Menschen vom indischen Subkontinent in die Kolonien in Südamerika und in der Karibik. Die große Mehrheit ging nach Guyana (früher Britisch-Guayana) und Trinidad, andere kamen nach Guadeloupe, Jamaika, Suriname, Martinique, Französisch-Guayana und Grenada. Kleinere Gruppen landeten in Belize, St. Vincent, St. Kitts und St. Croix. Heute stellen die Nachfahren der indischen Zwangsarbeiter einen bedeutenden Anteil der Karibik-Bevölkerung.

Die indische Bevölkerung hatte maßgeblichen Einfluss auf das, was viele heute unter karibischer Kultur verstehen: auf die einheimische Küche, Tanz, Musik, Feste, auf Politik, Wirtschaft, Kunst und Religion. In all diesen Beeichen finden sich indische Elemente, die kreolisch umgeformt zur einzigartigen Entwicklung der karibischen Kultur beigetragen haben. Ein gutes Beispiel für die karibisch-indische Kultur ist Trinidads jährliches Hosay-Fest, das dem Muharram-Fest schiitischer Moslems entspricht und an den Tod des Propheten Mohammed und seiner beiden Enkel Hassan und Hussein erinnert. Man feiert das Fest mit einer Parade, bei der kunstvolle *taziyas* (Modelle von Moscheen) durch die Straßen getragen werden. *Tassa*-Trommler, die mit Stöcken mittelgroße, über die Schulter gehängte Trommeln schlagen, begleiten die Parade.

Die indo-karibische Kultur hat auch die »*Chutney*«-Musik hervorgebracht, eine schnelle, moderne Version von Volksliedern und anderen Musikrichtungen. Aus Chutney, dem afrikanisch beeinflussten Calypso und *soca* (einer Mischung aus Soul- und Calypso-Elementen) entstand wiederum eine höchst beliebte Tanzmusik, die Soca-Chutney heißt.

Die indische Kochkunst hat auch Trinidads und Guyanas Küche stark beeinflusst. Typisch sind Gerichte wie Roti – flache Brote, gefüllt mit Curry-Kartoffeln, Kichererbsen und Krabben, Ziege oder Huhn-, »Doubles« – zwischen zwei Brotscheiben servierte Kichererbsen mit Curry –, und *pholouri* – frittierte gelbe Erbsenmusbällchen, zu denen man Mango-Chutney reicht. Gerade wenn es ums Essen geht, bereichern Wörter aus dem Hindi die lokalen Sprachen: Spinat ist *bhaji*, Kartoffel heißt *aloo*, lange Gartenbohnen sind als *bodi* bekannt und Kirchererbsen als *channa*. Die karibische Kultur ist stark durch indische Kulturelemente geprägt – die leicht übersehen werden.

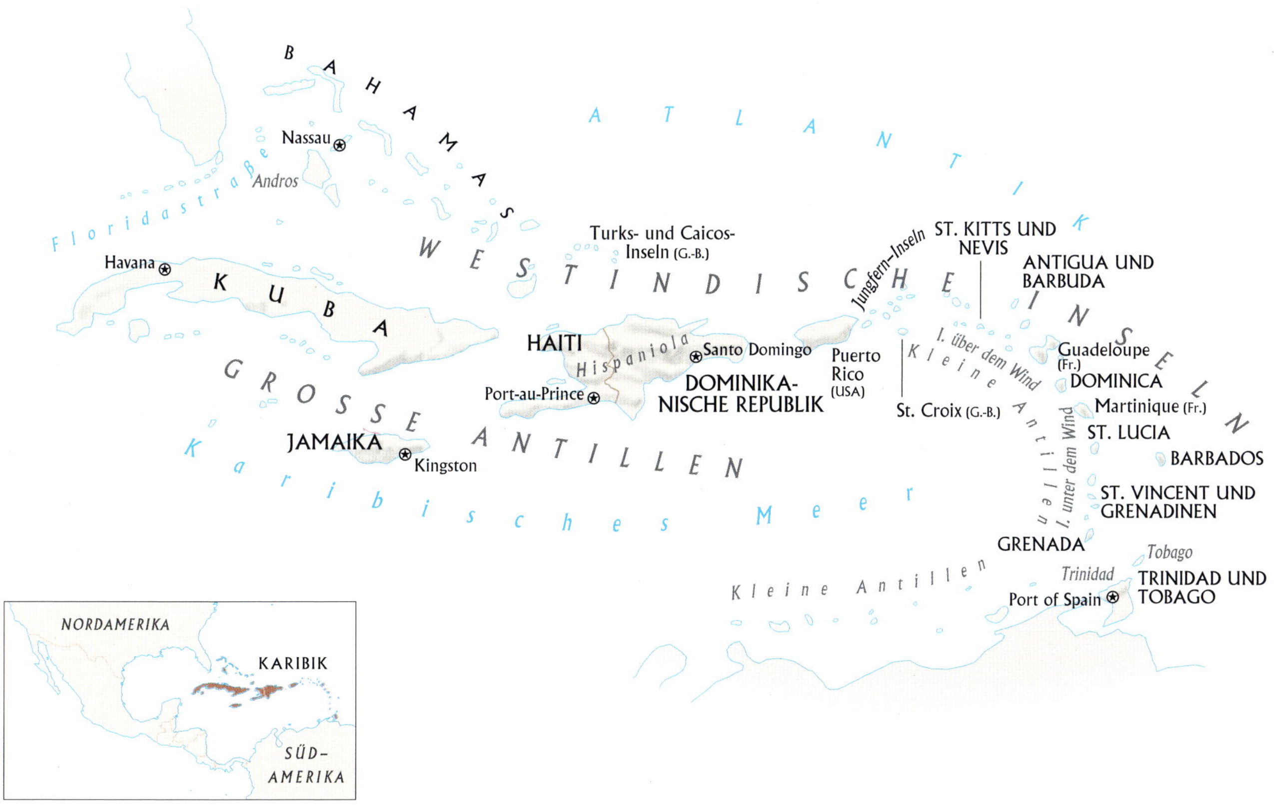

CHOWTAL
CHOWTAL GROU

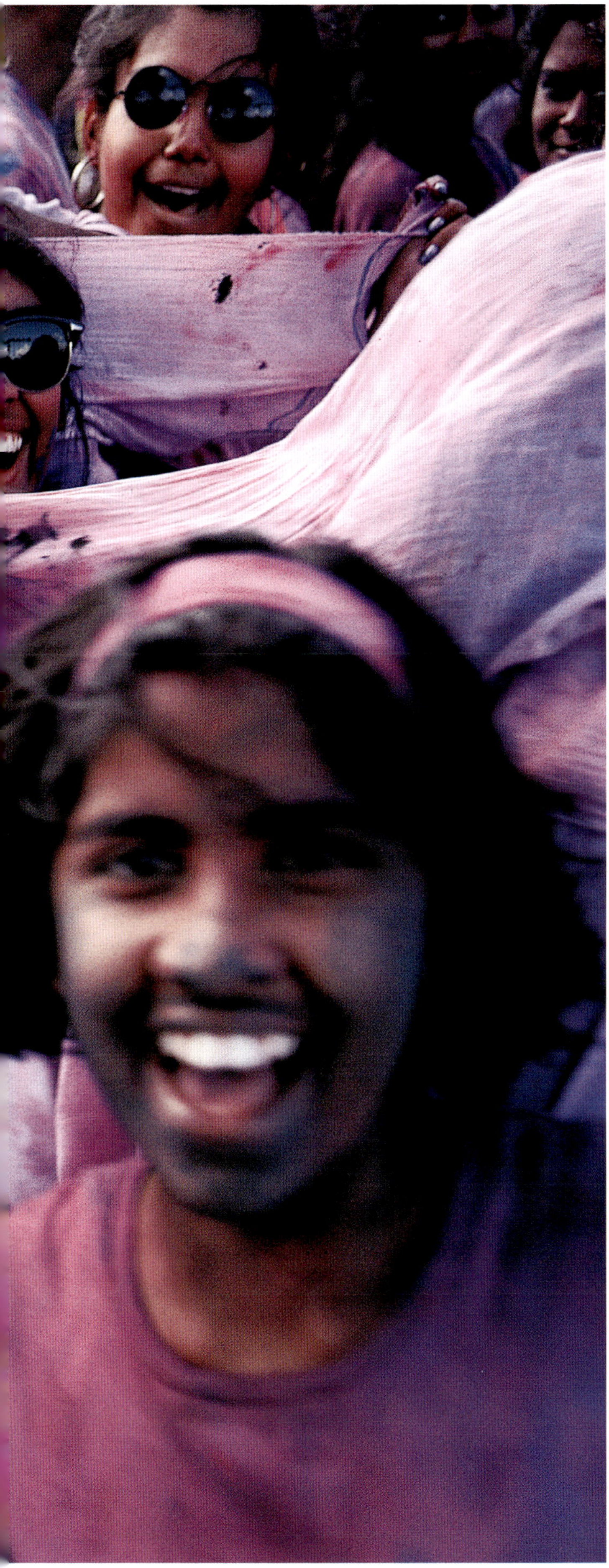

Europäer

Die ständige Präsenz der Europäer begann 1492 mit der Ankunft von Kolumbus. Bald folgten spanische Siedler, um die Mineralvorkommen der Region auszubeuten. Da Inseln ohne wertvolle Metalle wenig interessant waren, zogen die frühen Siedler auf der Suche nach Reichtum recht schnell von Ort zu Ort. Dabei versklavten sie die einheimischen Völker und infizierten sie unwissentlich mit aus Europa eingeschleppten Krankheite, denen sie zum Opfer fielen.

Mit der Ankunft weiterer europäischer Mächte im 16. und 17. Jh. und der Ausdehnung der Plantagenwirtschaft kam der Bedarf an weiteren Arbeitskräften. Zunächst setzten die Landbesitzer auf Arbeitskräfte aus Europa. Eine Zeitlang rekrutierten sie Zwangsarbeiter: Einige waren entführt und in die Neue Welt verschleppt worden, viele hatten die Heimat verlassen, um religiöser Verfolgung, dem Krieg oder Gefängnisstrafen zu entgehen. Die weißen Arbeiter litten unter schlechter Behandlung, fielen Krankheiten zum Opfer und wurden schließlich durch afrikanische Sklaven ersetzt.

Mit dem Aufstieg der afrikanischen Sklaverei nahm die weiße Zwangsarbeit ab. Die ehemaligen Zwangsarbeiter waren arm und unerwünscht. Lange Zeit galten viele bei den örtlichen Verwaltungen als Faulenzer, Diebe und Taugenichtse. Landbesitzern und Aufsehern jedoch ging es weiterhin gut.

Mit den Jahren haben die europäische Elite und Unterschicht die Karibik-Region maßgeblich beeinflusst. Ihre Feiertage und Feste– zum Beispiel Neujahr, Karneval, Maskenbälle–, ihre vielfältige Küche, Musikformen und Tänze fanden Eingang in der Karibik. Wie die Menschen, die sie mitbrachten, waren viele dieser Bräuche und Aktivitäten radikalem Wandel unterworfen, aus dem sie in einer spezifisch karibischen Form hervorgingen.

Ausgelassen und mit Farben bemalt feiern Hindus in San Juan, Puerto Rico, das Frühlingsfest Phagwa. Für Karibik-Bewohner indischer Abstammung bleiben Hinduismus und Islam wichtig.

ALS CHRISTOPH KOLUMBUS seinen Fuß auf den Boden der Neuen Welt setzte, lebten Millionen Menschen in Nordamerika. Sie verteilten sich auf unzählige ethnische Gruppen mit Hunderten von Sprachen, unterschiedlichen politischen Systemen, Familienstrukturen, Kunstformen, religiösen Vorstellungen und Wirtschaftssystemen, die an die jeweilige Umwelt angepasst waren. Die Flüsse im Südosten und Mittelwesten des Gebietes, das wir heute die USA nennen, waren voll von Fischen, die Wälder reich an Wild, und das ausgewogene Klima ermöglichte einen ertragreichen Feldbau. Die günstigen Bedingungen brachten die höchstentwickelte Indianerkultur nördlich von Mexiko hervor: die prähistorische Mississippikultur, eine hochkomplexe Klassengesellschaft, die in dicht besiedelten Städten mit Tempelbergen lebte, auf denen sie aufwändige Rituale vollzog.

In den nördlichen Tiefebenen am Sankt-Lorenz-Strom lebten irokesischsprachige Stämme in befestigten Dörfern mit intensivem Gartenbau, Fischfang und Jagdrevieren. Weiter nördlich ließ das rauere Klima Feldbau generell nicht zu. Hier lebten algonkin-sprachige Völker als Jäger, Sammler und Fischer, die aus Birkenrinde Kanus herstellten und Wigwams bauten.

NORDAMERIKA

Zwei Mädchen der Cree, einem algonkinsprachigem Volk, entspannen sich im kühlen Wasser des Opemiscasees in Quebec, Kanada.

In den weiten nördlichen Wäldern des subarktischen Alaska und Kanada lebte eine Reihe verwandter Stämme, deren Sprachen zur nordathapaskischen Sprachfamilie gehörten. Sie waren vermutlich Nachfahren jener Paläo-Indianer, die die Bering-Landbrücke überquert und sich vor etwa 20000 Jahren im Süden und Osten verbreitet hatten. Anders als ihre Nachbarn, die Inuit oder Eskimos, empfanden Völker wie die Koyukon und Kutchin (Gwichin) ihre Umwelt als düster und von zahlreichen, gefährlichen Waldgeister bewohnt, die durch Tabus und Rituale besänftigt werden sollten. Die Nord-Athapasken erwiesen sich als erstaunlich anpassungs- und wandlungsfähig. So übernahmen die Sari und die Sekani die Pferdekultur der Great Plains und unterschieden sich bald kaum mehr von ihren Nachbarn, den Schwarzfußindianern. Weitere Gruppen wanderten bis in den Südwesten Amerikas.

Diese Athapasken verließen Kanada einige Zeit vor der Ankunft der Europäer, passten sich einer neuen Umgebung und neuen Nachbarn an und wurden zu den Navajo und sechs Apachenstämmen. Einige Gruppen, wie die Kiowa-Apachen, mischten sich mit Plains- und Prärie-Indianerstämmen übernahmen deren Bräuche und lebten in Tipis. Die Navajo und Westapachen hingegen griffen den Feldbau und Rituale der Pueblo-Indianer auf, die seit etwa 500 v. Chr. im Südwesten lebten.

In den Great Plains führten lange vor der Vertreibung der Stämme durch weiße Siedler Dürreperioden und Siedlungsdruck zu bedeutenden Bevölkerungsverschiebungen. Etwa 1300 n. Chr. drangen die Pawnee von Ost-Texas nach Nebraska ein. 1400 hatten die Mandan die östlichen Prärien in Richtung oberes Missouri-Tal verlassen. Beide Gruppen lebten als Bauern in festen Dörfern entlang der Flüsse, während Siouxstämme auf der Jagd nach Bisons umherzogen und ihren Besitz auf von Hunden gezogenen Pritschen mit sich führten. Nach Einführung des Pferdes zwischen 1750 und 1770; änderte sich die Lebensweise der Sioux grundlegend, da sie nun das Grasland weiträumig durchstreifen konnten. Weit entfernt vom Grasland liegen die üppigen Zedernwälder und lachsreichen Gewässer der Nordwestküste des Kontinents, eine Region, deren reiche Umwelt den Völkern die Entwicklung von komplexen Gesellschaften erlaubte. Weiter im Süden bot die kalifornische Küste ein mildes Klima und reiches Nahrungsangebot.

Im späten 19. Jh. waren in den USA die meisten Stämme in Reservaten isoliert. Man holte Kinder aus den Gemeinden fort, um die Assimilation an die weiße Kultur zu beschleunigen, zwang sie, Internate zu besuchen, und verbot ihnen, ihre eigenen Sprachen zu sprechen – was den Verlust der meisten Indianersprachen bedeutete. Den als »First Nations« bezeichneten Indianern Kanadas blieb die Umsiedlung und die enge Begrenzung auf Stammesgebiete weitgehend erspart, da der Kampf um Ressourcen weniger hart war. Das 1876 geschaffene kanadische Reservatsystem – so genannt, weil es Land als Jagdgebiete »reservierte« – regelt noch immer Indianerfragen, doch heute wird wegen der Ausbeutung ihrer Öl- und Erzvorräte zusätzlich Druck auf die Indianer ausgeübt.

1990 lebten mehr als die Hälfte der US-amerikanischen Ureinwohner in Städten. Die Regierung erkennt 556 Indianerstämme an, weitere 200 Gruppen fordern die staatliche Anerkennung. Die heutigen Indianer bewahren ihre kulturellen Traditionen nicht nur, sie verändern sie auch, um sie für ihre Volksangehörigen attraktiver zu machen. Gruppen wie die Makah im Staat Washington, die kürzlich ihre erste

Waljagd seit Generationen unternahmen, erschaffen ihr kulturelles Erbe neu, während Stämme wie die Hopi ihre Zeremonien in ungebrochener Tradition fortführen. 1978 gründeten Indianer im Südwesten das American Indian Language Development Institute, das sich Bewahrung von Stammessprachen zur Aufgabe gemacht hat. Viele Plains- und Prärie-Indianer haben den Sonnentanz neu belebt, ein kunstvolles Ritual, bei dem die Tänzer körperlichen Schmerz erdulden, um ihrem Volk Segen zu bringen. Auch heute noch stehen die Ureinwohner Amerikas unter starkem Assimilationsdruck. Dennoch versuchen sie, sowohl ihre individuelle Stammesidentität als auch ihre Identität als amerikanische Indianer zu bewahren.

Auch viele Immigranten und deren Nachkommen pflegen ihr kulturelles Erbe und halten an Ideen und Bräuchen fest, die sie von anderen Kontinenten mitgebracht haben. Unter den Millionen von Neuankömmlingen im Lauf der Jahrhunderte waren die Amisch aus der Schweiz, Frankreich und Deutschland, Hutterer aus Mähren und Orthodoxe aus Russland – Gruppen, die ihre ethnische Identität am Glauben festmachten. Die Nachkommen dieser pazifistischen Agrarvölker bevorzugen noch immer einfache Kleidung und lehnen moderne Errungenschaften wie Telefon, elektrisches Licht und motorisierte Fahrzeuge ab. Der Sklavenhandel brachte mehr als neun Millionen Afrikaner gegen ihren Willen in die Neue Welt; viele ihrer Nachfahren besinnen sich auf die Kulturen ihrer Vorfahren. Zwischen 1820 und 1924 lockte die Aussicht auf Arbeit beim Eisenbahnbau oder auf Farmen viele Asiaten in den Westen der USA; ihnen folgten später große Gruppen von den Philippinen, aus Indien und Korea. In den letzten Jahrzehnten kamen Millionen weitere Immigranten aus Asien, Osteuropa und aus anderen Teilen des amerikanischen Kontinents. Fast alle hat der Traum von einem besseren Leben nach Nordamerika gelockt.

Nachfolgende Seiten: Eine Navajo hält Mais und Kota in Händen, eine Wildpflanze, aus der man Medizin, Farbe und ein Getränk herstellt. Mais gilt bei den Navajo als heilige, physische wie geistige Nahrung, die den Menschen schützt.

NORDAMERIKA

In Uhrzeigersinn von oben: Ein Onondaga-Häuptling, ein Hopi-Mädchen, ein Tänzer der Tonono O'odham.

Südosten

Nordosten

Great Plains

Hochebene und Grosses becken

Südwesten und Westen

Nordwestküste

Südosten

Cherokee • Seminole

Cherokee

Jahrhundertelang war das Appalachen-Hochland in North Carolina und Tennessee die Heimat der Cherokee, des größten Stammes im Südosten der USA. Dann drangen weiße Siedler in die Appalachen vor, übernahmen das fruchtbare Ackerland der Cherokee und anderer Indianergruppen in der Region und erzwangen ihre Umsiedlung in ein Indianerreservat (heute Oklahoma).

Die Cherokee, mit den Chickasaw, Choktaw, Creek und Seminole als die »Fünf Zivilisierten Nationen« bekannt, passten sich der weißen Kultur an, besaßen Häuser, Farmen, Vieh und Sklaven. In den 1820ern hatten Tausende dieses Volkes gelernt, in ihrer eigenen Sprache zu lesen und zu schreiben. Dazu verwendeten sie eine Silbentabelle, die ein Cherokee namens Sequoia entwickelt hatte. Sein phonetisches System umfasste 85 Symbole, von denen jedes für einen Laut der Cherokee-Sprache stand. Heilkundige des Stammes hielten ihre medizinischen Anschauungen und Methoden mit Hilfe von Sequoias Erfindung fest, und so wissen wir heute mehr über die traditionelle Medizin der Cherokee als über die Heilmethoden irgendeines anderen Stammes im Südosten.

1838 setzte Präsident Andrew Jackson ein Gesetz zur Umsiedlung der Indianer durch. 18000 Cherokee wurden gewaltsam aus ihren Heimen vertrieben, obwohl das Gesetz ihre Zustimmung verlangte und der Oberste Gerichtshof ihr Bleiberecht bestätigt hatte. Unter brutalsten Bedingungen, die 4000 Menschen das Leben kosteten, trieb man die Cherokee nach Westen. Während des folgenden Jahrzehnts folgten 60000 weitere Indianer dem »Zug der Tränen« nach Oklahoma. Einigen Cherokee gelang es, sich in den Bergen North Carolinas dem Zugriff zu entziehen, und Bundes- wie Landesregierungen erkannten ihr Bleiberecht, letztlich an. Die Mitglieder dieser Gruppe erzählen noch heute die Geschichte der Cherokee-Umsiedlung in dem berühmten Drama *Unto These Hills*.

Als die Mehrheit der Cherokee 1839 in Oklahoma ankam, gaben sie sich eine neue Verfassung und errichteten Schulen, Kirchen und Geschäfte. Sie druckten eine eigene Zeitung und eine Zeitschrift. Bald war die Alphabetisierungsrate unter den Cherokee höher als unter ihren weißen Nachbarn.

1984 kamen die östlichen Cherokee aus North Carolina und die Cherokee-Nation aus Oklahoma zum ersten Mal nach fast 150 Jahren zu einer Beratung zusammen. Seitdem treffen sie sich alle zwei Jahre. Beide Gruppen haben Frauen als oberste Häuptlinge gewählt – ein Hinweis auf die wichtige Rolle, die Frauen in der Cherokee-Gesellschaft spielen. Auch sind beide bestrebt, ihre Kultur zu stärken, indem sie die eigene Sprache verwenden und traditionellen Aktivitäten wie dem Stockballspiel nachgehen. Die Korbflechterei gehörte lange Zeit zu den wichtigsten Beschäftigungen der Cherokee-Frauen. Heute ist dieses Handwerk nur noch in North Carolina verbreitet, wo die östlichen Cherokee mit wenig traditionellen Kasinoeinkünften 1996 das Ackerland um Kituhwa erwarben: das Ursprungsland der Cherokee und ihr geweihter Begräbnisplatz.

Seminole

Die Seminole sind eine Gruppe der Creek, die durch die europäische Besiedlung und den späteren Krieg abgespalten wurden: Im 18. Jh., nachdem die Briten und ihre Verbündeten, die Creek, Appalachee und Timucua im spanischen Nordflorida fast ausgelöscht hatten, zogen einige Creek von Alabama und Georgia aus nach Florida. Ihr Name »Seminole« leitet sich von dem Wort *simanóli* her, das in Muskogee »Flüchtige« oder genauer »Grenzbewohner« bedeutet und auf die Wanderung des Stammes in eine neue Heimat fern von nachrückenden Pflanzern anspielt.

Doch auch hier kam es zu Spannungen zwischen weißen Sklavenhaltern und den Seminole, weil die Indianer Afro-Amerikaner als ebenbürtig behandelten, entflohenen Sklaven Zuflucht gewährten, Mischehen eingingen und ihren Rat bei Versammlungen schätzten. 1830, als Präsident Andrew Jackson das Gesetz zur Umsiedlung der Seminole nach Oklahoma unterzeichnete, nahmen kleine Einheiten einen erbitterten Partisanenkrieg auf, der zum längsten und erfolglosesten Indianerkrieg in der Geschichte der USA wurde. Entschlossen, ihre Freiheit zu bewahren, setzten die Seminole sogar den Kampf fort, als Osceola, ihr berühmtester Führer, 1837 gefangen genommen wurde und im Jahr darauf in Gefangenschaft starb. 3000 bis 4000 Seminole verschleppte man gewaltsam nach Oklahoma; einige Hundert aber entkamen. Sie flohen nach Süden in die Sümpfe der Everglades und entzogen sich ihren Verfolgern, die schließlich die Suche nach ihnen aufgaben.

Ein älterer Cherokee in traditioneller Kleidung der Plains-Indianer lehrt den Enkeln einen überlieferten Tanz. Der kreisförmige Federschmuck auf dem Rücken gehört zur Ausstattung der Tänzer

Anfang des 20. Jhs. tauschten die Seminole in Florida Alligatorhäute und Reiherfedern gegen Baumwolltuch, Töpfe und Metallwerkzeug von Nichtindianern ein. Nachdem 1928 eine Verbindungsstraße zwischen Miami und Tampa durch die Everglades angelegt worden war, verkauften die Seminole ihre Waren entlang dieser Route.In den folgenden drei Jahrzehnten strömten in wachsender Zahl Touristen nach Florida, für die der Stamm in »Seminoledörfern«Waren herstellte und arbeitete. Besonders beliebt bei den Touristen waren zu jener Zeit Alligator-Ringkämpfe und Patchworkkleidung, die die Seminolefrauen seit etwa 1900 anfertigten.

1957 erkannte die US-Regierung die Seminole an. Vier Jahre später lösten sich die Mikasuki von den Seminole, um unter der politischen Führung eines eigenen Stammesrates und von Medizinmännern konservativeren sozialen und religiösen Werten zu folgen. Heute locken die Dörfer beider Stämme Besucher aus Europa und Amerika an. Die Seminole sind auch erfolgreich im Ökotourismus tätig und führen Besucher in speziellen Booten durch die Everglades. Im Gegensatz dazu leben die meisten Seminole in Oklahoma von der Arbeit in Ölindustrie, Baugewerbe, Fertigung, Handel und Landwirtschaft.

NORDOSTEN

CHIPPEWA • IROKESEN

CHIPPEWA (Ojibwa)

DIE CHIPPEWA, EINE DER GRÖSSTEN Indianergruppen Nordamerikas, lebt in Schutzgebieten oder Reservaten in Michigan, Wisconsin, Minnesota, Nord-Dakota, Montana und den Kanadischen Provinzen Ontario, Manitoba und Saskatchewan. Früher sprachen sie Algonkin und wohnten in Kuppelhäusern (Wigwams), die mit Birkenrinde gedeckten waren. Die Chippewa lebten vorwiegend als Jäger und Sammler in autonomen, rund hundertköpfigen Familiengruppen. Im Herbst zogen Jäger bis zu 150 Kilometer weit, um Elche, Karibus und Bären aufzuspüren – Tiere, zu denen die Menschen durch Gebete und Zeremonien spirituelle Verbindungen herzustellen versuchten, die für ihre Religion von zentraler Bedeutung waren.

Gegen Ende des Winters trafen sich verschiedene Familiengruppen in Ahornwäldern an Flüssen und Seen, um Zucker herzustellen. Von dort wanderten sie in ihre Sommerdörfer, wo sie die warmen Monate verbrachten, Felle gerbten und die Birkenrindenkanus bauten, für die sie berühmt waren. Gegen Ende des Sommers ernteten die Familien Mais, Kürbisse und gelegentlich Wildreis, der an den schlammigen Ufern mancher Flüsse und Sümpfe wuchs. Wildreis ermöglichte das Überleben in Gegenden, in denen kurze Wachstumsperioden den Bodenbau unzuverlässig machten.

Von größter Bedeutung war bei den Chippewa die Große Medizingesellschaft (Midewiwin) eine Geheimgesellschaft von Heilern und Heilerinnen, deren Rituale vorrangig der Heilung Kranker und der Initiation neuer Mitglieder nach langer, strenger Lehrzeit dienten.

Bis heute haben die Chippewa viele Elemente ihrer traditionellen Kultur bewahrt: Sie vollziehen ihre Rituale, gehen dem Fischfang und der Jagd nach, sammeln Ahornsirup und Wildreis und fertigen Perlenarbeiten an.

IROKESEN

DIE IROKESEN, DIE HEUTE IN RESERVATEN und Schutzgebieten im Hinterland von New York und in Kanada leben, sind vor allem für ihre Konföderation von fünf irokesischsprechenden Stämmen –Mohawk, Oneida, Onondaga, Cayuga und Seneca – bekannt, deren Aufgabe es war, Konflikte friedlich beizulegen. Diese Konföderation, in der jede Gruppe gleichberechtigt vertreten war, entstand zwischen 1400 und 1600 nach einer langen Periode blutiger Stammesfehden. Die Delegierten wurden in jedem Stamm von den Klanmüttern gewählt, wobei Integrität, Weisheit, Weitsicht und rhetorische Fähigkeiten der Bewerber entscheidend waren. Die 49 Delegierten bildeten den Verwaltungsrat der Konföderation, standen ihren eigenen Stammesräten zur Seite und schlichteten Konflikte.

Angeregt durch das irokesische Modell, das Werte wie Einheit, Demokratie und Freiheit in die Tat umsetzte, baten Benjamin Franklin und die Führer amerikanischer Kolonien die Irokesen bei der Gründung eines gerechten und demokratischen Kolonialbundes um Hilfe. Ihr Treffen während des Albany-Kongresses 1754 führte zum Zusammenschluss der Kolonien, einem Vorläufer der Konföderation. Heute sind die Ideale, für die der Irokesenbund eintrat, Leitgedanken von Organisationen wie den Vereinten Nationen.

Die Irokesen nannten sich selbst Haudenosaunee – Langhausvolk. Dieser Name verweist auf ihre traditionellen Häuser, die bis zu 60 Meter lang und 7,5 Meter breit waren und bis zu zwölf Familien beherbergten. Jede Familie hatte eine eigene Wohnung, teilte aber ein Feuer mit den anderen. Die palisadengeschützten Irokesensiedlungen bestanden aus 30 bis 150 Langhäusern.

Viele Irokesen leben heute in Städten, arbeiten in der Industrie, im Bildungswesen und anderen Bereichen, aber sie kehren weiterhin zu Festen in ihre Reservate zurück. Hier spielen sie Lacrosse, die irokesische Version des alten indianischen Spiels, auf dem die heutige Sportart basiert. Dieses Spiel ist Inbegriff des Gemeinschaftsgeistes, der die irokesischen Nationen verbindet. Um ihre Landrechte auszuüben, der Umweltverschmutzung zu begegnen und ihre Bräuche am Leben zu erhalten, haben sie die Konföderation der Sechs Irokesischen Nationen, wie sie sich heute nennt, neu belebt. Die Konföderation beteiligt sich aktiv an internationalen Foren, die sich mit den Rechten indigener Völker befassen, und stellt eigene Pässe aus, die von vielen Staaten anerkannt werden.

Great Plains

Schwarzfussindianer • Cheyenne • Crow • Lakota-Sioux • Mandan

Schwarzfussindianer

Zu den westlichsten algonkinsprachigen Völkern zählen die Stämme der Schwarzfußindianer: Die Südlichen Piegan haben ein Reservat in Nord-Montana, die Nördlichen Piegan, Blood und die eigentlichen Schwarzfußindianer leben in Schutzgebieten im südlichen Alberta. Das Leben, das in vieler Hinsicht vom Bison abhängig war, wandelte sich, als sie Mitte des 18. Jhs. Pferde bekamen. Die Familien, die den Bisons folgten, hatten ursprünglich Hunde als Träger für ihre Tipis und ihren Besitz verwendet. Da die Hunde nur etwa 35 Kilo ziehen konnten, mussten die Frauen große Lasten tragen, und man war gezwungen, Alte und Gebrechliche zurückzulassen.

Nachdem die Schwarzfußindianer in den Besitz von Pferden und Waffen gelangt waren, wandelten sie sich in berüchtigte Krieger. Sie weiteten ihre Jagd- und Raubterritorien aus, trieben die Schoschonen, denen es an Waffen mangelte, nach Süden und Westen in die Rocky Mountains und zwangen die Kutenai nach Westen über die kanadischen Rockies.

Heute haben sie – wie viele Stämme – ihr Land dem Tourismus geöffnet und organisieren Touren zu einigen der schönsten wilden Plätze im Westen. Die Förderung des Tourismus ist ein Mittel gegen die extrem hohe Arbeitslosenrate in den Reservaten. Touristenprogramme erlauben den Schwarzfußindianern, in ihrer Heimat zu arbeiten und Geld zu verdienen. Als Führer zeigen die Indianer den Besuchern nicht nur Jahrhunderte alte heilige Stätten, sondern sie vermitteln ihnen auch Respekt vor ihrer Kultur. In Montana führen historische Touren Besucher an geschichtsträchtige Orte: Sie lehren sie die Bedeutung der sakralen Denkmäler und wie man mit einem Gefühl von Respekt reist. Die Schwarzfußindianer selbst reiben ihre Körper mit Süßgras und Kiefernzweigen ab, um sich

(Fortsetzung auf Seite 144)

Folgende Seiten: Powwow-Tänzer bereiten sich in Oklahoma für ihren Auftritt vor. Dieser Staat gilt als »Wiege der Powwows«, da hier unzählige Tanz-, Gesang- und Kostümvarianten entstanden sind.

Seiten 142–143: In Rocky Boy, Montana, bereitet sich ein Sioux aus Süd-Dakota auf den Tanz vor, während seine Frau ihre Adlerfedern richtet. Tanz- und Kleidungsstil der Tänzer, die für ihr würdevolles Auftreten bekannt sind, gelten als typisch für das Powwow.

zu reinigen, bevor sie in die Berge gehen, und sie hinterlassen Tabakgaben für die Bäume und Tiere, denen sie unterwegs begegnen. Sie halten auch am jährlichen Sonnentanz fest, führen rituelle Schwitzbäder durch und bewahren heilige Medizinbündel.

Cheyenne

Etwa 1700 n. Chr. zogen die Vorfahren der algonkinsprachigen Cheyenne aus den östlichen Wäldern, wo sie vom Wildreis-Sammeln gelebt hatten, in die nördliche Prärie. Um 1800 wanderten sie weiter nach Westen in die Great Plains und wurden zu herumziehenden Bisonjägern, die auf die im Sommer erlegten Tiere angewiesen waren, um durch den langen Winter zu kommen.

Die Kriegergesellschaften der Cheyenne, wie die Dog Soldiers, übten strenge Kontrolle über die Jäger aus und sicherten zusammen mit dem Rat der Vierundvierzig das physische und geistige Überleben ihres Volkes. Oberhaupt des Rates war der Sweet-Medicine-Häuptling, der das heilige Süßgrasbündel hütete. Ihm untergeordnet waren vier Unterhäuptlinge, die übernatürliche Wesen verkörperten. Unter diesen standen 39 Häuptlinge, die für ihren Großmut und ihre Fähigkeit, Streitigkeiten zu schlichten bekannt waren. Beschloss ein Rat zum Beispiel, dass ein Mordfall das Wohl des Stammes bedrohte, ging der Beschuldigte – und jene, die bereit waren, ihn oder sie zu begleiten – mindestens fünf Jahre in die Verbannung. Selbst heute noch gelten die Häuptlinge der Nördlichen und Südlichen Cheyenne, die religiösen Führer und die Mitglieder der Kriegergesellschaft als anerkannte Autorität des Stammes, obwohl ihre Entscheidungen oft im Widerspruch zu denen der offiziellen Stammesregierunge stehen.

Das Reservat der Nördlichen Cheyenne ist in Südost-Montana. Das Oklahoma-Reservat der Südlichen Cheyenne wurde von der Bundesregierung aufgelöst. Diese Gruppe gründete daraufhin die Organisation »Cheyenne-Arapaho Tribes of Oklahoma« mit einem vom Stamm gewählten Wirtschaftsrat und Vorsitzenden. Sowohl die Nördlichen wie auch die Südlichen Cheyenne lehren in ihren Schulen ihre Sprache und Kultur, und viele führen weiterhin traditionelle Zeremonien durch, von denen einige wie der Pfeil- und Sonnentanz wieder aufleben. Frauen engagieren sich in der »War Mother Association«, die Cheyenne-Veteranen aller Kriege ehrt.

Heute sind die Nördlichen Cheyenne und 50 weitere Stämme an der »InterTribal Bison Cooperative« beteiligt. Sie kauften Bisons und lernen wieder die Herden zu betreuen. Auf diese Weise tragen die Stämme dazu bei, das ökologische Gleichgewicht wiederherzustellen, das durch die Rinderviehzucht und die damit einhergehende Kahlweidung empfindlich gestört wurde. Das Bisonfleisch, eine fettarme Eiweißquelle, verschafft den Cheyenne dringend benötigte Einkünfte. Die Rückkehr der Bisons in die Prärie trägt außerdem dazu bei, dass die Cheyenne ihre alten Bräuche wiederentdecken und neu beleben.

Crow

Im Kampf um die Herrschaft über die nördlichen Prärien waren die Crow so erbitterte Feinde der Lakota-Sioux, dass Generalleutnant George Custer sie 1876 beim Feldzug gegen Sitting Bull im Crow-Gebiet nahe des Flusses Little Bighorn als Späher einsetzte. Die Sioux besiegten Custer dennoch, und das Schlachtfeld trug später seinen Namen. 1991, nach langen Kongress-Anhörungen, benannte man die Stätte in Little Bighorn Battlefield National Monument um und gab ein Denkmal für die indianischen Krieger in Auftrag, um die einseitige Sicht der Geschichte zu korrigieren. An diesem Ort kamen 1995 Angehörige beider Indianernationen, weitere Stämme und

Repräsentanten der Siebten Kavallerie zu Aussöhnungszeremonien zusammen.

Historische Berichte über die Crow erwähnen ihre große, auffallende Erscheinung, noble Haltung und Reitkunst. Männer legten kunstvoll verzierte Decken und Sättel auf die Rücken ihrer Pferde, und Frauen stickten Perlen auf eingetauschte Stoffe, um schmückende Kragen für Hals und Brust der Tiere anzufertigen. Die Frauen bemalten die Fellverkleidungen der Tipis, ihrer kegelförmigen Zeltunterkünfte, die sie nach der Einführung des Pferdes, das schwerere Lasten tragen konnte, vergrößerten.

Die Crow von heute, deren Reservat in Südzentral-Montana liegt, bewahren sich ihre Kultur. Sie führen im Sommer den traditionellen Sonnentanz auf, Medizinmänner führen das ganze Jahr Heilungsrituale durch und die Mehrheit der Erwachsenen und Kinder sprechen die alte Sprache. Beim Volksfest der Crow im August, bei dem Paraden, Festmähler, Rodeos, Basare, Powwowgesänge und –tänze stattfinden, werden Verwandtschafts- und Sozialbeziehungen gepflegt und erneuert. In friedlichem Wettbewerb verzieren die Künstler der Crow Reitausrüstungen und Tanzkostüme mit leuchtenden Farben und geometrischen und floralen Motive. Die 1500 am Ufer des Little Bighorn aufgeschlagenen Tipis machen den Ort in dieser Zeit zur »Tipi-Hauptstadt der Welt«.

Lakota-Sioux

Bis heute fesselt uns das Bild eines über die Prärien von Süd-Dakota galoppierenden Lakota-Kriegers. Doch diese jägerische Reiterkultur ist nicht alt. Erst nach etwa 1750 kamen die Sioux durch Tausch und Raub in den Besitz von Pferden.

Als die östlichen Stämme von den weißen Siedlern verdrängt nach Westen zogen, vertrieben sie in einer Art Dominoeffekt andereUreinwohnergruppen. Ende des 18. Jhs. waren die Lakota-Stämme – die westlichste Gruppe der Sioux – von den östlichen Prärien in die westlichen Hochebenen gezogen, wo sie die Kriegsführung durch neue Taktiken und Reitkunst verfeinerten.

Pferde veränderten auch die Bisonjagd, da die Männer nicht mehr ganze Herden über Klippen treiben mussten, sondern Reiter nun einzelne Bisons mit Gewehren oder Pfeil und Bogen erlegen konnten. Die Lakota sahen im Bison ein heiliges Geschenk des Schöpfers, und im Sonnentanz, ihrem jährlichen Opfer- und Dankritual, ehrten sie das Tier für die Nahrung, den Schutz, die Werkzeuge und das Heizmaterial, mit denen es sie versorgte. 1875 hatten die Weißen, die das Fell mitnahmen und das getötete Tier verrotten ließen, den Bison durch Überjagung fast ausgerottet.

Die Armee unterstützte das Vorgehen der weißen Jäger, da sie annahm, das Ende der Bisons würde die Indianer in die Knie zwingen. Sie verfolgten die Sioux weiter, bis diese mit ihren Verbündeten, den Cheyenne, 1876 Custer in der Schlacht am Little Bighorn schlugen – der größte Sieg der Indianer in einem verlorenen Krieg.

Die Sioux leben heute in Reservaten in Minnesota, Nord- und Süd-Dakota, Nebraska und Montana und umfassen 14 Stämme, die sich nach Dialekt und kulturellen Bräuchen, in drei Gruppen teilen: Die östlichen Stämme heißen Dakota oder Santee-Sioux, die zentralen Stämme Nakota oder Yankton und die westlichen Stämme Lakota oder Teton. Für sie alle gehört das Rauchen der Pfeife zu ihrem Selbstverständnis als Sioux, und in Pipestone, Minnesota, schnitzen Künstler der Sioux und Chippewa noch heute traditionelle T-förmige Calumets aus sandrotem Speckstein. Die hoch geschätzten Pfeifen werden geraucht, um weltlichen Dingen eine spirituelle Dimension zu geben, denn der Rauch steigt auf und trägt die Gebete des Rauchers in die Geisterwelt.

Heute verkörpern berittene Lakota-Krieger die panindianische Identität aller amerikanischen Ureinwohner. Viele reisen über weite Distanzen, um bei den jährlichen Powwows mit Tänzern vertreten zu sein. Diese Treffen bieten auch die Gelegenheit, spirituelle Erfahrungen zu teilen, die auf dem Respekt gegenüber der Erde basieren. Der berühmte Lakota-Schriftsteller und Rechtsanwalt Vine Deloria jr. etwa bemüht sich, das öffentliche Bewusstsein für die Abhängigkeit des menschlichen Lebens vom Zustand des Landes zu schärfen.

Im Pine-Ridge-Reservat in Süd-Dakota kühlen sich zwei Lakota-Sioux Brüder (gegenüber) in der Sommerhitze. Die Sweet-Lodge-Zeremonie im Reservat bleibt ein bedeutendes Ritual der traditionellen Lakota-Religion, der die Menschen noch immer angehören.

Oben: Schwarzfußindianer auf frisch zugerittenen Mustangs galoppieren über eine Ranch in Browning, Montana. In den 1990ern begannen Schwarzfußindianer mit der Zucht einer eigenen Herde. Ihre alten Pferdebestände hatten sie verloren, als sie sich im Reservat in Montana ansiedelten. 200 Jahre zuvor hatte die Einführung spanischer Mustangs – geschätzt wegen ihrer Schnelligkeit und Wendigkeit bei der Bisonjagd – das Leben der Schwarzfußindianer und anderer Prärievölker total verändert.

Mandan

Nicht alle Prärievölker wurden nach der Einführung des Pferdes zu umherziehende Reitervölkern. Die Mandan am oberen Missouri blieben lieber in festen Siedlungen, als ihr Leben zu ändern und den Bisons zu folgen. Sie behielten ihre bäuerliche Lebensweise bei und zogen nur im Sommer und Herbst auf Bisonjagd.

Jedes Mandan-Dorf hatte einen zentralen Platz, auf dem man Zeremonien und Wettspiele veranstaltete. Den Platz umgaben kuppelförmige Erdbehausungen für die Familien. Die teilweise unterirdischen Unterkünfte waren im Winter warm und im Sommer kühl. Ihre leicht abgeflachten Dächer dienten als Terrassen und waren ideal für die abendliche Entspannung. Zudem nutzten die Frauen sie zum Trocknen von Mais und als Lagerflächen.

Auf dem fruchtbaren Boden am Missouri pflanzten die Frauen Mais, Tabak, Sonnenblumen, Bohnen und verschiedene Kürbissorten. Aber für den Feldanbau war mehr nötig als nur reicher Boden. Die Mandan sicherten sich in aufwändigen landwirtschaftlichen Ritualen göttliche Hilfe. Eine wichtige Rolle spielten dabei heilige Zeremonialbündel, die als entscheidend für den Fortbestand des Volkes galten. Der Besitzers des heiligen Maisbündels etwa hatte die Aufgabe, die Maisgeister aus dem Süden zurück zu rufen, bevor man den Frauen die Samen für die Aussaat gab.

George Catlin und Karl Bodmer porträtierten die traditionelle Kultur der Mandan in ihren Gemälden, die Forscher Lewis und Clark, die den Winter 1804/05 bei den Mandan verbrachten, beschreiben sie in ihren Tagebüchern. Da die Menschen in festen Siedlungen lebten, waren sie besonders anfällig für aus Europa eingeschleppte Krankheiten wie die Pocken, die 1837 über 800 Opfer forderten.

Heute teilen die Mandan das Indianerreservat Fort Berthold in Nord-Dakota mit den Arikara und den Hidatsa. Die als die »drei befreundeten Stämme« bekannte Gruppe untersteht einer gemeinsamen Stammesregierung, doch jeder Stamm bewahrt seine eigene ethnische Identität. Die Mandan bemühen sich, ihre Kultur durch Sprachunterricht und traditionelle religiöse Zeremonien, Powwows, Perlen- und Borstenstickerei lebendig zu halten.

Hochebene und Grosses Becken

Nez Percé • Nördliche Paiute

Nez Percé

Die Nez Percé leben heute in einem Reservat in Zentral-Idaho. Bekannt sind sie vor allem wegen ihres Führers Chief Joseph, dessen tapferer Versuch, 200 bis 300 Krieger und ihre Familien nach Kanada zu retten, eine der heldenmütigsten, aber auch tragischsten Taten der amerikanischen Geschichte darstellt. Als 1855 Siedler das Land der Nez Percé in Oregon forderten, wurde das Volk gewaltsam umgesiedelt. Acht Jahre später, als in ihrem Reservat Gold gefunden wurde, zwang man die Nez Percé erneut zur Umsiedlung. 1877 stiegen die Spannungen mit den Weißen an und als die Armee sich weigerte mit Chief Joseph zu verhandeln, zogen er und sein Volk in einem 15-wöchigen Gewaltmarsch 2700 Kilometer nordwärts über das steile Bitterroot-Gebirge. Als er sah, wie sein Volk unter Hunger und Kälte litt, verkündete Joseph seine legendäre Kapitulation: »Mein Herz ist krank und traurig. Von dort an, wo die Sonne jetzt steht, werde ich nie mehr kämpfen.«

Die Heimat der Nez Percé am Snake River bot dem Volk grasreiche Täler und bewaldete Berge. In Frühling, Sommer und Herbst jagten und fischten die Männer. Die Frauen sammelten Lilienknollen, Wurzeln und Beeren. Nach der Bisonjagd im Herbst in den östlichen Prärien von Montana, kehrten die Nez Percé in die Winterlager in ihre geschützten Heimattäler zurück.

Die Nez Percé waren die bekanntesten Reiter ihrer Gegend und hervorragende Pferdezüchter. Die Frauen fertigten kunstvoll bestickte Geschirre wie Kragen, Zaumzeug und Sättel an. Obwohl man das Volk bei der Kapitulation 1877 zwang, seine 1100 Pferde aufzugeben, hält der Stamm heute wieder einige Zuchtpferde.

Die Nez Percé sind sehr stolz auf ihr kulturelles Erbe. 1988 riefen sie das Cultural Resources Program ins Leben, um ihre Sprache, Geschichte und Künste zu erhalten, und jeden Juli reisen Nachfahren von Chief Josephs Schar nach Oregon, um in einem nach ihm benannten Ort die Chief-Joseph-Tage zu begehen.

Nördliche Paiute

Die Heimat der Nördlichen Paiute umfasste mehr als 180 000 Quadratkilometer von Nevada, Süd-Oregon, West-Idaho und Ost-Kalifornien. Sie liegt im Großen Becken der einzigen Gegend Nordamerikas, in der fast alle Indianergruppen verwandte Sprachen benutzen. Diese sprachliche Einheit mag drauf zurückzuführen sein, dass die ressourcenarme Region nie große Bevölkerungsgruppen anderer Herkunft anzog.

Heute haben die Nördlichen Paiute, deren kulturelle Traditionen mehr als 10 000 Jahre zurückreichen, Reservate in Nevada, Kalifornien und Oregon. Die ungastliche Region mit geringem Niederschlag und ohne große Flussläufe zwang ihre Vorfahren, sorgsam mit ihrer Umwelt umzugehen, um das fragile Gleichgewicht nicht zu stören. Gefordert war die Anpassung an eine Landschaft, die unterschiedliche natürliche Ressourcen bot: von den Süßwassersümpfen in West-Nevada bis zu den Wüsten und Salzpfannen, die einen großen Teil der Region ausmachen.

In dieser feindlichen Umgebung überlebten halbsesshafte Familiengruppen, indem sie eine Vielfalt von Pflanzen, Beeren, Wurzeln und Samen sammelten, die zu unterschiedlichen Zeiten des Jahres reiften. Ihre Nahrung ergänzten sie durch Jagd und Fischfang. Gruppen in relativ üppigen Umgebungen konnten einen Teil des Jahres an einem Ort bleiben, während andere auf der Suche nach Essbarem ständig weiterzogen und auf eine gewaltige Bandbreite von Tieren und Pflanzen angewiesen waren. Jede Familie gehörte zu einer flexiblen Lagergruppe, die im Wandel der Jahreszeiten und abhängig von den Ressourcen wuchs oder schrumpfte. Im Herbst kamen die Gruppen zur Piñon-Samenernte und zu gemeinsamen Aktivitäten wie Gabelbock- und Kaninchenjagd zusammen.

Jeder Stamm hat heute eine Selbstverwaltung, aber nicht allen Stämmen ist es gelungen, rentable Unternehmen aufzubauen. Einzelne Gruppen züchten Vieh und bauen Getreide an, andere gehen Lohnarbeit in unterschiedlichen Berufen nach. Um einen wichtigen Teil ihres kulturellen Erbes zu retten, bieten einige Stämme der Paiute seit den 1980ern Kurse im traditionellen Korbflechten – eine hoch entwickelte Kunstform, die den Lebensunterhalt mancher Familien sichert.

Die meisten Paiute gehören heute einer christlichen Kirche an; dennoch bewahren manche ihre Kultur in Liedern, Geschichten und Gebeten und auch einige traditionelle Heiler praktizieren noch. Die von zwei Propheten im 19. Jh. begründete und von der Idee einer wiederauflebenden Ureinwohnerkultur getragene Geistertanz-Bewegung ist nach anfänglichen Erfolgen wieder verschwunden.

Aber seit den 1930ern haben die Menschen einige religiöse Bewegungen und Aktivitäten andere Stämme übernommen: zum Beispiel die Native American Church, die Schwitzhütte und den Sonnentanz. Weil so wenige ihrer eigenen Bräuche überlebt haben, beteiligen sich viele junge Paiute an diesen pan-indianischen Ritualen, um zu einer eigenen Identität zu finden.

Südwesten und Westen

Chiricahua-Apachen • Hopi • Navajo • Pomo • Tohono O'odham

Chiricahua-Apachen

Süd-Arizona, der Westen von Neu-Mexiko und Nord-Mexiko gelten als Heimat der Chiricahua-Apachen – der Indianer, die als letzte in den USA ihre Waffen niederlegten. Sie kapitulierten 1886 und wurden die folgenden

27 Jahre als Kriegsgefangene behandelt. Man verteilte das Volk auf Gefängnisse in Florida, Alabama und Oklahoma. Als man sie 1913 freiließ, schlossen sich die meisten den Mescalero- und Lipan-Apachen in deren Reservaten in Südost- und Neumexiko an. Viele ihrer Bräuche werden heute von den »Chiricahua Apache Prisoners-of-War Descendants« gepflegt, zu deren Vorfahren Cochise, Geronimo und die Krieger gehören, die mit den berühmten Häuptlingen ritten.

Die Chiricahua und die Mescalero sind zwei von sechs Apachenstämmen, zu denen die Kiowa-Apachen und die Lipan gehören, die in den südlichen Plains lebten, die Jicarilla im Norden von Neumexiko und die West-Apachen in Ost-Arizona. Alle Apachen sprechen Athapaskisch – wie die Navajo und entferntere Verwandte in Nordwestkanada.

Früher lebten die Chiricahua in Gruppen von mehreren Großfamilien. Sie waren halbsesshafte Jäger und Sammler, die häufig weiterzogen, um Pflanzen zu suchen, die zu verschiedenen Jahreszeiten auf unterschiedlichen Höhen wuchsen. Als die Landnahme durch die Weißen sie von den gewohnten Sammelplätzen abschnitt, wurden Raubzüge für die Nahrungsversorgung immer wichtiger. Diese unterschieden sich grundlegend von Kriegszügen, deren Ziel die Rache für den Tod Einzelner war.

Noch heute üben die Kronentänzer der Apachen nächtliche Rituale aus: Im bemalten Kopfschmuck aus Holz und mit erhobenem Schwert verkörpern sie Berggeister. Gemeinsam mit dem Medizinmann, Sängern und Trommlern beschwören sie zur Heilung und zum Schutz die übernatürlichen Mächte, um deren Schutz. Die Chiricahua führen auch Pubertätsriten für Mädchen durch. Dieses Sonnenaufgangsritual soll ihnen langes Leben, Lebenskraft, Glück und Gesundheit sichern. Bei dem aufwändigen, viertägigen Ritual erzählen Sänger die Stammesgeschichte – von der Entstehung der Welt bis in die Gegenwart.

Hopi

Bei den Hopi, die in 13 Dörfern an und auf drei Tafelbergen *(mesas)* im nördlichen Arizona leben, wird der Jahreszyklus von Zeremonien bestimmt, die den Ahnengeistern *(kachinas)* gewidmet sind.. Die Hopi glauben, dass die Geister etwa von Januar bis Juni unter ihnen leben und die restlichen sechs Monate in der Geisterwelt auf dem Gipfel des San Francisco Mountain wohnen. Diese Wesen werden nicht verehrt, aber man respektiert sie als mächtige Geister, die Regen und andere Gaben bringen und die Gebete der Hopi zu den Göttern weiterleiten.

Das Wort *kachina* bezeichnet sowohl den körperlosen Geist als auch den Tänzer, der dem Geist Leben einhaucht. Als Baby erhält ein Hopi-Mädchen, die erste von vielen Kachinafiguren, die Geister darstellen und ihre Fruchtbarkeit fördern sollen. Diese Schnitzereien sind heilig und werden allein für die Hopi angefertigt – anders als die Kachinafiguren, die seit den 1930ern für den Verkauf entstehen.

Die Hopi sind für ihre charakteristischen Körbe, Schmuck und Keramiken bekannt. Die Töpferkunst lebte um 1900 wieder auf, als Nampeya (etwa 1860 –1942), eine Hopi-Tewa, begann, feine prähistorische Keramiken zu kopieren, die man bei Siyatki, einem verlassenen Anasazi-Pueblo entdeckt hatte. Nampeyo entwickelte einen auf den alten Tonwaren und der Keramiktradition der Hopi-Tewa basierenden Stil und malte stilisierte Vögel und Kachinas in schwarzen, orangefarbenen und weißen Mustern auf beigen, weißen oder dunkelroten Untergrund.

Für die Hopi steht Mais für Leben, und sie hegen und pflegen ihn sorgsam. Da im Hopi-Gebiet im Jahr nur wenige Zentimeter Regen oder Schnee fallen, erfordert der Maisanbau ausgeklügelte Bodenbaumethoden und die Hilfe der Kachinas. Die Wesen gelten als Meister in der Kunst des Maisanbaus, und die Kachinatänzer beschwören die ehrfürchtige Haltung, derer der Maisanbau nach Ansicht der Hopi bedarf. Die Rituale stärken ihren Glauben und ihr Zusammengehörigkeitsgefühl.

Die Hopi führen bis heute ihre Zeremonien durch, darunter auch den berühmten Schlangentanz, die Touristen aus aller Welt anlocken. Wegen des respektlosen Verhaltens vieler Besucher erwägen die Hopi inzwischen, Fremde von den Ritualen auszuschließen.

Navajo

Das Navajo-Reservat erstreckt sich über Teile von Arizona, New Mexico und Utah. Es ist die Heimat einer Gruppe von Menschen, die wie die Apachen und entferntere Verwandte in Nordwestkanada Athapaskisch sprechen. Ab 1400 n. Chr. kamen kleinere Gruppen von Athapasken in den Südwesten. Einige Zeit später spalteten sich die Navajo ab, zogen in die Gegend Four Corners und siedelten auf Land, das für die intensive, landwirtschaftliche Nutzung durch die benachbarten Pueblo-Indianer nicht geeignet war.

Die Navajo lebten als Hirten und Bauern und im frühen 19. Jh. maßen sie ihren Wohlstand in Pferden und Schafherden. Inmitten von Weideland errichteten einzelne Familiengruppen erdgedeckte, *hogans* genannte Kuppelbauten. Heute leben die meisten Navajo in Häusern, einige aber ziehen noch immer Hogans vor. Diese Bauten sind auch Schauplatz von Zeremonien.

Im Zentrum von Navajo-Ritualen steht häufig die körperliche, mentale oder spirituelle Heilung eines Menschen, der erkrankt ist, weil seine Beziehung zu den höheren Mächten gestört ist. Nur wenn die zahlreichen Lieder, Gebete, Riten und Sandbilder präzise vollzogen werden, sind sie wirksam. Jeder Gesang, jede Zeremonie ist ein Ritualdrama, das von einem Helden oder einer Heldin erzählt, der oder die große Hindernisse überwinden musste, um Heilung zu finden.

Für einige Zeremonien legen ein Sänger und seine Helfer auf dem Boden eines Hogan ein Sandbild mit einem Durchmesser von 3,60 bis 6 Metern an. Ist es fertig, wird das Bild geweiht, und der Patient setzt sich darauf, um dessen Heilkraft aufzunehmen. Die Macht der Götter und Geister durchdringt den Körper der Person und stellt Wohlgefühl, Harmonie und Gesundheit wieder her. Anders als die Sandbilder auf Karton, die als Kunst verkauft werden, sind die rituellen Werke, die zerstoßene Blumen,

Nach der Segnung mit heiligem Blütenstaub, der ihm Heilkräfte verleihen soll, nähert sich für ein Apachen-Mädchen das Ende der Sonnenaufgangszeremonie. Der Pubertätsritus soll ihr zu einem langen Leben, körperlicher und geistiger Stärke verhelfen und das Wohlergehen der Gemeinschaft fördern.

Nachfolgende Seiten: Die Berggeist-Tänzer der Apachen umkreisen ein Lagerfeuer. Die maskierten Tänzer, die man nur bei Nacht sieht, spielen im rituellen Leben fast aller Apachenstämme, etwa der Chiricahua, Mescalero und Westapachen, eine wesentliche Rolle.
Seiten 152–153: Eine Navajo-Weberin unterweist eine Schülerin in ihrem Handwerk. Nur noch wenige Frauen können von dieser anspruchsvollen Kunst leben. Dennoch beherrschen die meisten sie noch, weil die Navajo sie als wichtigen Teil ihrer Kultur empfinden.

Pollen und Maismehl beinhalten können, heilig und vergänglich.

Die ethnische Identität der Navajo wird heute immer wieder durch die Erinnerung an den Langen Marsch beschworen: 1863 brannte die Armee die Felder und Besitzungen der Navajo nieder und zwang fast alle, nach Bosque Redondo in Neu-Mexiko zu marschieren, wo viele an Hunger und Krankheit starben. Erst fünf Jahre später unterzeichneten die Navajo einen Vertrag, der ein Reservat schuf und ihnen die Heimkehr erlaubte.

Lange vor dem Bau von Handelsposten Ende des 19. Jhs. hatten die Navajofrauen weit über den Südwesten hinaus einen Markt für ihre prächtigen Decken erschlossen. Dann führten Händler navajofremde Muster wie geometrische Motive aus der Prärie-Perlenstickerei und hakenförmige Elemente persischer Teppiche ein. Heute weben die Frauen nicht mehr zum Gelderwerb, aber viele beherrschen diese Kunst, weil sie ein wichtiger Teil ihrer ethnischen Identität ist.

1969 eröffneten die Navajo das erste Stammes-College in den USA, heute als Diné Community College bekannt (Diné ist die Eigenbezeichnung der Navajo und bedeutet »das Volk«). Es bietet neben dem herkömmlichen Unterricht auch Kurse zu Kultur und Sprache der Navajo an.

Pomo

Als die Spanier 1769 nach Kalifornien kamen, lebten dort etwa 300 000 Ureinwohner, die zahllose untereinander nicht verständliche Sprachen mit unzähligen Dialekten verwendeten. Diese Vielfalt an Sprachen in einem geographisch so kleinen Gebiet wie Kalifornien ist in Nordamerika einzigartig.

Als unterschiedliche Ethnien in die Region vorstießen, fanden sie eine Fülle natürlicher Ressourcen und ein relativ mildes Klima vor. Jede Gruppe siedelte in einem eigenen Gebiet und mit der Zeit brachte die Isolation zwischen ihnen Sprach- und Dialektvarianten hervor. Die Pomo beispielsweise sprechen sieben eigenständige, untereinander nicht verständliche Sprachen der Hoka-Sprachgruppe, die zutreffender auch Pomo-Sprachfamilie genannt werden. Manche Pomo-Sprachen weichen stärker voneinander ab als Englisch und Isländisch.

Die Nördlichen Pomo lebten nördlich von San Francisco in der Gegend des Russian River Valley, wo ihr Gebiet 35 Kilometer Küstenlinie umfasste. Wie andere Indianer in Kalifornien bildeten sie kleine autonome Gruppen, die ein von Nachbargemeinden anerkanntes Gebiet bewohnten. Die Felsenküste lieferte Krustentiere, Meeressäuger und -fische, die Flüsse waren reich an Forellen und Lachsen. Im Sommer und im Herbst, wenn sie Wildpflanzen sammelten und jagten, lebten die Pomo in temporären Behausungen; den Rest des Jahres verbrachten sie in dauerhaften Lagern mit festen Häusern. Eicheln, aus denen sie Mehl für Brei oder Brote gewannen, waren ein Grundnahrungsmittel.

Die kalifornischen Indianer, deren Flechtkörbe zu den feinsten der Welt zählen, haben diese niedergehende Kunst neu belebt. Mit der Herstellung und Verwendung der Körbe sind auch Lieder und Kenntnisse verbunden,

(Fortsetzung auf Seite 154)

die als wesentliche Elemente der Kultur zu ihrer Identitätsfindung beitragen. Traditionell fertigten die Pomofrauen geflochtene Spiralkörbe mit Federn an – manche so klein wie Perlen –, die Männer flochten Vogelfallen, Fischreusen aber auch Babykörbe, mit denen sie direkt nach der Geburt eines Kindes begannen. Mit derselben Hingabe und dem Eifer, mit denen die kalifornischen Indianer ihre Körbe flechten, widmen sie sich auch der Neubelebung ihrer Kulturen.

Tohono O'odham

In der Sonorawüste von Süd-Arizona und Nord-Mexiko, wo Dürre eine ständige Bedrohung ist, verbrachten die Tohono O'odham den Sommer in der Nähe ihrer Felder und den Winter bei beständigen Quellen im Vorgebirge. Ihr Grundnahrungsmittel, die Mesquitebohne, veranlasste die Spanier dazu, sie Papago (Bohnenvolk) zu nennen, doch seit 1986 wird offiziell ihre Eigenbezeichnung verwendet: Tohono O'odham (Wüstenvolk-) Nation. Heute leben sie in drei Reservaten in Arizona.

In der starken Sommerhitze erntet das Volk die purpurrote Frucht des riesigen Saguarokaktus. Als Symbol ihrer Kultur markiert seine Ernte traditionell den Jahresbeginn. Die Saguarofrucht mit kiwiähnlichem Geschmack wird zu Sirup, Bonbons und Marmelade verkocht. Der Hüter des Rauchs, der gleichzeitig auch Häuptling des Dorfes und ritueller Führer ist, beaufsichtigt die Gärung des aus der Frucht gewonnenen Saftes – ein dreitägiges Verfahren, das im »Regenhaus« stattfindet.

Nachts, während der Saft gärt, tanzen Männer und Frauen zum Gesang der Regenlieder. Am dritten Tag trinkt der Häuptling von dem Wein und rezitiert rituelle Texte, die die Trostlosigkeit der Wüste ohne Regen beschreiben. Das Ritual soll Regen vom Golf von Kalifornien herbeirufen, um das Gedeihen der Feldfrüchte zu sichern, die nach dem Fest gepflanzt werden: wie der Häuptling seinen Durst mit Saguarowein stillt, so soll der rissige und staubige Boden vom Regen gesättigt werden. Und wie die Erhörung eines Gebets kann sich die Wüstenlandschaft in wenigen Minuten verwandeln, wenn der Blitz den Himmel erhellt und Regen die trockenen Flussbetten mit reißenden Fluten füllt.

Die Tohono O'odham sind ein modernes Volk, das aus seinen Kasinoeinkünften ein eigenes College aufgebaut hat, dessen Lehrer bezahlt und ein Altersheim finanziert, in dem die Alten des Stammes von Menschen gepflegt werden, die ihre Sprache sprechen. Zudem finanzieren die Kasinogewinne Hochschulstipendien. Die Arbeit des Stammes trägt zum Erhalt der O'odham-Sprache bei – einer der wenigen Sprachen der amerikanischen Ureinwohner, von der es heißt, sie werde in künftigen Generationen überleben.

Nordwestküste

Kwakiutl • Tlingit

Kwakiutl

Die rund 30 Kwakiutl-Stämme siedelten in dem Gebiet um die Königin-Charlotte-Straße in British Columbia. Dieses Küstengebiet war so reich an Meerestieren, dass sie ein Dorfleben führen konnten, das sonst Bauern vorbehalten war.

Aufgrund ihrer sesshaften Lebensweise entfalteten die Kwakiutl ein reiches rituelles und künstlerisches Leben, zu dem geschnitzte Totempfähle mit der Darstellung von Ahnen gehörten. Lange bevor die Europäer die Pazifikküste erreichten, wurden die Pfähle bereits angefertigt; aber erst nachdem die Kwakiutl durch die Neuankömmlinge in den Besitz von Eisen- und Stahlklingen gelangt waren, wurde das Schnitzen der Pfähle leichter, so dass sie auch in größerer Zahl hergestellt werden konnten.

Die Adligen der Kwakiutl demonstrierten ihre Größe durch die Reichtümer, die sie bei Potlatch-Festen verschenkten. Durch die umfangreichen Geschenke, die der Gastgeber bei diesen Festen an seine Gäste verteilte, erhöhte er seinen sozialen Rang. Gleichzeitig war die Ausrichtung von kostspieligen Potlatch-Festen Bedingung für die Aufnahme in religiöse Geheimgesellschaften, deren Mitglieder daher aus den wohlhabenden Kreisen stammten.

Als Eingeweihte lernten sie, die fesselnden Tanzdramen der Gesellschaften aufzuführen. Das einfache Volk stellte bei diesen Dramen die Mehrheit des Publikums und war normalerweise wie verzaubert von der offenkundigen Fähigkeit der Darsteller, übernatürliche Kräfte zu beeinflussen. Diese Macht wiederum festigte den Status der Aristokraten.

Das furchterregendste Ritual war der *hamatsa* oder auch Kannibalentanz. Für die Kwakiutl, die den Kontakt mit Toten mieden, war die Vorstellung Menschenfleisch zu essen ebenso abstoßend wie eindrucksvoll. Kannibalengeister ergriffen scheinbar von den Körpern der Tänzer Besitz, diese wirbelten im Taumel umher und gaben vor, Menschenfleisch zu verzehren. Versteckte Helfer gaben abseits der Bühne seltsames Heulen von sich und geschnitzte Vogelungeheuer stießen auf das ängstliche Publikum herab. Schließlich besänftigten bestimmte Riten die Kannibalengeister und die Tänzer verschwanden in Rauchwolken.

Die Kwakiutl bauten früher, wie andere Stämme der Region, spezielle Kanus für Fischfang, Wal- und Robbenjagd, Lastentransport, Flussreisen, Rennen und Kriege. Um 1900 aber waren Kanubau und Seefahrt fast vergessen.

Erst in den 1980ern schnitzte ein Haida-Indianer wieder ein 15 Meter langes Kanu. Seine Kunstfertigkeit motivierte die Kwakiutl, ähnliche Kanus herzustellen und Paddeltouren zu veranstalten, wie etwa das »Paddeln nach Seattle« 1989, bei dem Teilnehmer verschiedener Gruppen die Nordwestküste entlang fuhren. Die Wiederbelebung des Kanubaus führte auch zu einem Aufleben der Potlatch-Feste und ihrer Gesänge, Tänze und Gebete, die bei Jung und Alt ein Gefühl von Stolz auf ihr kulturelles Erbe wecken.

Die Kwakiutl sind Träger der indianischen Nordwestküstenkultur, die sich unter anderem durch geschnitzte Halbmasken (nur eine Gesichtshälfte wird dargestellt) auszeichnet. Außerdem sind monumentale Holzskulpturen – meist Totempfähle – charakteristisch.

Die oben genannten Potlatchs können bis ins Absurde gesteigert werden, wenn es darum geht, möglichst viele zu verschenken oder gar den eigenen Besitz darzustellen.

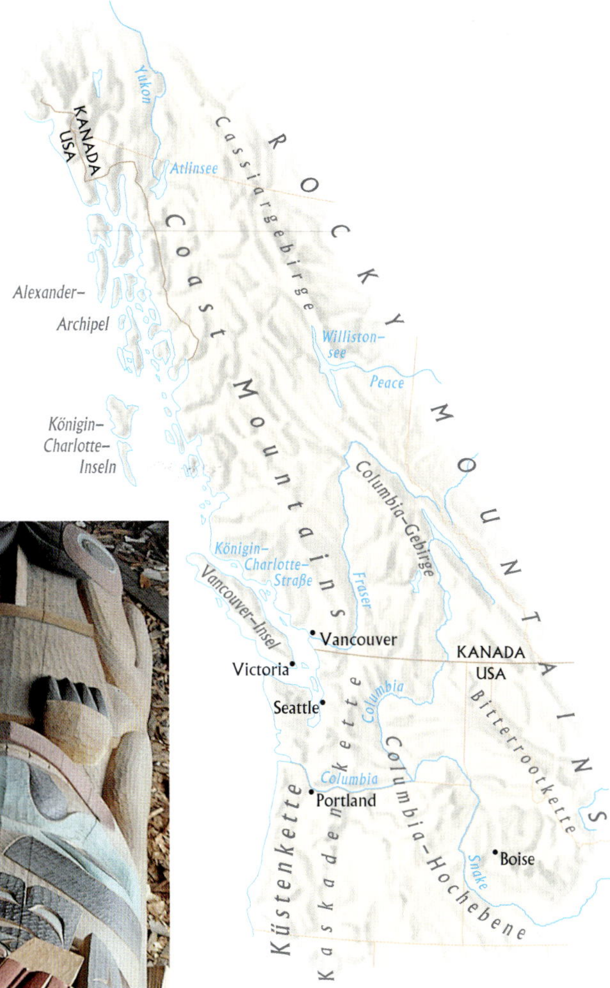

Ein Schnitzer der Tlingit fertigt einen Totempfahl für die Sealaska Handelsgesellschaft, die größte der 13 regionalen Indianergesellschaften. Heute sind viele der ältesten Pfähle in Museen zu finden, die anhand der Schnitzereien die Clan- und Stammesgeschichte aufzeigen.

TLINGIT

DIE ZAHLREICHEN TLINGIT-STÄMME, die eher eine Sprache und Kultur gemeinsam haben als politische Ziele, leben in Reservaten und Schutzgebieten in British Columbia, im Yukon-Territorium und im südlichen Alaska. Hier steigen die Berge direkt aus dem Meer auf und trennen es vom nebelverhangenen Land. Auch der 130 Kilometer lange Archipel vor der zerklüfteten Küste ist gebirgig und seine Inseln sind wie das Festland von Wäldern bedeckt.

Früher wanderten die Familien, wenn die Fischsaison zu Ende ging und die Lachs- und Nahrungsmittelvorräte aufgestockt waren, von ihren Sommerlagern und Fangplätzen in die festen Winterdörfer. Die reichen Ressourcen im Meer, in den Flüssen und zu Land – Meeressäuger, Schalentiere, Fische, Elche, Bären, Wildschafe und Bergziegen – ermöglichten dem Volk, sich genug Nahrung zu verschaffen, um über den Winter, die Zeit der Potlatch-Feste, zu kommen. Hatte jemand genug Besitz angehäuft, um die ererbte Position eines Clanführers zu bestätigen, gab er oder sie ein Potlatch, ein großes Festmahl für einen anderen Clan, bei dem Geschenke an die Gäste verteilt wurden. Die Größe der Versammlung und der Wert der Geschenke sollten den Rang des Clanoberhaupts widerspiegeln. Indem Gäste die Geschenke annahmen, bestätigten sie das Recht des Gastgebers auf die ererbten Privilegien und stimmten stillschweigend einem Gegendienst zu. Potlatch-Feste dienten nicht nur dazu, materiellen Wohlstand zu verteilen, sondern auch Bündnisse zwischen verschiedenen Clans zu knüpfen.

Vom Zwang ständiger wirtschaftlicher Produktivität befreit, entwickelten die Tlingit innerhalb einer klassenbewussten Gesellschaft aufwändige, von hochrangigen Persönlichkeiten angeführte Zeremonien. Die Mehrheit des Volkes waren einfache Leute, während man Sklaven – meist von anderen Stämmen geraubte Frauen und Kinder – zu niederen Diensten für ihre Herren zwang. Jeder Clan hatte mehrere Wappen, die von den Angehörigen auf Totempfählen, Kanus, Geschirr, Hüten und den von Adligen getragenen Chilkat-Decken zur Schau gestellt wurden.

Noch heute weben die Tlingitfrauen aus Zedernrinde und der Wolle von Bergziegen Chilkat-Decken mit Mustern, die auf Clanwappen basieren. Auch die Holzschnitzerei lebt in Form von Bas-Reliefs, Masken, Hauspfosten und Totempfählen wieder auf. Die Künstler verkaufen viele ihrer Arbeiten, die meisten widmen einen wesentlichen Teil ihrer Zeit dem Schnitzen von Zeremonialobjekten zum Gebrauch in ihren Dörfern.

Ein Haida-Junge trägt ein Paddel, das das Seefahrererbe seines Volkes verkörpert. Die riesigen Zedern, die Material für Paddel, Kanus und Totempfähle lieferten, sind heute durch die Holzwirtschaft ernstlich bedroht.

Europa hat im Laufe vieler Jahrtausende unterschiedliche Einwanderungs- und Besiedlungswellen erfahren und zahlreiche Epochen kultureller Hochblüte hervorgebracht. Von hier aus haben sich bedeutende Ideen und Erkenntnisse, bahnbrechende Erfindungen und Technologien über die ganze übrige Welt verbreitet. Auf dem vergleichsweise kleinen Kontinent hat ein vielstimmiger Chor unterschiedlicher Völker die Werte und Ideale hervorgebracht, auf denen die moderne westliche Gesellschaft und Kultur gründet. Europa und die sehr unterschiedlichen Europäer haben viele der Ideale, die die moderne Gesellschaft und Kultur prägen und begründen, hervorgebracht und weiterentwickelt.

Einige Geographen betrachten Europa nicht als Kontinent, sondern als ein Anhängsel Asiens in Form einer Halbinsel. Im allgemeinen jedoch definiert man als Grenze zwischen den beiden geographischen Großräumen das Uralgebirge und den Uralfluss, eine Linie, die dann im Süden das Kaspische Meer erreicht, wo sie nach Westen schwenkt und am Kaukasus entlang zum Schwarzen Meer führt. Der Kontinent wird außerdem vom Meer und anderen großen Gewässern begrenzt, in denen einige große Inseln liegen, darunter Großbritannien und Irland.

Europa

Ein Madjar trägt stolz seine traditionelle Hirtentracht, eine Kappe aus Filz und einen Mantel, *szür* genannt.

Europa besitzt nach Asien die höchste Bevölkerungsdichte: Auf nur sieben Prozent der Landfläche unseres Planeten leben mehr als 750 Millionen Menschen, die über hundert unterschiedlichen ethnischen Gruppen angehören und etwa fünfzig verschiedene Sprachen sprechen.

Der moderne Mensch begann sich erst vor etwa 40 000 Jahren in Europa zu entwickeln, fast 200 000 Jahre, nachdem der Neandertaler auf dem Kontinent erschien, und circa 700 000 Jahre nach der Entwicklung des *Homo erectus*, der möglicherweise der Vorfahr beider Gruppen war. Die Neandertaler verschwanden vor etwa 30 000 Jahren auf noch nicht geklärte Weise; alle nachfolgenden Völker Europas gehörten der Subspezies *Homo sapiens sapiens* an.

Während der letzten europäischen Eiszeit entwickelten die Cro-Magnon-Jäger Westeuropas eine immer fortschrittlichere Werkzeugtechnologie. Ihr ausgeprägtes ästhetisches Empfinden äußerte sich in Muschel- und Bernsteinornamenten und kleinen, kunstvoll geschnitzten Tier- und Menschenfiguren. An den Wänden ihrer Höhlen in Nordspanien und Südfrankreich hinterließen sie eindrucksvolle und anmutige Bilder von Pferden, Stieren, Rentieren und anderen Tieren, die in ihrer Steinzeitkultur eine wichtige Rolle spielten.

Man geht davon aus, dass die Migrationsströme, aus denen die meisten der heutigen ethnischen Gruppen Europas hervorgingen, etwa vor 5000 Jahren mit Hirten aus Zentralasien einsetzten. Sie brachten die Frühform der indo-europäischen Sprachfamilie mit, die in Europa in acht Hauptzweigen weiterbesteht und von der romanischen Familie – dazu zählen das heutige Italienisch, Französisch, Spanisch, Portugiesisch und Rumänisch – bis zur thrako-illyrischen reicht, deren einzige moderne Vertreterin das Albanische ist. Doch nicht alle europäischen Sprachen sind indo-europäischen Ursprungs. Finnisch und Ungarisch gehören zur finno-ugrischen Sprachfamilie, während das in den Pyrenäen gesprochene Baskisch mit keiner anderen indo-europäischen Sprache verwandt ist und älter als diese.

Jäger und Sammler hatten den Schritt zum Ackerbau bereits vollzogen, als Völker aus dem Nahen Osten und Ägypten auf der Insel Kreta ankamen. Als hervorragende Seefahrer verbreiteten sie die Errungenschaften der minoischen Zivilisation im ganzen Mittelmeerraum. Doch um 1450 v. Chr. hatte sich der Schwerpunkt der Macht auf das griechische Festland und die Mykener verlagert. Die alten Griechen, insbesondere die des fünften Jahrhunderts v. Chr., hinterließen in Kunst und Architektur, Mathematik und Wissenschaft ein herausragendes Erbe sowie philosophische und politische Vorstellungen, aus denen die demokratischen Ideale hervorgegangen sind, welche das europäische Denken noch heute prägen.

Die Römer ließen dieses Erbe in ihrem riesigen Reich Fuß fassen, das im zweiten Jahrhundert n. Chr. von den Britischen Inseln bis zum Iran reichte. Im vierten Jahrhundert wurde das Christentum Staatsreligion und behielt seinen Einfluß auch nach dem Niedergang des Weltreiches. Während ethnische Gruppen in Gebiete zogen, die zu ihrer Heimat werden sollten, traten die Führer häufig im Interesse ihrer Völker zum Christentum über. Im 11. Jh. führte eine Spaltung zur Unterscheidung zwischen der römisch-katholischen und der orthodoxen Kirche, die bis heute besteht, wobei die Menschen in Süd- und Westeuropa im Allgemeinen ersterer angehören, während sich im Osten die orthodoxe Kirche durchgesetzt hat. Als Folge

der Reformation im 16. Jh. und der sich daran anschließenden Kriege sind große Teile der nordeuropäischen Völker protestantisch. Ab dem 12. Jh. eroberten die Türken Teile Europas und hielten sie bis zum 20. Jh. besetzt. Während ihrer Herrschaft traten viele Menschen zum Islam über. Heute ist der Islam hauptsächlich in Albanien vertreten, in Bosnien und in der Türkei. Bis zum Holocaust stellten Menschen jüdischen Glaubens einen bedeutenden Bevölkerungsanteil Europas. Als im zweiten Jahrtausend in Europa die Feudalherrschaft des Mittelalters durch das Modell der Zentralgewalt abgelöst wurde, wurden auch kleinstaatliche Bündnisse durch die Idee der Nation ersetzt. Die Nation, als eine durch Sprache, Geschichte und Religion definierte Einheit, war die Basis der modernen Staaten, die gegen Ende des Jahrtausends entstanden. Der Nationalismus war eine der wichtigsten Triebfedern für Hegemonieansprüche von Staaten, die sich anschickten Imperien zu begründen und ihre eigenen Interessen über die anderer Völker zu stellen Durch die industrielle Revolution hatte Europa weltweit eine wirtschaftliche Vorrangstellung erworben und erlebte eine sozioökonomisch bedeutsame Veränderung der Bevölkerungsstruktur: Die Menschen zogen in die Städte und wurden Industriearbeiter. Im 20. Jh. entfachten schließlich wirtschaftliches Machtstreben und Nationalismus zwei Weltkriege.

Folgende Seiten: Im Bergstädtchen Palazzolo Acreide auf Sizilien begrüßt am Namenstag ihres Schutzheiligen eine große Menschenmenge eine Statue des hl. Paulus.

EUROPA

IM UHRZEIGERSINN VON OBEN LINKS: DÄNISCHER SCHIFFSBAUER, RUSSISCH-ORTHODOXE NONNE, IRIN UND RUMÄNISCHER ROMA

NORDEUROPA

WESTEUROPA

SÜDEUROPA

MITTELEUROPA

OSTEUROPA

NORDEUROPA

BEWOHNER CORNWALLS • FÄRÖER • FINNEN • ISLÄNDER • IREN • BEWOHNER DER NÖRDLICHEN INSELN • SAMEN • SKANDINAVIER • SCHOTTEN • WALISER

BEWOHNER CORNWALLS

DIE BEWOHNER CORNWALLS, Nachfahren eines der drei brythonischen Königreiche (die anderen waren Wales und Strathclyde, heute Südschottland) besiedeln die südwestliche Spitze Großbritanniens. Über Generationen sprachen sie eine Sprache, die eng mit dem Walisischen verwandt und dem Irischen und anderen gälischen Sprachen ähnlich war. Heute sprechen sie jedoch ausschließlich Englisch, bewahrten allerdings bestimmte Wörter und Redewendungen, die den speziellen cornischen Dialekt kennzeichnen.

Gegenwärtig leben etwa 500 000 Menschen in Cornwall, aber da die britische Regierung Menschen cornischer Herkunft nicht offiziell als ethnische Gruppe anerkennt, weiß niemand genau, wie viele Menschen dazu zu zählen sind. In den letzten Jahren hat sich eine Solidaitätsbewegung formiert, die die Identitätsfrage in den Vordergrund rückt und die Einzigartigkeit ihrer Kultur und Geschichte betont. Die Anhänger dieser Bewegung hoffen, dass Cornwall irgendwann eine eigene Regionalregierung bekommen wird – wie Schottland und Wales, die bereits unabhängige Parlamente besitzen.

Lange Zeit war Cornwall nicht nur für das Können der Bergarbeiter bekannt, sondern auch für eine überall erhältliche gefüllte Pastete, Cornish Pasty genannt. In Wahrheit ist die Geschichte von beidem eng miteinander verwoben: Die Bergarbeiter boten angeblich Stücke der Pastete den »knockers«, den Berggeistern, an, die sich als gefährlich erweisen konnten, wenn man sie nicht besänftigte. Bergarbeiter, die aus Cornwall in den amerikanischen Westen auswanderten, brachten diese Tradition mit.

FÄRÖER

DAS LEBEN DER FÄRÖER spielt sich in kleinen Dörfern ab, die über die 18 Faröer-Inseln im Nordatlantik verstreut liegen. Die auf ihre schöne Heimat sehr stolzen Menschen sind zumeist Fischer. Die Färöer besitzen ein enormes Geschick in der Bootsfahrt, und dieses wird häufig bei Festivals unter Beweis gestellt, bei denen Wettfahrten in Holzbooten abgehalten werden. Die Feste erinnern an die Zeiten, als große Gruppen zusammenarbeiteten, um von solchen Booten aus Wale zu jagen. Doch das Meer ist nicht die einzige Lebensgrundlage der Färöer: Die Schafzucht spielt auf den Inseln ebenfalls eine wichtige Rolle; es gibt doppelt so viele Schafe wie Menschen auf den Färöern.

Die 45 000 Färöer leben in Ortschaften, die meist gerade einmal 500 Einwohner zählen. Anlass für große zusammenkünfte sind die religiösen Feiertagen der lutherischen Kirche, die in der Kultur der Inselbewohner noch immer eine große Rolle spielt. Gruppentänze, bei denen die Leute, sich an den Händen haltend, Kreise bilden und ein-

gängige Reimlieder singen, kamen im Mittelalter auf und sind hier noch immer beliebt, obwohl die Segnungen unseres nachtechnisierten Zeitalters schon längst auch auf den Färöer-Inseln Einzug gehalten haben. Auf Grund geographischer Isolation und dünner Besiedlung bleiben ihnen die meisten städtischen Probleme erspart, doch der Zusammenbruch der Fischindustrie in den 1990ern führte zu einer Rezession und in deren Folge zu Abwanderung.

Die Färöer-Inseln haben eine ähnliche Geschichte wie Island: Sie wurden im neunten Jahrhundert von norwegischen Wikingern und Völkern keltischen Ursprungs besiedelt. Die Bewohner sprechen eine Sprache, die mit dem Isländischen eng verwandt ist. Die Inselgruppe gehört zum Königreich Dänemark. Eine Bewegung, die eine Loslösung von Dänemark anstrebt, gewinnt zunehmend an Popularität, insbesondere auf Grund unterschiedlicher Einstellungen zur Europäischen Einheit. Dänemark ist Mitglied der Europäischen Union, die Inseln dagegen nicht. Die Färöer, die bereits ein hohes Maß an Autonomie genießen, könnten jedoch ohne die finanzielle Unterstützung durch Dänemark kaum überleben.

Finnen

Fünfhundert Jahre lang, bis 1809, war Finnland Teil des einstigen Königreichs Schweden, was manche Leute zu der Annahme verleitet, es handele sich bei Finnland um ein skandinavisches Land. Darüber hinaus sind etwa 20 Prozent der Bevölkerung Südfinnlands, insbesondere auf den Ålandinseln, schwedischer Abstammung. Zwar mögen die Finnen äußerlich Skandinaviern ähnlich sein, mit heller Haut, hellen Haaren und Augen, doch ihre Kultur unterscheidet sich in Wahrheit deutlich.

Die Finnen sprechen eine finno-ugrische Sprache, die mehr mit dem Ungarischen als mit dem Schwedischen gemein hat, und das legt den Schluss nahe, dass sie ursprünglich möglicherweise aus Osteuropa oder Sibirien stammen. Das *Kalevala*, ein in Finnisch überliefertes Heldengedicht über einen mythischen Schmied, der nicht nur Musik und Wohlstand nach Finnland bringt, sondern auch Sonne und Mond rettet, wird als Zusammenfassung der nationalen Geschichte betrachtet. Einige Teile dieses Epos sollen mehr als 3000 Jahre alt sein. Es wird an nationalen Feiertagen als Kernstück finnischer Identität gesungen und aufgeführt. Das *Kalevala* basiert auf Volkssagen aus Karelien, dem östlichen Teil Finnlands, wo die Tradition, epischer Gesangskunst bis weit ins 19. Jh. gepflegt wurde.

Die Finnen sind stolz auf ihre Vergangenheit, sehen zuversichtlich in die Zukunft und sind offen gegenüber neuen Einflüssen. Finnland wurde 1809 vom zaristischen Russland annektiert und stand lange unter dem Einfluß russischer Kultur, Architektur und Politik. 1917 wurde Finnland eine unabhängige Republik und wahrte während des Kalten Krieges strikte Neutralität. Heute sehen sich die Finnen als Verbindungsglied zwischen den Kulturen West- und Osteuropas. Einige halten am orthodoxen Glauben fest, doch mehr als 90 Prozent gehören der evangelisch-lutherischen Kirche an, der in Skandinavien vorherrschenden Konfession.

Obwohl die Finnen allgemein eher für kontaktscheu gehalten werden, stehen sie heute in der Nutzung von

Handys weltweit an erster Stelle, und ihre Hauptfreizeitbeschäftigungen sind das Mambo-Tanzen, Wintersport, *pesäpallo* (eine Baseball-Variante) und das Entspannen in der Sauna, die sie erfunden haben. Mehrere finnische Designer und Architekten erlangten Weltruhm, und der Wohnstil, der häufig mit Skandinavien in Verbindung gebracht wird, hat in Wahrheit seinen Ursprung im finnischen Ideal von Schlichtheit, Schönheit und Zweckmäßigkeit.

Isländer

Knapp eine Viertelmillion Menschen leben auf der Vulkaninsel Island, die 874 von norwegischen Wikingern besiedelt wurde und zu den skandinavischen Königreichen gehörte, bis sich das Land 1944 für unabhängig erklärte. Aufgrund dieser weit in die Vergangenheit zurückreichenden Verbindungen ähneln die Isländer den Skandinaviern in mehr als nur der körperlichen Erscheinung: Sie genießen einen hohen Lebensstandard, haben ein staatliches Gesundheitswesen, haben die gleichen kulinarischen Vorlieben und sind ebenfalls Lutheraner.

Doch eine große Zahl der frühen Siedler waren keltische Sklaven, die in Schottland und Irland gefangen genommen worden waren, und ihr genetischer Einfluss hat zur Folge, dass Isländer ebenso gut braunhaarig wie blond sein können. Nach tausend Jahren der Vermischung sind hier Skandinavier und Kelten zu einem Volk geworden – eine eng verwobene Kultur und Gesellschaft, in der beinahe jeder mit jedem irgendwie blutsverwandt ist, wenn auch nur um viele Ecken.

Die Sprache der Isländer, eine Art archaisches Norwegisch, unterscheidet sich sehr von jener im heutigen Skandinavien. Sie wird als wichtigstes Kriterium der ethnischen Eigenständigkeit betrachtet, wobei die Regierung eine aggressive Politik der Sprachreinheit verfolgt und sogar eine Liste der anerkannten Namen für Neugeborene führt. Die Isländer sind talentierte Geschichtenerzähler und begeisterte Literaturfreunde. Eine Sammlung isländischer Sagen aus dem Mittelalter, die auch heute noch gern gelesen und hochgeschätzt wird, zeugt von dieser Begabung und Begeisterung. Die Isländer, eines der belesensten Völker der Erde, verschenken gern Bücher.

Island ist zwar in der Vergangenheit verwurzelt, aber dennoch sehr modern. Über die Hälfte der Bevölkerung lebt in der Hauptstadt Reykjavík, wo Hochtechnologie und Tourismus, Musik und Mode den Fischfang und die Landwirtschaft verdrängt haben. Als Bewohner einer aktiven vulkanischen Insel, auf der natürliche heiße Quellen neben riesigen Gletschern hervorsprudeln, sind die Isländer Vorreiter in der Nutzung geothermaler Energie zur Erzeugung von Strom

Obwohl Island über ein sehr gutes öffentliches Bildungssystem bis hin zur Universität verfügt, gehen die Isländer zur Vertiefung ihrer Ausbildung häufig ins Ausland, wodurch kulturelle Einflüsse aus Amerika und Europa nach Island gelangen. Doch wohin sie auch gehen, Isländer hängen an ihrer »kleinen Nation«, die im Spannungsfeld zweier Kontinente lebt, dort wo die europäische tektonische Platte und die nordamerikanische aneinander stoßen.

Iren

In der Republik Irland (Eire) leben etwas weniger als vier Millionen Iren, doch wie viele Iren außerhalb ihrer Grenzen, etwa auf den Britischen Inseln wohnen und arbeiten, lässt sich schwer ermitteln. Was die über den ganzen Globus verbreitete irische Kultur anbelangt, so ist es wahrscheinlich ebenso unmöglich festzustellen, wie viele Menschen weltweit zu einem gewissen Grad irischer Abstammung sind.

1916 erlangte Irland durch den Osteraufstand nach einer langen Periode als englische Kolonie 1916 seine Unabhängigkeit. Das führte schließlich 1921 zur Bildung des Freien Staates Irland. Die Ratifizierung der Urkunde gewährte Irland die Unabhängigkeit, sicherte England aber die Oberhoheit über Nordirland zu. 1949 wurde die Republik Irland, so wie wir sie heute kennen, gegründet.

Nach der tragischen Hungersnot von 1846–1851 infolge von Kartoffelmissernten wanderten etwa zwei Millionen Iren nach England und Amerika aus. Bis in jüngerer Zeit sind irische Arbeiter ausgewandert und haben ihr Glück im Ausland gesucht, doch inzwischen sind viele Auswanderer in ihre Heimat zurückgekehrt, um an dem großen wirtschaftlichen Aufschwung des Landes teilzuhaben. Der Zuwachs an Computer-, Telekommunikations- und anderen Hightechfirmen hat die Chance, einen Arbeitsplatz zu finden, vergrößert. Darüber hinaus hat Irlands wachsende Infrastruktur, die durch die Aufnahme des Landes in die Europäische Union beschleunigt wurde, zu einem deutlichen Anstieg in der Nachfrage nach qualifizierten Arbeitskräften geführt.

Irlands kulturelle Traditionen bleiben fest in seinem Volk verwurzelt, von dem mehr als 90 Prozent römisch-katholisch ist und nur eine Minderheit verschiedenen protestantischen Konfessionen angehört. Weltweit berühmt ist Irland für seine Tradition wissenschaftlicher Zentren wie beispielsweise das Trinity College in Dublin, wo sich das bekannteste mittelalterliche Evangeliar, das *Book of Kells*, befindet. Literatur, Musik und Theater sind feste Bestandteile des irischen Lebens, ebenso wie Fußball, gälisches Football sowie das Hurling – entfernt verwandt mit dem Feldhockey. Wie ihre englischen Nachbarn wissen die Iren Kneipen zu schätzen. Im Pub treffen sich Freunde zum Billard oder Dart während sie über James Joyce oder die Finessen der irischen Politik diskutieren, das alles natürlich bei einem Glas Guinness oder Murphy's Stout.

Die Landessprache Irlands ist Englisch, doch das Irische spielt auch heute noch eine wichtige Rolle. Von einem großen Teil der Bevölkerung wird Irisch, beziehungsweise irisches Gälisch gesprochen, insbesondere im Norden und Westen, und Städte sowie Straßen tragen ebenso wie auch viele Organisationen und Betriebe irische Namen.

Bewohner der Nördlichen Inseln

Die Bewohner der Orkney- und der Shetland-Inseln haben eine gemeinsame Kultur, die das Ergebnis ihrer besonderen Geschichte ist. Weil beide Volksgruppen lange Zeit durch politische Auseinandersetzungen zwischen Norwegen und Schottland hin und her gerissen wurden, weist ihre Kultur sowohl skandinavische wie auch schottische

Einflüsse auf. Die Inseln waren ursprünglich von einem nicht-keltischen Volk, das man die Pikten nannte, besiedelt, das im neunten Jh. n. Chr. von den Wikingern besiegt wurde. Die Eroberer nahmen die Inseln schließlich in Besitz und vedrängten die einheimische Bevölkerung. Die Orkneys und Shetlands blieben Teil des Königreichs Norwegen, bis sie 1469 an Schottland abgetreten wurden. Von da an begannen schottische und britische kulturelle Einflüsse Teile des skandinavischen Erbes zu verdrängen. Eine Zeit lang waren die Bewohner der Orkneys zweisprachig und beherrschten neben Englisch auch einen alten skandinavischen Dialekt namens Norn. Doch ab dem 18. Jh. verwendeten immer weniger Leute diese alte Sprache. Die Bewohner Shetlands dagegen sprachen sie bis ins 20. Jh., und noch heute legen sie großen Wert auf die skandinavischen Aspekte ihrer Kultur.

Im Sommer genießen die Bewohner der nördlichen Inseln lange, sonnige Tage, die ideal sind für Freiluftfeste wie die *St. Magnus Fair*. Mit diesem Festival im August erinnern die Bewohner der Orkneys an einen norwegischen Grafen, der für die Geschichte der Orkneys und Shetlands von großer Bedeutung war. Wenn der Winter kommt, folgen auf kurze Tage lange Nächte, in denen abends am Kamin noch immer Geschichten erzählt werden. Auf den Orkneys gibt es Erzählungen von Trollen und Riesen, die jenen der norwegischen Sagen nicht unähnlich sind. Auf den Shetlands wird im Januar das *Up Helly Aa* gefeiert, ein Feuerfest, bei dem eine berühmte Wikingerschlacht nachgespielt und an dessen Ende ein Wikingerboot in Brand gesteckt wird.

Für die Bewohner der nördlichen Inseln ist ihre Religion eine weitere Verbindung zur Vergangenheit: Im Gegensatz zu den Schotten und Engländern hängen die Bewohner Shetlands dem lutherischen Glauben an, der Staatsreligion Norwegens. In diesem wichtigen Punkt unterscheiden sie sich von den anderen Bürgern des Vereinigten Königreichs. Und es gibt Reste vom Norn in ihrer Sprache.

(Fortsetzung auf Seite 172)

In Athenry, in der County Galway, wo eine normannische Burg steht und jährlich ein mittelalterliches Festival abgehalten wird, ist die Vergangenheit allgegenwärtig. Hier führt die Theatergruppe Macnas (oben) Irlands vorchristliche religiöse Traditionen vor. Unweit der Grenze zwischen England und Schottland schert ein Bauer (rechts) eines seiner Schafe. Viele der Nachbarfarmer mussten aufgrund gesunkener Wollpreise in den letzten Jahren aufgeben.

Folgende Seiten: In Schweden wird die Tradition des St.-Lucia-Festes von einer Generation zur nächsten weitergereicht. Die Mädchen tragen Kerzenkronen und wallende weiße Gewänder und erfreuen alljährlich am 13. Dezember ihre Familienmitglieder mit kleinen Aufmerksamkeiten.

Seiten 170–171: Seit Tausenden von Jahren lebt das Volk der Samen mit seinen Rentierherden im äußersten Norden Europas.

Während der Herrschaft von Königin Victoria förderte die britische Krone das Handwerk auf den Orkneys und den Shetlands. Die Queen bevorzugte die feine Spitze von den Shetlands, und Prinz Albert hatte eine Vorliebe für die gestreiften Pullover von den Orkneys.

SAMEN (Saami)

DIE SAMEN, DIE WAHRSCHEINLICH ältesten Bewohner der skandinavischen Halbinsel, sind eine ethnische Gruppe nichtgermanischen Ursprungs, die im Norden Norwegens und Schwedens sowie in Nordfinnland und Nordwestrussland (vor allem auf der Halbinsel Kola) lebt. Die Samen waren traditionell Hirtennomaden und gelegentliche Jäger, die stark von ihren Rentierherden abhängig waren. Sie praktizierten eine schamanistische Religion, die in natürlichen Dingen wie Felsen und Bergen übersinnliche Kräfte sah. Von den Skandinaviern wurden sie diskriminiert und mit dem Schimpfwort Lappen belegt.

Die Samen haben sich dem Leben nördlich des Polarkreises bestens angepasst. Sämtliche Teile eines geschlachteten Rentiers wurden genutzt: Aus Tierhäuten wurde Kleidung hergestellt oder sie wurden über Pfähle gespannt, sodass eine transportierbare Behausung, ähnlich einem Indianerzelt, entstand. Transportmittel war der Schlitten, und als individuelles Fortbewegungsmittel erfanden die Samen die Skier. Zu ihrer farbenfrohen Festtagstracht, zu der Stiefel mit hochgebogener Spitze getragen werden, gehören Jacken, Röcke und Mützen, die kunstvoll mit bunten Stoffbändern verziert sind.

Obwohl die Samen viele Gebräuche mit anderen Arktisbewohnern gemein haben, unterscheiden sie sich in genetischer Hinsicht von diesen. Einige Forscher vermuten ihren Ursprung in den Alpen, während andere behaupten, sie seien aus Sibirien gekommen. Jedenfalls sind sie vor Tausenden von Jahren nach Nordeuropa gezogen, als sie nach dem Zurückweichen des Polareises den Rentierherden nach Norden folgten. Das Volk spricht eine dem Finnischen verwandte finno-ugrische Sprache, aber Finnen und Samen können sich gegenseitig nicht verstehen. Das Samische besteht genau genommen aus drei Hauptdialekten, die sich wahrscheinlich auf Grund der Isolation der verschiedenen Gruppen in den schwer zugänglichen Gebieten Nordskandinaviens herausgebildet haben. Mindestens ein Wort – Tundra – wird weltweit benutzt.

Mehr als tausend Jahre enger kultureller Beziehungen mit Skandinaviern und anderen Europäern haben zu einer tiefgreifenden Veränderung der traditionellen Lebensweise der Samen geführt. Heute leben nur noch 10 Prozent ausschließlich von der Rentierzucht. Viele arbeiten inzwischen als Bauern oder Fischer, als Bergarbeiter oder Holzfäller und haben sich in Dörfern niedergelassen. Doch die Veränderungen ihres Lebensstils hat keineswegs ihr Gespür für die eigene kulturelle Identität vermindert. Schweden, Norwegen und Finnland hatten früher versucht, den Anspruch, der Volksgruppe der Samen anzugehören, auf jene Menschen zu beschränken, die noch von der Rentierzucht leben. Doch noch heute betrachten sich all diejenigen, die Samisch sprechen oder samische Eltern oder Großeltern haben, ungeachtet ihres Berufes, als Samen. Sie fordern politische Autonomie für die nördlichen Gebiete der skandinavischen Halbinsel, ihrer angestammten Heimat. Um ihre Rechte durchzusetzen und den Fortbestand ihrer Kultur zu sichern, haben die Samen eine eigene Vertretung – das Parlament der Samen – in Norwegen, Schweden und Finnland eingerichtet.

SKANDINAVIER

OBWOHL DÄNEN, SCHWEDEN und Norweger in verschiedenen Ländern leben und ihre eigenen Idiome haben, sind sie alle Skandinavier. In der Regel sind sie blond, haben helle Haut und blaue Augen, doch der Hauptaspekt ihrer gemeinsamen Identität ist die gegenseitige Verständlichkeit ihrer Sprachen. Zwar weisen diese große lokale Unterschiede auf, die jedoch nicht in jedem Fall den nationalen Grenzen folgen. Es gibt beispielsweise zwischen den verstreut liegenden Fischerdörfern Norwegens größere sprachliche Unterschiede als zwischen der Sprache der Norweger in Oslo und der Dänen in Kopenhagen. Ein Schwede kann, mit ein wenig zusätzlicher Aufmerksamkeit, norwegisches Fernsehen schauen oder eine dänische Zeitung lesen.

Die Skandinavische Identität gründet sich auch auf eine gemeinsame Geschichte. In den letzten 800 Jahren waren die Königreiche von Dänemark, Schweden und Norwegen in unterschiedlichen Kombinationen miteinander verbunden, was unter anderem zur Entwicklung ähnlicher religiöser und politischer Systeme führte. In allen drei Ländern war das Luthertum die Staatsreligion, bis Schweden im Jahr 2000 diesen offiziellen Status aufhob. Könige und Königinnen fungieren noch immer als die offiziellen Staatsoberhäupter, während in allen drei Ländern eine lange Periode sozialdemokratischer Regierungen die Durchsetzung eines vorbildlichen Sozialsystems gefördert hat. Ihre nach Westen orientierte, industrialisierte Wirtschaft setzt auf natürliche Ressourcen wie Holz, Mineralien und Öl, aber auch auf die Dienstleistungsindustrie, beispielsweise Tourismus und Einzelhandel.

Mit einem hohen Lebensstandard geht eine blühende Kultur einher. Die Gemälde von Edvard Munch sind weltberühmt, und die Werke von Schriftstellern wie Hans Christian Andersen und Henrik Ibsen werden nach wie vor hoch geschätzt. Das traditionelle Kunsthandwerk wie bemalte und geschnitzte Holzschalen und kunstvoll gestrickte Wollsachen sind noch immer sehr gefragt, und die dekorativen skandinavischen Glaswaren haben in den letzten Jahren geradezu einen Boom erlebt. In Schweden und Norwegen, weniger in Dänemark, besteht großes Interesse am Wintersport und anderen Outdoor-Aktivitäten. Viele Skandinavier verbringen einen großen Teil des Sommers in Landhäusern, eine Tradition, die auf eine vom Agrarzyklus geprägte Vergangenheit zurückgeht, als die Herden im Sommer in die Berge getrieben wurden.

Auch die kulinarischen Vorlieben der Skandinavier haben ihre Wurzeln in dieser Vergangenheit, obwohl es in den Stadtzentren mittlerweile jede Menge internationaler Restaurants und Fastfood-Ketten gibt. Das Hauptgericht, zu dem man gerne starke alkoholische Getränke wie Aquavit und Wodka zu sich nimmt, besteht aus Fisch und Meeresfrüchten dazu Gemüse wie Kohl und Erbsen. Sowohl das Frühstück als auch das Mittagessen kann aus frisch gebackenen, mit Wurst und Käse belegten Butterbroten bestehen. Seit Jahrhunderten sind die Skandinavier starke Kaffeetrinker.

Heutzutage wird die Homogenität der Skandinavier in Dänemark, Norwegen und Schweden zunehmend auf eine harte Probe gestellt. Auf Grund ihres beneidenswerten Lebensstandards und der sozialen Sicherung wurde Skandinavien zu einem bevorzugten Ziel für Einwanderer aus ärmeren Ländern. Inzwischen haben die Haupt- und Großstädte jeweils einen hohen Bevölkerungsanteil aus Osteuropa, dem Nahen Osten und aus Südostasien, und diese Einwanderer werden zweifellos Veränderungen der skandinavischen Kultur herbeiführen.

Norwegen gehört nach wie vor nicht der EU an, während Dänemark und Schweden beigetreten sind, allerdings lehnen sie die neue europäische Währung ab. Trotz Unterschieden in der Außenpolitik gehören alle drei Länder zusammen mit Island und Finnland dem Nordischen Rat an, einem beratenden Gremium, und dem Nordischen Ministerrat, der sich um die Sicherstellung der wirtschaftlichen, wissenschaftlichen und kulturellen Zusammenarbeit unter den fünf Nationen bemüht.

Schotten

Die Bevölkerung Schottlands mit mehr als fünf Millionen Menschen konzentriert sich im Wesentlichen auf große städtische Zentren wie Edinburgh, Glasgow, Dundee und Aberdeen. Doch Schotten findet man auch jenseits der schottischen Grenze, sie leben und arbeiten im Vereinigten Königreich und in vielen anderen Teilen der Erde. Die meisten Schotten gehören der *Church of Scotland* an, die presbyterianisch ist.

Über einen Großteil seiner Geschichte hinweg wurde Schottland von seinen englischen Nachbarn als zerklüftetes, wildes Land voller eigenwilliger, wilder Menschen betrachtet. Letzteres geht auf das Vorurteil der Engländer gegenüber den kriegerischen schottischen Clans zurück. Diese Gruppen trugen Tartans, Wollstoffe mit verschiedenfarbigen Karomustern, die die Funktion hatten, die Angehörigen der verschiedenen Clans voneinander zu unterscheiden. Der Kilt gilt weiterhin als Symbol des schottischen Volkes und der Zeit der Unabhängigkeit vor 1707, als sich England und Schottland unter einem König vereinigten.

Schottland ist als Wiege des Golfsports bekannt, aber vielleicht ebenso berühmt für seine Dichter und Kriegshelden, den Whisky und sein Nationalgericht. Dieses Gericht, *Haggis*, ist eine Mischung von Innereien und Hafermehl, in einen Schafsmagen gefüllt und darin gekocht.

Zwar betreiben viele Schotten noch heute Ackerbau und Viehzucht, doch die moderne Wirtschaft basiert zunehmend auf Hightechunternehmen wie der Herstellung von Halbleitern und der Entwicklung von Software sowie der Forschung in den Bereichen Genetik und Umwelt. Die Geburt des weltweit ersten geklonten Schafes namens Dolly vor ein paar Jahren stellt die Fähigkeit Schottlands, die allerneuesten wissenschaftlichen Erkenntnisse praktisch umzusetzen, eindeutig unter Beweis. Neben den neuen Wirtschaftszweigen gibt es nach wie vor auch die alten Industriebetriebe in der Ölproduktion, dem Schiffsbau und der Erzeugung von Malt Whisky, der in der ganzen Welt als Scotch bekannt ist.

Das schottische Englisch, seit dem 18. Jh. als *Llalans* bezeichnet, ist eine Variante des Mittelenglischen. Obwohl dies die Sprache des großen schottischen Dichters Robert Burns (1759–1796) war, wurde es in der zweiten Hälfte des 19. Jhs. aus den Schulen verbannt und auch sonst unterdrückt. Das schottische Englisch wird in der Variante der alten Literatursprache heute nur noch selten gesprochen und ist hauptsächlich in Dialekten wie dem *Glasgow Patter* und dem *Broad Buchan* im nordöstlichen Küstengebiet erhalten geblieben. Das schottische Gälisch, eine keltische Sprache, die um 1970 praktisch ausgestorben war, hat in

Beim traditionellen Pferdefest präsentiert ein Junge auf der Orkney-Insel South Ronaldsay das handarbeitliche Geschick seiner Mutter: ein farbenfrohes Kostüm, zu dem kleine »Pferdeohren« gehören.

jüngster Zeit eine Renaissance erlebt. Inzwischen gibt es Förderprogramme, Theatergruppen und Fernsehsendungen, und in einigen Schulen wird die Sprache auch wieder unterrichtet. Die neu erwachte Beliebtheit des Dudelsacks, eines Instruments, dessen Bau im Schottland des 18. Jhs. perfektioniert wurde, ist ein weiteres Zeichen für das Überleben der schottischen Kulturtraditionen.

Schottlands größte Helden – William Wallace, Robert the Bruce und Bonnie Prince Charlie – kämpften alle um die Unabhängigkeit. Heute, nach dem Referendum von 1997, bei dem es darum ging, ein eigenes Parlament einzuberufen, ist ein gewisses Maß an Unabhängigkeit erreicht. Das schottische Parlament trat erstmals 1999 zusammen und besitzt die Verwaltungshoheit über die internen Finanzen, das Bildungs- und Verkehrswesen, den Umweltsektor und andere wichtige Bereiche.

Waliser

Die Bevölkerung von Wales zählt gegenwärtig etwa drei Millionen Menschen, doch zahllose Waliser und Walisischstämmige leben über die ganze Welt verstreut. Seit dem Niedergang der Kohle- und Stahlindustrie nach dem Zweiten Weltkrieg lebt die Mehrheit der Bürger in oder in der Nähe von Städten wie Cardiff, der Hauptstadt. So gut wie alle sind Protestanten, wobei die Methodistenkirche führend ist.

Zwar genießen heute viele das Stadtleben, doch das Leben in kleineren Dörfern bleibt ein wichtiger Bestandteil der traditionellen Kultur. Nirgends zeigt sich dies mehr als bei den jährlichen *eisteddfodau*, beziehungsweise »Stuhl«-Festivals, bei denen Orte ihre besten Dichter küren, die gekrönt und auf einem Stuhl, beziehungsweise Thron in die Höhe gehoben werden. In den letzten Jahren wurden diese Festivals ausgeweitet, um das gesamte Spektrum der walisischen Kultur abzudecken, und heute gehören dazu auch Musik und Schauspiel in allen Varianten.

Gegenwärtig sprechen allein in Wales mindestens 500 000 Menschen Walisisch. Im Gegensatz zur weit verbreiteten Annahme ist das Walisisch keine gälische Sprache wie das Irische, sondern eine Sprache britischen Ursprungs. Beides sind jedoch Untergruppen der gleichen keltischen Sprachfamilie. Das Walisische wird als lebende Sprache zu Hause und in den Schulen erlernt und bei jeder Gelegenheit gesprochen, sei es im Beruf, in der Kunst und als Umgangssprache. »Wales« selbst ist allerdings kein walisisches Wort, sondern leitet sich vom angelsächsischen Wort *wæl* ab, was »Ausländer« oder »Sklave« bedeutet. Der walisische Name des Landes lautet Cymru (gesprochen: *kumri*), von dem Cambria herrührt, eine andere Bezeichnung für Wales, die noch heute manchmal im Englischen verwendet wird. Für die meisten Waliser ist heute jedoch Englisch die Alltagssprache.

Seit 1998, als im britischen Parlament der *Government of Wales Act* verabschiedet wurde, haben sprachliche Fragen an Bedeutung gewonnen. Dieses Gesetz begründete die Nationalversammlung von Wales, die die Verwaltungshoheit über so wichtige Bereiche wie das Verkehrs- und Schulwesen, den Wohnungsbau und Umweltfragen ausübt. Wales bleibt jedoch weiterhin im britischen Parlament vertreten. Mit der Gründung der Nationalversammlung ist eine allmähliche Umwandlung der walisischen Wirtschaft einhergegangen. Während Wales weiterhin auf seine Landwirtschaft als Grundlage setzt – es ist das bedeutendste Schafzuchtzentrum Europas –, bringt die moderne Wirtschaft viele Hightechunternehmen hervor. Dazu gehören die Softwareentwicklung, Präzisionserzeugnisse für die Luftfahrt und die Hydrodynamik sowie die Entwicklung nachhaltiger Umweltstrategien. Das alles trägt dazu bei, dass Wales mit sich, seiner Vergangenheit und seiner Zukunft im Reinen ist.

Westeuropa

Basken • Bretonen • Katalanen • Holländer • Friesen

Basken

In ihrer Hochburg in den Pyrenäen, zu beiden Seiten der französisch-spanischen Grenze, haben die Basken eine der rätselhaftesten Kulturen Europas entwickelt. Viele Gelehrte betrachten sie als die älteste ethnische Gruppe auf dem Kontinent und behaupten, sie habe bereits in der Region gelebt, bevor die Indoeuropäer ankamen.

Die baskische Sprache, Euskera, stellt eine eigene Familie dar und ist mit keiner anderen in Europa gesprochenen Sprache verwandt. Forscher haben selbst im russi-

schen Kaukasus und in Nordafrika nach ihren Wurzeln gesucht. Es handelt sich um eine extrem komplizierte Sprache, und einer baskischen Überlieferung nach hat der Teufel sieben Jahre mit dem Versuch verbracht, sie zu erlernen, hat aber schließlich aufgegeben. Dessen ungeachtet eignete sich Euskera für eine große mündliche Tradition, die von Geschichtenerzählern und Barden – Stegreifdichtern, *bertsolariak* genannt – am Leben gehalten wurde.

Obwohl die überwältigende Mehrzahl der Menschen römisch-katholisch ist, sind die Basken seit einem Jahrtausend kein vereintes Volk mehr. Heute leben sie in drei französischen und vier spanischen Provinzen – ein Gebiet, zu dem die Pyrenäen, deren Vorgebirge und die Küstenebene entlang des Golfs von Biskaya zählen. Den Basken, einem sehr unabhängigkeitsliebenden Volk, ist es selbst unter fremder Herrschaft gelungen, sich eine gewisse Autonomie zu erhalten. Unter dem Regime von Spaniens Francisco Franco 1939–1975 wurde die baskische Sprache und Kultur jedoch massiv unterdrückt, was zum Aufkommen der ETA führte, einer manchmal gewalttätigen Separatistenbewegung.

Traditionell arbeiteten die Basken als Fischer, Bauern und Hirten. Als gute Seefahrer gehörten einige Basken sogar den Mannschaften von Kolumbus und Magellan an. Heute arbeiten viele Leute in den großen Industriegebieten der Region, und obwohl nur noch 20 Prozent der Basken Bauern sind, spielt die *baserria*, das Gehöft, in ländlichen Gegenden nach wie vor eine wichtige Rolle. In den großen, dreistöckigen Steinhäusern ist das Vieh im Erdgeschoss untergebracht, die Großfamilie wohnt in der mittleren Etage, und der Heuvorrat lagert ganz oben. In jeder *baserria* wird ein Kind als Erbe ausersehen, das den Landbesitz bei seiner Hochzeit übernimmt. In der Vergangenheit haben die anderen Geschwister den Hof in der Regel verlassen und sich manchmal für ein Leben im Dienst der Kirche entschieden. Viele sind auch ausgewandert. Ein Dorf besteht aus zehn oder zwölf Gehöften, einer Kirche, einer Schule, Tavernen, einem Rathaus und einem Handballplatz, der häufig an die Kirchenmauern angrenzt. Eine Reihe schneller Ballspiele stammt aus dem Baskenland, darunter auch *jai alai*, die Pelota.

Bretonen

Schon ein flüchtiger Blick auf eine Landkarte der Bretagne, einer Halbinsel, die in den Ärmelkanal und den Atlantik vorragt, lässt erahnen, dass sich die Bevölkerung dieser Gegend von anderen ethnischen Gruppen Frankreichs abhebt. Die Bretonen, ein keltisches Volk mit Verbindungen zu den britischen Inseln, besiedelten im Zuge der Völkerwanderungen zwischen dem dritten und fünften Jahrhundert n. Chr. diesen Landstrich. Zahlreiche Invasionen bedrohten im Laufe der Jahrhunderte ihre Bemühungen, unabhängig zu bleiben, und im frühen 16. Jh. verleibte sich Frankreich schließlich ihr Land ein. Doch Vorkehrungen, sich eine gewisse Autonomie zu erhalten, und die Entfernung zur Zentralgewalt in Paris ermöglichten es den Bretonen, sich zu isolieren und abzugrenzen und ihre

(Fortsetzung auf Seite 180)

Hier geht es um Muskelkraft und Männlichkeit:Ein baskischer Möbelpackerhievt einen 350 Pfund schweren Steinblock hoch. In den baskischen Siedlungsgebieten in Frankreich und Spanien entstand dieser Gewichthebewettbewerb aus der Aufgabe, Steine und Felsbrocken von den Feldern zu entfernen. ***Folgende Seiten:*** In einem Labyrinth von Rebstöcken ernten Frauen die Trauben, aus denen einer der guten portugiesischen Weine entstehen soll. Frauen erbringen einen Großteil der Arbeit. ***Seite 178–179:*** Die Turmbauer in den roten Hemden bilden in Barcelona, der Hauptstadt der spanischen Region Katalonien, einen Menschenturm. Diese in Katalonien beliebte Beschäftigung geht auf das 18. Jh. zurück.

An einem Winterabend strömen in der niederländischen Provinz Friesland Schlittschuhläufer auf das Eis. Strenger Frost verwandelt die Kanäle des Landes in Eisbahnen und ermöglicht Friesen und anderen Niederländern, diese beliebte Sportart zu betreiben.

Assimilation an die französische Nation bis weit ins 19. Jh. hinein zu verhindern.

Mit etwa 3300 Kilometern Küstenlinie, einschließlich der Inseln, hat die Bretagne eine klare maritime Ausrichtung und eine regionale Küche, in der Meeresfrüchte eine herausragende Rolle spielen. Die Wirtschaft basierte lange Zeit auf dem Fang von Fischen und Krustentieren und bis vor Kurzem auf dem Sammeln von Tang. Außerdem beruht die Wirtschaft der Bretagne in hohem Maße auf ihrer Landwirtschaft. Seit Generationen haben die Bretonen im Landesinneren die Äcker bestellt und Gemüse angepflanzt.

Die traditionelle bäuerliche Landschaft bestand aus verstreuten Gehöften – rechteckigen Granitgebäuden mit Stroh- oder Schieferdächern und jeweils einem Kamin auf beiden Seiten ihrer Giebel – sowie aus kleinen Dörfern und größeren Siedlungen, *plous* genannt. Die größten plous wurden in *treviòu* unterteilt. Dieses System überlebt in vielen Ortsnamen, die mit »Plou-« oder »Tre-« beginnen, insbesondere im Nordwesten der Bretagne. Die bretonische Sprache, die heute von gerade einmal einer halben Million Bewohnern gesprochen wird, gehört dem brythonischen Zweig der keltischen Sprachfamilie an, das heißt, sie ist eng verwandt mit dem Walisischen und der inzwischen ausgestorbenen Sprache Cornwalls. Trotz des Niedergangs ihrer gesprochenen Sprache pflegen die Bretonen eifrig ihr keltisches Erbe und viele ihrer Traditionen, insbesondere die Volksmusik – bei der ein kleiner Dudelsack, *biniou* genannt, zum Einsatz kommt – und den Tanz. Regelmäßig laden sie Kelten von den britischen Inseln zu ihren Festen ein.

Die meisten Bretonen sind römisch-katholisch, und ihre regionalen Feste sind überwiegend religiösen Ursprungs. Sie verehren Hunderte lokaler Heiliger, unternehmen Pilgerfahrten, *pardons* genannt, zu den neun Kathedralen der Region und organisieren im Anschluss daran Feste. Dazu gehören große Prozessionen sowie traditionelle Musik und Tanz, und die Feiern nehmen, sobald die religiösen Handlungen vorüber sind, einen ganz und gar weltlichen Charakter an.

Katalanen

Wie ihre baskischen Nachbarn haben sich die Katalanen ein starkes Identitätsgefühl und trotz ihrer langen Einbettung in das nationale Gefüge Frankreichs beziehungsweise Spaniens ihre Autonomie bewahrt. Dieses Volk lebt in den *Països Catalans*, den »katalanischen Ländern«, zu denen historisch das katalanische Gebiet Nordostspaniens sowie Valencia, die Balearen, der unabhängige Staat Andorra und die französische Provinz Pyrénées-Orientales zählen. Es gibt etwa neun oder zehn Millionen Katalanen. Sie sprechen Katalanisch, eine romanische Sprache, die Ähnlichkeiten mit dem in Südfrankreich gesprochenen Provenzalischen hat.

Das spanische Katalonien war lange Zeit ein Gebiet von großer strategischer Bedeutung. Die Vereinigung mit Aragon im 12. Jh. und mit Kastilien und Leon im 15. Jh. vergrößerte den politischen Machtbereich der Region, dafür wurden aber die katalanischen Interessen geopfert. Später hat das Volk unter der Diktatur von Francisco Franco (1939–1975) die Unterdrückung seiner Sprache und Kultur erfahren. 1979 wurde Katalonien schließlich regionale Autonomie eingeräumt, und das Katalanische durfte wieder aufblühen, was den kulturellen Stolz anfachte.

Die überwältigende Mehrheit der Katalanen ist römisch-katholisch, und die Höhepunkte des kulturellen Lebens werden vom Ablauf des Kirchenjahres bestimmt. Jedes Dorf und jede Stadt ehrt den eigenen Heiligen mit einem Namensfest, bei dem Prozessionen in der Regel mit großen Pappmachedarstellungen der Heiligenfiguren, »Großköpfe« (*capgrosses*) und Riesen von bis zu viereinhalb Metern Höhe, stattfinden. In ganz Katalonien wird der hl. Georg (Sant Jordi) verehrt. An seinem Namensfest im April, das zugleich der offizielle Beginn der Frühjahrspublikationen der Verlage ist, schenken die Katalanen ihren Lieben seine Symbole: Rosen und Bücher. Eine weitere Besonderheit dieser Festlichkeiten ist die *sardana*, der traditionelle Tanz, dessen würdevollen Schrittfolgen das hochangesehene Ideal des *seny*, widerspiegelt, Ausdruck kultivierter Lebensart und Besonnenheit.

Wirtschaftlich ist die Region von großen Industrie- und Tourismusgebieten abhängig – zum Beispiel Gegenden wie der Costa Brava, wo jedes Jahr Hunderttausende Europäer, einschließlich der katalanischen Familien, Urlaub machen. Nur 10 Prozent der geschätzten sechs Millionen spanischen Katalanen sind heute noch Bauern, während 25 Prozent im kosmopolitischen Barcelona, der Hauptstadt Kataloniens, leben und arbeiten.

Holländer

Etwa 16 Millionen Holländer leben in den Niederlanden an der Südostküste der Nordsee. Das Volk spricht Niederländisch, das dem Deutschen nahe verwandt ist.

Die Holländer sind Nachkommen sächsischer, friesischer und fränkischer Stämme, die in vorrömischer Zeit in diese Gegend zogen. Die Niederlande, deren Geschicke lange mit dem der fränkischen und habsburgischen Reiche verknüpft waren, erlebten mit dem Ausbau ihrer Städte und der nachfolgenden Beteiligung an Handel und kolonialer Ausdehnung ihren Aufstieg. Im 17. Jh. waren die Niederlande ein internationales Zentrum von Handel und Kultur, und ihr Goldenes Zeitalter ist in den Gemälden von Rembrandt, Vermeer und Frans Hals aufs Wunderbarste festgehalten.

Die Holländer sind wachsame Hüter des Landes, von dem ein Großteil einer ehemaligen Bucht der Nordsee, der Zuiderzee (heute Ijsselmeer) abgerungen wurde. Nur noch 4 Prozent der Bevölkerung sind in der Landwirtschaft tätig. Heute arbeiten viele Menschen in der petrochemischen Industrie, der Lebensmittelproduktion und in Elektronikbetrieben.

Die Holländer, in der Öffentlichkeit bescheiden und zurückhaltend, legen großen Wert auf ein *gezellig*, also gemütliches Familienleben. Längst ist die Kernfamilie (*gezin*) das Ideal und die Familien sind meist klein. Ein Geburtstag ist ein großes Fest, das den ganzen Tag gefeiert wird. (Der Geburtstag der Königin ist ein offizieller Feiertag, den die Bevölkerung begeistert begeht.) Die Leute sind sehr stolz auf ihre Häuser und Gärten, und bei einem Abendspaziergang kann man den alten Brauch des *schmeren* kennen lernen, des Offenlassens der Vorhänge, damit die Vorbeikommenden einen oft sehnsüchtigen Blick auf die ordentliche *gezellig gezin* im Haus werfen können. Sowohl in der Stadt als auch auf dem Land werden viele Wege mit dem allgegenwärtigen Fahrrad zurückgelegt, und das Land rühmt sich eines Radwegenetzes von fast 1000 Kilometern Länge.

Die Holländer sind zwar für ihre Toleranz in rassischer und ethnischer Hinsicht und für ihre Neutralität im Krieg bekannt, aber in religiöses Hinsicht gespalten. Gegenwärtig ist mehr als ein Drittel der Bevölkerung römisch-katholisch und etwa ein Viertel protestantisch, allerdings in sechs Gruppen unterteilt, von welchen die niederländisch-reformierte Kirche die größte ist. Die religiöse Zugehörigkeit bildet die Grundlage des *verzuiling*, der etwas starr wirkenden Unterteilung der Gesellschaft in separate Gruppen mit eigenen Schulen, Zeitungen, politischen Parteien, Gewerkschaften und anderen Organisationen auf lokaler und nationaler Ebene. Während sonstige Spaltungen weitgehend überwunden wurden – und auf Grund der holländischen Wertschätzung gegenseitigen Respekts immer schon moderat waren –, beeinflusst das *verzuiling* ländliche Gemeinden beträchtlich, ebenso wie die Ansichten und Predigten von Pastoren und Priestern.

Friesen

Mit ihren etwa 700 000 Angehörigen stellt die Gruppe der Friesen eine beachtenswerte ethnische und sprachliche Minderheit in der niederländischen Region Friesland dar. Ihre eigene Flagge, eine der ältesten in Europa, zeigt sieben rote Seerosen. Diese symbolisieren ihr wasserorientiertes Dasein in einer Region, die zu einem großen Teil unter dem Meeresspiegel liegt und zu der mehrere vorgelagerte Inseln in der Nordsee gehören. Seit den Anfängen der Besiedlung um etwa 400 v. Chr. haben die Friesen gegen das Meer angekämpft, ein Deichsystem (den »goldenen Ring«) zum Schutz gegen die häufigen Stürme und Hochwasser gebaut und instand gehalten. Speziell auf das Leben der Friesen zugeschnittene Gesetze wurden von Karl dem Großen 801–802 in der *Lex Frisionum* erlassen. Dazu zählt die *buorreplicht* (Nachbarschaftspflicht), die besagt, dass sich Nachbarn in Notzeiten gegenseitig beistehen müssen.

Die friesische Sprache gehört der westgermanischen Sprachfamilie an und steht Englisch etwas näher als Niederländisch. Obwohl die meisten Friesen in der Öffentlichkeit Niederländisch und ihre eigene Sprache nur zu Hause sprechen, ist man in der Provinz auf seine friesische Herkunft überaus stolz. Friesland ist mit seinen 11 Städten seine ganze Geschichte hindurch vom Rest des Landes relativ unabhängig geblieben, und heute gibt es eine wiedererstarkte Unabhängigkeitsbewegung.

Der Handel war in Friesland schon immer bedeutsam. Heute arbeiten die meisten Friesen in der Landwirtschaft, pflanzen Getreide an oder betreiben Viehwirtschaft und züchten ihre erstklassigen Milchkühe. Das typische »Kopf-Hals-Körper-Haus«, ein auffälliger Bestandteil der Landschaft, besteht aus dem Wohnhaus, an das, verbunden durch einen Gang, in dem die Küche, der Milch- und Butterraum untergebracht sind, ein großer Stall angebaut ist.

Die Friesen lieben Freiluftaktivitäten wie zum Beispiel Wattwanderungen oder die Teilnahme an örtlichen Wettkämpfen im *fierljeppen*, dem Stabsprung über Kanäle. In Wintern mit strengen Frösten findet das berühmte, 200 Kilometer lange Elfsteden Schlittschuhrennen durch sämtliche Städte Frieslands statt.

Die Franken christianisierten die Friesen im siebten und achten Jahrhundert. Rund 85 Prozent der Bevölkerung sind heute Calvinisten und gehören entweder der reformierten oder der niederländisch-reformierten Kirche an. Zu den noch erhaltenen vorchristlichen Glaubensvorstellungen, *byleauwe* genannt, gehören Geschichten von »weißen Frauen«, die unter der Erde leben und nachts herauskommen, um Reisende zu entführen.

SÜDEUROPA

ALBANER • KRETER • SIZILIANER

ALBANER

FÜR MANCHE ETHNISCHEN GRUPPEN steht die religiöse Identität an erster Stelle. Die Albaner sagen jedoch gern, dass sie in erster Linie Albaner sind. Ethnisch sind sie eine homogene, wahrscheinlich von den alten Illyrern abstammende Volksgruppe, welche im 13. Jh. v. Chr. den Balkan und Teile Griechenlands beherrschte. Etwa tausend Jahre später von den Römern erobert, gehörte Albanien zum römischen und dann zum byzantinischen Reich, bevor im 14. Jh. die osmanischen Türken die Herrschaft übernahmen. Ende des 19. Jhs. wurden die Türken von den Russen besiegt, und als das geschwächte Reich auseinanderfiel, verlor Albanien einen Großteil seines Territoriums an seine Nachbarn. Heutzutage leben ebenso viele Albaner in Bosnien, Mazedonien und Griechenland wie im Staat Albanien mit gut drei Millionen Menschen.

Die albanische Sprache, eine der neun ursprünglich indo-europäischen Sprachen, verwendet die lateinische Schrift. Obwohl Albanisch während der türkischen Herrschaft verboten war, hat es seit Ende des 19. Jhs. ein enormes Comeback erfahren. Es wird in zwei Gruppen unterteilt: Das Gegische im Norden und das Toskische im Süden.

Das religiöse Leben der Albaner ist zum gegenwärtigen Zeitpunkt schwer auszumachen. Vor der Machtübernahme durch die Kommunisten 1946 waren etwa 70 Prozent der Bevölkerung Muslime (eine Auswirkung der Türkenherrschaft), 20 Prozent gehörten der orthodoxen Kirche an, die Übrigen waren Katholiken. Von 1967 bis zur Unabhängigkeit 1990 war Albanien offiziell ein atheistischer Staat. Heute fühlen sich viele Menschen zu evangelischen Glaubensrichtungen hingezogen, es gibt aber auch Anzeichen für ein Wiedererstarken des Katholizismus. Albaner waren seit jeher anderen Religionen gegenüber tolerant, und in der Zeit vor dem Kommunismus wurden die Geistlichen aller Konfessionen, im ganzen Land Mangelware, respektiert und von Anhängern der verschiedenen Glaubensrichtungen konsultiert.

Albaner sind sehr höfliche und förmliche Menschen mit besonders ausgefeilten Grußformen und sozialen Verhaltensmustern. Alten Menschen wird viel Respekt entgegengebracht, vor allem alten Männern, was sogar so weit geht, dass Jungen und junge Männer ihnen die Hand küssen. Das Versprechen eines Menschen gilt, und eine durch Handschlag oder eine Umarmung besiegelte Zusage ist bindender als jeder Vertrag. Traditionell wurden Angriffe auf die Familienehre und Gesetzesverstöße wie Raub und Mord mit einer Blutsfehde beantwortet. Seit dem Zweiten Weltkrieg und der kommunistischen Zeit haben die Frauen in diesem männerorientierten Land an Status hinzugewonnen.

Etwa 35 Prozent der Albaner leben in Städten, 65 Prozent auf dem Land. Trotz wertvoller Bodenschätze und einer starken Landwirtschaft ist Albaniens Übergang zur Marktwirtschaft bislang sehr schwankend verlaufen, jedoch nicht auf Grund mangelnder Bemühungen der Bevölkerung. Es kommt weiterhin zu politischer Unterdrückung, selbst nach demokratischen Wahlen. Außerhalb Albaniens, im Gebiet des Kosovo in Serbien, sind muslimische Albaner verfolgt und ermordet oder aus ihren Dörfern vertrieben worden.

Auf Kreta treffen sich alte Frauen auf der Dorfstraße. Ihre schwarze Kleidung bildet einen starken Kontrast zu den sonnigen Farben der Häuser auf der Mittelmeerinsel und legt den Schluss nahe, dass es sich um Witwen handelt, die ihren Stand wahrscheinlich für den Rest ihres Lebens durch ihre Kleidung zu erkennen geben.

Die albanische Küche ist wie andere Aspekte des Lebens in Albanien stark türkisch geprägt. Brot ist das Hauptnahrungsmittel und Lamm das meistgegessene Fleisch. Auf griechischen Einfluss geht eine mehrschichtige gefüllte Pastete zurück, die *lakror* genannt wird. Das Mittelmeerklima in den südlichen Teilen des Landes sorgt für ertragreiche Obst- und Nussernten. Eines der am meisten geschätzten Erzeugnisse ist ein Drei-Sterne-Weinbrand, der nach dem Volkshelden der Albaner, Gjergj Kastriota (1405–1468), Skanderbeg genannt wird.

Kreter

Mit den alten Minoern entstand auf der Insel Kreta die erste fortschrittliche Zivilisation Europas. Aber nach dem Untergang der minoischen Kultur um 1450 v. Chr. wurden die Insel und ihre Bewohner der Reihe nach von den Festlandgriechen, den Römern, Byzantinern und Türken dominiert. Die venezianische Herrschaft von 1204 bis zum Jahr 1699, in dem Kreta vom osmanischen Reich erobert wurde, hatte eine dauerhafte Auswirkung auf die Kultur.

Die Kreter, etwa eine halbe Million Menschen, sprechen eine Variante des Griechischen, die eine Verbindung zu den alten Zeiten und der jüngeren italienischen und türkischen Besatzung erkennen lässt. Obwohl es natürlich auch für den kretische Dialekt benutzt wird, bietet das griechische Alphabet nicht genügend Buchstaben für sämtliche Laute der gesprochenen Sprache.

Bei der Landbevölkerung Kretas muss man zwischen den Bewohnern der Bergregionen und denen der Ebenen unterscheiden. Sie ist jedoch jeweils in Gruppen organisiert, die durch die männliche Linie miteinander verbunden sind. Diese Gruppen praktizieren bei Verstößen nach wie vor die Blutrache, etwa wenn Bräute gestohlen oder Tiere geraubt werden oder die Männlichkeit beziehungsweise die Familie eines Gruppenmitglieds beleidigt wird, und sie versuchen stets, den Tod eines nahen Verwandten zu rächen. Häufig werden die verfeindeten Gruppen durch politische Führer unterstützt.

Angebaut werden Oliven, Trauben und andere Früchte wie Bananen, Birnen und Orangen. In der fruchtbaren Ebene von Messara werden in riesigen Gewächshäusern Tomaten angepflanzt.

Zwar sind die Kreter in der Mehrzahl griechisch-orthodox, doch sie stehen der Kirche im Allgemeinen kritisch gegenüber und konsultieren eher unabhängige Berater, insbesondere jene, die mit dem »bösen Blick« umgehen können, einer wichtigen Form der gesellschaftlichen Kontrolle. Manche weigern sich, den gregorianischen Kalender anzuerkennen, und werden als Altkalendarier bezeichnet, weil sie Festtage nach dem älteren julianischen Kalender begehen. Bei Bestattungen und dem späteren Gedenken an die Toten, wird von Frauen erwartet, dass sie wehklagen beziehungsweise ihrer Trauer mit improvisierten Versen lautstark Ausdruck verleihen. Die Kreter schätzen im Allgemeinen die Fähigkeit zu improvisieren und veranstalten Wettbewerbe im Dichten von Halbreimversen, *mantinades* genannt.

Sizilianer

Etwa fünf Millionen Menschen leben auf Sizilien, der größten und bevölkerungsreichsten Mittelmeerinsel. Die Sikeler, die die Insel in vorgeschichtlicher Zeit besiedelten, fielen unter die Herrschaft vieler Mächte, darunter der Griechen, Römer, Karthager, der byzantinischen Griechen, der nordafrikanischen Muslime, Normannen, der französischen Anjou und der Spanier. Die Eroberung durch die Normannen im 11. Jh. verlieh der Kultur eine einzigartige Note, da sich nun nordeuropäische Einflüsse mit den vorhandenen arabischen und byzantinischen Aspekten der Kultur vermischten.

In Nordmakedonien blickt ein albanischer Hirte auf eine Siedlung seiner ethnischen Gruppe. Mehrere Tausend Albaner sind aufgrund der schlechten wirtschaftlichen Aussichten in ihrer Heimat in benachbarte Länder ausgewandert.

Die Sizilianer im zerklüfteten, spärlich besiedelten Landesinneren sind zumeist Bauern, die früher auch Schafe und Ziegen züchteten. In ihren Ortschaften gibt es immer eine Piazza mit Verwaltungsgebäuden, Geschäften und einer Kirche sowie einer Hauptstraße, in der man sonntags flaniert, um zu sehen und gesehen zu werden. Die meisten Sizilianer leben in den Küstenstädten, arbeiten als Fischer oder sind im Dienstleistungssektor oder in der Industrie tätig. Einige verlassen die Insel, um anderswo in Europa zu arbeiten, und ihr Einkommen bildet einen wichtigen Bestandteil der sizilianischen Wirtschaft.

Eine berüchtigte Tatsache im sizilianischen Leben ist die Existenz und Macht der Mafia, hier als Cosa Nostra bekannt, was »unsere Sache« bedeutet. Die Familien des organisierten Verbrechens, die aufgrund der gesetzlosen Zustände in den vielen Jahren der Fremdherrschaft emporgekommen sind, waren in den letzten Jahrzehnten in den internationalen Drogenhandel, in Betrügereien mit gefälschten Regierungsaufträgen und in Schutzgelderpressungen verstrickt. Die Verurteilung von Mafiosi bleibt jedoch schwierig, weil die Mitglieder der Cosa Nostra striktes Stillschweigen bewahren.

Praktisch alle Sizilianer sind römisch-katholisch und verehren besonders die Jungfrau Maria und den hl. Joseph. Jede Stadt hat einen Schutzpatron, den sie jedes Jahr an seinem Namensfest ehrt. Wenn jemand stirbt, tragen die Verwandten eine bestimmte Zeit lang Schwarz, wobei die Dauer der Trauerzeit vom Verwandtschaftsgrad zu dem Verstorbenen abhängig ist.

Sizilianische Künstler sind für ihre Puppenspielkunst und für leuchtend bemalte Bauernkarren bekannt. Auch kulinarisch erweisen sich die Sizilianer gelegentlich als Künstler: mit phantasievoll verzierten Torten, die ein hohes Maß handwerklichen Geschicks voraussetzen.

Mitteleuropa

Bosnische Muslime • Kroaten • Tschechen • Madjaren • Serben • Slowaken • Slowenen

Bosnische Muslime

Von allen Ländern des einstigen Jugoslawien ist Bosnien-Herzegowina (oder einfach Bosnien) wahrscheinlich das außergewöhnlichste. Religion und Kultur bestimmen die Zugehörigkeit eines Menschen zu einer bestimmten Gruppe und nicht seine ethnische Herkunft. Etwa 44 Prozent der Gesamtbevölkerung sind Muslime, 31 Prozent sind Serben, die der orthodoxen Ostkirche angehören, und 17 Prozent sind Kroaten römisch-katholischen Glaubens. Die ganze Bevölkerung Bosniens spricht Serbokroatisch.

Im siebten Jahrhundert v. Chr. hatten südslawische Völker das Gebiet des heutigen Bosnien besiedelt. Im Laufe der langen Besetzung durch die osmanischen Türken, die von 1328 bis 1878 dauerte, traten viele Bosnier vom Christentum zum Islam über, häufig weil sie sich wirtschaftliche und gesellschaftliche Vorteile versprachen. Die bosnischen Muslime waren damals Landbesitzer und Händler, sind heute jedoch zumeist Stadtbewohner. Die Türken hatten auch starken Einfluss auf andere Aspekte der bosnischen Kultur, auf die Architektur, die Küche, auf Musik, Dichtung und Tanz.

Die bosnischen Muslime, die in der Regel nicht dem orthodoxen Fundamentalismus verhaftet sind, gehören zumeist der Hauptgruppe des Islam, den Sunniten, an, allerdings wird auch der Sufismus, beziehungsweise der islamische Mystizismus, praktiziert. Die Muslime befolgen den einmonatigen Ramadan, der mit einem dreitägigen Fest endet, das Bajram genannt wird (andernorts Id al-Fitr). Die bosnisch-muslimischen Frauen tragen in der Öffentlichkeit keine verhüllenden Gewänder, Chadors genannt, sondern Regenmäntel und Kopftücher. Während der Ölkrise in den 1970er Jahren machte sich der jugoslawische Präsident Tito die Religion der bosnischen Muslime zunutze, um von Saudi-Arabien und anderen ölproduzierenden Ländern bevorzugt behandelt zu werden. Später, als sich im Nahen Osten der Fundamentalismus ausbreitete, vollzog Tito eine Kehrtwende, weil er dessen Spaltungsgefahr in Jugoslawien voraussah.

Mit dem Auseinanderbrechen der ehemaligen jugoslawischen Föderation im Jahr 1991 wurde viel religiöser und ethnischer Hass freigesetzt, der sich zu einem großen Teil gegen die bosnischen Muslime richtete. 1992, als die Serben mit dem Ziel, ein »Großserbien« zu bilden, eine rücksichtslose Politik der »ethnischen Säuberung« verfolgten, der viele Muslime zum Opfer fielen, kam es zum Krieg.

Das Eingreifen der UN und der NATO hat zusammen mit dem 1995 unterzeichneten Friedensabkommen von Dayton eine scheinbare Stabilität herbeigeführt, doch ein Großteil Bosniens liegt in Schutt und Asche. In der einst schönen Stadt Sarajevo, in der viele Menschen obdachlos geworden sind, versuchen die Menschen einen Neubeginn. Mindestens 40 Prozent der Bevölkerung sind arbeitslos, und viele junge Bosnier aller Glaubensrichtungen verlassen das Land auf der Suche nach einer besseren Zukunft.

KROATEN

IM SIEBTEN JAHRHUNDERT n. Chr. ließ sich eine südslawische Gruppe, die als die Kroaten bezeichnet wurde, an der dalmatinischen Adriaküste nieder, im nördlichen Gebiet des heutigen Kroatien und in Teilen von Bosnien-Herzegowina. Im neunten Jh. bildete sich ein kroatischer Staat heraus, der bis ins frühe zwölfte Jh. Bestand hatte. An einer strategisch günstigen Stelle zwischen West- und Osteuropa sowie an der Grenze zwischen der westlichen und der orthodoxen Christenheit gelegen, ertrugen die Kroaten viele Jahre lang die Beherrschung durch die Ungarn, Österreicher, Italiener, Franzosen und Türken. Sie wehrten sich jedoch erfolgreicher gegen die Ausdehnung des Türkenreiches als andere Völker, deren Territorien an die Invasoren fielen. Die Kroaten widersetzten sich im 19. und frühen 20. Jh. einem Zusammenschluss mit anderen Süd-

slawen und traten nach dem Ersten Weltkrieg nur zögerlich dem neu gegründeten Jugoslawien bei, blieben der serbischen Expansion und Kontrolle gegenüber jedoch stets argwöhnisch.

Während der Ära von Präsident Tito wurde der kroatische Nationalismus unterdrückt. Doch als der mächtige Präsident 1980 starb und sich das Ende des Kommunismus abzeichnete, sprachen sich die Kroaten 1991 für die Unabhängigkeit aus. Das taten sie trotz der Angriffe durch die Serben, die in Regierung und Militär das Sagen hatten, obwohl sie in Kroatien nur etwa 12 Prozent der Bevölkerung ausmachten. Nach mehreren Jahren Krieg wurde der Friede wiederhergestellt. Doch das Land muss eine hohe Arbeitslosigkeit von gegenwärtig 20 Prozent verkraften.

Die kroatischeVariante des Südslawischen, die von etwa 3,5 Millionen Menschen in Kroatien und vielleicht etwa der gleichen Zahl außerhalb seiner Grenzen gesprochen wird, gehört zur slawischen Sprachfamilie und hat drei Hauptdialekte. Sie wird in lateinischer Schrift geschrieben und besitzt eine Vielzahl von Lehnwörtern, hauptsächlich aus dem Lateinischen und Deutschen.

Fast 80 Prozent des kroatischen Volkes gehören der römisch-katholischen und etwa 11 Prozent der orthodoxen Kirche an, die ebenfalls die Autorität des Papstes anerkennt. Der Katholizismus hat wie auch in anderen Teilen des ehemaligen Jugoslawien die Kultur des Landes weitgehend geprägt, obwohl er während der kommunistischen Ära unterdrückt wurde. Ostern ist auch hier das wichtigste religiöse Fest, doch die Kroaten freuen sich stets auf die

Feier von Badnjak, des Heiligen Abends, und auf das traditionelle Entzünden des großen Holzscheits im Kamin.

Das Land ist in 115 Kommunen (*opcina*) unterteilt – ein Überbleibsel des Sozialismus – und jede besteht aus mehreren Dörfern und einer lokalen Verwaltung. Die Mehrheit des Volkes arbeitet im Dienstleistungssektor, etwa 35 Prozent in der Industrie und nur 20 Prozent in der Landwirtschaft. Das soziale Leben der Kroaten hat die Familie und Verwandtschaft zum Mittelpunkt. In geselliger Kaffeehausatmosphäre trifft man sich gerne mit Freunden.

Tschechen

Wer das tschechische Volk beschreiben will, kommt nicht umhin, es mit dem der Slowaken zu vergleichen, jener ethnischen Gruppe, mit der es (mit Unterbrechung während des Zweiten Weltkriegs) von 1918 bis 1993 politisch vereint war. Die Tschechen sind eine Mischung aus keltischen, germanischen und slawischen Völkern, die im neunten Jahrhundert zum Christentum übertraten. Im Jahr 1085 gründeten sie das Königreich Böhmen, dessen Hauptstadt Prag war. Bis zum 14. Jh. erlebte dieses Königreich den größten politischen und kulturellen Aufschwung in Mitteleuropa. Als es keinen Erben für den böhmischen Thron mehr gab, übernahm schließlich 1526 ein österreichischer Habsburger die Regentschaft, dessen Haus das Königreich bis zum Ende des Ersten Weltkriegs regierte, als die Tschechoslowakische Republik gegründet wurde.

Zwanzig Jahre später annektierte Adolf Hitler die Provinzen Böhmen und Mähren, und die Slowakei wurde ein Marionettenstaat der Nazis. Nach dem Zweiten Weltkrieg vereinten und beherrschten die Kommunisten die Tschechoslowakei, bis die »samtene Revolution« unter dem regimekritischen Schriftsteller und Bürgerrechtler Václav Havel die Demokratisierung einleitete. Die politischen Führer der Tschechen und der Slowaken lösten 1993 die Union auf, und seitdem verlief der wirtschaftliche und gesellschaftliche Wandel in Tschechien weit besser als in der Slowakei.

Alles in allem ist den Tschechen ein schneller Übergang zur Marktwirtschaft gelungen, da sie eine lange Geschichte der Industrialisierung auf dem Gebiet hochwertiger Tonwaren, Glaserzeugnisse und Textilien aufzuweisen hatten. Auch die Landwirtschaft ist stark mechanisiert, und die Höfe sind sehr produktiv. Die Gegend um Pilsen, etwa 80 Kilometer südwestlich von Prag, ist weltweit als Bierbrauzentrum bekannt.

Die Tschechen sind im Laufe der Jahre weit mehr verstädtert als die Slowaken, und heute leben viele in Kleinstädten und den großen städtischen Zentren wie Prag und Brünn. Manche Leute besitzen auch ein *chaty*, ein Häuschen auf dem Lande, in dem sie die Wochenenden und Ferien verbringen. Obwohl etwa 60 Prozent der Bevölkerung römisch-katholisch sind, gibt es nur noch wenige praktizierende Katholiken. Etwa 20 Prozent der Bevölkerung sind evangelische Lutheraner.

Die meisten Tschechen leben in Kleinfamilien, häufig erweitert um die betagten und pflegebedürftigen Eltern eines Paares. Viele Familien nehmen sich mittags die Zeit, ihre Hauptmahlzeit gemeinsam einzunehmen, traditionell mit viel Fleisch und den typischen *knedlíčy*, den Knödeln. Die traditionellenTrachten aus bestickten Hemden, Hosen und Westen bei den Männern und bestickten Blusen, Röcken und Schürzen bei den Frauen, werden immer noch in den ländlicheren Gegenden im Süden getragen.

Das Tschechische gehört wie das Slowakische zur Gruppe jener slawischen Sprachen, die in lateinischer, und nicht in kyrillischer Schrift geschrieben werden. Obwohl Tschechen und Slowaken sich gegenseitig verstehen, handelt es sich doch um zwei eigenständige Sprachen. Das Tschechische unterscheidet sehr deutlich zwischen Schrift- und Umgangssprache.

Laut einer weitverbreiteten Redewendung ist »jeder Tscheche ein Musiker«, und während sich Volkslieder und die klassische Musik noch immer großer Beliebtheit erfreuen, hat sich die Rockmusik in der tschechischen Kultur festgesetzt – insbesondere in Prag – und dient als Medium des politischen Protests.

Madjaren (Ungarn)

Die in Ungarn lebenden Madjaren (Magyaren) heben sich von den zumeist slawischen Völkern um sie herum ab. Als Ergebnis von Bevölkerungsverschiebungen nach dem Zweiten Weltkrieg stellen die Madjaren heute mehr als 97 Prozent der Bevölkerung Ungarns und machen ihr Land damit zu einer ethnisch sehr homogenen Region.

Im neunten Jahrhundert n. Chr. siedelten sich die ersten Madjaren im Karpatenbecken an. Sie waren Nachkommen eines Stammes, dessen Ursprünge in den Gebieten zwischen der Wolga und dem Uralgebirge lagen. Ihre Sprache, ungarisch oder *magyarul* genannt, wird heute von etwa 15 Millionen Menschen gesprochen. Sie gehört zum ugrischen Zweig der finno-ugrischen Sprachfamilie und ist entfernt mit dem Finnischen und dem Estnischen verwandt. Der Name »Ungarn«, der als Synonym für Madjaren gebraucht wird, leitet sich wahrscheinlich von den türkischen Wörtern *on ogur* her, was zehn Pfeile bedeutet, möglicherweise eine Anspielung auf die Zahl der Madjaren-Stämme.

Im Jahr 1000 n. Chr. traten die heidnischen Madjaren unter König Stephan I. zum Christentum über, der sich 1001 zum König krönen ließ und der eigentliche Gründer des ungarischen Staates war. Heute sind etwa 62 Prozent der ungarischen Bevölkerung römisch-katholisch und 25 Prozent protestantisch. Jahrhunderte der Invasionen und Beherrschung durch die Türken, die Massenübertritte zum Islam erzwangen, sowie durch die österreichischen Habsburger endeten im späten 19. Jh., als Ungarn mit Österreich eine Doppelmonarchie bildete. Im Ersten Weltkrieg zerbrach diese Allianz, und Ungarn verlor einen großen Teil seines Territoriums. Nach dem Zweiten Weltkrieg wurde Ungarn zu einem kommunistischen Staat, in dem 1956 ein Volksaufstand für mehr Demokratie schnell und brutal niedergeschlagen wurde, was Hunderttausende von Madjaren veranlasste, dem Land den Rücken zu kehren. Das kommunistische Regime endete erst 1989 mit der Ausrufung einer demokratischen Republik, allerdings hatten einige sozioökonomische Veränderungen bereits in den 1970ern eingesetzt.

Die ungarische Bevölkerung hat sich in den letzten 50 Jahren von einer ländlichen zu einer städtischen gewandelt, und selbst in Gegenden, in denen vorwiegend Landwirtschaft betrieben wird, beziehen viele Haushalte ihr Einkommen sowohl durch eine Anstellung in der Industrie als auch Einkünfte aus der Landwirtschaft. Mehr als drei Viertel der Frauen sind berufstätig, und ein Viertel aller Berufstätigen hat täglich lange Anfahrtszeiten.

Zwar wird auch in Ungarn die Gesellschaft laizistischer, doch die Magyaren feiern weiterhin die bedeutenden kirchlichen Feste ebenso wie viele Höhepunkte im landwirtschaftlichen Kalender. Wie auch andere Bereiche der traditionellen Kultur ist die typische ungarische Volksmusik – auf der Pentatonik, einem Fünftonsystem, basierend – im Schwinden begriffen. Komponisten wie Béla Bartók und Zoltán Kodály lieferten im 20. Jh. die besten Beispiele dieser Musikform. Der Handkuss, eine von älteren Herren noch immer praktizierte Höflichkeitsgeste, ist in der jüngeren Bevölkerung durch die Begrüßung »*Csókolom* – Küss die Hand« ersetzt worden.

SERBEN

ETWA 6,5 MILLIONEN SERBEN bilden die ethnische Mehrheit in Serbien, einer der beiden Republiken (die andere ist Montenegro), die die neue, selbst ernannte Bundesrepublik Jugoslawien bilden. Darüber hinaus leben serbische Minderheiten in Kroatien und Bosnien-Herzegowina. Sie sprechen Serbisch, eine südslawische Sprache, die mit dem Kroatischen verwandt ist, aber in kyrillischer Schrift geschrieben wird.

Die meisten Menschen gehören der serbisch-orthodoxen Kirche an, einer eigenständigen Glaubensgemeinschaft, die im Laufe der Geschichte der Republik ein großes Maß an politischer Macht ausgeübt hat. Bei den jüngsten ethnischen Konflikten in dieser Region wurde die serbisch-orthodoxe Kirche immer stärker in die Sache des serbischen Nationalismus verstrickt.

Im sechsten Jahrhundert n. Chr. zogen Serben mit ihren Viehherden von den Karpaten auf die Balkanhalbinsel und besiedelten ein Gebiet, das im Osten des Territoriums der Kroaten lag, eines anderen südslawischen Volkes. Innerhalb von drei Jahrhunderten hatten die Serben einen Staat errichtet, der sich bis Mitte des 14. Jhs. zu einem mächtigen Königreich ausdehnen sollte. Aber innere Kämpfe schwächten Serbien dermaßen, dass die osmanischen Türken das Gebiet erobern und mehr als 400 Jahre lang besetzt halten konnten. In dieser Zeit flohen viele Serben nach Westen in die Dinarischen Alpen. Dennoch blieb ein starkes Nationalgefühl vorherrschend und führte zu mehreren Revolten rivalisierender serbischer Familien, die die Türken im frühen 19. Jh. schließlich zwangen, den Serben Autonomie einzuräumen. Doch Rivalitäten zwischen den Familien blieben in der serbischen Geschichte bis ins 20. Jh. ein aktuelles Thema.

Nach dem Ersten Weltkrieg sahen die Serben die Chance gegeben, ein Großserbisches Königreich zu gründen. Es kam jedoch zur Bildung eines größeren Staates – des ehemaligen Jugoslawien –, in dem die Südslawen vereint wurden. Am Ende des Zweiten Weltkriegs wurde Jugoslawien kommunistisch. Unter Josip Broz Tito setzte es sich vom sowjetischen Block ab und stellte ihm sein eigenes Sozialismusmodell entgegen, das den Arbeitern mehr Selbstbestimmung und ein größeres Maß an Wohlstand ermöglichte. Präsident Titos Tod 1980 und der Niedergang des Kommunismus bereitete im letzten Jahrzehnt des 20. Jhs. der Auflösung der jugoslawischen Föderation die Bühne.

Der serbische Nationalismus und lange gehegte Animositäten gegen andere Volksgruppen, beispielsweise die Kroaten und Muslime, führten in Kroatien und Bosnien zu Übergriffen. In Serbien kam es zu Gewalttaten gegen die albanischen Muslime, die in der autonomen Provinz Kosovo die Mehrheit der Bevölkerung bildeten. Die Konflikte kosteten Zehntausenden Menschen das Leben, führten zu Massenvertreibungen und daraufhin zu weltweiten Sanktionen gegen die Serben und ihren Führer Slobodan Milošević. Seine Abwahl im Jahr 2000 und die Anwesenheit von Schutztruppen der UN und der NATO haben den Serben, ihren Landsleuten und Nachbarn ein wenig Hoffnung auf eine friedlichere Zukunft gegeben.

Vor dem Zweiten Weltkrieg verdienten die meisten Serben ihren Lebensunterhalt in der Landwirtschaft. Heute beziehen viele Familien ihr Einkommen aus Industriearbeit und der Landwirtschaft. Das hatte auch ein Aufweichen des geschlechtsspezifischen Rollenverständnisses zur Folge. Die *zadruga* – die Großfamilie, die aus mehreren Generationen von Verwandten in der männlichen Linie besteht – gibt es in Serbien noch immer, häufiger allerdings in ländlichen Gebieten als in Städten.

Ebenfalls wichtig ist die *vamilija*, die Abstammung von einem gemeinsamen männlichen Vorfahren. Die Mitglieder der vamilija haben einen gemeinsamen Nachnamen und verehren den gleichen Schutzheiligen, dessen Namenstag einer der wichtigsten Feiertage für die Familie ist. In dieser stark männerdominierten Gesellschaft ist es eine Tragödie, keinen männlichen Nachkommen zu haben. Ein Mann kann sein Land und sein Hab und Gut auch einem Schwiegersohn vererben, doch ein solcher Schritt wird fast immer als reine Notlösung angesehen.

Die Serben sind bekannt für ihre große Tradition des mündlichen Vortrags von Heldenepen, häufig begleitet von einem einsaitigen Instrument, das *gusle* genannt wird.

Folgende Seiten: Tschechische Musiker geben in einem Gasthof in Prag ein Lied zum Besten, das einen nationalen Antihelden feiert, den braven Soldaten Schwejk, eine literarische Figur, durch die man sich über die Ära der österreichischen Herrschaft lustig machte. Kunst als Ausdruck politischer Kritik einzusetzen, ist Tradition in Tschechien. Für die Durchdringung von Kunst und Politik steht auch der Schriftsteller und Bürgerrechtler Václav Havel, erster Präsident der postkommunistischen Ära.

Seiten 190–191: Kosaken posieren bei einer Feier zur Erinnerung an ihre Glanzzeiten als Verteidiger Russlands. Der Schriftsteller Alexander Puschkin bezeichnete die Kosaken als »stets auf dem Pferderücken, stets zum Kampf bereit, stets auf der Hut«.

WELTMEISTER

Slowaken

Die Slowaken, ein slawisches Volk, haben um das fünfte Jahrhundert n. Chr. das Gebiet zwischen den Karpaten und der Donau besiedelt. Als Bewohner der früheren Tschechoslowakei lebten sie im östlichen Drittel des Landes. Die slowakische Sprache gehört – wie das Tschechische – zur westslawischen Sprachfamilie und ist durch typische Flexionsformen und viele vokallose Wörter gekennzeichnet.

Nach einer Periode der Hegemonie im Mährischen Reich, das nach dem Tal des Flusses March benannt wurde, erlitten die Slowaken eine Reihe von Invasionen durch die Madjaren beziehungsweise Ungarn, die die Slowakei von 907 n. Chr. bis nach dem Ersten Weltkrieg beherrschten. Diese versuchten, die slowakische Sprache und Kultur durch ein »Madjarisierungsprogramm« zu unterdrücken, dessen Folge jedoch war, dass sich die im Ausland lebenden Slowaken mit den tschechischen Exilanten Ende des Ersten Weltkriegs verbündeten und die Bildung der Tschechoslowakei vorantrieben. Mit Ausnahme der Jahre zwischen 1939 und 1945 blieb diese Union bestehen, wenn auch nach dem Zweiten Weltkrieg unter kommunistischer Herrschaft. 1989 brachte die von Václav Havel angeführte »samtene Revolution« das kommunistische Regime zu Fall, und drei Jahre später entstanden mit der tschechischen und der slowakischen Republik eigenständige Staaten.

Traditionell waren die Slowaken ein ländlicheres Volk als die Tschechen. Ihre Weiler und Dörfer bestehen häufig noch immer aus einfachen Häusern mit lediglich einem oder zwei Zimmern, in denen – nach geringen Anbauten – oft drei Generationen einer slowakischen Familie leben. Die Bauernfamilien betrieben in der Regel Ackerbau und pflanzten Roggen, Weizen, Mais, Kartoffeln, Zuckerrüben und Trauben an. Die Stahl-, Chemie- und Aluminiumindustrie, die während der kommunistischen Jahre aufgebaut wurde, brach nach dem Niedergang des Sozialismus ebenfalls ein.

Ein Großteil der sozialen Kontakte findet nach Geschlechtern getrennt statt, wobei die Männer sich abends in Kneipen treffen und die Frauen sich gegenseitig zu Hause besuchen. Dies trifft insbesondere auf ländliche Gebiete zu, in denen sich auch vorchristliche Einstellungen und der Aberglaube halten konnten. Etwa 60 Prozent der Slowaken sind römisch-katholisch, und sie praktizieren ihren Glauben weit strenger als ihre tschechischen Nachbarn. Etwa 6 Prozent sind Lutheraner. Die einst große jüdische Bevölkerung wurde durch den Holocaust vernichtet.

Die Slowaken sind ein recht förmliches Volk mit ritualisierten Begrüßungsformeln, die die Verwendung des beruflichen Titels einer Person bei der Anrede einschließen. Wie die Tschechen sind auch viele Slowaken begeisterte Musiker und schätzen sowohl die gesungenen als auch instrumentalen Formen der Volksmusik. Der Volkstanz ist ebenfalls sehr beliebt. Die traditionellen Trachten sieht man noch häufig bei Festen und großen Anlässen wie beispielsweise Hochzeiten: Die Männer tragen dunkle Anzüge aus Wollstoff, Hemden und gestrickte Kappen, die Frauen weite Röcke, Schürzen und Schultertücher. Festlichkeiten sind auch eine gute Gelegenheit, um die traditionellen *bryndzové halusky* zu genießen, Kartoffelknödel, die mit Schafskäse serviert werden.

Slowenen

Die Slowenen waren zusammen mit den Kroaten die treibenden Kräfte der Unabhängigkeitsbewegung, die 1991 zur Auflösung des früheren Jugoslawien führte. Die Slowenen befanden sich nach dem Auseinanderbrechen des Staates in vielerlei Hinsicht in einer besseren Position als die anderen ethnischen Gruppen. Sie waren schon lange westlich orientiert und hatten einen höheren Lebensstandard, und dieser Unterschied hat sich seit der Unabhängigkeit noch weiter verstärkt.

Fast zwei Millionen Slowenen leben in der Nordwestecke des ehemaligen Jugoslawien. Ihr neuer Staat, Slowenien, ist bergig und besteht zu großen Teilen aus Kalksteinkarst. Diese geologischen Gegebenheiten machen das Land für eine intensive Landwirtschaft ungeeignet und bis zu einem gewissen Maß von Getreideimporten abhängig. Nichtsdestotrotz werden Weizen, Roggen, Hafer, Gerste und Kartoffeln angepflanzt und Viehwirtschaft betrieben. Forstwirtschaft, Industrie und der Tourismus sind ebenfalls wichtige Wirtschaftszweige. Heute leben etwa 50 Prozent der Slowenen in Städten, wobei die größte und bevölkerungsreichste die Hauptstadt Ljubljana, ist.

Die Slowenen sind ein slawisches Volk, das die Region seit mehr als 13 Jahrhunderten besiedelt. Sie sprechen Slowenisch, eine alte südslawische Sprache, die viele Dialekte und Unterdialekte hat. Nachdem die Slowenen sich im siebten Jahrhundert einem Bund von Slawen angeschlossen hatten, fielen sie im späten achten und frühen neunten Jahrhundert unter die Herrschaft der Franken und wurden in großem Umfang zum Christentum bekehrt. Einen Großteil seiner Geschichte stand Slowenien jedoch unter deutscher Herrschaft und Einwirkung, dann unter österreichischer und österreichisch-ungarischer Kontrolle bis nach dem Ersten Weltkrieg, als schließlich Jugoslawien – das »Land der Südslawen« – gegründet wurde. Nach dem Zweiten Weltkrieg wurde es kommunistisch, doch es gelang Jugoslawien, sich die regionale Autonomie zu sichern.

Während der kommunistischen Ära erging es der römisch-katholischen Kirche in Slowenien besser als in anderen Gebieten Jugoslawiens. Heute stellen ihre Mitglieder mehr als 70 Prozent der Bevölkerung, während etwa 5 Prozent der Gesamtbevölkerung der serbisch-orthodoxen oder der protestantischen Kirche angehören. Der Katholizismus ist seit Jahrhunderten untrennbar mit der slowenischen Kultur verbunden. Und obwohl der regelmäßige Besuch des Gottesdienstes auch hier nachgelassen hat, beeinflusst die Kirche weiterhin die kulturellen Feste und die meisten Ereignisse im Lebenszyklus der Menschen. Die Slowenen feiern vor der Fastenzeit begeistert den Karneval, *pust* genannt, der christliche und vorchristliche Elemente miteinander verbindet. Sowohl Kinder als auch Erwachsene verkleiden sich, und die Kinder ziehen dann von Tür zu Tür und lassen sich von den Nachbarn Süßigkeiten schenken.

Musik und Tanz – sowohl traditionell als auch modern – spielen in der slowenischen Kultur eine sehr wichtige Rolle. Chormusik ist recht beliebt, und es gibt Hunderte verschiedener Gesangsgruppen. Für viele Leute gehören Familienunternehmungen und der Besuch von Freunden zu den Freizeitbeschäftigungen.

In der slowenischen Küche kommen Kartoffeln häufig auf den Tisch, ebenso Brot und Kuchen. *Potica*, ein Festtagsbrot, das entweder aus süßem oder salzigem Teig gebacken wird, gibt es zu Feiertagen, insbesondere an Weihnachten und Ostern. In den letzten Jahren ist der Alkoholkonsum um 25 Prozent gestiegen, und Alkoholmissbrauch ist bei vielen Slowenen, ungeachtet ihres Alters oder Geschlechts, anerkanntermaßen ein großes Problem.

OSTEUROPA

JUDEN • ROMA • RUSSEN • UKRAINER

JUDEN

FAST ALLE JUDEN IN EUROPA gehören einer von zwei Gruppen an, die sich auf Grund der geographischen Lage ihrer Herkunftsregion, der Sprache und der Kultur voneinander unterscheiden: den aschkenasischen Juden, beziehungsweise Aschkenasim, oder den sephardischen Juden, den Sephardim. Beide glauben an den Vorrang des babylonischen Talmud und halten an einigen grundlegenden Lehren und Praktiken des Judaismus fest. Doch abgesehen von diesen Gemeinsamkeiten gibt es eine Unmenge bedeutsamer Unterschiede.

Im striktesten Sinne des Wortes sind die aschkenasischen Juden ein Volk, das in den deutschsprachigen Gebieten Europas, insbesondere im Rheinland, gelebt hat oder von Vorfahren abstammt, die dort lebten. Seit vorrömischer Zeit haben sich die Aschkenasim, durch die jiddische Sprache miteinander verbunden, in ganz Nord-, Mittel- und Osteuropa angesiedelt. Das Jiddische ist eine Mischung aus Mittelhochdeutsch mit hebräischen und aramäischen Begriffen wie auch slawischen Einflüssen, wird aber in hebräischer Schrift geschrieben. Als Lingua Franca verband es die Juden in ihren weit auseinander liegenden Regionen und diente als Sprache zur religiösen Unterrichtung insbesondere von Frauen und weniger gebildeten Männern. Hebräisch war dagegen die Sprache der gebildeten Männer. Ein einflussreiches jiddisches Verlagswesen förderte eine umfangreiche Sammlung sowohl religiöser als auch säkularer Literatur.

Als Teil der weltweiten jüdischen Diaspora hielten Europas Aschkenasim an dem traditionellen Glauben fest, die Juden würden irgendwann in Israel vereint werden. Sie besetzten in der Wirtschaft einige Nischen, darunter jene des Geldhändlers und Kaufmanns. Doch die zunehmende Verfolgung und erzwungene Umsiedlung veränderte die jüdischen Gemeinden in Europa und kulminierte während des Zweiten Weltkriegs im entsetzlichen Genozid durch die Nazis. Nach dem Krieg gab es die größten Gruppen von aschkenasischen Juden in Russland, Weißrussland und in der Ukraine. Heutzutage stellen die Aschkenasim 80 Prozent der weltweiten jüdischen Bevölkerung, mit großen Auswanderersiedlungen in Israel, Nord- und Südamerika, Australien und Südafrika.

Die Gemeinschaft der sephardischen Juden entwickelte sich auf der iberischen Halbinsel, wo es schon in römischer Zeit jüdische Siedlungen gab. (Sepharad bezieht sich auf das Land der Verbannung, das im alttestamentarischen Buch Obadja erwähnt wird.) In Südspanien und Portugal entstanden große jüdische Gemeinden. Nach der Eroberung durch die Mauren im Jahr 711 erlebten die Sephardim kulturell und wirtschaftlich ein Goldenes Zeitalter, das aber von zunehmenden Verfolgungen begleitet wurde und schließlich sein Ende fand, als die Juden 1492 aus Spanien und 1497 auch aus Portugal vertrieben wurden. Doch manche Sephardim blieben und traten pro Forma zum Christentum über, wurden aber dennoch weiterhin diskriminiert. Mehrere Wellen der Vertreibung sephardischer Juden führten zur Gründung von Gemeinden auf dem Balkan und in Italien, in Nordeuropa, Nordafrika und in der Neuen Welt.

Die frühen Sephardim sprachen Ladino, manchmal auch Judenspanisch genannt, einen Dialekt des kastilischen Spanisch mit Einflüssen aus dem Hebräischen, dem Türkischen und anderen Sprachen. Ladino, zunächst in hebräischer Schrift geschrieben, verwendete später das lateinische Alphabet. Wie beim Jiddischen entwickelte sich eine große Sammlung religiöser und säkularer Ladino-

Literatur in Verbindung mit einer fruchtbaren mündlichen Tradition, zu der die typisch iberische Form der Ballade, als *romancero* bekannt, zählt. Zwar sprechen manche Leute noch Ladino, doch die meisten sephardischen Juden gebrauchen heute die Sprache des Landes, in dem sie leben.

Die Sephardim unterscheiden sich von den Aschkenasim insofern, als sie auf die jüdischen Traditionen des alten Babylon ausgerichtet sind. Die Aschkenasim folgen dagegen jenen Palästinas. Im Wesentlichen weichen die beiden Gruppen in ihrer Interpretation einiger religiöser Gesetze, im Ausmaß, wie sie bestimmte Fastengebote einhalten, und in Einzelheiten ihrer Gottesdienste von einander ab. Heute bezeichnen sich Juden, die die sephardischen Traditionen befolgen, auch dann als Sephardim, wenn ihre Vorfahren nicht von der iberischen Halbinsel kamen.

Roma

Die Roma sind unter einer Reihe von Namen bekannt, von welchen einige – wie »Gitanes« in Frankreich, »Czigany« in Ungarn und »Gypsy« in England – ihnen irrtümlicherweise eine ägyptische Herkunft zuschreiben. In Wahrheit wurde die Herkunft der Roma anhand ihrer Sprache in den Nordwesten Indiens zurückverfolgt: Sie sprechen Romani, eine indische Sprache, von der sich das Wort »Roma« ableitet, das so viel bedeutet wie »Mensch« oder »Volk«.

Eine Theorie erklärt die Vertreibung der Gruppe im 11. Jh. aus Indien mit ihrer Rekrutierung als Soldaten zur Bekämpfung islamischer Invasoren, die sie dann im Laufe der Jahrhunderte ins byzantinische Reich und bis nach Südosteuropa verfolgten. Heute sind die Roma in jedem Land Europas eine Minderheit, und ihre Zahl wird weltweit auf 8 bis 12 Millionen geschätzt. Genaue Zahlen kennt man nicht, zum einen, weil ihre lange Geschichte der Diskriminierung dazu geführt hat, dass sie ihre Herkunft ungern offenbaren. Die Nazis haben sie verfolgt und während des Zweiten Weltkriegs mehr als eine halbe Million Roma umgebracht. Auch die kommunistischen Regime unterdrückten ihre Kultur, doch die Repressalien waren mit dem Zusammenbruch des Kommunismus nicht etwa zu Ende. Der wachsende Nationalismus führte zu neuerlicher Gewalt. Der erste Welt-Roma-Kongress 1971 bildete ein dringend benötigtes Forum im Kampf gegen Rassismus und den Verlust kultureller Identität.

Lange Zeit haben die Roma am Rande der Gesellschaften gelebt, mitunter, um Diskriminierungen zu entgehen, aber auch auf Grund ihres Wanderlebens. Jahrhundertelang reisten die Familien in bunt bemalten, von Pferden gezogenen Wagen durchs Land und betrieben Geschäfte, die mit dieser Art von Nomadentum vereinbar waren. Sie waren Pferdehändler, Hausierer, Kesselflicker, Musiker, Wahrsager und Jahrmarktsschausteller.

Die Roma haben sich im Laufe der Zeit verschiedenen Konfessionen angeschlossen, häufig abhängig von der vorherrschenden örtlichen Tradition. Doch obwohl sie viele Riten der jeweiligen Hauptreligion befolgen, fügen sie gelegentlich ihre eigenen hinzu. So versammeln sich zum Beispiel die Mitglieder der römisch-katholischen Kirche jährlich im Mai im französischen Rhône-Delta, um die Schwarze Sarah, ihre Schutzheilige, zu ehren, obwohl diese von der Kirche nicht anerkannt wird. In jüngster Zeit haben sich viele Roma der Pfingstbewegung angeschlossen.

Fünfzig Jahre Eheglück liegen in diesem Kuss eines Paares von der Krim, das in der Stadt Sewastopol, Ukraine, seine Goldene Hochzeit feiert. Zu den Bewohnern der Krim, einer großen Halbinsel im Schwarzen Meer, gehören auch viele russische Pensionäre, die das angenehme Klima der Gegend genießen.

Die Roma sind in Clans organisiert, die gewöhnlich Mitglieder mit ähnlichen Berufen aufweisen und jeweils einen Chef beziehungsweise Führer haben. Roma-Sippen, legen gemeinsam enorme Entfernungen zurück, heute jedoch meist mit Wohnwagen und Wohnmobilen. Musik und Tanz gehören zu ihrer Kultur und haben als Zigeunermusik andere europäische Kulturen beeinflusst.

Marimé, der Reinheitskodex der Roma, ist ein Überbleibsel der indischen Ursprünge des Volkes und umfasst eine Reihe von Tabus in Bezug auf soziale Beziehungen und Essensgewohnheiten. Infolgedessen ist die traditionelle Roma-Gesellschaft eine in sich geschlossene, die Hochzeiten außerhalb der Gruppe und sonstige Kontakte mit *gadjés* meidet, das heißt mit Nicht-Roma, die allesamt für unrein gehalten werden. Im Idealfall wurden die Ehen – zwischen sehr jungen Brautleuten – arrangiert.

Während die Geburtenraten bei anderen ethnischen Gruppen Europas zurückgehen, steigen die der Roma dramatisch an. Manche Demographen gehen sogar davon aus, dass im Jahr 2060 die Roma-Bevölkerung der Slowakei größer sein wird als die der Slowaken.

Russen

Die grösste ethnische Gruppe Europas, die Russen, geht auf frühe slawische Stämme zurück, die sich bis zum ersten Jahrtausend n. Chr. in dem Gebiet nördlich des Schwarzen Meers angesiedelt hatten. Im neunten Jahrhundert, als die Wikinger auf dem Gebiet der Kiewer Rus eine Dynastie errichteten, lebten viele verschiedene Stämme in der Region.

Der offizielle Übertritt zur russisch-orthodoxen Kirche wurde 988 n. Chr. vollzogen und verband die Russen mit dem byzantinischen Reich. Die Besetzung durch die Mongolen von Mitte des 13. bis ins späte 15. Jh. schnitt das Volk jedoch von den aus Westeuropa kommenden kulturellen Einflüssen ab. Diese gelangten erst ab dem frühen 18. Jh. ins Land, als Zar Peter der Große (1672–1725) Russland schließlich modernisierte und europäisierte und das Territorium vergrößerte, eine Politik, die unter Katharina der Großen (1729–1796) weiterverfolgt wurde. Während die Zaren Russlands Grenzen erweiterten, integrierten die ursprünglich slawischen Stämme Gruppen finnischer, türkischer, sibirischer und baltischer Herkunft und entwickelten sich zum heutigen russischen Volk, das etwa 120 Millionen Menschen zählt. In der post-sowjetischen Zeit haben ethnische Auseinandersetzungen in einigen Teilen Russlands, vor allem in Tschetschenien, einem Gebiet im Kaukasus, zu Gewaltausbrüchen geführt.

Die russische Sprache gehört zum ostslawischen Zweig der indo-europäischen Sprachfamilie. Eine alte Form des Russischen, das Altkirchenslawische, lebt in der russisch-orthodoxen Kirche fort. Bis zum zehnten Jahrhundert kannte das Russische keine geschriebene Form, doch dann wurde das von den Mönchen Kyrill und Methodius entwickelte kyrillische Alphabet, eine Kombination lateinischer, griechischer und hebräischer Schrift, eingeführt.

Obwohl die russisch-orthodoxe Kirche während der Sowjetära offiziell unterdrückt wurde und fast 85 Prozent der Kirchen geschlossen und ihre Besitztümer konfisziert wurden, hat sie überlebt und in den letzten Jahren erneut großen Zulauf und als beliebte kulturelle Institution Anerkennung erfahren. Auch christliche Religionsgemeinschaften aus dem Westen üben im heutigen Russland einen beachtlichen Einfluss aus.

Die Russen waren traditionell ein bäuerliches Volk. Jahrhunderte lang waren viele Menschen Leibeigene, die jedoch selbst nach ihrer Befreiung im Jahr 1861 kaum eine Verbesserung ihrer Lebensbedingungen erlangten. Während der Sowjetzeit von 1917 bis 1991 bemühte sich die Zentralregierung, das gesamte Volkseigentum zu verwalten, und organisierte riesige Staatsbetriebe und Kolchosen.

In post-sowjetischer Zeit hat sich manches dramatisch verändert. Das Einkaufen ist leichter geworden: Die langen Schlangen vor Lebensmittelgeschäften und Kaufhäusern sind verschwunden. Doch eines hat sich nicht verändert, nämlich die Wohnungsknappheit. Gewöhnlich lebt ein junges Paar nach der Hochzeit bei den Eltern des Bräutigams, bis es eine Wohnung bekommt – worauf es manchmal lange warten muss. Kinder sind nach wie vor hoch geschätzt, und Eltern opfern einen Großteil ihrer Zeit und ihres Geldes für sie. Leider ist der Lebensstandard der meisten Leute niedrig.

Die Russen haben eine reiche Volkskultur, vor allem auf dem Gebiet von Musik und Kunsthandwerk. *Byliny* sind traditionelle Heldengesänge, von welchen einige mehr als tausend Jahre alt sind. Der Gesang wird häufig auf der Balalaika begleitet, einem dreisaitigen, dreieckigen Instrument. In allen Schichten der russischen Gesellschaft erfreuen sich auch die klassische Musik, die Literatur und das Schachspiel großer Beliebtheit.

Eine typisch russische Mahlzeit besteht aus vier Gängen, und häufig wird Borschtsch aufgetischt, eine Suppe aus Roter Bete und Fleisch, die mit Sauerrahm abgeschmeckt wird. Zu den anderen traditionellen Köstlichkeiten zählen *ikra* (Kaviar) und *blini* (kleine, gefüllte Pfannkuchen). Gesüßter heißer Tee, Wodka und Weinbrand sind typische Getränke. Die Russen feiern die Festtage des orthodoxen liturgischen Jahres, ebenso die Feste im Lebenszyklus wie Hochzeiten und bestandene Prüfungen.

Ukrainer

Die Ukrainer sind eine Mischung aus slawischen Stämmen, die sich in den riesigen Grasebenen, das heißt den Steppen westlich des Schwarzen Meeres ansiedelten. Bis zum Mittelalter hatten Gruppen in der Gegend um Kiew die Vorherrschaft gewonnen, und eine Union von Stämmen, Kiewer Rus genannt, beherrschte die Region zwischen dem 9. und dem 13. Jahrhundert. In dieser Zeit nannte man das Volk die Ruthenen. Nach dem Fall des zaristischen Russland wurde 1918 eine unabhängige ukrainische Republik ausgerufen. Sie hatte jedoch nur kurz Bestand, da die Sowjetführer die Ukraine schon bald ihrem sozialistischen Staat einverleibten. Erst 1991 wurde die Ukraine ein unabhängiger Staat.

Heute stellen annähernd 37 Millionen Ukrainer etwa drei Viertel der Bevölkerung des Landes. Sie sprechen Ukrainisch, das zur ostslawischen Sprachfamilie gehört und in kyrillischer Schrift geschrieben wird. Seit dem Ende der Sowjetära hat diese Sprache wie auch andere Bereiche der ethnischen Identität an Bedeutung gewonnen, während die russischen Einflüsse und Sprache in der Ukraine zurückgedrängt werden.

Die mit fruchtbaren Böden gesegnete Ukraine wurde als die »Kornkammer Europas« betrachtet, bis 1986 die Kernschmelze in Tschernobyl einige landwirtschaftlichen Gebiete für Jahre radioaktiv verseuchte. Heute bestellen die Leute den Boden in Gegenden, die davon nicht betroffen waren, pflanzen Getreide, Früchte und Gemüse an und betreiben Viehwirtschaft. Die ukrainischen Bauern leben in Dörfern, die oft mehr als tausend Einwohner haben. Bis ins 20. Jh. war es nicht ungewöhnlich, dass drei Generationen unter einem Dach zusammenlebten. Seitdem ist jedoch sowohl auf dem Lande wie in den Städten, in denen etwa zwei Drittel der Gesamtbevölkerung leben, die Kleinfamilie die Norm. Die Industrie, darunter der Abbau von Kohle und anderen Bodenschätzen, konzentriert sich auf den Osten des Landes.

Die meisten Leute gehören einem Zweig der orthodoxen Ostkirche an. Auf Grund ihrer Nähe zum Nahen Osten übernahmen die Ukrainer schon früh das Christentum, obwohl der Herrscher des Kiewer Reiches aus Staatsgründen erst 988 offiziell zu diesem Glauben übertrat. Von den vielen christlichen Festen, die von den Ukrainern begangen werden, bleibt Ostern das bedeutendste, wichtiger als Weihnachten. Vorchristliche Einstellungen beeinflussen weiterhin den Umgang mit Lebenseinschnitten, insbesondere bei Todesfällen. Doch Eheschließungen werden bei den Ukrainern ganz besonders groß gefeiert.

Die Ukrainer sind ein überschwängliches Volk und begrüßen einander mit Umarmungen, kräftigem Händeschütteln oder drei Küsschen auf die Wangen. Sie haben gerne Gäste und nehmen Alltagsereignisse häufig zum Anlass für spontane Feiern. Bei ukrainischen Festen spielt das Essen eine wichtige Rolle, was man an der Vielzahl von Brotsorten erkennt, die bei verschiedenen Anlässen aufgetischt werden. Ein Abendessen wird in der Regel erst dann als vollständig betrachtet, wenn Borschtsch, eine Suppe aus Roter Bete und Fleisch, serviert wird.

Mindestens eine Form der ukrainischen Volkskunst genießt weltweite Anerkennung: *pysanky*, das verzierte Osterei. Diese Kunst geht auf vorchristliche Zeiten zurück und wurde schließlich mit christlicher Symbolik und Bedeutung erfüllt. Kunstvolle Stickereien auf Kleidungsstücken und Gebrauchstextilien, stellen eine weitere typische Form der Volkskunst dar. Die Ukrainer sind außerdem begeisterte Tänzer und Sänger und wegen ihrer einzigartigen Neujahrslieder bekannt.

Eine Roma tanzt in Arles, Frankreich, zu ihrem eigenen Rhythmus. Die Roma ganz Europas haben aus ihrer Ursprungsheimat Indien ihre einzigartigen Musikrhythmen mitgebracht.

SANDWICHS
PAN BAGNA
SALADE "niçoise"

Afrika ist die Wiege der Menschheit. Hier lebten vor mehr als vier Millionen Jahren unsere hominiden oder menschenähnlichen Vorfahren. Der gewaltige Erdteil, der von Norden nach Süden 8000 und von der Somali-Halbinsel im Osten bis zum Senegal im Westen 7600 Kilometer misst, wurde über die Jahrtausende von einem bunten Völkergemisch besiedelt, das heute seine Wüsten und Regenwälder, Berge und Täler bewohnt.

So verschieden wie die Umweltbedingungen sind auch die sozialen und politischen Strukturen der afrikanischen Völker. Die Nuer im Sudan etwa kennen keine politischen Führer, während die Zulu in Südafrika für ihr einst straff militaristisch ausgerichtetes Königreich bekannt waren. Völker wie die Asante und die Yoruba im Westen und die Waganda, Wanyoro und Tutsi im Osten gründeten große Staaten; andere Völker wie die südafrikanischen Shona und Tswana, waren in kleineren Königtümern organisiert. Die Bambuti und Efe-Pygmäen in Zentralafrika und die San in der Kalahari leben noch heute als Jäger und Sammler ohne anerkannte politische Autorität.

Die unzähligen afrikanischen Sprachen lassen sich in vier übergreifende Sprachfamilien – Afroasiatisch, Niger-Kongo,

Subsaharisches Afrika

Mit seinem Kopfschmuck aus Perlen, Muscheln und Straußenfedern gibt ein Maasaikrieger eine imposante Erscheinung ab.

Nilosaharanisch und Khoisan – gliedern, die wiederum zahlreiche Untergruppen und Sprachen beinhalten. Durch die lange Kolonialzeit – sie dauerte bis in die 1960er – werden in Afrika auch europäische Sprachen gesprochen. Die einstigen Kolonien Frankreichs und Belgiens in West- und Zentralafrika sprechen Französisch. Englisch hört man im Westen, Osten und Süden, und Portugiesisch spricht man in den ehemals von Portugal besetzten Gebieten Angola, Mosambik und Guinea-Bissau.

Obwohl die Familien- und Sozialstrukturen der afrikanischen Völker beachtliche Unterschiede aufweisen, finden sich doch einige generelle Muster. Die Ehe zum Beispiel gilt eher als Bund von Gruppen denn von Einzelpersonen, und dieser Bund wird durch die Brautgabe, die der Bräutigam an die Familie der Braut entrichtet, symbolisiert und legalisiert. In vielen Gesellschaften ist ein Teil des Betrages bereits im Voraus zu entrichten, um die Hochzeit einzuleiten. Viele Afrikaner gestatten Polygamie, die Ehe eines Mannes mit mehr als einer Frau, obwohl eine Gegend in Nigeria einst auch Polyandrie, die Ehe einer Frau mit mehreren Männern, zuließ. Unter den Lese in der Demokratischen Republik Kongo und bei einigen anderen Ethnien in West- und Zentralafrika kann eine unfruchtbare Frau eine andere Frau heiraten, deren Kinder dann als Nachkommen der unfruchtbaren Frau gelten.

Die große Mehrheit afrikanischer Völker geht von einer unilinearen Abstammung aus: In matrilinearen Gesellschaften werden die Verwandschaftsbeziehungen über die mütterliche Linie definiert, in patrilinearen Gesellschaften über die väterliche Linie. In beiden Fällen jedoch kommt den Männern größere Autorität zu. Sie liegt in matrilinearen Gesellschaften beim Bruder der Mutter. Eine kleine Gruppe afrikanischer Gesellschaften leitet ihre Herkunft bilateral ab.

Einige afrikanische Völker sind für ihre Kunst berühmt, die ein breites stilistisches Spektrum zeigt und meist rituellen Zwecken diente. Die bekanntesten Arbeiten sind Opfer- und Kultfiguren, sowie bei rituellen Auftritten getragene Masken. Bei den Dan in Liberia beispielsweise tragen die Mitglieder von Geheimbünden Masken, wenn sie Straftäter verfolgen oder als Richter Streit schlichten. Den Akan-Frauen in Ghana helfen Figurinen bei der Geburt des Kindes. Aus Afrika stammen auch gewaltige Mengen an Kunstobjekten, die speziell für den europäischen und nordamerikanischen Kunstmarkt angefertigt werden. Stilistisch und qualitativ sind diese Werke häufig nur schwer von den alten Arbeiten zu unterscheiden. Afrikanische Völker praktizieren viele Religionen, darunter auch Islam, Christentum, Judentum und Hinduismus. Vor allem in Westafrika hat der Islam viele Anhänger wie etwa die Haussa in Nigeria und andere Völker.

Auch die Wirtschaftsformen im heutigen Afrika weisen eine große Bandbreite auf: In einigen Regenwaldgebieten Zentralafrikas bilden Jagen und Sammeln die Existenzgrundlage, in Westafrika findet man ausgedehnte Plantagenwirtschaft und in Südafrika werden Diamant- und Goldvorkommen ausgebeutet. Oft sind die Unterschiede zwischen städtischen und ländlichen Gebieten recht drastisch. Manche Afrikaner leben in perfekt ausgestatteten Hochhauswohnungen und arbeiten als Ingenieure, Lehrer, Ärzte, Rechtsanwälte oder Software-Entwickler. Gleichzeitig leben viele ihrer Landsleute in strohgedeckten oder Wellblech-Hütten ohne sanitäre Einrichtungen und Elektrizität und manchmal auch ohne Anbindung an die Städte; sie verbringen ihr Leben als Hirten, Jäger oder Bauern. Fern jeglicher

Macht fristen viele dieser Menschen ein Leben am Rande des Existenzminimums, vor allem in manchen entlegenen Gebieten wirtschaftlich angeschlagener Staaten wie Äthiopien oder der Demokratischen Republik Kongo. Einige Afrikaner leben noch als Nomaden. Sie haben nur wenig materiellen Besitz, der sich leicht transportieren lässt, und auch ihre Unterkünfte sind schnell aufzubauen und zu zerlegen.

Entgegen der weit verbreiteten Meinung, die afrikanischen Völker und Ethnien seien autonome und isolierte Gesellschaften gewesen, hatten zahlreiche Gruppen untereinander lange, intensive Kontakte. Im Laufe der Jahrhunderte wurden kulturelle Elemente ausgetauscht, übertragen und modifiziert, so dass es heute nahezu unmöglich geworden ist, die Herkunft eines bestimmten Rituals zu bestimmen. Die »eigenständigen Kulturen« des Kontinents sind in vielfältiger Weise miteinander verbunden. Darüber hinaus haben auch die Europäer, zunächst als Händler entlang der Küste, später als Kolonialherren, auf nahezu dem gesamten Kontinent ihre Spuren hinterlassen. Und im östlichen Afrika haben arabische und indische Kaufleute die Kultur der Küste und ihres Hinterlandes geprägt. Heute behaupten sich in Afrika die einheimischen Glaubensvorstellungen neben den großen Weltreligionen, stehen überlieferte Heilmethoden ebenso zur Verfügung wie westliche Medizin, existieren Tradition und Moderne nebeneinander. Das Geheimnis des »dunklen Kontinents«, der einst Abenteurer und Forscher anlockte, ist entschlüsselt, aber noch immer fasziniert dieser Erdteil seine Besucher durch seine grandiosen Landschaften, sein reiches kulturelles Erbe und seine gelebten Traditionen.

Nachfolgende Seiten: San in der Kalahari-Wüste Südafrikas. Ein komplexes soziales Netzwerk, das die Verteilung von Nahrung regelt, sichert ihr Überleben in dieser lebensfeindlichen Umgebung.

SUBSAHARISCHES AFRIKA

In Uhrzeigersinn von oben: Mädchen in Ostafrika, ein äthiopischer Priester, Massa-Mädchen und ein Buschmann-Hirte

WESTAFRIKA

ZENTRALAFRIKA

OSTAFRIKA

SÜDAFRIKA

WESTAFRIKA

ASANTE • BAMBARA • DOGON • FANG • HAUSSA • WOLOF • YORUBA

ASANTE (Ashanti)

FAST 1,5 MILLIONEN ASANTE LEBEN in Südghana. Ihre Sprache gehört zur Akan-Gruppe der Twi-Sprachfamilie. Die Asante sind bekannt für ihre farbenfrohen *kente*-Stoffe mit geometrischen Mustern.

Das mächtige Königreich der Asante entstand im 17. Jh. in den Waldgebieten Zentralafrikas aus einem Bund mehrerer kleinerer Staaten. Als Symbol der staatlichen Einheit wurde zu jener Zeit der Goldene Stuhl eingeführt. Die heilige Reliquie soll als Antwort auf die Gebete von Okomfe Anokye, des legendären Priesters und Ratgbers, vom Himmel geschwebt und vor Osei Tutu niedergegangen sein, der als erster Asantehene oder Asante-Herrscher an die Macht gekommen war. Der Goldene Stuhl, dem man noch heute mit königlichen Ehren begegnet, reiste mit Gefolge und stand in einem eigenen Palast. Es hat nie jemand auf ihm gesessen.

Die Asante lebten vom Sklaven- und Goldhandel mit den Haussa, den Manding und den europäischen Händlern an der Küste. Im Tausch gegen Sklaven und Gold erhielten sie Feuerwaffen, dank derer sie ihre Vormachtstellung ausbauen konnten und vielfältige Luxusgüter, die zu Statussymbolen und Insignien der Macht wurden. Aus den umliegenden Wäldern bezogen die Asante eine weitere wirtschaftlich wichtige Ware: Kolanüsse. Diese waren als Geschenk begehrt und dienten als mildes Aufputschmittel.

Heute sind die Asante vorwiegend Bauern, die Kakao für den Export und Jams, Kochbananen und andere Früchte für den einheimischen Markt anbauen. Unter ihnen finden sich meisterhafte Schnitzer, Goldschmiede, Schmiede und Weber. Der berühmte, ursprünglich von Herrschern getragene Kente-Stoff wird nun vom einfachen Volk getragen und ist auch für viele Afro-Amerikaner ein wichtiges kulturelles Symbol.

Die meisten Asante leben in der Asante-Region von Süd- und Zentralghana, deren Mittelpunkt Kumasi ist, nach Accra die zweitgrößte Stadt des Landes. In den Dörfern leben erweiterte Familienverbände verschiedener matrilinearer Clans, die ihre Herkunft von weiblichen Ahnen ableiten.

Die Bevölkerung besteht aus Christen, Moslems und Animisten, aber die Asante bewahren ihre Bräuche und ihren Glauben an die Geisterwelt, die allen vertraut sind.

BAMBARA

MALIS GRÖßTES VOLK, DIE BAMBARA, zählt ungefähr drei Millionen Menschen und lebt vor allem im Westen des Landes und am Niger. Die Bambara sprechen Bamana, eine Manding-Sprache, die in Mali besonders im geschäftlichen Bereich und im Handel verbreitet ist. Bamana gehört zur Niger-Kongo-Sprachgruppe, zu der auch die Bantu-Sprachen wie Suaheli und Zulu gehören.

Im 18. Jh. gab es zwei Bambara-Königreiche: Segu und Kaarta. Im 19. Jh. wurden diese Reiche von den moslemischen Truppen der Toncouleur überrannt, aber viele Bambara misstrauten dem Islam. Erst als die Franzosen in diesem Gebiet als Kolonialmacht Fuß fassten und der Widerstand gegen ihre Präsenz wuchs, erhielt auch der Islam Zulauf. Heute sind fast 80 Prozent der Bambara Moslems.

Die Bambara sind Bauern, die Sorghum , Erdnüsse und vor allem Hirse anbauen. In Gärten ziehen sie zudem Mais, Kassava, Tabak und zahlreiche andere Pflanzen. Da häufige Dürreperioden die Landwirtschaft beeinträchtigen, halten viele zur Ergänzung ihrer Nahrung Vieh. Oft geben sie die Tiere in die Obhut von benachbarten Fulanihirten. Dieses Arrangement erlaubt den Bambara, sich in der kurzen Regenzeit von Juni bis September auf den Feldbau zu konzentrieren. Männer und Frauen teilen die Feldarbeit, wobei die Frauen die Felder früher verlassen, um die Mahlzeiten für ihre Familien zuzubereiten.

In den Bambaradörfern leben meist verschiedene Familien, die derselben Lineage oder erweiterten Familiengruppe angehören. Jeder Haushalt hat die Pflicht, alle Verwandten zu unterstützen und ihnen bei der Feldarbeit zu helfen. Die Mitglieder eines Gwa arbeiten jeden Tag zusammen außer montags, wenn Markt stattfindet. Generell sind Bambara-Häuser größer als die anderer westafrikanischer Gruppen und bieten bis zu 60 Menschen Unterkunft.

Für die Bambara bedeutet eine Hochzeit hohe Ausgaben, aber viele Männer sind zu großen Opfern bereit, weil sie diese als Investition sehen.

Als potenzieller Gewinn winken viele Kinder, die beim Ackerbau helfen und auf diese Weise zum Wohlstand der Familie beitragen können. Alle Erwachsenen heiraten, und es ist nicht ungewöhnlich, dass eine Frau acht oder mehr Kinder zur Welt bringt und das selbst eine ältere Witwe noch von Verehrern umworben wird, da die Ehe das Ansehen einer Person steigert.

Obwohl die meisten Bambara Moslems sind, haben sich alte Bräuche und Ideen gehalten. In vielen Gegenden

Bambarabauern bei der Hirseernte in Südmali. Wie andere Völker in Trockenzonen müssen sie hart arbeiten, um in der kurzen fruchtbaren Periode möglichst gute Erträge zu erzielen.

führen traditionelle religiöse Männergesellschaften Rituale zu Ehren der Ahnen und zur Förderung der Fruchtbarkeit von Land und Mensch durch. Jede Gesellschaft hat typische aus Holz geschnitzte Masken, die häufig Tiere darstellen.

Dogon

Die Dogon bewohnen heute die Felsregion von Bandiagara in Süd- und Zentralmali und Teile von Burkina Faso. Ihre Vorfahren sollen zu den ersten Bewohnern des Nigertals gehört haben. Von dort zogen die Dogon wahrscheinlich zwischen dem 13. und 15. Jh. nach Burkina Faso und flohen um 1490 vor dem Ansturm der Mossi in die schützenden Felsenregionen von Südmali.

Die etwa 250 000 Menschen zählende Bevölkerung spricht Dogon, eine Sprache der Volta-Sprachgruppe. Das soziale System der Dogon ist hierarchisch gegliedert. Die gesellschaftliche Position einer Person wird durch ihren Status in verschiedenen sozialen Gruppen wie Clan, Dorf bestimmt. Da Alter und Abstammung von entscheidender Bedeutung sind, spielen meist Personen mit einem hohem Rang innerhalb der Familie auch in der Gesellschaft eine wichtige Rolle.

Die Dogon errichten ihre Stein- und Ziegelhäuser in und auf den Felsen, aber auch unten in der Ebene. Sie gruppieren sich um einen offenen Innenhof für das Vieh. Oft stehen in den Ecken des Hofes dickwandige, festungsähnliche Türme, wo Hirse und Weizen gelagert wird. Die Türme dienten im Verteidigungsfall auch gegen Angreifer.

Weil die Dogon ein Bauernvolk sind, hat das Land in ihrem Leben, ihren religiösen Ideen und Praktiken große Bedeutung. Der Lebe-Kult etwa widmet sich der Erneuerung des Bodens, die Erdklumpen in seinen Altären sichern die fortwährende Fruchtbarkeit des Landes. Das vielleicht bekannteste bäuerliche Ritual ist das *bulu*, das vor dem Beginn der Regenzeit und der Aussaat stattfindet.

Ein wichtiger Aspekt der Dogon-Religion ist die Verehrung der Ahnen aber auch der Geister, denen man auf der Wanderung oder Reise begegnet. Die wichtigste Institution ist die Awa-Gesellschaft, die mit ihren Riten den Verstorbenen den Weg aus der Welt der Lebenden in die Totenwelt ebnet. Viele Zeremonien sind öffentlich, so auch die als *bago bundo* bekannten Begräbnisriten mit Masken und Tänzen und die *dama*-Zeremonie am Ende der Trauerzeit. Wichtigste Aufgabe der Gesellschaft ist die Planung der *sigui*-Zeremonien, die alle 60 Jahre stattfinden, wenn der Stern Sirius zwischen zwei Berggipfeln erscheint. Zu dieser Zeit werden die Aufgaben Verstorbener an Novizen übergeben. Zu allen Riten und Zeremonien gehören Maskentänze, sie werden von Männern ausgeführt, die wissen, wie man übernatürliche Wesen verkörpert, und das *sigi so*, eine besondere Sprache, beherrschen.

Die geschnitzten Masken und Statuen der Dogon sind häufig mit Spiral- und Karomustern in Schwarz, Weiß und Rot bemalt. Sie werden von Künstlern und Sammlern in aller Welt geschätzt.

Fang

Schätzungsweise eine Million Fang leben in den Regenwäldern von Nordwestgabun, Äquatorial-Guinea und Südkamerun. Das Volk lebt noch nicht lange in seinem Gebiet – es ist erst vor wenigen Jahrhunderten aus dem Nordosten eingewandert. Anfangs fürchteten die Fang die Europäer an der Küste, doch später tauschten sie Ebenholz und Produkte des Waldes mit ihnen, beteiligten sich aber nicht am weit verbreiteten Sklavenhandel.

Die Fang, die Wanderfeldbau oder Brandrodungsbau anwendeten Betreiben eine Wechselwirtschft mit Maniok und Kochbananen, um die Fruchtbarkeit des Landes zu erhalten und der starken Bodenerosion vorzubeugen. Heute bauen viele Fang Kakao oder Kaffee für den Verkauf an, andere verdienen ihren Lebensunterhalt in den Städten.

Außerhalb von Afrika sind die Fang wohl am besten bekannt für ihre Reliquienfiguren aus Holz, die den sozialen und ästhetischen Wert von Gegensatz und Vitalität verkörpern. Ihnen liegt die Idee zugrunde, dass aus Gegensätzen Kraft, Wachstum, Energie und neues Leben entsteht. Einfachstes Beispiel für dieses Konzept ist wohl die Verbindung von Mann und Frau, um Kinder zu zeugen. Das Prinzip der Dichotomie durchdringt auch die Architektur: Beim Betreten eines Fangdorfes sieht man gerade Häuserreihen, die einen zentralen Hof oder Platz umgeben und so ein Häuserviereck bilden. Clanmitglieder, die gegenüberliegende Häuser bauen, sagen oft: »Es ist besser, seinem Bruder über den Hof Beleidigungen zuzurufen, als sie ihm als Nachbar ins Ohr zu flüstern.« Dieses Sprichwort illustriert die Bereitschaft der Fang, Konflikte offen auszutragen.

Haussa

Die Geschichte der Haussa, die Nordnigeria und Südniger bewohnen, ist vom Aufstieg mächtiger Königreiche geprägt, die lukrative Handelsmärkte unter Kontrolle halten. Die Haussa lebten an Karawanenrouten, die bis in den Nahen Osten reichten, und so wurden sie fähige Händler, obwohl die Mehrheit sesshafte Bauern sind und waren.

Die Ursprungsmythen der Haussa erzählen vom Helden Bayajidda, der Königin Daura und ihr Volk vor einer mächtigen Schlange rettete. Zum Dank heiratete die Königin Bayajidda und gebar ihm sieben Söhne, von denen jeder ein Haussa-Königreich gründete. Diese verbündeten Reiche waren je nach Lage oder natürlichen Ressourcen wirtschaftlich und militärisch spezialisiert. Die Substaaten waren zum Beispiel als Beherrscher des Indigo, der Sklaven, Märkte, Verwaltung, des Krieges usw. bekannt. Stete militärische Wachsamkeit war nötig, um aggressive Nachbarn wie die Akan oder Songhay abzuwehren.

Spätestens ab dem 11. Jh. ist die Geschichte der Region eng mit dem Islam und dem Volk der Fulani verknüpft, die den Haussa im frühen 19. Jh. in einer Reihe von Djihads (Heiligen Kriegen) die Macht entrissen. In vielen Gegenden haben seither Mischehen die Unterschiede zwischen Haussa und Fulani verwischt, und im heutigen

Farbenfrohe Kente-Tücher schmücken eine Asante-Tänzerin in Ghana. Die Stoffe waren früher den Herrschern vorbehalten. Heute sind sie weit verbreitet und die Muster auch auf Druckstoffen sehr beliebt.

Nachfolgende Seiten: Mitgliederversammlungen einer Frauenorganisation in Côte d'Ivoire. In der ganzen Subsahara-Region vertreten Frauenverbände die politischen Interessen ihrer Geschlechtsgenossinnen. Sie fördern die Solidarität der Frauen, ermutigen zu wirtschaftlicher Unabhängigkeit und bereiten viele junge Frauen auf ihre Aufgaben als Erwachsene vor.

Seiten 210-211: Ein Dogonweissager deutet die Muster und Figuren im Sand.

Nigeria werden beide als eine Gruppe angesehen. Gemeinsam bilden sie die größte ethnische Gruppe des Landes und die zahlenmäßig größte Moslemgruppe im subsaharanischen Afrika.

In den ehemaligen Haussastaaten war die Herkunft entscheidend für eine politische Führungsposition. Personen, die ihre Herkunft von Bayajidda ableiten konnten, galten als königlich. Als der Islam das Gebiet erreichte, nahmen viele Haussaführer die neue Religion an und integrierten überlieferte Bräuche. Am Hof der Herrscher genossen Sänger – *maroka* – großes Ansehen, die oft auch als Chronisten der Sippengeschichte von Bedeutung waren. Der Kontakt zu den Maroka war begehrt, da er den Zugang zu einflussreichen Persönlichkeiten ermöglichte.

Im frühen 20. Jh. kolonisierten die Briten die Region, und in dieser Zeit wurde das Haussa-Gebiet in Nigeria integriert. Noch heute sind die Haussa Bauern und Händler, die für ihre mit Indigo gefärbten Stoffe bekannt sind. Das zur tschadischen Sprachgruppe gehörige Haussa ist eine in ganz Westafrika verbreitete Handelssprache.

Wolof

Als Nachbarn der Mandinka und Fulani sind die 2,5 Millionen Wolof die dominierende Ethnie an der Küste Senegals. Ihre Geschichte, die bis ins 12. und 13. Jh. reicht, wird in der Kunst der *griots* oder Sänger der oralen Tradition bewahrt.

Nach dem Fall des Reiches Ghana im 11. Jh. fühlten sich die Vorfahren der heutigen Wolof in ihrem Gebiet nicht mehr sicher und wanderten von Mali aus nach Westen zur Atlantikküste. Im 15. Jh. hatten sie in dem Land, das heute als Heimat der Wolof gilt, Fuß gefasst. Auch die Portugiesen drangen etwa zu dieser Zeit auf den afrikanischen Kontinent vor und bauten auf der Insel Gorée vor der Küste bei Dakar eine Festung, die später dem atlantischen Sklavenhandel diente. Zudem brachten im 15. Jh. mauretanische Imams den Islam nach Senegal. Heute sind die Wolof mehrheitlich Moslems, und viele Männer gehören Moslembruderschaften mit unterschiedlichen Ausrichtungen an.

Im traditionellen politischen System der Wolof spielten die Führer der wichtigsten Verwandschaftsverbände eine bedeutende Rolle.

Sie stellen eine Art Parlament und wählten unter den Kandidaten ein Oberhaupt. Bei den Wolof, die auch in den Sklavenhandel verwickelt waren, gab es Sklaverei, wobei wie in den anderen westafrikanischen Gesellschaften zwei Arten von Sklaven unterschieden wurden: solche, die in einen Haushalt geboren wurden, und andere, die man kaufte oder im Krieg gefangen nahm.

Heute sind die Wolof für ihre reiche Musiktradition bekannt. Sie entwickelten ein gewaltiges, differenziertes Sortiment an Harfen und Schlaginstrumenten. Am berühmten ist wohl die *tama* oder sprechende Trommel. Ihr Ton wird durch das Drücken von Schnüren verändert, die das Trommelfell mit der Trommel verbinden. Wichtig ist auch die *xalam*, eine fünfsaitige »Gitarre«. Einige zeitgenössische Wolofmusiker – wie etwa Youssou N'Dour

(Fortsetzung auf Seite212)

oder Baaba Mali – haben sich hervorragenden internationalen Ruf erworben.

Sorghum und Hirse sind Grundnahrungsmittel der Wolof, aber auch Tomaten, Erdnüsse, Bohnen, Paprika, Fisch und Reis finden sich auf dem Speiseplan. All diese Zutaten finden sich in den für die Wolof-Küche typischen scharfen Eintöpfen und Gerichten.

Yoruba

Eine der größten Gruppen in Afrika, das yorubasprachige Volk, ist in Südwestnigeria und den Nachbarländern Benin und Togo ansässig. Seit Jahrhunderten leben viele Yoruba bereits in Städten oder Stadtstaaten, die früher von einen König– oder *oba* – und einer obersten Ratsversammlung regiert wurden. Die alten Stadtstaaten führten häufig gegeneinander Krieg, bis Mitte des 18. Jhs. das Königreich Oyo die Oberhoheit errang und durch die Einigung eine Yoruba-Identität schuf, die bis heute fortbesteht.

Für die Yoruba spielte die Religion stets eine wichtige Rolle und traditionelle Vorstellungen üben noch heute großen Einfluss im täglichen Leben aus, auch wenn Christentum und Islam heute weit verbreitet sind. Olorun ist der höchste Gott, aber er hat keine Schreine. Die Menschen halten ihn für einen relativ passiven Gott und suchen stattdessen Hilfe bei den etwa 400 Gottheiten, die als *orisha* bekannt sind.

Die Yoruba glauben, dass sie nach dem Tod in das Reich der Ahnen eingehen, die Einfluss auf das Leben der Menschen nehmen. In seltenen Fällen können Menschen auch ein Orisha werden wie der Donnergott Shango, der einst ein gefeierter König war. Die spirituellen Ideen der Yoruba hatten großen Einfluss auf die Religionen der Neuen Welt: die Santería auf Kuba, die Orisha auf Trinidad oder Brasiliens Candomblé.

Die Yoruba sind bekannt für ihre hohe Zwillingsgeburtenrate. 45 unter 1000 sind Zwillingsgeburten; die Rate ist viermal höher als in den USA oder Großbritannien. Dieses biologische Phänomen hat in der Yoruba-Kosmologie einen besonderen Status für Zwillinge geschaffen: Man nennt sie Donnerkinder, weil man glaubt, dass die ersten Zwillinge Kinder Shangos waren. Zwillinge gelten als Segen und als Last: Ihre Erziehung bringt doppelte Arbeit, aber sie bringt den Eltern, die sie entsprechend pflegen, auch doppeltes Glück.

Zentralafrika

Efe • Bakongo • Mangbetu •
Tutsi und Hutu

Efe

Der zentralafrikanische Regenwald ist die Heimat der Efe, einer von mehreren Sammler- und Jägergruppen, die der Volksmund Pygmäen nennt – ein Bezeichnung, die zunehmend als abwertend gilt. Die Gesamtpopulation, einschließlich der Bambuti, Sua und Aka, zählt fast 200 000 Menschen.

Die etwa 3000 Efe sind ebenso wie die anderen Jäger- und Sammlervölker der Region kleiner als ihre bäuerlichen Nachbarn, die Lese: Die überwiegende Mehrheit der Männer und Frauen wird nicht größer als 1,47 Meter. Der Grund für ihre Kleinwüchsigkeit ist nicht genau bekannt, aber manche Forscher vermuten, dass sie eine Anpassung an ihre Umwelt im tropischen, feucht-heißen Regenwald darstelle. Kleinere Individuen haben mehr Oberfläche im Verhältnis zur Körpermasse und sind deshalb besser als große Menschen in der Lage, die Wärme abzuleiten.

Die Efe leben in Gruppen von vier bis zwanzig Personen, die ihre schnell aufgerichteten Hütten nur wenige Monate bewohnen, bevor sie neue Jagdreviere aufsuchen. Anders als die Bambuti, die Fangnetze verwenden, gehen die Efe ausschließlich mit Pfeil und Bogen auf die Jagd nach Affen und Duckern, einer kleinen afrikanischen Antilopenart. Allerdings können die Efe allein von dem, was sie im Regenwald finden, nicht überleben. Für eine ausgewogenen Ernährung sind sie auf kohlenhydratreiche Lebensmittel wie Kassava, Reis, Erdnüsse, Kartoffeln und Jams angewiesen, die sie von ihren bäuerlichen Nachbarn beziehen, mit denen sie langfristige, erbliche Tauschpartnerschaften eingehen; dabei verständigen sie sich in untereinander verständlichen Dialekten derselben sudanesischen Sprache.

Im Idealfall erbt ein Lesebauer den Sohn des Handelspartners seines Vaters als eigenen Partner (so wie man Besitz und Boden erbt). Fast jeder hat einen Partner und oft heißt es, ein »echter Mann« muss einen Partner haben. Die Efe bringen ihren Partnern Fleisch, Honig und andere Walderzeugnisse im Austausch für Feldfrüchte und Metall. Manchmal heiraten Bauern Efefrauen und ihre Kinder gelten bei beiden Gruppen als Angehörige der großwüchsigen Gruppe. Ehen zwischen Efemännern und Bauernfrauen sind jedoch untersagt. Aufgrund dieses einseitigen Partnertausches hat im Lauf er Zeit die Wuchshöhe der Bauern im Verhältnis zur Größe der Efe, die gleich geblieben ist, abgenommen.

Wegen ihrer eher nicht-sesshaften Lebensweise haben die Efe nur wenig materiellen Besitz. In künstlerischer Hinsicht sind sie vielleicht am bekanntesten für ihre charakteristischen Rindenbaststoffbilder, einfache schwarze geometrische Motive, die bei fast allen Pygmäengruppen verbreitet sind.

Bei einem Begräbnis in Ghana zeigen sich traditionelle Werte in neuer Verpackung: Die Form des Sargs weist auf die Quelle des Wohlstands und den sozialen Status des Verstorbenen hin. Hier wird ein erfolgreicher Fischer zu Grabe getragen.

Bakongo

Mehr als zwei Millionen Bakongo leben im Südwesten der Demokratischen Republik Kongo, in Nordwest-Angola und Süd-Kongo. Dieses Volk, das seine Abstammung über die weibliche Linie rechnet, leitet sich von zwölf Ahninnen ab, die den Gründern des alten Königreichs Kongo beistanden. 1482 trafen portugiesische Entdecker erstmals auf dieses Königreich und fanden ein blühendes, wirtschaftlich und politisch straff organisiertes Reich mit Häuptlingen, Gouverneuren und Richtern, einer starken Armee und einem Steuersystem vor. Obwohl die Portugiesen mit der Bekehrung des Volkes zum Christentum nur bedingt Erfolg hatten, bewahrtem sie ihm gegenüber Respekt und sagten ihm nach der Plünderung durch die Jaga im 16. Jh. Hilfe zu. Doch das Königreich Kongo erholte sich von diesem Einfall nicht mehr und wurde 1885 dem Belgischen Kolonialreich einverleibt.

Die Pygmäen Zentralafrikas leben in halbkugelförmigen Hütten aus Blättern und Ästen. Normalerweise sind die Eingänge der Hütten einander zugewandt; wenn aber Streit herrscht, werden die Hütten von einander abgewendet aufgebaut.

Im Lauf der Jahre nahmen Bakongo immer wieder Einfluss auf die Geschichte des Landes, vor allem 1960, als Joseph Kasavubu, ein Bakongo, das erste Staatsoberhaupt der jungen unabhängigen Republik Kongo wurde. Die Wirtschaft des alten Reiches basierte auf Handel und Landwirtschaft, die bis heute den Bakongo weitgehende Selbstversorgung ermöglicht. Sie folgen einer konventionellen Arbeitsteilung: Die Frauen bestellen die Kassava-, Bohnen- und Kürbisfelder, während die Männer die Gärten mit Ölpalmen hüten.

Die Bakongo sind in Städten und auf dem Land ansässig. In der Demokratischen Republik Kongo leben viele auch in unabhängigen religiösen Gemeinden, von denen einige sich auf die Religion des Propheten Simon Kimbangu berufen (1889–1951). Wie der Zulu-Zionist Isaiah Shembe entwickelte der Prophet basierend auf dem Christentum und einheimischen Glaubensrichtungen eine synkretistische Religion. Schließlich wurde Kimbangu so einflussreich, dass die belgische Kolonialregierung ihn zu lebenslanger Haft verurteilte, wo er nach Ansicht seiner Anhänger als Märtyrer starb. Mit gegenwärtig mehr als drei Millionen Anhängern war Kimbangus Kirche die erste afrikanische, die in den Weltkirchenrat aufgenommen wurde.

Mangbetu

Etwa 50 000 Mangbetu leben im Nordteil der Demokratischen Republik Kongo. Wie ihre Nachbarn, die Efe und Azande, sprechen sie eine sudanesische, tonale Sprache. Die Mangbetu und andere sudanesischsprachige Populationen in Zentralafrika stammen höchstwahrscheinlich aus dem Sudan, aus dem sie entweder in Richtung Kongobecken abwanderten oder vertrieben wurden.

Bis in das späte 19. Jh. als Sklavenhändler und europäische Kolonialmächte die Vorherrschaft in Zentralafrika übernahmen, bildeten die Mangbetu eine blühende Gruppe von Königreichen. Führende Positionen waren erblich und die Sozialstruktur basierte auf der kleinsten gesellschaftlichen Einheit, dem Haus. Das »Haus« – mehr als nur ein rechteckiger Bau aus Lehm und Holzpfählen – war ein Konzept, das sich auf ganze Dörfer und Dorfgruppen beziehen konnte. Zu Häusern unterschiedlicher Größe konnten Angehörige anderer Verwandschaftsgruppen wie Ehefrauen, Schwesterkinder, Sklaven und sogar Nicht-Mangbetu gehören. Charakterristisch für die Mangbetu war eine künstlich hervorgerufene konische Kopfform. Weit ins 20. Jh. hinein bandagierten hochrangige Familien den Kopf kleiner Kinder so, dass er beim Härten des Schädelknochens länger wurde. Man wendet die Methode heute nicht mehr an, aber noch immer gilt ein konischer Schädel als Zeichen großer Schönheit und hohen Ranges, der einen Anspruch auf Autorität und politische Macht suggeriert. Eine außergewöhnliche, kunstvolle Frisur betont die auffallende Kopfform.

Die Kunsttradition der Mangbetu hat sich über den Norden der Demokratischen Republik Kongo ausgedehnt und das Volk zu einer der künstlerisch einflussreichsten Volksgruppen Zentralafrikas gemacht. Die Mangbetu sind berühmt für ihre dekorierten Harfen, Trompeten, Messer, Töpfe und Schachteln – viele werden von Skulpturen mit verlängerten Köpfe geziert.

Tutsi und Hutu

Zusammen mit den Hutu und den Twa (Pygmäen) bewohnen die Tutsi – seltener auch Watussi genannt – die Staaten Ruanda und Burundi. Obwohl Hutu und Tutsi seit Jahrhunderten neben- und miteinander leben, ist ihre heutige Beziehung von Feindseligkeit und mitunter höchst gewalttätigen Ausbrüchen gekennzeichnet. Die 1,5 Millionen Tutsi, in beiden Ländern eine Minderheit, herrschten lange über die Hutu, die heute geschätzte 9,5 Millionen Menschen zählen. Die Twa stellen nur etwa ein Prozent der Gesamtbevölkerungen von Ruanda und Burundi.

Obwohl Tutsi und Hutu untereinander gelegentlich heiraten und sich ihre physischen Merkmale vermischen, sind die Tutsi im Allgemeinen größer und schlanker als die Hutu. Sowohl in Ruanda wie in Burundi sprechen Tutsi und Hutu verschiedene Dialekte der gleichen Bantusprache: Kinyarwanda in Ruanda und Kirundi in Burundi.

Die Tutsi, die Viehzüchter waren, wanderten im 14. Jh. in die Region ein, unterwarfen schließlich das Jäger- und Sammlervolk der Twa und der Hutu-Bauern und schufen ein hierarchisches politisches System, an dessen Spitze ein König oder *mwami*, stand, der als göttliche Gestalt galt. Selbst die deutschen und belgischen Siedler, die im 19. Jh. und frühen 20. Jh. die Kontrolle über das Gebiet übernahmen, nannten die Tutsi »Herren« und die Hutu »Vasallen«.

Anthropologen haben das ehemalige Königreich Ruanda als Kastensystem beschrieben, in dem die Tutsi die dominante Position und die Hutu die Rolle der abhängigen Klienten innehatten. Da der Besitz von Rindern der Schlüssel zu Ansehen und sozialer Macht war, mussten die Tutsi die Kontrolle über die Verteilung des Viehs behalten; das erreichten sie mit einem *ubuhake* genannten System. Ein Tutsi-Viehbesitzer oder Patron konnte einem weniger gut gestellten Abhängigen – Hutu oder Tutsi – erlauben, sein Vieh im Tausch gegen die Arbeitskraft und Feldfrüchte des Klienten zu nutzen. Durch dieses System waren die meisten Hutu- und Tutsi-Familien und auch ihre Familienverbände aneinander gekettet.

Während der Kolonialzeit erhielten die Tutsi breiteren Zugang zu europäischen Resourcen, wie etwa Bildung. Diese Bevorzugung empörte die Hutu, die nach der Unabhängigkeit 1962 in den beiden neu gegründeten Staaten Ruanda und Burundi die Macht an sich rissen. Schließlich kam es zu einigen der schlimmsten Ausschreitungen im 20. Jh., die auf beiden Seiten Tausende von Todesopfern forderten.

Die Gewalt eskalierte, als 1994 nach der Ermordung von Ruandas Präsidenten, dem Hutu Juvénal Habyarimana, ein Bürgerkrieg ausbrach. Der Konflikt kostete Tausende das Leben und schuf eine der größten Flüchtlingstragödien in der Geschichte Afrikas. Nachdem die Tutsi in Ruanda wieder die Macht übernommen hatten, wurde das Land in den Bürgerkrieg im benachbarten Zaire (heute Demokratische Republik Kongo) verwickelt. Viele Hutu und Tutsi standen wegen Völkermord vor dem Gericht der Vereinten Nationen.

Ostafrika

Amhara • Beta Israel • Kikuyu • Madagassen • Maasai • Somali • Suaheli

Amhara

Mehr als 12 Millionen Amhara leben im Hochland von Äthiopien. Dieses Bauernvolk, das auch Vieh hielt, war die mächtigste Ethnie Äthiopiens. Während des 18. und 19. Jh. fochten die Amhara-Könige um die Macht, und 1889 krönte Menelik II. sich selbst zum Kaiser über ein Gebiet, das dem des heutigen Staates entspricht. Abgesehen von der Besetzung durch Italien von 1935 bis 1941, als man Kaiser Haile Selassie (1892–1975) ins Exil zwang, war Äthiopien das einzige Land, das der Vorherrschaft durch die Europäer im 20. Jh. entging.

Wie viele Hochlandbewohner bewahren die Amhara religiöse Bräuche, die sich von den intensiven und frühen Kontakten Äthiopiens zum Nahen Osten herleiten. Einige Gruppen sind islamisiert, doch stärkeren Einfluss hat das koptische Christentum, das man in Ägypten bis zur arabischen Eroberung im 7. Jh. weithin praktizierte. Aus den frühen griechischen und koptischen Einflüssen entwickelte sich schließlich die äthiopische orthodoxe Kirche.

Linguisten zufolge gehört Amharisch zur afroasiatischen Gruppe von Sprachen, die man vor allem in Teilen des mediterranen Afrika spricht. Auch einige Völker in West- und Zentralafrika und kleinere Gruppen auf der Somali-Halbinsel verwenden diese Sprachen. Manche Linguisten vermuten, dass Amharisch und Hebräisch eng verwandt sind.

Die Wirtschaft der Amhara stützt sich vorrangig auf den Anbau von Mais, Weizen, Sorghum und einer Getreidepflanze namens Teff. Früher war Bodenbesitz ein Ge-

schenk, das der Kaiser für Treue und militärische Dienste vergab; die neuen Landbesitzer wurden zu Grundherren abhängiger Bauern.

In seiner Geschichte war die Sozialstruktur des Königreiches Amhara patriarchalisch, das heißt, Frauen hatten wenig Anspruch oder Chancen, Besitz zu erlangen. Der Status einer Frau hängt von der Art ihrer Ehe ab. Die üblichste Form der Ehe ist das *serat*, ein zivilrechtlicher Bund ohne religiöse Einschränkung. In einer solchen Bindung kann eine Frau eher eine Scheidung durchsetzen oder Streitigkeiten mit Hilfe eines Schlichters beilegen. Im Scheidungsfall kann sie einen Teil des Besitzes des Ehegatten einfordern. Ein kleinerer Teil der Leute heiratet in der äthiopischen Kirche. Diese Heirat heißt *qurban* und begründet eine Ehe, die unter keinen Umständen aufgelöst werden kann. Die Eheform schließlich, die Frauen den geringsten Status zuweist, ist die zwar illegale aber doch häufige *damoz*: eine Vereinbarung, die Frauen als befristete Ehefrauen oder Sexualpartner bezahlt – und sei es nur für wenige Wochen.

Ihre militärische Expansion im 20. Jh. machte die Amhara zu Äthiopiens politischer Elite. Wer nicht Amharisch – die Sprache der Elite – sprach, war bald im Alltag und vor Gericht stark benachteiligt. Ab Mitte des Jahrhunderts, als Amharisch Amtssprache wurde, erklärten benachbarte Gruppen, sie würden sich nicht länger von den Amhara dominieren lassen. Eine der treibenden Kräfte hinter der Rebellion waren die Oromo. Obwohl die Oromo den Amhara zahlenmäßig überlegen sind, waren sie ihnen lange untergeordnet. Das Land ringt auch jetzt noch um die nationale Integration seiner verschiedenen Ethnien und in dieser Hinsicht hat Äthiopien viel mit dem Rest des subsaharischen Afrika gemein.

Beta Israel (Falascha)

Aussenseiter bezeichnen Äthiopiens afrikanische Juden oft als Falascha – das bedeutet in der alten Sprache Geez »Landlose« oder »Verbannte«. Heute empfindet die Gruppe den Namen als abwertend und zieht »Beta Israel«, hebräisch für »Haus Israel«, vor. Seit Jahrtausenden praktiziert diese Ethnie in Nordwestäthiopien eine Form des Judentums. Doch heute gibt es nur noch wenige Tausend dieses Volkes in Afrika, wo sie sich in Äthiopiens Hauptstadt Addis Abeba konzentrieren. Seit den 1980ern sind die meisten nach Israel ausgewandert – viele über eine »Operation Moses« getaufte Luftbrücke – und dort leben derzeit 60 000 Beta Israel.

Die Ursprünge des Judentums in Äthiopien liegen im Dunkeln. Wahrscheinlich reichen die Wurzeln der Gemeinde 2500 Jahre zurück. Bis in jüngere Zeit waren die Beta Israel vom Rest der jüdischen Welt abgeschnitten. Durch diese Isolation waren sie sich der Existenz anderer Juden nicht bewusst und hatten keinen Zugang zu wichtigen jüdischen Schriften wie dem Talmud. Außerdem wussten die meisten äthiopischen Juden nicht, dass viele andere Juden weiß sind. Dessen ungeachtet haben sich die Beta Israel immer als aus dem Land Israel Verbannte, als Gefolgsleute Moses und einer der verlorenen Stämme gesehen. Einige verfolgen die Geschichte der Ethnie zur Überquerung des Roten Meeres zurück und behaupten, die Juden Äthiopiens seine jene Israeliten, die das Rote Meer nicht mehr überqueren konnten, als das Wasser zurückströmte, und deshalb aus Ägypten nach Süden fliehen mussten.

Einige Wissenschaftler nehmen an, dass die Beta Israel von einem Volk abstammen, den Agaw, die eine kuschitische Sprache sprachen und vor ungefähr 2000 Jahren von Juden aus Südarabien (dem heutigen Jemen) bekehrt wurden. In das zweite Jahrhundert vor Christus fällt der Aufstieg des Königreichs Aksum und als es im 4. Jh. offiziell zum Christentum übertrat, waren die Beta Israel gezwungen, sich in die Bergregion am Tanasee zurückzuziehen.

Im 13. Jh. zählte das Volk Hunderttausende und verfügte im Gebiet des heutigen Äthiopien über einen mächtigen Staat. Aber Anfang des 15. Jhs. unterwarf die salomonische Dynastie die Beta Israel nach und nach. Im 17. Jh. besiegte der äthiopische Kaiser schließlich das jüdische Reich und riss das Land des Volkes an sich. Die meisten Beta Israel gaben mit der Zeit ihre Sprache Agaw auf und übernahmen von ihren Nachbarn Tigrinya oder Amharisch.

Das religiöse Leben der Beta Israel basiert auf der Thora (den ersten fünf Büchern der Bibel), auf mündlichen, über Generationen überlieferten Interpretationen der Thora und den eignen heiligen Schriften der Gemeinde. Gemeindemitglieder halten sich strikt an koschere Kost, respektieren den Samstag als Sabbat und Ruhetag und feiern alle in der Thora erwähnten Feste sowie weitere der eigenen Traditionen. Den Festtagskalender bestimmt ein religiöser Mondkalender, den allein die Beta Israel verwenden.

Seit Jahrhunderten organisieren die äthiopischen Juden ihre Sabbatfeste in siebenwöchigen Zyklen. Der siebte Sabbat, Legata Sanbat genannt, gilt als besonders heilig und wird mit speziellen Gebeten, Festen und einer Weihmesse begangen. An diesem Tag können Priester völlige Absolution für ihre Sünden erhalten. Eine traditionelle Priesterschaft, die Kohanim, lenkt das religiöse Gemeindeleben, und ihre Bedeutung als Bewahrerin von Bräuchen hat durch die Veränderungen im letzten Jahrhundert noch zugenommen.

Kikuyu

Die grösste Ethnie Kenias, die Kikuyu, zählen etwa 5 Millionen Menschen. Sie leben heute in ganz Kenia und in Teilen von Tansania und Uganda. Die ersten Kikuyu kamen zwischen dem 12. und 16. Jh. zur Zeit der großen Bantuwanderungen in das Gebiet des heutigen Kenia.

Der Überlieferung nach gründete ein Mann namens Gikuyu die Gruppe. Er und seine Frau hatten neun Töchter, die heirateten, Familien gründeten und in der Kikuyugesellschaft eine führende Rolle einnahmen. Mit diesem Mythos, erklären die Kikuyu die Entstehung ihrer neun Verwandtschaftsverbände.

Tatsächlich gibt es zehn Clans, aber da die Zahl Zehn tabu ist, zählt man gewöhnlich neun Clans (plus einen).

Die Kikuyu lebten ursprünglich als Bauern auf dem Land, aber während der britischen Kolonialherrschaft zogen viele in die schnell wachsende Metropole Nairobi. Viele dieser Migranten waren in Missionsschulen unterrichtet worden und arbeiteten in der Verwaltung, wo sie in besonderem Maße der Willkür der weißen Kolonialbeamten ausgesetzt waren. Infolgedessen begannen die städtischen Kikuyu, sich in den 1920ern politisch zu organisieren. In den 1950ern mündete der Protest der Kikuyu in eine ethnienübergreifende nationale Bewegung. Während des folgenden Mau Mau-Aufstandes rief die Kolonialregierung den Notstand aus, verhaftete etwa 15 000 Afrikaner in Nairobi – viele unter ihnen Kikuyu – und internierte sie in Lagern. Mit der kenianischen Unabhängigkeit im Dezember 1963 wurde Nairobi Hauptstadt. Jomo Kenyatta, ein Kikuyu, wurde der erste Präsident der Republik Kenia.

Die Briten hatten einst die Kikuyu-Sprache, oft auch Gikuyu genannt, verboten, heute aber wird in vielen Schulen in Kikuyu unterrichtet und erst später lernen die Kinder Suaheli, die Verkehrssprache Ostafrikas, und Englisch. Die Kikuyu geben ihren Kindern noch immer die Namen wichtiger Familienmitglieder, wobei sie zwischen der Familie des Vaters und der der Mutter abwechseln. Als höchste Gottheit verehren die Kikuyu Ngai, der zurückgezogen von der Welt im Himmel wohnt, sich aber periodisch in einer gewaltigen Wolke über dem Berg Kenia manifestiert.

Madagassen

Der Begriff »Madagassen« bezieht sich auf die kulturell und sprachlich eine Einheit bildenden Bewohner von Madagaskar, der viertgrößten Insel der Welt. Ganze 20 verschiedene Ethnien – darunter die Merina, Betsimisaraka, Betsileo, Sakalava und Antandroy – wohnen auf der Insel. Aber obwohl sich ihre 14 Millionen Mitglieder auf eine bestimmte ethnische Zugehörigkeit berufen, bezeichnen sie sich dennoch als Madagassen und sprechen die Amtssprache Malagasy. Ihren vielen Unterschieden zum Trotz haben die meisten Madagassengemeinden ähnliche religiöse Ideen, bilaterale Verwandtschaftssysteme und betreiben Nassreisbau. Der markanteste Unterschied besteht zwischen den Völkern des zentralen Hochlandes, die vorrangig von Indonesiern abstammen, und den Küstenvölkern mit schwarzafrikanischen Vorfahren. Heute liefern sich die beiden Regionen einen erbitterten politischen, sozialen und wirtschaftlichen Zweikampf.

Zwar sind Madagaskars Einheimische Nachfahren der Völker, die von der ostafrikanischen Küste oder vom indonesischen Archipel kamen, aber die genauen Wanderungsbewegungen, die die heutige Population ergaben, sind noch nicht genau identifiziert. Malagasy, das

(Fortsetzung auf Seite 222)

Zu einer Hochzeit in Afrika kann die rituelle Absonderung der Braut gehören. Die erst kürzlich beschnittene Maasai-Braut und ihre beste Freundin verbringen den größten Teil der Hochzeitsfeier im Haus der Brautmutter.
Nachfolgende Seiten: Auf Madagaskar wachsen sechs Arten des markanten Affenbrotbaums. Für die Madagassen ist die gurkenartige Frucht eine gute Quelle von konzentriertem Vitamin C.
Seiten 220-221: Trotz massiver Abwanderung in städtische Zentren wie Nairobi arbeiten viele Kikuyu-Frauen weiter auf großen Farmen, wie dieser Teeplantage, die sich an die Hänge des Mount Kenia schmiegt.

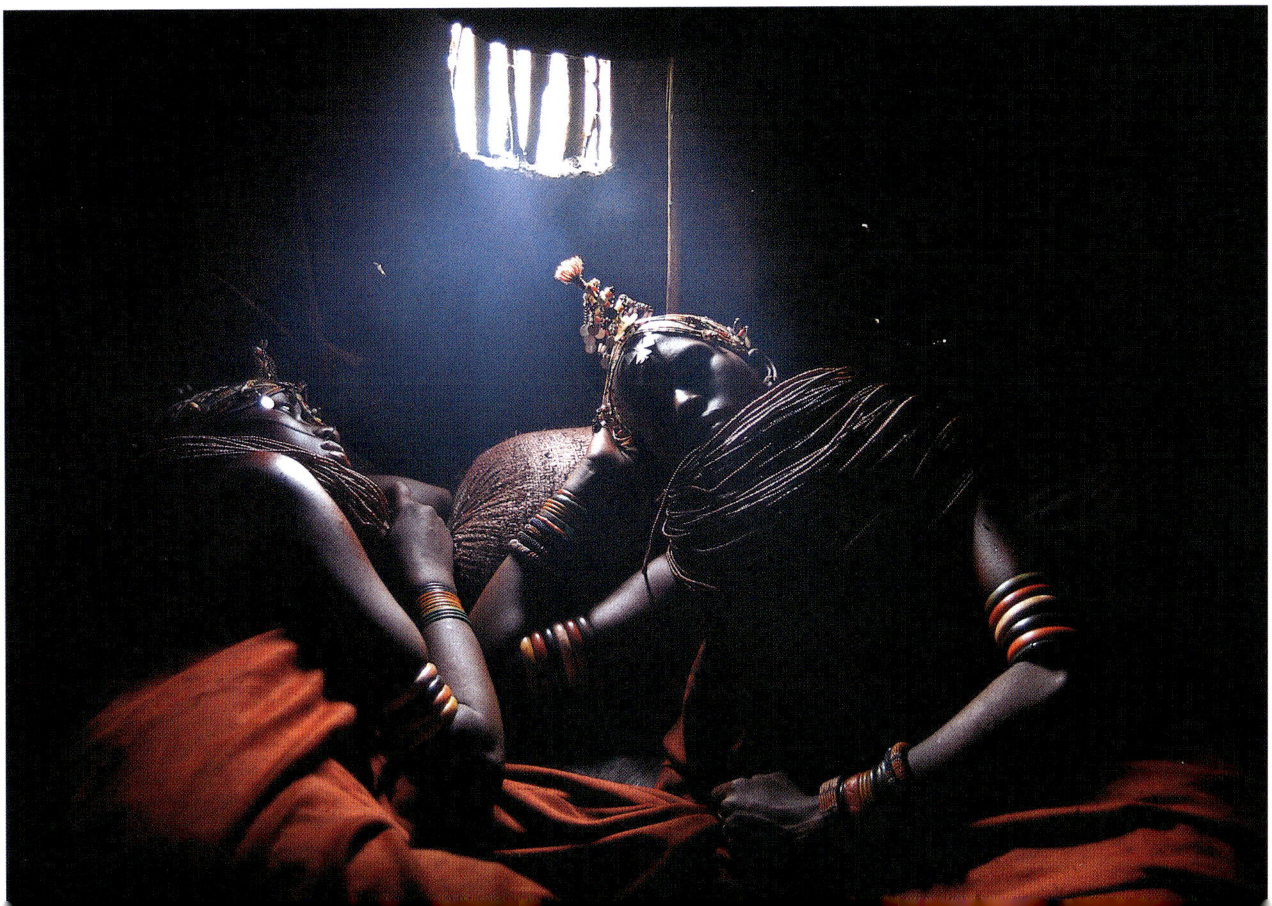

Auf Madagaskar gehören Brot, Bananen und Reis zum Angebot auf dem Markt. Menge und Vielfalt der auf einem afrikanischen Markt erhältlichen Nahrungsmittel geben Aufschluss über den Reichtum und die Diversität der einheimischen Küche.

linguistisch viel mit indonesischen Sprachen gemein hat, ordnen Wissenschaftler dem Malayo-Polynesischen oder Austronesischen zu. Französisch, die Sprache der Kolonialherren, die Madagaskar und das benachbarte Mauritius besetzten, ist zweite Amtssprache und wird von etwa einem Viertel der Bevölkerung, vor allem in den Städten beherrscht.

Wie andere Madagassen teilen die Merina ihre Gesellschaft in Adel, einfaches Volk und Nachkommen von Sklaven. Generell sind ranghohe Personen wohlhabender und einflussreicher als rangniedrige Personen. Die soziale Hierarchie zeigt sich nicht nur in der Politik, in der die Eliten die meiste Macht ausüben sondern auch bei kleinen Anlässen wie dem Abendessen. Die, die zuletzt essen, sind die jüngsten Familienmitglieder, entfernte Verwandte aus dem einfachen Volk oder Angehörige abhängiger Verwandtschaftsgruppen. Obwohl die Franzosen die Sklaverei auf der Insel 1897 abschafften, sind den Madagassen genealogische Verbindungen zu ehemaligen Sklaven nach wie vor bewusst. Das Verwandtschaftssystem der Madagassen weist eine hierarchisch Gliederung von Lineages (Verwandtschaftsverbänden) mit unterschiedlichem sozialen Status auf, aber es gibt in Bezug auf Verwandtschaftsbeziehungen gewisse Freiheiten: Man kann seine Herkunft über den Vater oder den Bruder der Mutter herleiten. Viele stammen von verschiedenen Madagassen-Gruppen ab, aber auch von Indern, Chinesen, Arabern, und nicht-madagassischen Afrikanern.

Das vielleicht typischste Element dieser Kultur ist das Grabhaus. Wie viele Völker Afrikas bringen die Madagassen den Toten großen Respekt und Verehrung entgegen, glauben, dass Ahnen das tägliche Leben beeinflussen. Oft errichten sie kunstvolle, teils überirdische Gräber aus Holz, Stein oder Zement. Die Verwandten können das Grab betreten, um es zu schmücken, Opfer zu bringen oder zu beten. Bei einige Gruppen in Zentralmadagaskar kommt auch die so genannte Skundäre Bestattung vor: Einige zeit nach der Beerdigung wird der Leichnam in ein anderes Grab umgebettet. Die Madagassen glauben, dass mangelnde Sorgfalt im Umgang mit den Toten während oder nach dem Begräbnis den Lebenden schaden könnte.

Maasai (Massai)

Die mehr als 200 000 Maasai leben als Hirten in der Nähe des Ostafrikanischen Grabens in Kenia und Tansania. Typisch für die großen, schlanken und dunkelhäutigen Maasaimänner sind ihre farbenprächtigen togaähnlichen Gewänder und Schmuck. Manche tragen einen Speer der sie als Krieger kennzeichnet. Heute sind die Maasai in ihrer traditionellen Kleidung ein beliebtes Fotomotiv der Touristen, die bei Safaritouren in Scharen in die Siedlungen einfallen. Dennoch scheint das Volk wenig vom Tourismus profitiert zu haben.

Anders als die meisten Hirten in Afrika, die sowohl Feldfrüchte anbauen als auch Tiere halten, betreiben die Maasai keinen Ackerbau. Bis heute leben sie überwiegend als Selbstversorger von Rindern, deren Milch, Blut und

Fleisch sie verzehren. Den Maasai, die ihre Herden oft über weite Entfernungen treiben müssen, um Weiden und Wasserstellen zu finden, gilt das Nomadendasein als ideale Lebensweise. Da jedoch benachbarte Ethnien ihr Ackerland immer weiter ausdehnen und Weideland knapper wird, halten seit den 1970er Jahren manche Maasai ihre Herden auf Farmen.

Jede Maasaisiedlung besteht aus einem Viehgehege und Gehöften mit Häusern aus Lehm und Holz. Einige der Unterkünfte werden von Jungen, andere von Kriegern und wieder andere von den Maasai-Älteren bewohnt. Zu den typischen Merkmalen der Maasaigesellschaft gehört das Altersklassensystem, das das Verhältnis unter Männern und zwischen Männern und Frauen regelt. Altersklassen sind Gruppen von Männern, die der gleichen Generation angehören und die gemeinsam beschnitten wurden. Sie bleiben ein Leben lang in derselben Altersklasse und durchlaufen verschiedene Stadien, die mit unterschiedlichen Rechten und Pflichten verbunden sind: Als Krieger schützen sie die Siedlungen und Herden. Die Älteren haben die größte Macht, denn sie treffen die meisten wichtigen Entscheidungen, wie beispielsweise über den Verkauf und die Verteilung des Viehs und die Auswahl der Ehepartner. Die Ältesten sind Respektspersonen und spielen im rituellen Bereich eine Rolle. Maasai-Frauen sind nicht in Altersklassen organisiert, doch wird zwischen beschnitten und unbeschnitten Frauen unterschieden.

Je nach Region kennen die Maasai zahlreiche Rituale die alle den gesellschaftlichen Status eines Mannes verändern und bestätigen. Vom Eintritt in die Altersklasse der Krieger, die im Alter von 15 – 20 Jahren mit der Beschneidung vollzogen wird, bis zum Übergang in den Status eines Älteren kann es 14 – 20 Jahre dauern. Für die Riten, die in dieser Zeit durchgeführt werden, sind zahlreiche Opfer von Rindern und der Verzehr bestimmter Nahrungsmittel erforderlich. Eine Zeremonie, *eunoto* genannt, wird Jahre nach der Beschneidung des letzten Generationsmitgliedes vollzogen: Sie signalisiert den Übergang vom Juniorkrieger zum Seniorkrieger. Zu dieser Zeit tragen die Männer ihre Haare noch in Zöpfen. Sie lassen sich von ihren Müttern die Haare schneiden, wenn sie durch die *olng'esher*-Zeremonie endgültig den Kriegerstatus hinter sich gelassen haben und in den Rang eines verantwortlichen Älteren aufgestiegen sind.

Somali

Die Mehrheit der Somali lebt in Somalia und Dschibuti, das 1991 nach einem eskalierenden Bürgerkrieg seine Unabhängigkeit von Somalia erklärt hatte. Bis heute wird dieser Staat jedoch nicht international diplomatisch anerkannt. Somali stellen überdies die Mehrheit der Bevölkerung in der Ogadenregion in Südostäthiopien, und man findet sie auch in Eritrea und in Nordostkenia.

Archäologischen und geschichtlichen Forschungen zufolge leben die Somali seit fast 3000 Jahren auf der Somali-Halbinsel. Einheimische Genealogien verfolgen bestimmte Somaliclans bis auf die Arabische Halbinsel zurück und bringen sie mit den Scharif, der Familie des Propheten Mohammed in Verbindung. Aber linguistische, kulturelle und historische Hinweise legen nahe, dass die Somali ursprünglich aus dem südlichen Hochland des heutigen Äthiopien stammen und ein kuschitisches Volk sind. Das alte Reich Kusch, das Teil von Nubien war, gilt als Wiege einer Gruppe von Sprachen, die später von zahlreichen Völkern in Nord- und Nordostafrika gesprochen wurde. Somali gehört zur ostkuschitischen Sprachenfamilie.

Der Anspruch auf den arabischen Ursprung mag nicht nur auf Handelsbeziehungen und Ehebündnisse mit arabischen Siedlern an der Somaliküste zurückzuführen sein, sondern auch dem starken Wunsch nach engerer Bindung zu den Wurzeln des Islam entsprechen. Das Somalivolk hat den Islam bereits im 15. Jh., möglicherweise sogar schon, im 12. Jh. angenommen. In den letzten Jahren erhält die »Ayaana«, eine Besessenheitskultur der Borana, unter den Somali Zulauf. Zugleich gewinnen die islamischen Fundamentalisten durch die traditionellen Mystikerorden der Sufi an Boden.

Wie bei vielen Ethnien Afrikas bildete das Volk der Somali vor Ankunft der verschiedenen europäischen Mächte nie einen geeinten Staat. Ihr politisches Systems basiert auf dem Zusammenschluss ihrer verschiedenen Clans, die ihnen ein gewisses Identitätsgefühl vermitteln. Diese Somali waren Nomaden, doch jeder Clan und Subclan hatte seine eigenen Weidegebiete. Da die Weidegrenzen jedoch eher vage waren, kam es immer wieder zu Grenzverletzungen, die in kriegerischen Zusammenstößen zwischen den Clans mündeten. In der Kolonialzeit errichteten die Briten, Franzosen und Italiener einzelne Territorien oder Somaliländer, die in etwa den Weidegebieten entsprachen. Großbritannien und Italien vereinigten ihre Territorien 1960 zu einem geeinten unabhängigen Staat, der Demokratischen Republik Somalia. Das französische Territorium wurde 1991 unter dem Namen Dschibuti unabhängig.

Für die Somali als nomadisches Hirtenvolk sind Kamele, einige wenige Rinder, Ziegen und in fruchtbareren Gebieten Schafe die Grundlage ihrer Wirtschaft. Frauen und Kinder hüten Schafe und Ziegen, für die hoch geschätzten Kamele sind junge Männer und Jugendliche verantwortlich. Da pro Jahr im Durchschnitt weniger als zehn Zentimeter Regen fällt, dreht sich das Leben der Somali um die Suche nach Wasser und Weideland für ihr Vieh. Die Nahrung bestand früher fast nur aus Kuhmilch und Milchprodukten, heute sind für die meisten Maismehl und Reis hinzugekommen.

Suaheli

Obwohl das Wort »Suaheli« sich eigentlich auf eine ostafrikanische Verkehrssprache bezieht, wird der Name auch für eine große Handelskultur an Ostafrikas Küste und auf Inseln wie Sansibar und Lamu verwendet. Vermutlich stammt das Wort vom arabischen *sawahil*, das »Küste« bedeutet. Die Suaheli wären demnach »das Küstenvolk«.

Die Suaheli sind Nachfahren persischer und arabischer Händler, die über die Jahre mit Ostafrikanern Mischehen eingingen. Sie können auf eine lange Geschichte als Mittelsmänner zwischen Ostafrika und dem Mittleren Osten, den Ländern Europas und Zentralafrikas zurückblicken. Wenig ruhmreich ist allerdings ihre Rolle als Zwischenhändler im Sklavenhandel zwischen Afrika und Arabien. Heute spiegelt sich diese weitreichende Wechselbeziehung in ihrer Kunst und Architektur wider: Da die Suaheli islamisch sind, stellen sie den menschlichen Körper nie dar. Stattdessen schaffen sie kunstvolle Schnitzereien oder bemalen Türen, Truhen, Möbel, Hauswände und sogar ihre Daus – Segelschiffe mit verschlungenen Mustern.

Das Suaheli – die Amtsprache von Kenia und Tansania – ist eine Mischung aus Bantugrammatik und arabischen Vokabeln. Ein Beweis für den Erfolg der Suaheli als Fernhändler sind die Varianten der Sprache, die heute in Uganda, Ruanda, Burundi und im Ostteil der Demokratischen Republik Kongo gesprochen werden. Zudem gibt es eine umfangreiche Literatur in Suaheli, die bis zur Mitte des 17. Jhs. zurückreicht.

Etwa 500000 Suaheli leben an der Küste Ostafrikas und auf den vorgelagerten Inseln zwischen Mosambik im Süden und Somalia im Norden. Da die Suaheli über ein so großes Gebiet verstreut sind, gibt es bei ihnen erhebliche kulturelle Unterschiede, und viele Gruppen berufen sich auf abweichende Ursprünge. Hinzu kommt, dass die Suaheli, obwohl sie sich selbst als eigenständige Kultur sehen, fast immer in andere ethnische Gruppen eingebunden sind. Dennoch haben sie viele Ideen, Bräuche und Eigenschaften gemeinsam. Die meisten sind Moslems. Sie sind allgemein wohlhabender als viele ihrer afrikanischen Nachbarn, wohnen in Steinhäusern mit typischen beschnitzte Türen als Zeichen des Wohlstandes. Sie haben eine eigenen Küche und einen eigenen Kleidungsstil entwickelt und folgen einem besonderen System der Namensgebung.

Männer wie Frauen legen großen Wert auf ihre äußere Erscheinung, die ihre innere Reinheit widerspiegeln soll. Suahelimänner tragen Amulette mit eingearbeiteten Koranversen und Frauen malen mit rötlichem Henna verschlungene Motive auf ihre Hände, verschönern sich mit Schmuck, Kosmetik und aufwändigen Frisuren und parfümieren sich.

Südafrika

Afrikaander • San • Shona • Tswana • Zulu

Afrikaander

1652 landeten holländische Bauern am Kap der Guten Hoffnung nahe der Südspitze Afrikas. Anfangs nannten sie sich Buren, niederländisch für Bauern. Im Lauf der Zeit entwickelten sie eine eigene Identität und ein vereinfachtes Niederländisch, das mit zahlreichen Lehnwörtern aus dem Deutschen und einheimischen afrikanischen Sprachen vermischt war. Sie begannen, sich als Kapholländer oder Afrikaander zu sehen – Letzteres ein Begriff, den heute ihre afrikaanssprachigen Nachfahren verwenden.

Die Geschichte der Afrikaander ist so heroisch wie tragisch. Einerseits zeugt ihr Ringen um religiöse und wirtschaftliche Freiheit in einem manchmal unwirtlichen Land von Mut und Ausdauer. Andererseits führte diese Beharrlichkeit zu gewalttätigen Konflikten mit einheimischen Afrikanern, die man nach der Ankunft der Buren von ihrem Land vertrieben hatte.

Die Expansion der Buren in Südafrika war auch durch die tiefe religiöse Überzeugung motiviert, die Afrikaner oder Kaffern – afrikaans für »Heiden« – stammten vom biblischen Ham ab und seien von Gott geschaffen, den Weißen zu dienen. Heute leben bei einer Gesamt-

Die Afrikaander (oben) sind stolz auf ihr europäisches Erbe, doch sie verstehen sich als Afrikaner. In Südafrika bleibt dieses Selbstbild ein hoch kontroverses Thema.

Nachfolgende Seiten: Jahreszeitliche Veränderungen wie Fluten und Trockenheit bestimmen das Leben und die Wirtschaftssituation vieler afrikanischer Völker. Hier trägt eine Frau ihr Kind durch den Hochwasser führenden Okawango in Botswana.

Seiten 228–229: Eine lebendige Tradition in vielen Gesellschaften Afrikas: Der Auftritt von unterschiedlichen Gestalten, die Recht sprechen, für Ordnung sorgen oder ihr Publikum unterhalten Meist verkörpern die Masken Ahnen oder Geister.

bevölkerung von etwa 40 Millionen schätzungsweise 3 Mio. Afrikaander in Südafrika.

Die Siedler von 1652, die für die Holländische Ostindienkompanie arbeiteten, errichteten an der Südwestküste einen Handelsposten. Bald aber entließ die Kompanie mehr und mehr Arbeiter, um das Land ostwärts zu besiedeln und landwirtschaftlich zu nutzen. 1795 endete die Herrschaft der Ostindienkompanie über die Kapkolonie, und die Buren fanden sich in direkter Konfrontation mit den Briten.

Die Briten kolonisierten alle Kapsiedlungen, verboten die Sklaverei und gaben den einheimischen schwarzen Afrikanern viele Bürgerrechte, die die Buren ihnen zuvor verwehrt hatten. 1835 brachen die Buren, die sich durch Briten und Afrikaner bedroht fühlten, zum Großen Treck nach Transvaal auf, wo man später Gold und Diamanten fand. Weder die Buren, die sich selbst Voortrekkers nannten, noch die einheimischen südafrikanischen Völker konnten ahnen, dass von diesem Zeitpunkt an ihre Geschichte unauflöslich miteinander verknüpft sein würde.

1899 erklärte Paul Krüger, der Präsident der Südafrikanischen Republik, den Briten den Krieg, die die zunehmende Macht der Afrikaander verhindern und die Kontrolle über die Goldvorkommen erlangen wollten. Den darauf folgenden blutigen Burenkrieg gewannen die Briten 1902. Die Sieger behielten die Kontrolle über die südafrikanische Politik bis 1948, als die Partei der Afrikaander sich mit einem nationalistischen Parteiprogramm durchsetzen konnte, das die verschärfte Trennung von Schwarzen und Weißen forderte. Diese Politik fand bei den Afrikaandern große Unterstützung, da im Burenkrieg viele ihr Land verloren hatten, verarmt waren und in den Städten mit schwarzen Südafrikanern um Arbeit konkurrierten.

Die Regierung der Afrikaander entwarf ein System der Apartheid, das Menschen rassisch, geographisch, wirtschaftlich und politisch trennte. Es teilte sie in vier Gruppen, die unterschiedliche Rechte hatten: Weiße, Bantu (rein schwarze Afrikaner), Farbige (Gemischtrassige) und Asiaten (Inder und Pakistani). In den frühen 1990ern wurde das Apartheidssystem abgeschafft, doch bis heute prägt der ehemals festgeschriebene ungleiche Zugang zu wirtschaftlichen und politischen Ressourcen die Gesellschaft. Viele weiße Südafrikaner, besonders jene, die von Buren abstammen, sind weiterhin Landwirte.

Heute sind die Sprache Afrikaans, die Zugehörigkeit zur niederländisch-reformierten Kirche, das Feiern von Festtagen, die der früheren Kämpfe gedenken und ihr Klassenbewusstsein, Merkmale der ethnischen Identität der Afrikaander. Noch immer ist ihre politische Beziehung zu anderen Südafrikanern angespannt, vor allem zu weißen Nicht-Afrikaandern. Durch das langjährige, ambivalente Verhältnis zu Südafrikanern britischer Abstammung haben sich im Laufe der Zeit Stereotypen entwickelt: Afrikaander sehen sich als nationalbewusste Weiße, die arm, ländlich und christlich sind, und sie betrachten weiße Nicht-Afrikaander als wohlhabende, städtische und jüdische Sozialliberale.

Im Gegensatz zur landläufigen Meinung ernähren Frauen häufig die Familie. Diese Gruppe trägt geflochtene Reusen zum Okowango-Fluss. Die Frauen fischen und jagen nicht nur, sondern beherrschen auch die lokalen Märkte.

San

Nach den Pygmäen Zentralafrikas sind die San sprechenden Völker Südafrikas die berühmtesten Sammler und Jäger der Welt. Oft abschätzig »Buschmänner« genannt, bezeichnen sie sich selbst als Zhun/twasi: »das wahre Volk«. Sie leben in kleinen Jagdscharen, deren Mitglieder untereinander verwandt sind, und kennen keine politische Führung.

Der Name San bezeichnet eine große Volksgruppe, die vielleicht schon seit Tausenden von Jahren in entlegenen Wüstenregionen von Botswana, Namibia und Angola lebt. Dennoch gibt es ethnische und, in gewissem Rahmen, auch linguistische Besonderheiten bei den San-Gruppen verschiedener Regionen, die aus ihrer unterschiedlichen Geschichte resultieren. Einige San leben seit Jahrhunderten in enger Beziehung zu Bantuhirten und wurden durch die Kriege und Völkerbewegungen nach dem Aufstieg des Zulukönigreiches im frühen 19. Jh. stark beeinträchtigt. Andere San hingegen sind relativ isoliert geblieben.

Europäische und amerikanische Medien haben lange Zeit das Bild vermittelt, dass die San in völliger Isolation gelebt oder bereits vor dem Aufkommen der Landwirtschaft vor 10 000 Jahren existiert hätten. Kommerziell erfolgreiche Filme wie *Die Götter müssen verrückt sein* haben diese Vorstellung verbreitet. Tatsächlich leben die San seit Jahrhunderten in engem Kontakt mit Nachbargesellschaften, und archäologische Funde legen nahe, dass sie sich schon um 500 n. Chr. am regionalen Handel beteiligten.

Heute unterhalten die San Beziehungen zu Viehzüchtern wie den Herero und Tswana. Sie zahlen Steuern und haben sogar in den Armeen Südafrikas und Namibias gedient – trotz der Tatsache, dass die südafrikanische Regierung die San sprechenden Völker bei diversen Gelegenheiten umgesiedelt hat.

Im Vergleich mit ihren Nachbarn bilden die San eine friedliche und egalitäre Gesellschaft, die Privatbesitz und Individualismus verachtet. Sie sind bekannt als fähige Jäger kleiner Säugetiere, und gelegentlich erlegen sie mit Giftpfeilen einen Elefanten oder eine Giraffe. Hat der Pfeil sein Ziel gefunden, folgt der Jäger manchmal tagelang dem verwundeten Tier, bis es zusammenbricht. Diese Fähigkeiten als Fährtensucher machen sich auch die Militärs zunutze. In einer außerordentlich unwirtlichen Gegend gelingt es dem Volk, Nahrung und Wasser zum Überleben zu finden. Aber dafür müssen sie oft weit wandern, und manchmal sind sie darauf angewiesen, Wurzeln auszupressen, um Flüssigkeit zu erhalten.

Die San verfügen über reiche medizinische Kenntnisse, die sie in eine Reihe von Ritualen haben einfließen lassen. Bei medizinischen Trance-Ritualen tanzen die Heiler vor dem klatschenden Publikum, bis sie in Trance fallen. Die Heiler verabreichen den Kranken Medizin aus einheimischen Pflanzen oder Wurzeln oder sie berühren die Patienten, um die Krankheit aus deren Körper zu ziehen.

Shona

Wie viele afrikanische Ethnien bestehen die Shona eigentlich aus einer Gruppe von Völkern, die untereinander verständliche Sprachen wie Korekore, Ndau oder Karanga sprechen. Die Shona-Sprache gehört zur Bantu-Sprachfamilie und ist eine der verbreitetsten Sprachen Südafrikas. Etwa 9 Millionen Shona leben in Simbabwe und Südmosambik, die Mehrheit jedoch in Simbabwe.

Viele Archäologen glauben, dass die bemerkenswerten Ruinen von Groß-Simbabwe von Vorfahren der Shona erbaut wurden. An seine reiche künstlerische Tradition knüpft das Volk im 21. Jh. an: Am bekanntesten sind die geschnitzten Kopstützen, deren Sockel verschlungene Muster zeigen.

Die Shona sind vor allem ein Bauernvolk. Mais ist ihr Haupterzeugnis, aber sie bauen auch Hirse, Sorghum, Reis, Erdnüsse und eine Vielzahl von Knollengewächsen an. Zudem halten sie Rinder, Schafe und Hühner; wobei die Rinderzucht ausschließlich Aufgabe der Männer ist. Frauen bessern ihr Einkommen auf, indem sie Keramiken und handgeflochtene Körbe verkaufen. Bis heute leben die meisten Shona in Dörfern, die eine oder mehrere Großfamilien beherbergen und neben den Hütten aus Lehm und Flechtwerk auch Kornspeicher und gemeinsame Rinderkrale einschließen. Obwohl Dörfer oft weit voneinander entfernt sind, gehörten sie einst zu zentralisierten Staaten mit erblichem Königtum, deren Herrscher von den umliegenden Siedlungen beträchtliche Tribute einzogen. Beschlüsse vor Ort oblagen den Ältesten in den einzelnen Dörfern. Diese politische Struktur der Shona hat sich in den heutigen Nationalstaaten mit zentralisierter Entscheidungsgewalt verändert.

In den religiösen Vorstellungen der Shona spielen die *vadzimu*, die Geister der Ahnen, eine wesentliche Rolle. In ihren Reihen finden sich sowohl jüngst verstorbene Angehörige als auch Helden der Vergangenheit . Die Vadzimu verkörpern die wichtigsten Ideale und Werte der Shona wie den Erhalt und die Pflege harmonischer sozialer Beziehungsgefüge. Sie bieten Schutz, wenn man ihn verdient hat, aber sie ziehen sich zurück, wenn die Werte nicht respektiert werden.

Tswana

Das Volk der Tswana stellt den größten Teil der Bevölkerung von Botswana, dem »Land der Tswana«. Doppelt so viele jedoch leben im Nordosten von Südafrika, wo sie ein unter der Apartheid als Bophutatswana – »Versammlungsort der Tswana« – bekanntes Gebiet bewohnen. Zudem siedeln Tswana auch im benachbarten Namibia und Simbabwe.

Die Tswana, ein südliches Bantuvolk, sind eng verwandt mit den Sotho in Lesotho und Südafrika. Beide Gruppen sprechen untereinander verständliche Sprachen, betreiben Ackerbau, teilen bestimmte Bräuche und leiten ihre Herkunft von einem gemeinsamen Vorfahren namens Mogale ab. Die Bedeutung von »Tswana« – eine Erfindung europäischer Siedler, die auf die Gruppe trafen – ist nicht bekannt, aber man nimmt an, dass der Name die Ableitung eines Xhosa-Wortes ist. Das Volk gibt sich keinen gemeinsamen Namen, statt dessen verwendet es die verschiedenen Namen der acht Untergruppen, aus denen es sich zusammensetzt.

In der zweiten Hälfte des 19. Jhs. trat Khama III., der Herrscher der Untergruppe der Ngwato noch als Knabe zum Christentum über. Er besuchte eine Missionsschule und wurde mit dem wachsenden Interesse der Europäer an diesem Gebiet konfrontiert. In den 1880ern waren die meisten Tswana zumindest dem Namen nach Christen.

Für die Tswana sind Ahnen Mitglieder der Gesellschaft. Sie nennen die Ahnengeister, die unter ihnen leben und übernatürliche Kräfte besitzen, *badimo*. Den europäischen Siedlern waren diese Vorstellungen ebenso fremd wie die sozialen Netzwerke der Tswana. Mit ihren viktorianischen Ideen von Privatsphäre und Individualismus hatten die Europäer kein Verständnis für ein Sozialsystem, in dem Ansehen und Macht von der Zahl von Anhängern und Verbündeten abhängig war. In der Shona-Gesellschaft war dieses Klientelsystem hoch entwickelt, durch das ein Mann die Gewalt über andere erlangen konnte – ein Verhältnis, das früher als »einander essen« bekannt war.

Seit der Unabhängigkeit von den Briten 1966 haben die Tswana in Botswana eine stabile demokratische Regierung aufrecht erhalten, was wenigen Vökern Afrikas gelungen ist.

Zulu

Die Zulu sind heute eine treibende politische und kulturelle Kraft in Südafrika. Bekannt sind sie jedoch vor allem wegen des mächtigen Staates und ihrer militärischen Organisation, die im 19. Jh. entstanden waren.

Unter Shaka (etwa 1787–1828), seinem Gründer, wurde das Zulureich zum dominierenden Staatswesen im subsaharanischen Afrika. Shakas Kriege führten andernorts zu politischen Konsolidierungen, neue Königreiche entstanden oder dehnten ihren Machtbereich aus. Doch der Aufstieg des Zulureiches und anderer afrikanischer Königreiche, wie denen der Swazi und Sotho, ging auch mit der Unterdrückung und der Vertreibung vieler Menschen aus ihrer Heimat einher. Gleichzeitig kam es in vielen Gesellschaften im Kampf um die Macht zu tödlichen politischen Intrigen: Shaka zum Beispiel wurde von seinem Halbbruder Dingane ermordet, den wiederum zwölf Jahre später Mpande, ein anderer Bruder, absetzte.

Zwar dominierten die Zulu andere afrikanische Gesellschaften, aber sie gerieten in Konflikt mit den Buren, holländischen Siedlern, die um der Unterdrückung durch die Briten in der westlichen Kapkolonie zu entgehen, ostwärts zogen und im Zululand siedeln wollten. Dingane stimmte Anfang 1838 der Einwanderung der Buren in das Zululand zu. Aber er änderte seine Meinung und schickte seine Truppen, die Dutzende von Männern, Frauen und Kindern ermordeten. Am 16. Dezember 1838 schlugen die Buren zurück. Der blutige Kampf gegen Dingane und seine Krieger wurde als die Schlacht am Blutfluss bekannt. Tausende von Zulus wurden getötet, aber nicht ein einziger Burensoldat verlor sein Leben.

Die Zulu-Nation wird seit langem als Gruppe von mehreren Hundert Clans definiert, die durch die Loyalität zum König, der alles Land besaß, verbunden waren. Alle Männer waren gezwungen, im Heer des Königs zu dienen. Zur Zeit von Shaka hieß ein Mann *isihlangu senkosi*, »Kriegsschild des Königs«. Auch heute noch lässt sich bei den Zulu eine gesellschaftliche Schichtung beobachten, die auf Macht und politischem Einfluss basiert. Seinen politischen Ambitionen entsprechend hat der Zuluherrscher in der Nationalpolitik und bei der Einführung der Bürgerrechte in Südafrika eine wichtige Rolle gespielt.

Die heute mehr als drei Millionen zählenden Zulu leben überwiegend in der Region Natal im Osten Südafrikas und sprechen eine Sprache, die sich wie andere Bantusprachen in Südafrika, Swasiland, Botswana und Lesotho durch Schnalzlaute auszeichnet. Viele arbeiten heute als Wanderarbeiter in Städten oder in Goldminen, aber eine große Zahl lebt auf dem Land, züchtet Vieh, baut Mais und Gemüse an. Sie sind in bekannt für ihre kunstvollen Perlenstickereien, Flechtkörbe und Rundhäuser.

Zulumänner und -frauen sind an ihrer typischen traditionellen Kleidung leicht zu erkennen. Männer binden einen Perlengürtel über einen Ziegenfellschurz und tragen zu Ritualen und bestimmten Anlässen besondere Kleidung. Trägt ein Mann beispielsweise ein rotweißes Tuch, lässt er wissen, dass er um eine junge Frau wirbt. Da die Zulu sich als Kriegervolk verstehen, tragen die Männer oft Schilder aus Rindsleder mit kleinen senkrechten Schlitzen entlang der Mitte. Anhand der Schilder- und Speermotive lassen sich die Regimenter unterscheiden. Zulufrauen fertigen aufwändige bunte Perlenketten an, deren Farben bestimmte Ideen ausdrücken: Blau etwa steht für Treue und Weiß bedeutet Reinheit.

Die Zulugesellschaft ist patrilinear organisiert, d. h. die Abstammung wird über die männliche Linie hergeleitet und nach der Hochzeit ziehen Frauen fast immer in das Heim ihrer Ehemänner. Zur Heirat gehört noch immer das Zahlen der *lobola* oder des Brautpreises, den die Verwandten des Bräutigams der Familie der Braut übergeben. Obwohl man Rinder bevorzugt, wird immer häufiger in Geld und anderen Waren gezahlt. Durch den Brautpreis wird dem Ehemann der Anspruch auf häusliche und sexuelle Rechte übertragen. Gleichzeitig versetzt er Frauen in die Lage, ihre Ehemänner für ihr Handeln verantwortlich zu machen.

Die Zulu glauben an einen alleinigen Schöpfergott namens Nkulunkulu. Doch im täglichen Leben sind die Ahnen von größerer Bedeutung, die sich als Schatten manisfestieren und in Träumen, als Omen oder in anderen Phänomenen erscheinen. Die Zulu gehen davon aus, dass sie den Lebenden nicht fern sind. Viele Zulu sind Christen, manche bekennen sich aber auch zu dem Glauben, den Isaiah Shembe, ein Prophet der Zulu, vertrat, der Vorstellungen und Bräuche von Christen und Zulu in einer Religion zusammenführte, die er Zionismus nannte.

In Südafrika prallen Tradition und Moderne aufeinander: Diese Zulu leben und arbeiten in Städten und tragen Kleider im westlichen Stil, aber bei rituellen Anlässen ziehen sie das Gewand ihrer Kriegervorfahren aus dem 19. Jh. vor.

Die Kulturgeschichte Nordafrikas wurde über Jahrhunderte hinweg vom Nahen Osten beeinflusst, einer Region, in der es viele verschiedene ethnische Gruppen mit lange zurückreichenden Traditionen gibt. Der Nahe Osten, in dem die Zivilisationen der Vorzeit beheimatet sind, war die Geburtsstätte des Judentums, des Christentums und des Islam, die sich alle auf den biblischen Abraham zurückbeziehen. Auch heute noch ist Religion ein entscheidender Faktor für die ethnische Zugehörigkeit, noch mehr als Sprache, oder Abstammung dennoch werden religiöse Unterschiede zwischen den Gruppen oft durch eine gemeinsame Vergangenheit und ähnliche Traditionen gemindert.

Vor ungefähr 8000 bis 10000 Jahren entstand an den Flüssen Tigris und Euphrat in Mesopotamien und am Nil in Ägypten der erste Landbau in der Geschichte der Menschheit. Die Kultivierung von Getreide wiederum unterstützte das Entstehen der ersten Zivilisationen in Sumer und Ägypten. Aber neben dieser als »fruchtbarer Halbmond« bekannten Großregion sind weite Gebiete des Nahen Ostens und Nordafrikas trocken und von riesigen Wüstenflächen durchsetzt. Seit unzähligen Generationen ist die Viehzucht, verbunden mit Nomadentum die Lebens-

Nordafrika und der Nahe Osten

Eine junge Berberin nimmt in Marokko an einem jährlich stattfindenden Fest teil, bei dem sie Männer auf Freiersfüßen findet.

grundlage vieler Ethnien, deren Leben von Oasen bestimmt wird, die verstreut in den Wüsten liegen. Die Domestizierung des Kamels zwischen 3000 und 1000 v. Chr. auf der Arabischen Halbinsel schuf die Voraussetzung, sich in diesen unwirtlichen Gegenden fortzubewegen, neue Handels- und Expansionswege auf der Halbinsel und in der Sahara zu erschließen.

Im Nahen Osten herrschen noch vier kulturelle Hauptgruppen mit alten Wurzeln vor: Araber, Türken, Perser und Juden. Während Türken, Perser und Juden jeweils in der Türkei, dem Iran und in Israel vorherrschen, sind die Araber im gesamten Nahen Osten und ganz Nordafrika verbreitet. Das Wort »Araber« kommt vom semitischsprachigen Volk der A'raab, die um 900 bis 800 v. Chr. als nomadisierende Viehzüchter und Händler im Gebiet zwischen Syrien und der arabischen Halbinsel lebten. Sie sind mit Sprechern anderer semitischer Sprachen wie Hebräisch und Aramäisch verwandt. Im Laufe der Zeit wurden einige arabische Gruppen sesshaft und nannten die nomadischen Araber »Bedu«, wovon sich das Wort »Beduine« ableitet. Heute bilden die Araber ein uneinheitliches Gemisch mit entsprechenden kulturellen Unterschieden, aber sie sind durch die gemeinsame arabische Sprache verbunden, die in vielen Dialekten von Marokko bis Ostafrika, vom östlichen Mittelmeergebiet bis zum Persischen Golf gesprochen wird.

Die Beduinen werden von anderen Arabern auch heute noch als wahre und ursprüngliche Vertreter ihrer Kultur und Sprache angesehen. Auch im 21. Jh. wandern noch einige Beduinenstämme mit ihren Kamelen durch die Wüsten der arabischen Halbinsel, Ägyptens und Libyens, wohnen in Zelten und hüten ihre Herden wie schon seit Jahrhunderten. Aber der Druck seitens staatlicher Regierungen nimmt zu und das relativ neue Phänomen nationaler Grenzen beengt den nomadischen Lebensstil der Beduinen. Heute führen nur noch höchstens zehn Prozent einer Generation ein Leben als Nomaden.

Arabisch und Hebräisch sind semitische Sprachen, die von Arabern und Juden gesprochen werden. Obwohl diese beiden Gruppen gemeinsame religiöse Wurzeln haben, sind die Beziehungen zwischen ihnen seit der Mitte des 20. Jhs. meist durch Krieg bestimmt, als mit der Teilung Palästinas der Staat Israel für die jüdische Nation geschaffen wurde. Heute besteht Israels Bevölkerung zu etwa 80 Prozent aus Juden, während der Islam die Hauptreligion der meisten anderen Nationen des Nahen Ostens und Nordafrikas ist. Der Islam selbst ist in zwei Gruppen gespalten, die Sunniten und Schiiten, die jeweils unterschiedlichen Vorstellungen über die Rechtmäßigkeit der Nachfolge Mohammeds anhängen. Die meisten Schiiten leben im Iran und südlichen Irak, die Sunniten überwiegend in den anderen Staaten der Region.

Die Konfrontation alter Traditionen und moderner westlicher Kultureinflüsse hat in den letzten Jahrzehnten Spannungen und Konflikte erzeugt. In Reaktion darauf entstand in dieser Region die panislamische Bewegung, und auch in Israel gab es eine Rückkehr zur orthodoxen Glaubensrichtung. Die Rückbesinnung auf die eigenen kulturellen und religiösen Traditionen und Werte, verbunden mit dem Wunsch, sich abzugrenzen, hat die Spannung in dieser Region eher verstärkt.

Auch in der Art und Weise, wie wichtige Ereignisse im Leben eines Menschen begangen werden, gibt es Ähnlichkeiten. Auch wenn sich »Liebesehen« allmählich

durchsetzen, wird die Mehrheit aller Heiraten immer noch arrangiert. Die Ehe mit einem Cousin ersten Grades wird traditionell bei fast allen Ethnien dieser Region als ideale Verbindung angesehen wird. In der Regel sind die Familien beider Ehepartner an den Verhandlungen beteiligt, um den Brautpreis (die Geldsumme, die der Bräutigam der Familie der Braut gibt) anzusprechen und den Ehevertrag, den Zeitpunkt der Eheschließung sowie den zukünftigen Wohnort des Paares (traditionell die Familienresidenz des Bräutigams) auszuhandeln. Für Juden, Christen und Moslems sind Hochzeiten mit großem Aufwand gefeierte Feste, die sich über mehrere Tage hinziehen. Bei den arabischen Moslems und koptischen Christen in Ägypten treffen sich die Braut und Frauen aus beiden Familien kurz vor dem Festtag, um ihre Hände und Füße mit Hennamustern zu schmücken. Bei diesen Zusammenkünften können sich die Frauen vor der Hochzeit besser kennen lernen.

In allen drei abrahamischen Religionen erwartet man von den Frauen, sich züchtig zu kleiden. In Saudi-Arabien und im Iran ist der Schleier Pflicht, kann aber sehr unterschiedlich interpretiert werden. In Saudi-Arabien muss eine Muslimin völlig bedeckt sein, einschließlich Gesicht, Händen und Füßen. Im Iran genügen ein Tuch, das das Haar bedeckt, und ein weiter Mantel. Die meisten Christen und Juden im Nahen Osten tragen westliche Kleidung, obwohl orthodoxe jüdische Frauen ebenfalls ihr Haar bedecken und längere Kleider tragen.

In einer Weltregion, in der Invasionen und politische Unsicherheit ein Dauerzustand waren, bieten solche lange gepflegten Traditionen und die ethnische Identität, durch die sie entstehen, Beständigkeit und Zuflucht angesichts von Veränderungen. Verbreitete Gebräuche tragen dazu bei, Gemeinschaften von einer Generation in die nächste aufrecht zu erhalten.

Folgende Seiten: Eine mit Juwelen geschmückte Braut in Oman, deren Hände und Arme mit komplizierten, aber vergänglichen Hennamustern verziert sind, folgt der Tradition des *lailat al henna* und feiert am Abend vor der Hochzeit mit ihren Freundinnen und weiblichen Verwandten.

Nordafrika und der nahe Osten

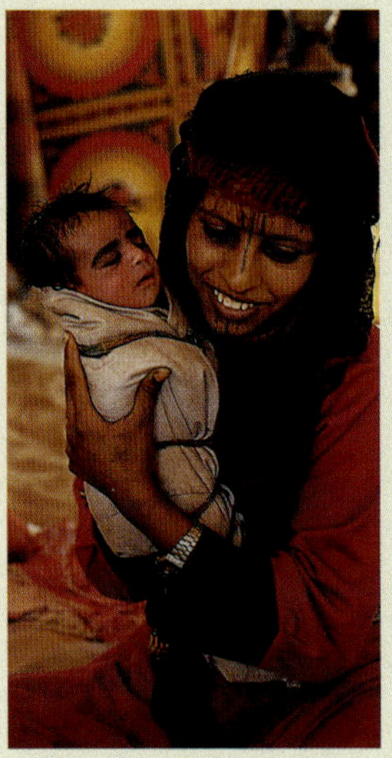

Im Uhrzeigersinn von oben: Beduinin aus dem Jemen, Kurde aus dem Irak und Druse aus Syrien

Nordafrika

Der nahe Osten

Nordafrika

Araber • Berber • Kopten

Araber

In vorislamischer Zeit waren die Araber und ihre Kultur auf die arabische Halbinsel beschränkt. Die Offenbarungen Allahs an den Propheten Mohammed markieren im 7. Jh. einen Wendepunkt in der Geschichte dieser Region und Arabien gelangte zur kulturellen und wirtschaftlichen Blüte. Die Ausbreitung des islamischen Glaubens und von Teilaspekten der arabischen Kultur im Nahen Osten, in Nordafrika, Spanien, Zentral- und Südasien hatte eine erstaunliche Kulturvermischung zur Folge. Das Ergebnis ist heute eine unglaublich vielschichtige Regionen übergreifende Kultur, die nomadisierende Beduinen und moderne Stadtbewohner gleichermaßen eint. Trotz ihrer Unterschiede teilen Araber in der ganzen Welt neben ihrer Religion (mehr als 90 Prozent sind Muslime) und der gemeinsamen Sprache (Arabisch) auch noch weitere Kulturaspekte wie z. B. traditionelle Geschlechterrollen, patriarchalische Erbgesetze und traditionelle Wertvorstellungen von Ehre, Gastfreundschaft und Großzügigkeit.

Das klassische Arabisch ist die heilige Sprache der Moslems, weil man sie für die Sprache hält, in der Gott Mohammed den Koran offenbarte. Gebildete Araber und Religionsgelehrte sprechen und lesen klassisches Arabisch, und sein Gebrauch in Radio und Fernsehen förderte sein Verständnis bei weniger gebildeten Hörern. Jeder Araber spricht aber mindestens eine der vielen Umgangssprachen oder Dialekte, die sich untereinander sehr unterscheiden können. Marokkanisches Arabisch ist zum Beispiel für einen Araber des östlichen Mittelmeerraums oder der Gegend um den Persischen Golf fast unverständlich. In jüngerer Zeit haben Filme und Fernsehserien, die oft in Kairo hergestellt wurden, aber weit verbreitet sind, dazu beigetragen, dass Araber auch andere Dialekte kennen lernen.

Von allen Muslimen wird gefordert, einmal im Leben eine Pilgerreise nach Mekka in Saudi-Arabien zu unternehmen. Als wichtigster Übergangsritus neben Geburt, Hochzeit und Tod ist die Reise ein spirituelles und religiöses Ereignis, eine Rückkehr zu Mohammeds Geburtsort. Die Moslems glauben, dass sie, falls sie auf der Pilgerreise sterben, sofort in den Himmel kommen.

Die Beduinen, die als Vorfahren aller arabischer Gruppen angesehen werden, hält man für die reinsten Vertreter der Kultur, obwohl sie nun weniger als 10 Prozent der modernen arabischen Bevölkerung ausmachen. Sie leben in Libyen, Ägypten, dem Libanon, Jordanien, Syrien, Israel, dem Irak und auf der ganzen Arabischen Halbinsel. Beduinen unterscheiden sich von anderen Arabern durch ihre Lebensweise als nomadisierende Viehzüchter und ihre ausgedehnteren Verwandtschaftsbeziehungen, die für sie Solidargemeinschaft und notwendige Voraussetzung zum Überleben sind. Das enge verwandtschaftliche Netz hatte traditionell den Zweck, die Sicherheit der Familien zu garantieren und ihren Besitz zu schützen. Verschiedene

Staatsregierungen des Nahen Ostens drängen die Beduinen dazu, seßhaft zu werden, wodurch die traditionelle Lebensweise der Nomaden allmählich aufgelöst wird. Dennoch werden die Beduinen von anderen Arabern immer noch als »ideale« Araber angesehen, besonders wegen ihrer reichen mündlichen poetischen Überlieferung, ihres Lebensstils und ihres traditionellen Ehrenkodex.

Obschon Poesie und Literatur für alle Araber sehr wichtig sind, gelten die Beduinen als die wahren Meister der mündlichen Dichtung, einer emotionalen und ausdrucksstarken Form der Poesie, die in klassischem Arabisch auswendig vorgetragen wird. Weil man glaubt, dass das offene Zeigen von Emotionen die Solidarität der Gruppe schwächt, benutzt man die Poesie, um so starke Gefühle wie Trauer, Liebe und Zorn auszudrücken. Andere Araber benutzen gern poetische Umschreibungen.

Ein weiterer wichtiger Aspekt der arabischen Kultur ist der Ehrenkodex, der Familienmitgliedern ein bestimmtes Verhalten vorschreibt, um den Ruf der Familie zu wahren und ihren Mitgliedern in Zeiten der Bedrängnis zu helfen. Für Männer bedeutet ehrbares Handeln, ihre Familien wirtschaftlich zu unterhalten und den Ruf von Verwandten, besonders von Frauen, zu verteidigen. Für Frauen heißt ehrbares Verhalten, liebevolle Mütter und Ehefrauen zu sein, den Haushalt effizient und großzügig zu leiten und sich züchtig und anständig zu benehmen.

Die Familie ist eine eng gefügte Gemeinschaft und das Leben zu Hause wird als Belohnung für harte Arbeit angesehen. Obwohl das Familienleben Teil einer gut gehüteten Privatsphäre bleibt, sind Araber für ihre Gastfreundschaft berühmt: Man lädt auch Fremde gerne und herzlich zum gemeinsamen Essen ein. Gastfreundschaft und Großzügigkeit werden auch in Freundschaften gepflegt, von denen man ebenfalls Aufrichtigkeit und Freundlichkeit erwartet.

Berber

Die vielschichtige Völkergruppe der Berber – insgesamt etwa 15 Millionen Menschen stellt das autochtone Bevölkerungssubstrat Nordwestafrikas. Dazu zählen u. a. Rifkabylen und Shluh von Marokko, die Kabylen von Algerien und die Tuareg von Algerien, Libyen, Mali und Niger. Alle sprechen Dialekte derselben Sprache (»Berber«), die zur afroasiatischen Familie zählt.

Obwohl man sich über die genaue Herkunft der Berber nicht sicher ist, glauben einige Wissenschaftler, dass sie ursprünglich aus dem Nahen Osten stammen und sich um 3000 v. Chr. in Nordwestafrika niederließen. Im Laufe der Jahrtausende fielen Karthager, Römer, Wandalen, Türken, Araber und Europäer in das Gebiet der Berber ein, aber die Berberkultur bewahrte ihre Eigenheit gegen über all diesen fremden Mächte. Die Araber übten den größten Einfluss auf ihre Kultur aus. Als sich die Araber im frühen 8. Jh. anschickten, die iberische Halbinsel zu erobern, waren die Berber die stärkste Macht in ihrem Rücken. Später, im 11. und 12. Jh., bildeten sich zwei große Berberreiche und beherrschten einen Großteil Marokkos, Algeriens, Tunesiens und Südspaniens. Berberhändler verbanden einst die Märkte des Mittelmeerraums mit denen Westafrikas und auch heute noch betreiben einige Berberstämme Handel zwischen Nord- und Westafrika.

Heute sind die meisten Berber sesshafte Ackerbauern, die auch kleine Ziegen- und Schafherden besitzen. Einige Stämme, wie die Tuareg von Mali und die Imazighen Zentralmarokkos, sind zum großen Teil nomadisierende Viehzüchter geblieben und benutzen Kamele als Fortbewegungs- und Transportmittel. Bei der Mehrheit aller Berbergruppen gelten patrilineare Abstammung- und Erbschaftsregeln, und die Männer bestimmen die Stammesangelegenheiten. Es gibt eine ausgeprägte Arbeitsteilung: Die Männer kümmern sich um die Ländereien und

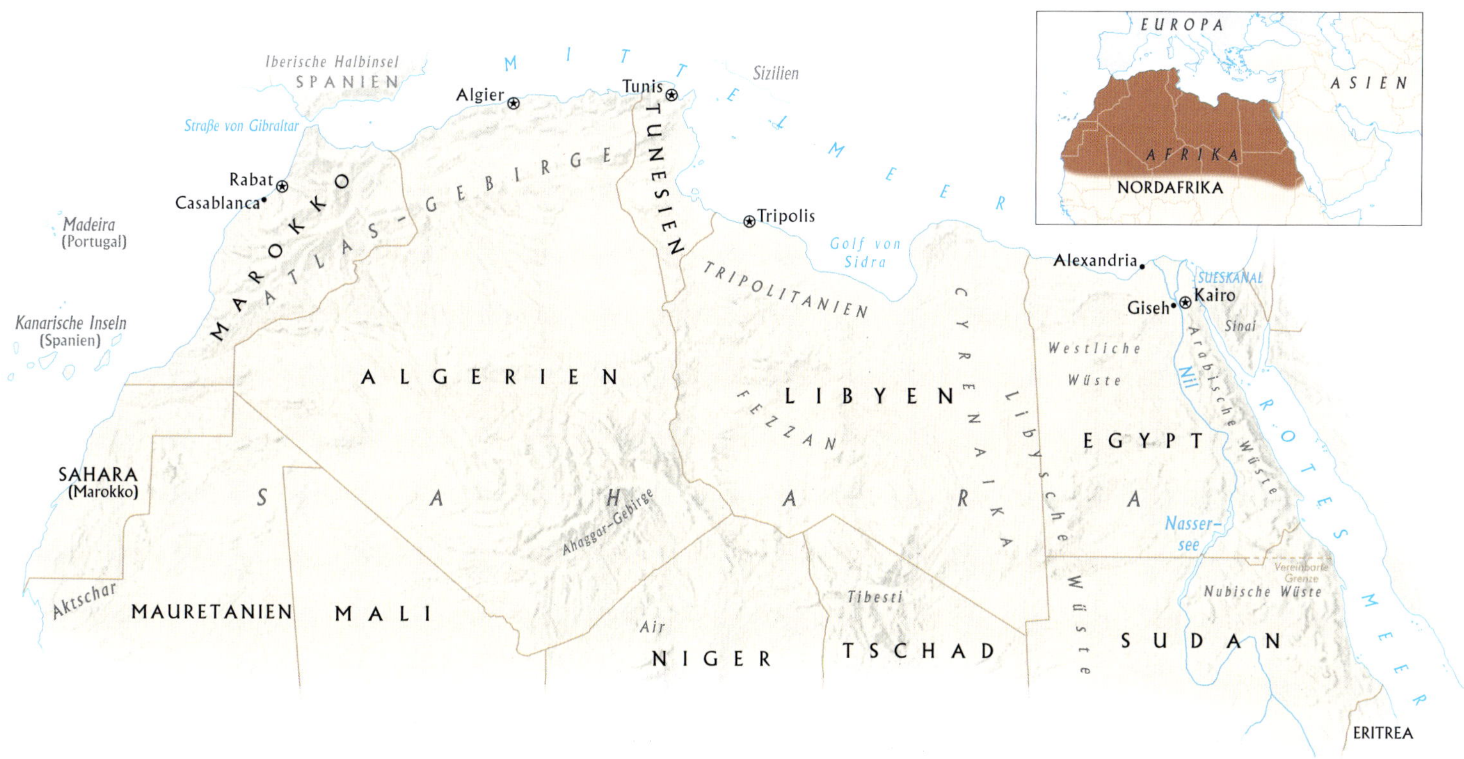

die Herden, und die Frauen erledigen die Hausarbeit. Bei den Tuareg dagegen erben und besitzen die Frauen Eigentum, bestimmen über die Herden, bearbeiten das Land und bringen die Ernte ein. Tuaregmänner hüten das Vieh, pflegen den Garten und üben den Handel aus.

In urbanen Gebieten wird der Unterschied zwischen Arabern und Berbern weniger augenfällig, aber die Berberdialekte und traditionellen Stammesbräuche werden weiterhin in entlegenen Gegenden gepflegt. Dort findet man auch immer noch das traditionelle Handwerk: Teppiche, Silberschmuck, Leder und Töpferware. Die politische Struktur der Berber ist demokratisch; wichtige Entscheidungen werden durch Einstimmigkeit einer Ratsversammlung der erwachsenen Männer getroffen.

Glaube und religiöse Praktiken der Berber sind islamisch und unterscheiden sich nicht von denen anderer sunnitischer Moslems. Man legt jedoch großen Wert auf *baraka*, den Glauben an den besonderen Segen Gottes, und auf Marabuts, gelehrte Männer, die ein hohes Ansehen genießen. Auch im Tod, glaubt man, fungieren Marabuts als spirituelle Mittler zwischen Gott und den Lebenden. Diese Einzelpersonen spielten einst eine entscheidende politische, religiöse und wirtschaftliche Rolle und man ehrt sie noch in zahlreichen Heiligtümern in ganz Nordwestafrika.

Ein Berber (unten), geschützt vor der Winterkälte durch eine handgewebte, wollene *djellaba*, auf dem Weg durch ein Tal im marokkanischen Atlas-Gebirge. In Ägypten versammeln sich koptische Christen zur Mitternachtsmesse im Anba-Bishoi-Kloster des Wadi el Natrun (gegenüber). Der Ursprung der Kopten reicht zurück in die Zeit der Pharaonen; seit etwa dem 3. Jh. n. Chr. bekennen sie sich zum Christentum.

Seiten 244–245: Gut behütet gegen die Sonne schneiden Frauen im Wadi Hadhramaut (Jemen) Viehfutter. Das Familienanwesen im Hintergrund ist mit seinen abweisenden Mauern ein typisches Beispiel jemenitischer Architektur. Farbe und Form des Gebäudes scheinen mit seiner Umgebung zu verschmelzen.
Seiten 246–247: Im Inneren eines komfortabel ausgestatteten Zeltes rückt eine Beduinenfrau sorgfältig ihren Schleier zurecht, während eine Freundin zuschaut. Die Pflicht, einen Schleier zu tragen, wird in Saudi-Arabien konservativer gehandhabt als in anderen Ländern des Nahen Ostens, aber die Frauen finden ihren eigenen Stil.

Kopten

Die Kopten sehen sich selbst als Nachfahren der pharaonischen Ägypter. Sie bekennen sich seit etwa dem 3. Jh. n. Chr. zum Christentum und konvertierten nicht zum Islam, als die Araber im 7. Jh. Ägypten eroberten. Die meisten der etwa sechs Millionen Kopten Ägyptens – weniger als 10 Prozent der Bevölkerung – wohnen in Kairo und in etlichen Dörfern im südlichen Teil des Landes.

Abgesehen von der Religion haben koptische und muslimische Ägypter viele traditionelle Bräuche gemein, und man kann sie aufgrund ihres Lebensstils kaum voneinander unterscheiden. Einige Kopten tätowieren sich allerdings ein kleines Kreuz auf die Innenseite des Handgelenks, um zu zeigen, dass sie Christen sind. Während Moslems der Verzehr von Schweinefleisch untersagt ist, gilt dieses Gebot nicht für Kopten, wenngleich Schweinefleisch nicht zu den typischen Zutaten der koptischen Küche zählt.

Angesichts der Zusammenstöße mit ultrakonservativen Moslems fürchten koptische Gemeinden Konflikte, die sich aus religiösen Differenzen ergeben können. Daher versuchen Kopten, unauffällig zu bleiben und so die Privatsphäre ihrer Familien und ihrer Gemeinden zu schützen.

Die Religion steht im Zentrum der koptischen Identität. Man strebt danach, ehrbar zu leben und die alten, heiligen Praktiken zu befolgen. Das Zentrum ihrer Glaubensausübung, die koptische Kirche, hat ihren eigenen Patriarchen oder Popen, der von der Gemeinde gewählt wird und den man für von Gott geweiht hält und als mit der Gabe ausgestattet, den heiligen Segen zu erteilen. In der Liturgie wird ausschließlich die koptische Sprache verwendet. Sie basiert auf dem Altägyptischen, allerdings mit starkem griechischem Einschlag. Im alltäglichen Leben sprechen die Kopten Arabisch wie andere Ägypter.

Das koptische Mönchstum stammt aus dem 4. Jh. n. Chr. Die Klöster sind immer noch ein wichtiger Bestandteil der Kirche und rekrutieren ihren Nachwuchs aus der Gemeinde. Während Mönche nicht heiraten können, erwartet man von Priestern, dass sie heiraten, bevor sie die Weihe erhalten. Man glaubt, dass verheiratete Priester mit eigener Familie die Familien in ihrer Gemeinde besser verstehen und unterstützen können.

Wie andere Minderheiten auf der Welt legen die Kopten großen Wert auf Bildung; viele sind hoch gebildet und arbeiten in den Büroberufen. 500 Jahre lang, bis ins 19. Jh., dienten die Kopten als Finanzprüfer der Regierungsbeamten. Ihre Schulen erwarben einen ausgezeichneten Ruf und manche ägyptischen Moslems schicken ihre Kinder dorthin, damit sie eine fundierte Bildung erhalten.

Der Nahe Osten

Drusen • Juden • Kurden • Maroniten • Perser • Kaschkai • Türken • Anhänger des Zoroastrismus

Drusen

Die Drusen sind Anhänger einer geheimen gnostischen Religion und eine arabische Minderheit mit einer halben bis ganzen Million Mitglieder. Die meisten leben in Syrien, dem Libanon und in Israel, wo sie die Regierung sehr unterstützen; einige dienen sogar in der israelischen Armee und gehören damit zu den wenigen Nichtjuden, die das tun.

Die drusische Religion ist ein Ableger des Islam und entstand im 11. Jh.; sie wurde nur drei Jahrzehnte nach ihrer Entstehung für Konvertiten geschlossen. Seither waren die Drusen gesellschaftlich und oft auch geographisch isoliert, wodurch eine eigenständige Kultur entstehen konnte.

(Fortsetzung auf Seite 248)

Jahrhundertelange Verfolgungen haben furchtlose Krieger herausgebildet und die Solidarität unter den Gemeindemitgliedern gefestigt. Aber nicht jedes Mitglied ist in die Geheimnisse der Religion eingeweiht. Die Gemeinde teilt sich in die *euqqal*, die in die esoterischen, mystischen Lehren eingeführt sind, und die *juhhal*, die zwar auf drusische Weise leben, aber kein tieferes Wissen besitzen. Einige Grundüberzeugungen sind jedoch allgemein bekannt: Die Drusen bekennen sich zu einem allgegenwärtigen Gott.

In Israel führen chassidische Studenten (gegenüber) eine hitzige Debatte, ein lebendiger und hoch geschätzter Aspekt des gesellschaftlichen Lebens. Man betrachtet diese Art des Disputs, die tief in der talmudischen Tradition verwurzelt ist, als kreative Möglichkeit, Lösungen zu finden. ***Seiten 250–251:*** Kurdische Frauen versammeln sich im Irak zu einer Hochzeit. Die Frauen nehmen selbstbewusst und aktiv am öffentlichen Leben teil und wissen sich auch zu wehren.

Seiten 252–253: Während des moslemischen Festes Ramadan gehen Menschen in Cizre in der Türkei zum Friedhof, um ihrer Verstorbenen zu gedenken. Viele versammeln sich an den Gräbern der Vorfahren zu einem Picknick, ein verbreiteter Brauch im ganzen Nahen Osten. ***Seiten 254–255:*** Die Schauspieler und das Filmteam bereiten sich vor, eine Szene für einen iranischen Film zu drehen. Der Filmemacher greift auf traditionelle Symbole zurück.

Drusen heiraten nur untereinander, was für das Überleben eines Volkes ganz wichtig ist, das keine Konvertiten akzeptiert und das seine Traditionen vor äußeren Einflüssen schützen will. Ehemänner und -frauen sind legal gleichberechtigt und können eine Scheidung verlangen, die aber nur unter bestimmten und klar dargelegten Umständen ausgesprochen werden kann. Drusische Frauen haben mehr politische und religiöse Macht als die Frauen in vielen anderen Gesellschaften des Nahen Ostens. Sie können auch *euqqal* werden und tiefe religiöse Erkenntnisse gewinnen.

Viel Drusen tragen weiterhin die traditionelle Kleidung. Die Tracht einer Frau besteht aus einem blauen oder schwarzen Kleid, einem weißen Kopftuch und roten Schlupfschuhen. Ein Juhhal-Mann trägt ein kariertes arabisches Kopftuch oder *kaffiyeh* und ein Euqqal-Mann trägt einen weißen Turban.

Alle drusischen Dörfer wurden in den Bergen gebaut, bevorzugt am Gipfel, nahe der Heiligtümer. Es sind zwar geschlossene Gemeinschaften, aber sie sind dennoch sehr gastfreundlich: Fast jedes Dorf hat ein Gästehaus ausschließlich für Besucher. Die meisten Drusen sind Ackerbauern, die Obst, Oliven, Gemüse und Weizen anbauen. Ihre tägliche Küche ist hauptsächlich vegetarisch, und der Verzehr von Fleisch, zum Beispiel Lamm, ist festlichen Anlässen vorbehalten. Schweinefleisch ist zwar nicht verboten, aber die Drusen essen es selten.

Juden

Die über fünf Millionen Juden, die im Nahen Osten und in Nordafrika leben, haben die gleiche Religion und verwenden alle die ihnen heilige Sprache: Hebräisch; dennoch sind die Mitglieder dieser Gruppe so unterschiedlich wie die Völker, unter denen sie mehr als 2000 Jahre lang lebten. Bis der Staat Israel 1948 formell gegründet wurde, war fast allen Juden auch das Gefühl, im Exil zu leben, gemeinsam. Der Zerstörung des ersten und zweiten Tempels in Jerusalem – im 6. Jh. v. Chr. und 1. Jh. n. Chr. – folgte die große Vertreibung der Juden aus der Stadt und ihrer Umgebung. Sie gingen in den heutigen Irak, den Jemen, nach Ägypten, Äthiopien, in die Türkei, den Iran und nach Zentralasien. Einige Juden in der Diaspora ließen sich unter den Berbern Nordwestafrikas nieder.

Im 20. Jh. veranlassten die Gründung des Staates Israel und die Spannungen zwischen Zionisten und arabischen Nationalisten viele Juden in das neu entstandene Heimatland zurückzukehren. Die alten jüdischen Gemeinden Nordafrikas und des Nahen Ostens, die einst Tausende von Mitgliedern zählten, schrumpften auf ein paar Hundert; zugleich wuchsen Israels Groß- und Kleinstädte und beherbergten nun Vertreter aller jüdischen Gruppen der Welt. Diese Gruppen teilt man oft in zwei Kategorien auf: die Sephardim und Aschkenasim.

Für die Juden Israels hatte der lange Leidensweg in der Diaspora ein Ende, aber zugleich wurde die kulturelle Verschiedenheit der Neuankömmlinge offensichtlich. Heute steht das Land vor der riesigen Aufgabe, die vielen Sprachen, Bräuche und religiösen Interpretationen zu integrieren, die sich im Laufe der Jahrhunderte entwickelt

haben. Alle Juden befolgen die gleichen religiösen Vorschriften, aber die Art und Weise der praktizierten Religiosität können sich deutlich unterscheiden; die Unterschiede fallen besonders bei den sephardischen und aschkenasischen Traditionen auf. Da viele Juden aus der arabischen Welt kommen, wird Arabisch gesprochen, neben Hebräisch, Russisch, Persisch, Türkisch, Kurdisch und anderen asiatischen Sprachen. Auch einige afrikanische Sprachen tragen zu dieser Vielfalt bei. Juden aus Osteuropa sprechen eher Jiddisch, eine Mischform aus Hebräisch und mittelalterlichem Deutsch. Zuwanderer aus dem östlichen Mittelmeergebiet sprechen oft Ladino, eine Form des Spanischen, die sich durch jüdische Flüchtlinge aus Spanien im 15. Jh. erhalten hat.

Wie Moslems und Christen glauben viele Juden an die Bedeutung von Pilgerreisen, an Mystiker und Heilige, die Einfluss auf irdische Angelegenheiten nehmen können. Und in vielen Gebieten des Nahen Ostens und Nordafrikas unternehmen Juden und Moslems Pilgerreisen zu den gleichen heiligen Stätten.

Einige jüdische Gesetze zeigen Gemeinsamkeiten mit denen der sie umgebenden moslemischen Mehrheit im Nahen Osten und in Nordafrika. Gesetze, die mit Erbschaft, Wohnsitz und Ehe zu tun haben, zum Beispiel, tragen traditionell die väterliche Abstammungslinie, auch wenn die Tatsache, von einer jüdischen Mutter geboren worden zu sein, eines der wichtigsten Kriterien ist, um sich als Jude bezeichnen zu können. Im modernen Staat Israel befolgen jedoch nur wenige Paare die Tradition, bei der Familie des Bräutigams zu leben, und neue Familien gründen kleinere, eigene Haushalte.

Kurden

Die Kurden lebten mehr als 2000 Jahre in aneinander grenzenden Bergregionen der Türkei, Syriens, des Irak, Iran und Armeniens und blieben einigermaßen autonom, trotz der Tatsache, dass sie selten das Territorium selbst regieren konnten, das sie Kurdistan nennen, »Land der Kurden«. Einige Wissenschaftler glauben, dass dieses Volk von den Medern abstammt, einer alten iranischen Gruppe, die vor über 2700 Jahren im Südwesten Asiens lebte.

Heute gibt es etwa 20 Millionen Kurden in der Türkei, dem Irak, Iran, in Syrien, Europa und den Vereinigten Staaten. Wegen ihrer langen, isolierten Existenz in Bergregionen ist es den Kurden gelungen, ihre eigene Sprache zu behalten – Kurdisch, das dem Persischen am nächsten verwandt ist – und ebenso ihre eigene gesellschaftliche Organisation und ihre mündlichen Traditionen. Fast alle Kurden sind Moslems, aber eine kleine Minderheit, bekannt als Yezidi, praktizieren eine eigene Religion, in der sich christliches, altiranisches und islamisches Gedankengut vermischen.

Obwohl die kurdische Gesellschaft patriarchalisch ist und nur männliche Geschwister Eigentum erben, sind kurdische Frauen im öffentlichen Leben weit mehr präsent als andere Frauen in den sie umgebenden türkischen, arabischen und iranischen Gesellschaften. Sie spielen in Gemeinschaftsentscheidungen eine größere Rolle und haben mehr Freiheit im Umgang mit Männern. Frauen können sich auch entscheiden, keinen Schleier zu tragen, ein Entschluss, der für Frauen in manchen islamisch-arabischen Gesellschaften in dieser Region viel schwieriger ist. Eine kurdische Frau trägt traditionell einen hellen Rock mit Blumenmuster, eine bestickte Jacke und einen Turban oder ein Tuch auf dem Kopf. Die traditionelle Kleidung eines Mannes besteht aus einer weiten Hose, einer kurzen Jacke, einer Schärpe um die Taille und einem Turban, der dem einer Frau im Stil ähnelt. Die kurdische Küche ähnelt der ihrer türkischen, arabischen und iranischen Nachbarn und ist berühmt für ihren Käse und Joghurt.

Die erzwungene Siedlungspolitik der Türkei, des Irak und Iran hat die Mehrheit der Kurden zu sesshaften Ackerbauern werden lassen. Bis vor nicht all zu langer Zeit gab es auch noch nomadisierende Kurden, die in Stammesverbänden organisiert waren. Die Zugehörigkeit zu einer solchen Gruppierung gewinnt für Kurden vielerorts wieder an Bedeutung. Vielen kurdischen Gemeinden steht ein

(Fortsetzung auf Seite 256)

Kaschkai-Frauen spinnen Wolle, aus der anschließend die mit z.T. historischen Motiven geschmückten Teppiche hergestellt werden. Dieses Handwerk garantiert den Kaschkai bis zu einem gewissen Grad die wirtschaftliche und kulturelle Eigenständigkeit in der Völkerfamilie des Iran.

Dorfoberhaupt vor, der normalerweise das Land besitzt und es an die Bauern verpachtet im Tausch gegen Arbeit oder einen Teil der Ernte. Im Unterschied zu arabischen Nomaden, deren Anführer ausgewählt werden, erben kurdische Nomadenanführer ihren Titel. Viele Aspekte des kurdischen gesellschaftlichen Lebens ändern sich dramatisch, weil die Politik des Irak, Iran und der Türkei darauf abzielt, die Kurden in ihre Mainstream-Kultur zu integrieren. Viele Kurden sind in die Städte gezogen und arbeiten nun in Dienstleistungsberufen.

Die zum großen Teil leidvolle Geschichte der Kurden kommt auch in einigen ihrer Bräuche zum Ausdruck. Ihr Neujahrsfest, *nowrus*, ähnelt dem persischen, außer dass die Kurden nicht nur neues Leben und den Neuanfang feiern, sondern auch rituell um die Toten trauern.

Maroniten

Die Maroniten sind auf den Libanon beschränkt und die einzige christliche Gruppe im Nahen Osten, die über politischen Einfluss verfügt. Als 1932 die letzte Volkszählung im Libanon durchgeführt wurde, hielten sich das christliche und moslemische Glaubensbekenntnis in etwa die Waage. Durch den Bürgerkrieg ist der Anteil der Christen inzwischen auf 40 Prozent der Bevölkerung zurückgegangen.

Die historischen Traditionen reichen bei den Maroniten, wie bei vielen christlichen Arabern, bis in die Zeit zurück, als Jesus in Palästina wirkte. Im Gegensatz zur östlichen orthodoxen Kirche untersteht die maronitische Kirche der römisch-katholischen Kirche und dem Papst, auch wenn sie ihre eigenen Rituale und ihren eigenen Patriarchen behalten hat. Die Maroniten kennen die gleichen Sakramente wie die Katholiken, obwohl die Sprache der Kirche Arabisch und nicht Latein ist. Darüber hinaus feiern die Maroniten den Tag des hl. Maron, eines syrischen Eremiten aus dem 4. Jh., von dem sich ihr Name herleitet. Trotz ihrer ausgeprägten und religiösen Identität gibt es inzwischen auch Heiraten zwischen Maroniten und Angehörigen anderer Bekenntnisse.

In ihrer langen Geschichte haben sich die Maroniten oft mit dem Westen verbündet, zuerst mit mittelalterlichen Kreuzzüglern und Rom und später mit den Franzosen. Nach dem Ersten Weltkrieg hatten die Franzosen das Mandat über den Libanon und Syrien. Sie gaben den Maroniten beträchtliche politische Macht, die sich der französischen Kultur weiterhin besonders verbunden fühlen und ihre Kinder oft in französische Schulen im Libanon schicken. Die meisten Maroniten sind zweisprachig und sprechen Arabisch und Französisch. Obwohl der französische Einfluss noch immer stark ist, sind die Maroniten dennoch typische Vertreter der Kultur des Nahen Ostens geblieben. Die gesellschaftlichen Verhaltensnormen ähneln denen anderer arabischer Volksgruppen. Ihre Gruppenidentität erwuchs nicht nur aus der Abgrenzung gegenüber den Moslems, sondern auch durch ihre schon lang bestehende Rivalität mit den Drusen.

Im Gegensatz zu arabischen Christen, zum Beispiel Palästinensern, die hauptsächlich der östlichen orthodoxen Kirche angehören, sind die Maroniten weniger in arabischen nationalistischen Bewegungen aktiv. Viele sind sehr wohlhabend und haben eine hohe Stellung in der libanesischen Gesellschaft. Maroniten findet man in allen Berufsgruppen; viele besitzen Land und bewirtschaften Obst- und Weingüter. Einige Maroniten in ländlichen Gegenden üben noch die Kunst der Seidenherstellung aus, ein Handwerk, das seit dem 19. Jh. gepflegt wird.

Perser

Dieses Volk stellt den Hauptteil der Bevölkerung im Iran, ist aber ebenso zahlreich in Afghanistan, Tadschikistan, den Vereinigten Arabischen Emiraten und Bahrain vertreten. Seit der iranischen Revolution von 1979 sind viele Perser nach Westeuropa und Nordamerika emigriert.

Die Perser sprechen eine indoeuropäische Sprache namens Farsi und stammen von nomadisierenden Viehzüchtern ab, die zwischen 2000 und 1000 v. Chr. in mehreren Einwanderungswellen von Eurasien nach Südwestasien einwanderten. Das alte Persien beherbergte viele verschiedene Stämme, aber schon im 6. Jh. v. Chr. wurden diese Gruppen unter dem persischen Reich und durch die zoroastrische Religion geeint. Erst im 7. Jh. n. Chr. brachten einfallende Araber den Islam in die Region, der die alte Religion ersetzte.

Trotz vieler fremder Invasionen, die das Land seither erlebt hat, haben die Perser ihre eigene Kultur, Sprache und Gruppenidentität beibehalten. Ihre Eigenheit wird zum Teil durch ihre religiösen Überzeugungen verstärkt: Sie sind die weltweit größte Gruppe schiitischer Muslime, im Gegensatz zu den sunnitischen Muslimen, die den Rest des Nahen Ostens dominieren. Eine Minderheit von Persern praktiziert noch den auf Zarathustra zurückgehenden Parsismus, und es gibt auch kleine Gemeinden jüdischer und christlicher Perser sowie Bahai-Anhänger. Die Mitglieder aller Glaubensrichtungen feiern das persische Neujahrsfest – *nowruz*: ein alter zoroastrischer Brauch um Frühling und Wiedergeburt, der mit einer gründlichen Reinigung des Hauses und dem Aufbau eines Altars voller Gegenstände beginnt, die Glück und Reichtum symbolisieren. Der Feiertag beginnt am ersten Tag des Frühlings und dauert 13 Tage und man nutzt die Zeit, um sich gegenseitig zu besuchen.

Oberhaupt einer persischen Familie ist der Vater, der eher förmlich und disziplinär ist, während die Mutter oft die Rolle des Friedensstifters und Vermittlers spielt. Die Kernfamilie ist die wichtigste häusliche Gruppe, aber Großfamilien leben oft nahe beieinander. Zeitgenössische persische Künstler beziehen ihre Inspiration aus der Vergangenheit ihres Volkes, die sie mit Stolz erfüllt: Mystische Poesie, klassische persische Musik, Kalligrafie und Miniaturmalerei werden weiterhin in ihrer traditionellen Form praktiziert.

Die größten Unterschiede unter Persern im Nahen Osten finden sich zwischen Stadt- und Landbewohnern. Das Stadtleben wird von einer hierarchischen Sozialstruktur bestimmt, die auf Berufs- und Einkommensgruppen basiert. In der bäuerlichen Gesellschaft auf dem Lande lebt man im engen Sozialverband kleiner, benachbarter Dörfer. Ob Stadt- oder Landbewohner, allen ist das besondere Verständnis für formelle gesellschaftliche Regeln gemein, deren Beherrschung einen wichtigen Maßstab für die Akzeptanz einer Person innerhalb der hierarchischen Gesellschaft abgibt. Eine dieser Regeln ist *Taroof*, die Kunst der Höflichkeit. Wenn einer Person Geschenke oder gesellschaftliche Vorteile angeboten werden, weiß der potenzielle Empfänger durch die subtilen Regeln des *Taroof*, wie viele dieser Begünstigungen er aus Höflichkeitsgründen akzeptieren kann.

Kaschkai

Die Kaschkai sind überwiegend Nomaden oder Halbnomaden und berühmt für ihr politisches Talent. Sie gehören zu den wenigen Völkern im heutigen Nahen Osten, die in einer Stammeskonföderation organisiert sind und politischen Einfluss auf nationaler und lokaler Ebene ausüben. Die Kaschkai, die schiitische Muslime sind, führen ihren Ursprung auf das 18. Jh. zurück, als sich etliche iranische Gruppen unter einer Stammesfahne vereinten. Schätzungsweise 500 000 bis 700 000 leben im südwestlichen Iran, dem traditionellen Kaschkai-Territorium.

In den 1930er-Jahren zwang die iranische Regierung die Kaschkai, sesshaft zu werden, und es folgten weitere Perioden der Repression. Nach der Gründung der Islamischen Republik des Iran 1979 kehrten viele wieder zu ihrem nomadischen Lebensstil zurück, und zu ihren Schaf- und Ziegenherden, deren Sommer- und Winterweiden sich in große Gebiete des Zagrosgebirges erstrecken. Hauptstadt dieser Region ist Schiras.

Kaschkaifrauen genießen gesellschaftliche Gleichberechtigung und erfüllen eine Rolle, die denen der Männer im Stamm entspricht. Die Härte des Nomadenlebens erlaubt keine geschlechtsspezifische Arbeitsteilung; jeder Mann, jede Frau und jedes Kind helfen mit bei den notwendigen Arbeiten. Wegen der Politik der Islamischen Republik tragen Kaschkaifrauen heute häufiger den Schleier als in der Vergangenheit. Früher verhüllten sich die Frauen nur, wenn sie in Großstädte gingen. Die Kleidung der Frauen hat ihren traditionellen Stil beibehalten: bunte Farben, vielschichtige Röcke, Tuniken und verzierte Tücher. Die Kleidung der Männer ist weniger bunt und besteht aus weiten Hosen, einer Tunika und Weste und der berühmten runden Filzmütze mit den seitlichen Ohrenschützern. Diese Mütze wurde zum Symbol der politischen Einheit der Kaschkai.

Die Kaschkai sind auch berühmt für gewebte Teppiche, deren Muster oft das Leben und das Land des Stammes auf symbolische Weise abbilden. Das Geschichtenerzählen ist eine beliebte und geschätzte Kunst.

Türken

Zwischen dem 11. und dem 15. Jh. kamen mehrere Migrationswellen verschiedener türkischer Stämme aus den weit entlegenen Regionen wie der Mongolei und China nach Südwestasien. Jeder dieser Stämme schuf eine eigene Kultur und Lebensweise. Diejenigen, die sich zusammen schlossen – zuerst die seldschukischen Türken, zum großen Teil aus dem Nahen Osten, und später die osmanischen Türken in Anatolien und dem Balkan – schufen eine umfassende türkische Kultur mit einer gemeinsamen Sprache und historischen Tradition. Die gemeinsame Religion des Islam trug entscheidend zur Herausbildung der Volksidentität bei. Andere Turkvölker, die verwandte Sprachen benutzten, spalteten sich ab und formten ihre eigene Identität, getrennt von den anatolischen Türken.

Es gibt über 62 Millionen anatolische Türken in der Türkei; zusätzlich leben 1,8 Millionen in Europa, besonders in Deutschland, Zypern und Bulgarien. Viele Mitglieder der großen Emigrantengruppe in Europa beherrschen neben ihrer Muttersprache Türkisch auch die ihres jeweiligen Gastlandes. Türkisch, das nicht mit Arabisch oder Persisch verwandt ist, stammt aus der zentralasiatischen Sprachfamilie Ural-Altaisch.

Die Türken nahmen im Lauf ihrer Geschichte großen Einfluss auf die Völker im Nahen Osten und in Nordafrika. Zur Zeit des osmanischen Reiches beherrschten sie viele Völker und integrierten diese in ihre Kultur. Am Höhepunkt ihrer Macht um 1700 n.Chr. regierten osmanische Türken ein riesiges Gebiet vom Persischen Golf über den Balkan und durch Nordafrika bis Algerien. Das osmanische Reich endete nach dem Ersten Weltkrieg. Es folgte eine Periode, in der der türkische Nationalismus unter der Führung von Atatürk neuen Auftrieb erhielt.

Heute ist die türkische Gesellschaft eine komplexe Mischung von Gegensätzen: Die türkische Identität speist sich aus europäischen Wurzeln und Traditionen des Nahen Ostens. Man ist weltoffen und modern westlich gesinnt und gleichzeitig darum bemüht, die religiösen und gesellschaftlichen Werte des Islam zu bewahren. Dabei gibt es auch innerhalb der Türkei ein gewisses Ost-West-Gefälle: Während die Türken im Westen eine eher kosmopolitische Einstellung zeigen, haben die Bewohner der ländlichen mittleren und östlichen Regionen die Traditionen weitgehend beibehalten, wie etwa die Arbeitsteilung, wonach die Frauen die Felder bebauen und Teppiche weben und die Männer das öffentliche Leben bestimmen. Türkische Familienbindungen, die denen anderer Völker im Nahen Osten ähneln, befolgen Ehe- und Erbschaftsbräuche, die die väterliche Linie betonen.

Ein türkischer islamischer mystischer Orden – die berühmten Mevlevi-Sufis – ist im Westen als die »tanzenden Derwische« bekannt. Im Gegensatz zu anderen mystischen Gruppierungen im Islam des Nahen Ostens hängen die Mevlevis in der Türkei der Philosophie an, dass alle Menschen eine direkte Erfahrung des Göttlichen machen können, und sie verbinden diesen Glauben mit Tanz. Ihr Ziel ist es, eine Trance zu erlangen, in der sich ihre Aufmerksamkeit voll auf Gott konzentriert.

Aus der Zeit vor dem Islam gibt es traditionelle Symbole, die noch in den bekannten Teppichen der Türkei benutzt werden; sie stammen von alten zentralasiatischen Völkern, Vorfahren der Türken. Traditionelle Stile einer anderen Art kommen noch in einem Großteil der klassischen Literatur und Architektur vor – die osmanische Suleymaniye-Moschee in Istanbul aus der Mitte des 16. Jhs. ist ein berühmtes Beispiel.

Anhänger des Zoroastrismus

Gute Worte, gute Taten und gute Gedanken stehen im Zentrum des zoroastrischen Glaubens, Grundsätze, denen sich Anhänger Zoroasters (Zarathustras) verpflichtet fühlen. Diese alte monotheistische Religion (Parsismus) basiert auf den göttlichen Visionen und Erleuchtungen Zarathustras, eines persischen Propheten des 6. Jhs. v. Chr., und hat im Laufe der Jahre so grundlegende Vorstellungen im Judentum, Christentum und Islam beeinflusst wie das Konzept von Gut und Böse, Himmel und Hölle und die Existenz eines höheren Wesens. Die zoroastrische Sprache, das Avestische, gehört zur indoeuropäischen Sprachfamilie und ist nahe verwandt mit Sanskrit.

Der Parsismus, die Staatsreligion des alten Persien, wird heute noch von Anhängern im Iran, in Indien und Nordamerika praktiziert. Heilige Rituale und Übergangsriten sind wichtig für den Zusammenhalt der kleinen zoroastrischen Gemeinden auf der ganzen Welt, ebenso wie ihr heiliges Buch, die Avesta. Im Mittelpunkt dieser Religion steht der Glaube, dass Gut und Böse einander bekämpfen, aber das Gute letztlich siegen wird. Für jeden Anhänger Zarathustras ist es ein Gebot, dem Sieg des Lichts über das Dunkel zu verhelfen, indem er guten Gedanken gute Worte und gute Taten folgen lässt. Die Anhänger Zarathustras genießen im Nahen Osten den Ruf, ehrlich und aufrichtig zu sein. Alle rituellen Bräuche kreisen um Feuer, das als das heiligste Element angesehen wird, seit Zarathustra in die Flammen blickte und das Wesen Gottes erkannte. Zoroastrische Tempel unterhalten ein heiliges Feuer, das rituell gepflegt werden muss und nie verlöschen darf.

Um die Gemeinde und ihre Religion am Leben zu halten, haben die Anhänger Zarathustras traditionell nur innerhalb ihrer Gruppe geheiratet. Aufgrund der geringen Mitgliederzahl der weit verstreuten Gemeinden heiraten manche nun auch Nichtmitglieder, die willens sind zu konvertieren und ihre Lebensweise kennen zu lernen.

Um den Sieg des Lebens über den Tod und des Guten über das Böse zu bekräftigen, tragen die Anhänger Zarathustras Weiß oder Farben wie Purpur und Gelb bei Beerdigungen. Ihre Toten werden weder beerdigt noch verbrannt, damit die heiligen Elemente Erde und Feuer nicht verschmutzt werden. In der Vergangenheit, als solche Praktiken noch erlaubt waren, legten die Anhänger Zarathustras ihre Toten auf eine steinerne Plattform auf einem Berg. Auf diesem »Turm des Schweigens« verfiel der Leichnam allmählich, da er dem Wind, der Sonne und Tieren ausgesetzt war. Um die alte Tradition mit dem modernen Leben in Einklang zu bringen, wird heute eine Metallbahre in Zement eingeschlossen und in einem Friedhof untergebracht.

Die Anhänger des zoroastrischen Glaubens zählen weltweit etwa 220 000 bis 250 000. Sie sind meist hoch gebildet und betrachten Bildung als Mittel, um für Zeiten plötzlicher politischer und gesellschaftlicher Veränderungen gewappnet zu sein. Die Mehrheit lebt im Iran als Minderheitsgruppe unter Moslems und spricht gewöhnliches Persisch (Farsi) und ihren eigenen Dialekt des Persischen. Obwohl die Anhänger Zarathustras im Iran eine Minderheit sind, haben Iraner aller Glaubensrichtungen romantische Vorstellungen von ihnen als Bewahrer der ursprünglichen Religion und Kultur des Landes. Im frühen 11. Jh. emigrierten Gruppen von Anhängern Zarathustras nach Indien. Sie werden Parsen genannt und leben in und um Bombay.

Eine Handfläche zeigt nach oben und die andere nach unten; so vereinen die Mevlevi-Sufis Himmel und Erde in einem heiligen Tanz, der vor 700 Jahren zur Zeit von Jalal al-Din Rumi, dem Mevlevi-Gründer, entstand.

Die Arktis ist das riesige Gebiet aus Land, Wasser und Eis, das den Nordpol umgibt und das unter zwei bekannten Sternbildern liegt, die Großer Bär und Kleiner Bär genannt werden. Geschichten über diese Sterne des nördlichen Himmels erzählte man sich in vielen Kulturen, einschließlich der der alten Griechen, deren Wort für Bär, *arktos*, dem Namen der Region zugrunde liegt. In gewisser Weise bedeutet »Arktis« also »Ort des Bären«. In streng geographischem Sinne jedoch bezeichnet es das Gebiet nördlich des Polarkreises. Eine weniger präzise, aber natürlichere Grenze könnte die Baumgrenze sein, die die Arktis im Süden umschließt.

Diese Region ist im Wesentlichen ein ökologisches Kontinuum, ein Streifen Land um den Pol herum, der nur durch die Beringstraße, an einigen Stellen nahe Grönlands, Islands und Norwegens und in ein paar Gebieten Kanadas und Russlands durch das Meer unterbrochen wird. Von einem Ort zum anderen sind die Klimabedingungen, Landformen, Pflanzen und Tiere sehr ähnlich; sogar die menschlichen Gesellschaften weisen viele gemeinsame Merkmale auf. Eis, Schnee, Gletschergebiet und Dauerfrost beeinflussen allesamt die Biosphäre der Region, die hauptsächlich aus nur drei ökologischen Zonen besteht: Taiga, Tundra und Meer.

Die Arktis

Ein tschuktschischer Viehhüter gibt im harten sibirischen Winter genau Acht auf seine Rentiere.

Die extremen Bedingungen in der Arktis – mit sehr langen Dunkelperioden im Winter, gleich langen Tageslichtperioden im Sommer und ständiger Kälte – erlegen menschlichen Kulturen strenge Grenzen auf. Je mehr man sich dem Pol nähert, desto langsamer werden organische Prozesse wie Photosynthese, Bodenbildung und Nährstoffkreislauf und die Wachstumsperioden werden kürzer. Die Gesamtzahl an Pflanzen- und Tierarten verringert sich, während die Biomasse anwächst; das bedeutet, dass es weniger Arten gibt, aber mehr Individuen pro Art. Sehr wenige Arten kleiner Wildtiere, Vögel, Fische und essbarer Pflanzen kommen jedoch in genügender Anzahl vor, um mehr zu sein als nur eine Nahrungsergänzung oder eine Nahrungsquelle für kurze Zeit. Daher hing die Ernährung arktischer Völker bis vor Kurzem fast völlig von einer begrenzten Anzahl von Arten ab.

Die Schwierigkeiten des Lebens in der Arktis liegen im Lebensrhythmus, der für Menschen und Tiere gleichermaßen durch jahreszeitliche Licht- und Temperaturextreme bestimmt wird, die den Wechsel von Kargheit zu Überfluss verursachen. Unter den Völkern am Pol haben die sehr wichtigen Tätigkeiten der Nahrungsbeschaffung, des Warmhaltens und des Herumziehens nicht nur Ähnlichkeiten in der materiellen Kultur entstehen lassen, sondern auch sehr flexible Gesellschafts- und Familienstrukturen, Siedlungsmuster und Ernährungsgewohnheiten. In der Arktis zu leben macht angesichts der jahreszeitlichen Wanderungen von Wildtieren hohe Mobilität nötig. Die materiellen Kulturgüter müssen transportabel sein (fast alle arktischen Kulturen benutzen Schlitten, Fellboote, Öllampen, Fellkleidung und Harpunen).

50 000 bis 60 000 Jahre lang haben Menschen sporadisch die eurasische Arktis bewohnt, und vor etwa 30 000 bis 40 000 Jahren begannen einige Gruppen, nach Sibirien und dem nördlichen Nordamerika zu wandern. Die Eskimovölker von Sibirien, Alaska und Kanada zeigten sich vor etwa 6000 Jahren als eigenständige kulturelle Gruppe in der Gegend der Beringstraße, während ihre Vorgänger anscheinend in den Südosten weitergezogen waren. Heute bilden die Nachkommen dieser Eskimovölker die einheimische Bevölkerung der amerikanischen Arktis. Sie sind bei weitem nicht unbedeutende, isolierte Überreste von Jägergruppen der Eiszeit, sondern haben sich auf einmalige, dynamische und positive Weise an eine Umgebung angepasst, die sie als im Wesentlichen freundlich betrachten.

Die angestammten Völker der amerikanischen Arktis werden häufig Eskimos genannt, besonders in Alaska. Der Ausdruck »Eskimo«, eine französische Verballhornung eines Algonkin-Wortes, das »Rohes-Fleisch-Esser« bedeutet, wird in Kanada als wenig schmeichelhaft betrachtet, und so nennen sich die östlichen Eskimos selber Inuit, was in ihrer Sprache »Menschen« heißt. In Alaska wird »Eskimo« noch benutzt, um die Inupiat des Nordens und die Yupiat oder Yupik von Südalaska und Ostsibirien zu bezeichnen. Das trifft auf die Aleuten nicht zu, die auf den Aleuten-Inseln leben und wieder eine andere Sprache der Eskimo-Aleuten-Familie sprechen. Diese Sprachfamilie besteht aus vielsilbigen Sprachen, die besonders komplizierte Nuancen besitzen, um Raum und Zeit zu behandeln. Eskimo-Aleuten-Sprecher können einander die Lage eines Dinges mit großer Präzision mitteilen, wie sie es bekommen und was seine Attribute im Verhältnis zu seiner Umgebung sind. Diese linguistische Fähigkeit ist ein enormer Vorteil für Jägervölker.

Alle nordamerikanischen arktischen Völker waren Jäger, Sammler und Fischer. Westlich der Beringstraße entwickelten die ursprünglichen Jäger-Sammler-Gruppen Sibiriens und Nordeurasiens jedoch die Domestizierung von Tieren und leben seitdem fast alle von der Rentierhaltung. Die ganz unterschiedlichen Formen des Umgangs mit Rentieren unter diesen geographisch benachbarten Kulturen, die im Wesentlichen in der gleichen Umgebung leben, ließen Theorien aufkommen, dass die Domestikation der Hirsche mehr als nur einen Ursprung hatte.

Bei den so genannten paläosibirischen Kulturen der Tschuktschen, Korjaken und Jukagiren »zähmte« man die Rentiere eher, als sie ganz zu domestizieren, und der Gebrauch der Rentiere zum Schlittenziehen und als Jagdköder lässt vermuten, dass die Rentiere etwa so genutzt wurden wie Hunde anderswo. Die Ewenken und Nenzen hatten größere, voll domestizierte Rentiere, die gemolken, geritten, als Packtiere benutzt und nur selten gegessen wurden. Die Jakuten hatten anscheinend eine Vergangenheit als Pferde- und Viehzüchter, bevor sie im 13. Jh. in die Arktis zogen.

Die Rentierhaltung erreichte wahrscheinlich vor etwa 2000 Jahren die Beringstraße, aber sie wurde in der amerikanischen Arktis nie heimisch. (Die wilden Karibu von Alaska und Kanada und die Rentiere der Alten Welt gehören zur gleichen Art.) Fast zur gleichen Zeit näherten sich skandinavische Siedler vom Osten her und trafen als erste Europäer die Inuit von Grönland und Labrador. Die Skandinavier verließen ihre zugrunde gehende Grönlandkolonie im 15. Jahrhundert.

Folgende Seiten: Ein Koryak-Rentierhüter auf der russischen Kamtschatka-Halbinsel fängt mit dem Lasso eines seiner halbzahmen Rentiere ein, dem er vielleicht Geschirr für einen Transport anlegt.

DIE ARKTIS

IM UHRZEIGERSINN VON LINKS OBEN: EIN INUIT AUS DEN NORTHWEST TERRITORIES, EINE SIBIRISCHE JUKAGIREN UND EIN ESKIMO AUS ALASKA

DIE ARKTIS

ALASKISCHE ESKIMOS • ALEUTEN • TSCHUKTSCHEN UND KORJAKEN • EWENKEN • INUIT • NENZEN • JAKUTEN • JUKAGIREN

ALASKISCHE ESKIMOS

DIE ESKIMOBEVÖLKERUNG ALASKAS zerfällt in viele unterschiedliche Gruppen, die in sehr unterschiedlicher Umgebung von der arktischen Tundra der Nordischen Senke bis zu den bewaldeten Meeresküsten des Südens beheimatet sind. Vor etlichen tausend Jahren spalteten sich die alaskischen Eskimos in die nördlichen Inupiat und die südlichen Yupiat oder Yupik.

Im Norden waren die Eskimos im Landesinneren vor allem Karibujäger, während die Gruppen an der Küste verschiedene Wirtschaftszweige entwickelten und zwischen der Jagd auf Meeressäuger, dem Fischen und dem Jagen auf dem Festland abwechselten. Wegen dieser jahreszeitlichen Nahrungsbeschaffung war die gesellschaftliche Organisation flexibel, oft bilateral, wobei die Bande, die Individuen mit den Familien sowohl ihrer Väter als auch Mütter verbanden, die territorialen Verbindungen maximierten. Die Kernfamilie – Vater, Mutter, Kinder und vielleicht ein älterer Verwandter – war den Großteil des Jahres über die grundlegende gesellschaftliche Einheit. Die Großfamilie traf sich und lebte miteinander in den üppigen Zeiten im Frühjahr oder Herbst.

Nicht verwandtschaftliche Erweiterungen gesellschaftlicher Bande, wie Ehefrauentausch und Handelspartnerschaften, waren ebenfalls wichtig. Den Tausch der Ehefrau hielt man für wirtschaftlich notwendig: Die Aufgaben sowohl von Männern wie von Frauen waren essenziell für das Überleben, und Männer mussten oft wochenlang wegen der Jagd abwesend sein. Partnerschaften zwischen Bewohnern des Inneren und der Küste waren nützlich.

Kindesmord (Verlassen von Neugeborenen, besonders Mädchen) und Greisenmord (freiwilliger Selbstmord der Älteren) wurden von allen Eskimogruppen in extremen Notzeiten praktiziert; eine solche Handlungsweise war jedoch nie verbreitet und gab immer zu großer Trauer Anlass. Die Älteren wurden sehr geschätzt wegen ihrer großen Lebenserfahrung, und die Kinder wurden geliebt, wie sich an der Häufigkeit von Adoptionen und am völligen Fehlen eines gesellschaftlichen Stigmas für ein adoptiertes Kind zeigt.

Die Yupik sprechenden Eskimos waren kulturell ebenso vielfältig wie die Inupiat im Norden; sie lebten lange südlich vom Norton-Sund entlang der Küste des Beringmeers und des Pazifiks; einige lebten an sibirischen Küsten, einschließlich derer der russischen Kamtschatka-Halbinsel, westlich der Beringstraße. Da sie Zugang zum Reichtum des Meeres hatten, zählten die Eskimosiedlungen auf der Kodiak-Insel und anderswo im südlichen Alaska zu den größten in der polnahen Arktis.

Heute hängen die alaskischen Eskimos nicht mehr gänzlich von der Jagd und vom Fischfang ab. Die meisten führen ein relativ sesshaftes Leben in Dörfern, wo sie ihr eigenes Gewerbe betreiben oder für Lohn arbeiten; und wenn sie jagen gehen, benutzen sie eher ein Schneemobil als einen Hundeschlitten und eher Gewehre als Harpunen. Manchmal ergänzen sie ihr Einkommen durch den Verkauf heimischer Kunst, zum Beispiel Tierschnitzereien aus Speckstein und fossilem Elfenbein; die Nunamiut am Anaktuvuk-Pass sind besonders berühmt für ihre Fellmasken.

1971 genehmigte der Alaska Native Claims Settlement Act (Gesetz über Ansprüche der Eingeborenen Alaskas) 180 000 Quadratkilometer Land und eine Zahlung von 962 Millionen Dollar an die Eingeborenen Alaskas. Dorf- und Regionalgesellschaften wurden gegründet, und diese Verbände haben mehr oder weniger erfolgreich gearbeitet, um das Wirtschaftswachstum der Regionen zu fördern. 1990 gab es etwa 57 000 alaskische Eskimos.

Aleuten

Die zur See fahrenden Aleuten bewohnten ursprünglich den 1760 Kilometer langen Aleuten-Archipel. Das sind mehr als 70 vulkanische Inseln, die sich zwischen Nordamerika und dem asiatischen Festland erstrecken, mit dem Beringmeer im Norden und dem Nordpazifik im Süden. Bis vor zwei Jahrhunderten hielten die Aleuten eine Bevölkerungszahl von etwa 20 000 Menschen aufrecht, aber wegen Ausbeutung und eingeführter Krankheiten besteht die heutige Bevölkerung aus weniger als 1000 und schwindet weiter. Die Menschen wurden von der Regierung der Vereinigten Staaten oft umgesiedelt und leben in verstreuten Dörfern, manchmal nicht einmal auf den Aleuten.

Im Vergleich zu Nordalaska haben die Aleuten-Inseln ein relativ gemäßigtes Klima, das durch den wärmenden Einfluss der Kuroschio-(Japan-)Strömung, die von Westen fließt, gemildert wird. Dennoch werden die Inseln von heftigen Winterstürmen gepeitscht, von Sommerböen durchnässt und von dickem Nebel zugedeckt. Das ständig windige und nasse Klima hatte natürlich einen großen Einfluss auf die aleutische Lebensweise. Man ließ sich in Dörfern mit großen Mehrfamilienhäusern nieder, die tief in den Boden gebaut waren; und weil es ebenso wichtig war, trocken wie warm zu bleiben, entwickelten sie komplizierte Regenparkas aus Vogelbälgen, Fischhaut und Fellen von Robben.

Überraschenderweise enthält die Region an der Beringstraße die auf der Welt größte Biomasse an tierischem Eiweiß, aber die Quellen all diesen Proteins befinden sich normalerweise tief im Wasser oder unter dem Eis. Um an sie heranzukommen wurden aus den Aleuten geschickte Jäger auf Seehunde, Seelöwen, Walrosse und Wale. Sie taten sich hervor beim Bau von seegängigen Fellbooten (von den Russen *baidarka* genannt) und als Seeleute und Navigatoren. Nicht selten paddelten die Jäger tagelang auf der Suche nach Meeressäugern und legten dabei Hunderte von Kilometer in oft aufgewühlten Gewässern zurück.

Die Aleuten benutzten fast jedes Teil der Tiere, die sie fingen – Haut, Knochen, Innereien, Sehnen, sogar Schnurrhaare – zum Essen, für Kleidung, Brennstoff und Werkzeug. Als ausgezeichnete Weber stellten sie Korbwaren aus Tundragräsern und Walfischbein her. Sie hatten

Aleutenbewohner sind die Herren der reichen küstennahen Fischfanggründe. Diese Aleutenfrau trocknet ihren Fang, der Nahrung für den langen Winter liefern wird.

auch große Kenntnisse über tierische und menschliche Anatomie und die Prinzipien der Physiologie und kannten sogar die Kunst des Mumifizierens: Sie wickelten Leichen in gewebte Matten und legten sie in Höhlen mit Blick zum Meer.

Die ersten Kontakte der in der Seefahrerkunst außerordentlich begabten Aleuten mit russischen Forschern und Händlern 1741 endete in einem Desaster. Der Reichtum der Region an Seehundfellen und Pelzen lockte im 18. und 19. Jh. russische Jäger und Abenteurer ins Land. Diebe und Fürsten plünderten die Gegend aus. Die Russen zerstörten viele Dörfer, und Krankheiten dezimierten die Bevölkerung noch weiter.

Die Entscheidungsschlachten während des Zweiten Weltkriegs, die amerikanisches Territorium vor der japanischen Aggression schützen sollten, zerrissen die schwindende aleutische Bevölkerung, die sich nunmehr auf nur wenige Küstenstädte konzentriert. Eine solche Stadt ist Unalaska. Ihre Bevölkerung von 150 Einwohnern ist zu etwa zwei Dritteln aleutisch, und obwohl die Menschen keine Meeressäuger mehr jagen, haben sie in den letzten Jahren ihre Tradition, Fellboote zu bauen, wieder aufgenommen.

Tschuktschen und Korjaken

Die Tschuktschen bewohnen die äußersten Zipfel des nordöstlichen Sibirien, die Korjaken leben auf der Kamtschatka-Halbinsel im Süden. Beide Gruppen stammen von paläolithischen Jägern und Fischern ab und beide sind verwandt mit den mongoloiden Nordasiaten. Sie sprechen gegenseitig verständliche Sprachen aus der Tschukotko-Kamtschatka-Familie.

Ursprünglich teilten sich die Tschuktschen und Korjaken in Küstengruppen – die sich auf die Meeresjagd und das Fischen konzentrierten – und Inlandsgruppen von Rentierhaltern. Die Küstengesellschaften hatten mehr miteinander und benachbarten Eskimogruppen gemein als mit ihren Verwandten im Inland. Sie jagten im Winter auf dem Eis und im Sommer von Fellbooten aus, wobei ihre Hauptnahrungsquelle Meeressäuger waren wie Wale, Seehunde und Walrosse.

Die Tschuktschen und Korjaken im Inland dagegen hielten relativ große Herden von halbdomestizierten Rentieren, nicht nur als Nahrung, sondern auch für den Transport, für Kleidung und Baumaterial. Anscheinend waren die Rentiere eher »zahm« als domestiziert und mussten jedes Mal wieder gefangen und abgerichtet werden, wenn man sie zum Schlittenziehen brauchte. Die Herden wurden bewacht von Hütern, die in Familienlagern lebten, die aus vier oder fünf sehr großen Zelten bestanden; diese waren aus 30 bis 40 Rentierfellen gefertigt. Da die einzelnen Familien große Herden besaßen, entwickelten sich Konzepte von Reichtum, Privatbesitz und gesellschaftlicher Hierarchie, noch vor dem ersten russischen Kontakt in den 40er-Jahren des 17. Jhs.

Sowohl in der Tschuktschen- als auch in der Korjakenkultur war der Schamanismus hoch entwickelt, und ihre religiösen Systeme hatten viele Glaubensgrundsätze und damit verbundene Rituale gemeinsam, einschließlich des heiligen Herdfeuers und der Vorstellung des Raben als herausragendem Helden in ihrer kulturellen Überlieferung. Komplizierte Fruchtbarkeitszeremonien, die bei jährlich stattfindenden Rentierschlachtungen und Meeressäugerfesten abgehalten wurden, zielten darauf, die weitere Verfügbarkeit von Wild zu sichern.

Die Tschuktschen zählen heute etwa 15 000 Menschen, und sie leben hauptsächlich in Dörfern, die während der sibirischen Kollektivierung der 1930er-Jahre von den Sowjets gegründet wurden. Nur noch wenige Dörfer besitzen Rentierherden. Die Zwangsansiedlung dieser traditionell nomadischen Völker forderte ihren Tribut. Der Druck der Industrialisierung und später der Atomtests führte zu sehr hohen Raten an Kindersterblichkeit, Alkoholismus und Selbstmord.

Genau die gleichen allgemeinen Bedingungen betreffen heute die Korjaken, die ebenfalls vom Ersten Kongress der Kamtschatkasowjets im Jahr 1930 einen so genannten Nationalkreis erhielten. Die 9200 Korjaken, die während der Volkszählung 1989 gezählt wurden, leiden an denselben »Zivilisationskrankheiten« wie ihre nördlichen Nachbarn; Ihre durchschnittliche Lebenserwartung beträgt weniger als 50 Jahre.

Ewenken

Die Ewenken gehören zu den am weitesten verbreiteten Kulturen der sibirischen Arktis und zählen heute etwa 33 000 Menschen. Sie sind in zwei Gruppen unterteilt: Die Ewenki-Gruppe bewohnt das Gebiet, das sich vom Jenissej-Fluss nach Osten zum Pazifik und vom Fluss Amur nach Norden zum Nordpolarmeer erstreckt; die Ewenen-Gruppe oder Lamut lebt an der Küste des Ochotskischen Meeres.

Die Ewenken sind Rentierzüchter, die große Herden völlig domestizierter Tiere halten, die größer sind und eine einheitlichere Farbe haben als die wilden Tiere. Rentiere werden gemolken, geritten und als Packtiere benutzt, aber wegen ihres Wertes nicht gegessen, außer bei wichtigen zeremoniellen Gelegenheiten oder wenn der Hungertod droht.

Obwohl die Viehhaltung die Lebensgrundlage ist, beziehen die Ewenken den Großteil ihrer Nahrung, Kleidung und Behausung aus dem Jagen und Fallenstellen. Wie die Aleuten haben sie ein großes Interesse an Tieranatomie und Kenntnisse in Physiologie, und ihre vergleichende Anatomie erstaunte die frühen russischen Ethnographen, die auch bemerkten, dass die Menschen komplizierte chirurgische Eingriffe mit phänomenalem Erfolg durchführen konnten.

Generationen lang waren Rentierherden Gemeinschaftseigentum der Clans, die sich über die väterlichen Abstammungslinie definieren. Jeder Clan besaß ein Gebiet und war dafür verantwortlich, die Vorräte unter den einzelnen Familien aufzuteilen. In früherer Zeit bildeten zwei oder mehr Clans einen Stamm. Heiraten zwischen Clanangehörigen desselben Stammes waren zulässig, nicht aber zwischen Mitgliedern unterschiedlicher Stämme.

Der Schamanismus war bei den Ewenken höher entwickelt als bei jeder anderen sibirischen Gruppe

(»schaman« stammt von einer Ewenken-Wortbildung). Schamanen konnten angeblich die Zukunft und das Wetter vorhersagen, eine Krankheit heilen oder hervorrufen und den Erfolg bei der Jagd oder beim Viehhüten sichern. Ein Schamane benutzte oft den Fliegenpilz, um eine Trance hervorzurufen, aber die halluzinogenen Kräfte des Pilzes wurden als Rauschmittel allgemein hoch geschätzt. Die bei vielen arktischen Völkern bekannte Bärenzeremonie wurde auch bei den Ewenken praktiziert.

Früher lebten die Ewenken im Winter nahe der Taiga und trieben dann im Sommer ihre Herden in die Tundra. Wegen der klimatischen Extreme der Region lebten die Menschen während des langen arktischen »Winters«, der etwa ein Dreivierteljahr dauert, weit verstreut in Gruppen von nur zwei bis drei Familien. Im Sommer trafen sie sich, um größere Lager zu bilden.

Die Ewenken hielten ihre Herden und tauschten Felle mit den chinesischen und später russischen Händlern. Dann wurden sie und andere sibirische Nomaden während der sowjetischen Periode in den 30er-Jahren gezwungen, sich in Dörfern niederzulassen. Zwischen 30 und 50 Prozent der Bevölkerung bestreiten ihren Lebensunterhalt heute noch durch Viehhaltung und Jagd, der Rest arbeitet in der Industrie, der Verwaltung, im Erziehungswesen, und im Gesundheitswesen oder ist als Hilfsarbeiter tätig.

Die Beziehungen des 1930 geschaffenen Ewenk National Okrug (Nationalkreis) zum Staat bleiben gespannt. Noch 1999 weigerte sich dieser autonome Distrikt, die Macht an den Gouverneur von Krasnojarsk abzugeben, den General Aleksandr Ledbed, einen Ex-Sicherheitschef und russischen Präsidentschaftskandidaten.

Ein Tschuktschenkind (links), sorgsam behütet von seiner Mutter, wagt sich hinaus aus dem Rentierfell-Yaranga in den sibirischen Winter, wo die Temperaturen weit unter Null sinken können. Das Spiel dieser Tschuktschen-Burschen (ganz oben) bereitet sie auf ihre Rollen als Erwachsene vor, nämlich Rentiere zu fangen. Ein junger Inuitjäger (oben), entspannt sich nach der Tagesarbeit bei einer Tasse Tee in seinem Schneehaus. Die Inuit Nordkanadas leben im neu gegründeten Territorium von Nunavut, was »unser Land« bedeutet.

Folgende Seiten: Unweit einer Leninstatue, Überrest des alten Sowjetregimes, treffen sich in ihren feinen Rentiermäntel gehüllte Nenet-Frauen vor einem Laden. Der neue Konsumtrend in dieser Gegend Nordwestrusslands hatte bedeutenden Einfluss auf die traditionell nomadischen Nenet.

Eine Nenet-Frau benutzt Stangen aus Lärchenholz und Rentierfelle, um das Familienzelt aufzubauen. Die Nenet gelten als beste Rentierzüchter der Welt.

Inuit

Die ersten nachweisbaren Eskimovölker kamen etwa vor 6000 Jahren in die Gegend der Beringstraße, und zogen während der folgenden 2000 Jahre nach Osten in Richtung Grönland. Etwa 1000 n. Chr. begannen diese frühesten Kulturen, von Gruppen absorbiert oder ersetzt zu werden, die von Westen in die Region einwanderten – Robbenjäger und Walfänger, die Vorfahren der heutigen Inuit. Der Begriff »Inuit« umfasst nicht nur die Grönländer, sondern auch die Polar- und die Zentraleskimos (Karibu, Iglulik, Netsilik und Cooper-Eskimos).

Um das Jahr 1500 n. Chr. begann sich das Klima zu ändern, und es begann, was manche Wissenschaftler die kleine Eiszeit nennen. Sie zwang auch die Zentraleskimos aus dem heutigen nördlichen Kanada, zugunsten einer neuen Lebensweise halbpermanente Küstendörfer aufzugeben: Im Sommer fischten sie und jagten Karibus; im Winter jagten sie Eisbären und Robben auf dem Eis. Als Winterlager bauten sie Iglus, während ihre grönländischen Vettern – die die bestehende sesshafte Lebensweise an der Küste beibehalten konnten – weiterhin in teils unterirdischen Häusern aus Gras, Treibholz und Stein wohnten.

Die Grönländer jagten von ihren einsitzigen Fellkajaks und größeren offenen Umiaks aus. Fellboote wurden von fast allen Eskimos und sibirischen Gruppen benutzt. Aber die Polareskimos bildeten eine Ausnahme. Diese kleine, isolierte Inuitgruppe, deren Kultur das legendäre Bild des Eskimolebens schuf, bewohnten die nördlichsten Zipfel von Westgrönland und der Ellesmere-Insel, wo das Polarmeer das ganze Jahr über gefroren ist und Boote nutzlos waren. Hundeschlitten, vor denen die Meute von den Inuit fächerförmig und von den Alaskern in Zweierreihen angeschirrt wird, wurden ebenfalls von fast jeder Gruppe benutzt. Die Aleuten kannten sie nicht, weil das wärmere Klima sie nutzlos machte.

Die Inuit-Kosmologie ähnelte der anderer Eskimogesellschaften. Sie war unmittelbar mit Jagen und Fischen verbunden, wobei die am weitesten verbreiteten religiöse Vorschriften und Speisetabus waren. Die animistische Religion schrieb nicht nur Menschen und Tieren, sondern auch unbelebten Dinge eine Seele zu. Phantastische Elfenbeinschnitzereien von 1000 bis 1300 n. Chr. geben Zeugnis vom reichen geistigen Leben der Inuit. Ein Schamane oder *angakok* diente als direkter Mittler zwischen Menschen und Tiergeistern, er konnte in die Zukunft sehen und Krankheiten heilen, indem er Objekte, die in Seelen eingedrungen waren, heraussaugte. In Alaska war es auch die Aufgabe des Schamanen, in einem komplizierten, das ganze Dorf einbeziehenden Ritual, verlorene Seelen wiederzufinden. Obwohl erfolgreiche Schamanen sehr einflussreich werden konnten, wurden Führer aufgrund ihrer Fähigkeiten gewählt, eine Gruppe mit dem Lebensnotwendigen zu versorgen. Die Machtausübung eines Führers war nicht formell festgelegt; Gefolgschaft wurde durch allgemeinen Konsens erzielt.

Die Inuit erhielten endlich um 1960 die volle kanadische Staatsbürgerschaft. In den 1970er-Jahren gab man für das Inuit-Territorium den Northwest Territories zehn Sitze im Parlament und 1979 wurde der erste Inuit in das nationale Unterhaus gewählt. Die Menschen der Northwest Territories stimmten 1982 dafür, ein neues Territorium namens Nunavut zu schaffen, und 1993 wurde das Nunavut-Gesetz verabschiedet. Es gab den Inuit 1,9 Millionen Quadratkilometer Land und beauftragte die Regierung, ihnen zwischen 1993 und 2007 1,1 Milliarden Dollar zu zahlen. In einem historischen Schritt in Richtung Selbstbestimmung wurde die erste Wahl für die erste gesetzgebende Versammlung von Nunavut im Jahr 1999 abgehalten.

In Grönland, das 1953 ein Teil Dänemarks wurde, ist dies anders. Obwohl die Inuit 1979 die vollständige Autonomie erlangt haben, besetzen immer noch Dänen die meisten administrativen Schlüsselpositionen in der Regierung.

Heute sind Jagen und Fischen immer noch wichtige Tätigkeiten, aber sie werden von moderner Ausrüstung wie Gewehren und Schneemobilen unterstützt. Etliche Inuitgemeinden – Cape Dorset auf der Baffin-Insel zum Beispiel – haben Kunstkooperativen gegründet, die großes internationales Interesse auf sich ziehen.

Nenzen

Die auch als Jurak-Samojeden bekannten Nenzen bewohnen Nordwestsibirien von der Kanin-Halbinsel am Weißen Meer bis zum Jenissey-Flussdelta. Die Region besteht überwiegend aus nasser Tundra auf Dauerfrostböden, im Süden mosaikartig durchsetzt von Tundra- und Taiga-Ökosystemen.

Anscheinend zogen die Vorfahren der modernen Nenzen während der ersten Jahrhunderte des ersten Jahrtausends n. Chr. vom Süden in diese Gegend, wobei sie die ursprüngliche Jäger- und Sammlerbevölkerung überlagerten. Die Neuankömmlinge lebten von der Rentierzucht und verwendeten Techniken, die sie anscheinend von Pferde- und Rinderzüchtern im Süden übernommen hatten.

Wie andere sibirische Gruppen entwickelten die Nenzen eine nomadische Lebensweise, die ganz dem Leben in der Tundra angepasst war. Im Herbst zogen sie mit ihren Herden von der Küste in die Taiga und im Frühjahr kehrten sie in die Tundra zurück. Die Nenzen wurden bekannt als ausgezeichnete Züchter von Rentieren, die groß genug waren, um sie wie Pferde zu reiten, weshalb ihre Tiere von anderen Gruppen sehr begehrt waren.

Die Beziehungen der Nenzen zum russischen Reich waren gekennzeichnet von Aufständen, eine Situation, die sich durch die Sowjetisierung der 1930er-Jahre nicht besserte. Für die seit Jahrhunderten erfolgreich als nomadisierende Viehzüchter lebenden Nenzen war das Konzept der Kollektivierung wenig verheißungsvoll. Die Gegend ist seitdem ein Zentrum der chemischen Industrie und der Ölindustrie geworden, und die Atomtests auf Nowaja Semlja haben die Gesundheit der einheimischen Völker in große Gefahr gebracht. Bei der Volkszählung von 1989 zählte man 34 665 Nenzen, von denen mehr als 70 Prozent noch Samojedisch sprechen, eine Sprache, die entfernt mit dem Türkischen verwandt ist. Ihre Lebenserwartung schätzt man heute auf etwa 45 bis 50 Jahre.

Jakuten (Sacha)

Die fast 400 000 Jakuten, die sich selber die Sacha nennen, stellen die größte ethnische Gruppe in Sibirien dar. Die Jakuten-Republik ist die größte Verwaltungsprovinz Russlands. Die frühe Geschichte der Jakuten liegt im Dunkeln; das Volk taucht als eigenständige ethnische Gruppe im frühen 14. Jh. auf und war die letzte Einwanderungsgruppe in der sibirischen Arktis. Bis zum 17. Jh. hatten sie sich mit anderen nordischen Völkern, besonders den Ewenken, vermischt und sich in 80 voneinander unabhängige Stämme organisiert, die wiederum in zahlreiche Clans unterteilt waren. Wie bei den Ewenken gründete sich der Lebensunterhalt der Jakuten auf die Viehhaltung, aber in ihrem Fall bestanden die Herden aus Pferden und Rindern. Wegen der extremen Kälte sind die Jakuten-Tiere relativ robust; dennoch sind sie ziemlich unproduktiv und müssen einen Großteil des Jahres geschützt gehalten und gefüttert werden.

Die Jakuten im hohen Norden, bekannt als Dolganen, übernahmen die Rentierhaltung und das Jagen, das sie von Nachbarvölkern lernten, die die Rentiere oft vom Rücken von Ochsen oder Pferden aus hetzten. Auch die Jagd auf Hermeline, Zobel, Otter und Marder wurde betrieben, und die Kultur der Dolganen erlebte eine Blütephase, als der russische Pelzhandel an Wichtigkeit gewann. Weil die Jakuten Rentierhäute und -felle als persönlichen Besitz betrachteten, konnten Familien mit Jägern und großen Herden beträchtlichen Reichtum anhäufen. Eine Sozialstuktur mit unterschiedlichen Bevölkerungsschichten löste schließlich das alte Clansystem ab. Bei den Jakuten wurden die Schamanen für ihre Dienste bezahlt und als der Schamanismus eine komplexe Hierarchie an Pflichten entwickelte, häuften auch die Schamanen genug Reichtum und Macht an, um die alte soziale Ordnung ins Wanken zu bringen.

Seit dem 17. Jh. waren die Jakuten vor allem als Pelzhändler und Schmiede bekannt. Im frühen 19. Jh. schlossen sich die meisten der russisch-orthodoxen Kirche an. Wie im restlichen Sibirien wurde die Viehhaltung und Landwirtschaft der Jakuten zwischen 1930 und 1950 kollektiviert, aber auf besonders brutale Weise: Tausende, die sich wehrten, wurden verhaftet, getötet oder deportiert. Die Schulen, Organisationen und Publikationen der Jakuten wurden von Stalin offiziell verboten, der die Entwicklung der Schwerindustrie in der Region vorantrieb.

Mit Beginn der Reformpolitik Michail Gorbatschows in den 80er-Jahren brach der Nationalismus der Iakuten wieder aus. 1990–1991 verkündete die jakutische Republik ihre Souveränität und gründete ein eigenes Parlament. Trotz politischer Differenzen zwischen den Führern der Jakuten und Russen in den 90ern entschuldigte sich Präsident Boris Jelzin 1994 offiziell beim Volk für die Verfolgung durch das Stalinregime und gewährte ihm mehr Kontrolle über seiner eigenen Ressourcen. Mithilfe des Worldwide Fund for Nature wurden im Jahr 1997 700 000 Quadratkilometer von Jakutiens arktischer Tundra zum ökologischen Schutzgebiet erklärt. Im Jahr 2000 machte Präsident Putin die Sacha-(Yakut-)Republik zu einem Teil des fernöstlichen Bundesgebiets.

Jukagiren (Odul)

Obwohl die Jukagiren oder Odul, wie sie sich selbst nennen, zu den kleinsten der eurasischen arktischen Ethnien gehören, sind sie wichtige Vertreter der Kulturen im hohen Norden. Die Kultur der Jukagiren repräsentiert in noch unverfälschter Weise die alte, ursprüngliche kulturelle Anpassung an die kälteste Region des arktischen Sibirien. Das Hauptverbreitungsgebiet der Jukagiren liegt nördlich des Werchojansk-Gebirges und ist für die extrem harten Winter bekannt. Hier sind alle Wasseroberflächen sieben oder acht Monate im Jahr gefroren; die Januartemperatur beträgt durchschnittlich minus 50 °C und nur 70 bis 80 Tage pro Jahr sind frostfrei. Während der kurzen Sommerzeit wird das Land zu einem weiten mit Seen durchzogenen Sumpf über dem Dauerfrostboden.

Über Generationen hinweg lieferte die Rentierjagd alles, was die Jukagiren benötigten: Nahrung, Kleidung und Baumaterialien. Das Nomadenvolk verfügte über ein ungewöhnlich großes Repertoire an Jagdmethoden. Sie benutzten zahme Tiere, um sich in eine wilde Herde einzuschleichen, und legten Schlingenfallen aus, um Tiere entlang der Rentierpfade zu fangen. Von Fellbooten aus jagten sie Tiere an Furten, wobei sie Harpunen und zusammengesetzte Bögen benutzten. Die ausgefeiltesten, groß angelegten Gemeinschaftsjagden waren die Treib- oder Hürdenjagden, die im Frühjahr während des Kalbens abgehalten wurden. Dabei trieben die Männer eine ganze Herde in einen Trichter in eine Art Reuse.

Die Jukagiren lebten früher in Großfamiliengruppen mit weniger als hundert Menschen; sie wohnten in kegelförmigen Fellzelten, die viel kleiner waren als die *yaranga* der Tschuktschen und den *tipi* der Plains-Indianer Nordamerikas etwas ähneln. Ihre Schamanen waren, wie die anderer sibirischer Gesellschaften, sehr mächtig, und Älteste und Vorfahren waren besonders wichtig. Früher benutzten die Jukagiren ein Bilderschriftsystem; der einzige erhaltene Beweis ist ein Liebesbrief, geschrieben auf Birkenrinde, der nun in der Sammlungen des Amerikanischen Naturgeschichtlichen Museums in New York aufbewahrt wird.

Unter Ethnologen waren die Jukagiren als freundliches, friedfertiges und ehrliches Volk bekannt, deren Gutmütigkeit von den Kosaken, russischen Siedlern und örtlichen Priestern ausgenutzt und missbraucht wurde, was zum raschen Verfall ihrer eigenen Kultur führte. Die Russifizierung brachte die Jukagiren in der zweiten Hälfte des 20. Jhs. an den Rand des Aussterbens. Die letzte Volkszählung ergab nur 1100 Jukagiren; wenige sprechen noch ihre ursprüngliche Sprache, die mit dem Tschuktischen und Korjakischen verwandt ist.

Eine Nenzen-Mutter, die ihr Kind sicher in seinem Tragebrett eingepackt hat, wartet ungeduldig auf den jährlichen Treck, der der Rentierherde der Familie in die hohe arktische Tundra folgt.

Um 6500 v. Chr. entstanden die prähistorischen Figuren, die man in der Nähe von Amman in Jordanien fand. Sie zeigen das Kunstverständnis einer verschwundenen Kultur.

Kulturen in der Krise

von Wade Davis

Kahl, öde, windgepeitscht – die Osterinsel ist ein einsamer Fels, der aus den Tiefen eines dunklen Ozeans herausragt und etwa so weit von bewohnbarem Land entfernt ist, wie man sich auf dieser großen Erde nur hinauswagen kann. Es gibt keine Wälder, und obwohl der vulkanische Boden fruchtbar ist, bedecken das Land zum größten Teil nur Gräser, Riedgewächse und Dutzende Arten exotischer Pflanzen, die seit dem Kontakt mit Europa auf die Insel vorgedrungen sind. Es gibt nur zwei einheimische Bäume, beide klein, und wenige andere Quellen für Brennstoff. Die einheimische Fauna enthält kein Geschöpf, das größer als ein Insekt wäre. Selbst im vollkommen schönen Licht eines polynesischen Abends ist es schwierig, sich eine Zeit vorzustellen, als dieses abweisende Land tatsächlich ein tropisches Paradies war.

Es zeigte jedenfalls den ersten Europäern, die Abfang des 18. Jahrhunderts an Land gingen, kein sanftes Gesicht. Der holländische Forscher Jacob Roggeveen, der am Ostersonntag 1722 hier landete, traf auf ein beklagenswertes Volk und ein armseliges Land, einen Ort der Armut und Isolation. Etwa 50 Jahre später bemerkte Captain James Cook den kläglichen Zustand der örtlichen Kanus, die zerbrechlich und kaum seetüchtig waren, gewiss nicht die Arbeit eines großen Seefahrervolkes.

Und doch gab es inmitten dieses Elends über die Insel verstreute Anzeichen einer völlig anderen Welt – riesige Steinstatuen, zeremonielle Bilder einer untergegangenen Kultur. Diese erstaunlichen Megalithen wogen bis zu 80 Tonnen, waren 10 Meter hoch und standen bis zu zehn Kilometer von dem Berghang entfernt, aus dem sie geschlagen worden waren; sie konnten nur von einer gut organisierten und strukturierten Gesellschaft hergestellt und errichtet worden sein, die genügend Nahrung zu liefern vermochte, um die Hunderte, wenn nicht Tausende von Arbeitern und Spezialisten zu ernähren, die mit dem monumentalen Auftrag beschäftigt waren.

Jahrhundertelang widersetzte sich das Geheimnis der Statuen auf der Osterinsel jeder Erklärung und führte zu wilden Spekulationen und unglaublichen Hypothesen. Wie bei so vielen Rätseln der Wissenschaft erwies sich die Lösung schließlich sowohl als erstaunlicher wie auch bedeutungsvoller als die sensationellsten Theorien.

Eine DNA-Analyse bestätigte die bereits von James Cook geäußerte Vermutung, dass die ursprünglichen Einwohner der Osterinsel Polynesier waren, die während einer der größten Bevölkerungsbewegungen der Geschichte hier ankamen. Im Zeitraum von tausend Jahren wurde durch diese über ein Viertel des Erdumfangs hinweg eine einheitliche kulturelle

Region geschaffen, die letztlich mehrere Millionen Quadratkilometer einnahm, von Samoa und den Marquesasinseln bis Hawaii und Neuseeland. Die Polynesier segelten mit riesigen Auslegerkanus und waren ständig Wind, Wetter und Wellen ausgesetzt; sie trieben mit den Strömungen und folgten den Sternen und zogen so von einer Insel zur nächsten quer durch den Pazifik. Ironischerweise schufen sie sich durch die Ausschöpfung der jeweiligen natürlichen Ressourcen selbst den Anlass, erneut ins Unbekannte aufzubrechen.

Um 500 n. Chr. hatten die Seefahrer die vulkanische Schwelle erreicht, die wir als Osterinsel kennen. Archäologische Ausgrabungen und Pollenanalysen liefern den eindeutigen Beweis, dass die Insel, auf der sie landeten, nicht so öde war wie heute, sondern üppig und grün.

Mehrere Jahrhunderte lang ging es dem Volk der Osterinsel – den Rapa Nui – gut; sie rodeten und verbrannten die Wälder und brachten reiche Ernten von Bananen, Taro und Süßkartoffeln ein. Im Gegensatz zu den meisten Polynesiern aßen sie relativ wenig Fisch. Stattdessen bezogen sie ihr Eiweiß vor allem von Schildkröten, die sie weitab von der Küste in Booten jagten, die sie aus den Stämmen einer weit verbreiteten Pflanze schnitzten, der Osterinselpalme. Als wahrer Lebensbaum bot sie den Rapa Nui essbare Früchte und einen Zuckersaft, der wohl als Honig und Wein benutzt wurde. Sie wuchs vermutlich 20 Meter hoch und war vom Fuß aufwärts dick, so dass der gefällte Stamm eine ideale Rolle ergab, um große Gegenstände wie die riesigen Steinstatuen zu transportieren.

Wissenschaftler glauben nun, dass etwa im 13. Jahrhundert rivalisierende Häuptlinge der Rapa Nui darum wetteiferten, immer größere Versionen dieser Monumente zu produzieren. Als der Ahnenkult an Bedeutung gewann, fielen die Wälder. Pollenfunde lassen darauf schließen, dass Gräser allmählich den Waldbestand ersetzten. Um 1400 war die Osterinselpalme ausgestorben, weil ihre Fortpflanzung zudem von importierten gefräßigen Ratten behindert wurde, die ihre Früchte vertilgten. Mit dem Aussterben der Palme gab es kein Holz für Kanus mehr, und das Schildkrötenfleisch verschwand vom Speiseplan.

Im 15. Jahrhundert hatten die Rapa Nui durch die Verschlechterung ihrer Umweltbedingungen die Hälfte der Seevögel ausgerottet; die ganze einheimische Tierwelt war verschwunden, ebenso die Wälder. Felder fielen der Erosion zum Opfer, als der Wind den Boden wegfegte und Regen die Nährstoffe aus der Erde wusch. Die Nahrungsmittelvorräte wurden weniger, und somit entfielen auch die Abgaben an die Priesterkaste. Die Krieger rebellierten, und es folgte offener Krieg zwischen verfeindeten Clans, die die Ahnenstatuen ihrer Rivalen umstürzten, bis jedes Abbild darnieder lag und von Gras überwachsen wurde. Ohne Bauholz waren die Menschen gezwungen, in feuchte, unterirdische Höhlen zu ziehen.

Ohne ausreichende Nahrung kam es zu Hungersnöten, und die Bevölkerung ging zurück. Die Überlebenden, deren Kinder 1722 die Holländer treffen sollten und deren Urenkel Cook ein halbes Jahrhundert später begegneten, fristeten ein elendes und verzweifeltes Dasein.

Auf einer Weltkarte erscheint die Osterinsel unbedeutend, nur 163 Quadratkilometer Land, einsam mitten im Ozean. Aber wenn man dort ist und auf dem Gipfel des Rano Raraku steht, des eindrucksvollsten der vulkanischen Krater, erscheint die Insel groß, unendlich, eine Welt für sich. Für die Rapa Nui, deren Erinnerungen an alte, lang zurückliegende Wanderungen in ihren Mythen weiterlebten, war sie das gesamte Universum. Als die Bevölkerung wuchs und die Ressourcen ausgebeutet waen, gab es kein Entkommen. Auch heute noch ist es erschütternd, sich den Augenblick vorzustellen, als ein Rapa-Nui-Bauer oder ein Spezialist für Rituale das letzte Exemplar des Baumes fällte, auf den sich ihre Zivilisation und Kultur gestützt hatte.

Die Geschichte der Osterinsel ist für uns eine Parabel. Wenn wir auf unserer Planeteninsel stehen, sehen wir nur einen grenzenlosen Horizont und die erstaunlichen Ergebnisse der menschlichen Erfindungsgabe, eine Perspektive, die Jahrhunderte lang der Maßstab unserer Träume war. Aber in den letzten Jahrzehnten haben wir zum ersten Mal in der Geschichte einen weiteren Blickwinkel gewonnen.

Als die ersten Astronauten in den 1960er-Jahren die Erde umkreisten, beschrieben sie einen kleinen und schwachen Planeten, eingehüllt von Wolken, der, wie es einer von ihnen ausdrückte, in der »schwarzen Weite des Weltraums« trieb. Von ihrer Perspektive aus, Tausende von Kilometern entfernt, zeigte sich die Erde als ein einziger Lebensraum, ein lebendiger Organismus, der aus Luft, Wasser und Erde besteht. Dieser Blick von außen lehrte uns mehr als alle wissenschaftlichen Daten, dass unsere Welt ein endlicher Ort ist, der unsere Vernachlässigung nur begrenzte Zeit ertragen kann. Wenn die Dinge aus dem Ruden laufen, können wir nicht einfach in den Weltraum entkommen. Wie die Rapa Nui sind wir auf einer sehr kleinen Insel inmitten eines unendlichen Meeres gefangen.

Diese neue Perspektive hat eine tief gehende Wandlung im Bewusstsein hervorgerufen, die sich letztlich als Rettung eines einsamen Planeten herausstellen könnte. Vor 30 Jahren zum Beispiel waren Artenvielfalt und Biosphäre exotische Begriffe, die nur einigen Wissenschaftlern bekannt waren. Heute gehören sie zum Vokabular von Schulkindern. Die Krise der Artenvielfalt, die sich durch das Aussterben von etlichen Tausend Lebensformen allein in den vergangenen drei Jahrzehnten zeigt, zusammen mit dem damit einhergehendenen Verlust von Lebensräumen, wurde zu einem der zentralen Themen unserer Zeit. Während wir aber den Zusammenbruch des biologischen Artenreichtums bedauern, achten wir zu wenig auf einen parallelen Prozess des Verlustes: das Verschwinden eben der kulturellen Vielfalt, die in diesem Buch so vorzüglich beschrieben wird. Der pessimistischste Biologe käme nicht auf die Idee zu behaupten, dass die Hälfte aller noch existierenden Arten in Gefahr oder am Rande des Aussterbens ist. Aber genau das ist vielleicht das Schicksal der Sprachen und Kulturen der Welt.

Trotz der Ausbreitung einer globalen Kultur auf dem Planeten gibt es Völker, deren traditionelle Lebensweise tief in ihrer Geschichte und Sprache verwurzelt und durch Mythen und Erinnerungen an einen bestimmten Ort gebunden sind. Obwohl ihre Anzahl gering ist – vielleicht 300 Millionen Menschen oder rund fünf Prozent der gesamten Weltbevölkerung –, haben diese Völker einen Anteil von mindestens 60 Prozent der Sprachen der Welt und tragen mehr als die Hälfte zum intellektuellen und geistigen Erbe der Menschheit bei; einem Erbe, das in einem Sturm der Veränderung und des Konflikts verloren geht.

Der Verlust von Sprachen kündet deutlich von dieser noch nie da gewesenen Krise. Im Lauf der menschlichen Geschichte existierten ungefähr 10 000 Sprachen. Obwohl etwa 6000 heute noch gesprochen werden, wird die Hälfte davon Kindern nicht mehr beigebracht; das bedeutet, dass sie aussterben werden. Genauso beunruhigend ist, dass nur 300 von diesen 6000 Sprachen von mehr als einer Million Menschen gesprochen werden und nur 600 Sprachen von Linguisten als stabil und sicher eingeschätzt werden. Manche Wissenschaftler glauben, dass wir innerhalb eines Jahrhunderts 97 Prozent der noch bestehenden Sprachen verlieren und nur 200 überleben werden.

Eine Sprache ist ebenso geheimnisvoll wie ein lebendiges Wesen. Eine seltene Orchidee ist biologisch gesehen so wichtig ist wie eine Landschaft mit grünen Fichten. Ebenso hat jede Sprache ihre Bedeutung und Daseinsberechtigung, egal wie wenige Individuen sie verstehen können. Die biologische Analogie ist angemessen. Aussterben ist ein normales Phänomen, wenn es durch die Geburt einer neuen Art ausgeglichen wird. Aber der gegenwärtige Verlust von Arten durch menschliche Eingriffe ist in diesem Maße noch nie vorgekommen. Sprachen haben sich, ebenso wie Arten, immer entwickelt. Vor einigen Hundert Jahren zum Beispiel, als Latein seine vorherrschende Stellung in der westlichen Welt verlor, entstanden etliche verschiedene, aber verwandte Sprachen. Heute dagegen verschwinden Sprachen mit einer solchen Geschwindigkeit – manchmal in einer oder zwei Generationen –, dass sie keine Chance haben, Abkömmlinge zu hinterlassen.

Alle zwei Wochen verschwindet irgendwo auf der Erde eine Sprache. Von den ungefähr 150 Eingeborenensprachen, die es in den Vereinigten Staaten noch gibt, werden 55 von weniger als 10 Menschen gesprochen; 7 von einer einzigen Person. Man stelle sich vor, wie sich diese letzten Sprecher einer aussterbenden Sprache fühlen. Umgeben von Stille, isoliert und allein, können sie die Weisheit ihrer Vorfahren, die Nuancen eines Liedes, die Poesie einer einmaligen Sprache nicht mehr weitergeben, die selbst ein ganzes Ökosystem von Ideen und Intuitionen, eine Wasserscheide des Denkens, ein Wald des Geistes mit altem Baumbestand war.

Im Lauf der Geschichte sind Kulturen entstanden und untergegangen, aufgenommen von anderen, mächtigeren Gesellschaften oder ganz eliminiert durch Gewalt und Eroberung, Hungersnöte oder Naturkatastrophen. Aber die gegenwärtige Welle der Assimilation und Angleichung, in der Völker auf der ganzen Erde ihrer Vergangenheit entrissen werden, hat kein Vorbild.

Um die Bedeutung dessen zu verstehen, was bedroht ist und was verloren geht, und vielleicht um Wege zu finden, die die Situation verbessern, ist es wichtig, zwischen kulturellen Veränderungen und kultureller Auslöschung zu unterscheiden. Man kann zum Beispiel die Veränderung des kleinstädtischen Amerika bedauern und jede Menge Gründe aufzählen: technische Neuerungen wie Fernsehen und Klimaanlage, die Familien weglockten von der Veranda vor dem Haus und der geselligen Nachbarschaft; oder das Auto und das Straßennetz, das die Architektur des Ortes veränderte. Obwohl alle diese Entwicklungen tief greifende Veränderungen in der kulturellen Landschaft hervorriefen, bedrohte keine die grundlegende Existenz der Vereinigten Staaten als Idee, Nation, Raum des Lebens und der Inspiration.

Ebenso wird die Einführung der Digitaltechnologie in Indien oder sogar die Einfuhr von genetisch verändertem Saatgut eine Nation und eine Kultur nicht fundamental bedrohen, die 4000 Jahre lang jeden vorstellbaren Eingriff absorbiert hat, von den Moguln bis zu den Briten. In Kanada ist es die jüngste Einwanderung, die das Land in weniger als einem Jahrzehnt beeinflusst hat, meistens zum Besseren. In Vancouver, einst eine Bastion der Engländer, sprechen 50 Prozent der Schulkinder heute Englisch als zweite Sprache; Krankenhäuser in Toronto betreuen Patienten, die 80 verschiedene Sprachen sprechen; und in den Straßen der Stadt halten sich Menschen aus etwa 150 Nationen auf.

Derartige Veränderungen bedrohen eine Kultur nicht. Die Kiowa-Indianer hörten nicht auf, Kiowa zu sein, als sie Pfeil und Bogen aufgaben, genauso wenig wie Amerikaner aufhörten, Amerikaner zu sein, als sie Pferd und Wagen aufgaben und aufs Auto umstiegen. Die Vorstellung, dass kleine Gesellschaften in der Zeit stehen geblieben sind und dass es daher ihr Schicksal ist, an den Rand der Geschichte gedrängt zu werden und zu verschwinden, während sich die moderne Welt unaufhörlich weiterbewegt, ist schlichtweg falsch. Keine Kultur, wie isoliert sie auch immer sein mag, ist statisch. Traditionelle Kulturen haben gerade wegen ihrer Fähigkeit, mit Veränderungen fertig zu werden, überlebt: der einzigen Konstante in der Geschichte. Menschen verschwinden nur, wenn sie von äußeren Kräften überwältigt werden, wenn drastische Bedingungen, die ihnen von außen auferlegt wurden, es ihnen unmöglich machen, sich an neue Möglichkeiten anzupassen. Leider sind dies genau die Umstände, denen heute die meisten der traditionell lebenden Völker der Welt gegenüber stehen.

In der Gegend des oberen Orinoko bringen Goldsucher Krankheiten zu den Yanomami, die ein Viertel der Bevölkerung in einem Jahrzehnt töten, und die Überlebenden leiden Hunger und Elend. In Kolumbien werden Barasana-Männer und -Frauen von Drogenbossen und ihren Verbündeten, den revolutionären Guerillas der Linken, zu Koka anbauenden Leibeigenen gemacht. In Nigeria sättigen Giftstoffe aus der Ölindustrie das Überschwemmungsgebiet des Niger, die Heimat der Ogoni, so dass der einst fruchtbare Boden nicht mehr bebaubar ist. Ein Strudel an Gewalt und durch den Krieg verursachte Hungersnöte im Sudan löschen das Leben von Zehntausenden Nuer aus. Die Efe, Waldbewohner des Kongo, sterben langsam aus, weil durch Geschlechtsverkehr übertragene Krankheiten die Bevölkerung dezimieren. Auf Borneo zieht das Jäger- und Sammlervolk der Penan in Siedlungen, weil die Wälder seiner Heimat durch Holzfällung geplündert und zerstört werden. All diese Kulturen könnten unter normalen Bedingunge überleben. Doch wegen bestimmter politischer und wirtschaftlicher Entscheidungen, die von außenstehenden, einflussreichen Mächten getroffen wurden, blicken diese Völker in eine ungewisse Zukunft.

Wie der Anthropologe David Maybury-Lewis bemerkte, ist es nicht die größte Tragödie, dass archaische Gesellschaften verschwinden, sondern eher, dass lebendige, dynamische Kulturen und Sprachen ausgelöscht werden. Es sind nicht die Veränderungen, die die Kulturen gefährden, sondern die Willkür der Mächtigen.Völkermord, die physische Auslöschung eines Volkes, wird universell von allen Nationen verurteilt. Ethnozid, die Zerstörung der Lebensweise eines Volkes, wird zu oft als angemessene Entwicklungspolitik unterstützt.

Wenn Regierungen und Institutionen die Handlanger kultureller Zerstörung sind, können sie auch die Handlanger kulturellen Überlebens sein. Ihre Organisatoren und wir als Individuen müssen uns bewusst machen, dass unsere moderne Lebensweise, wie erstaunlich sie auch scheinen mag mit ihrer technologischen Zauberei und ihren pulsierenden, spannungsgeladenen Städten nur eine Möglichkeit der kulturellen Entwicklung ist. Sie ist die Konsequenz der Entscheidungen, die unsere Vorfahren vor Generationen zwischen verschiedenen Alternativen getroffen haben.

Die große Erkenntnis der Kulturanthropologie ist es, dass es andere Arten des Seins gibt, moralisch inspiriert und in sich stimmig. Seien es die Penan in den Regenwäldern von Borneo, die Voodoo-Anhänger auf Haiti, die Rendille-Viehzüchter in den sengenden Wüsten Nordkenias oder irgendeine andere der unzähligen Kulturen, von denen in diesem Buch die Rede ist – alle diese Völker lehren uns, dass es andere Optionen gibt, andere Möglichkeiten, andere Denkweisen und Arten, mit der Erde umzugehen.

Zusammen ergeben diese Kulturen ein intellektuelles und spirituelles Netz des Lebens, eine »Ethnosphäre« sozusagen, die den Planeten umgibt und schützt. Stellen Sie sich die Ethnosphäre als die ganze Komplexität und Vervollkommnung des menschlichen Potenzials vor, als die Gesamtsumme aller Gedanken, Glaubenssätze, Träume, Intuitionen und Mythen, die von der menschlichen Vorstellungskraft seit der Morgendämmerung menschlichen Bewusstseins hervorgebracht wurden. Es ist das große Erbe der Menschheit, so lebenswichtig für unsere Zukunft wie es die Biosphäre ist, von der alles Leben abhängt.

Bevor die Anthropologin Margaret Mead starb, gab sie ihrer Sorge Ausdruck, dass, während wir uns auf eine homogenere Welt zu bewegen, das gesamte menschliche Potenzial auf eine einzige Form des Denkens und Lebens reduziert werden könnte, eine blasse, gestaltlose, unspezifische Kultur, eine einfarbige, monotone Welt. Ihre größte Sorge war, dass wir eines Tages wie aus einem Traum erwachen könnten und vergessen haben, dass es jemals andere Optionen gegeben hat.

Es brennt ein Feuer auf der Erde, das Pflanzen und Tiere, menschliche Sprachen, alte Fähigkeiten und visionäre Weisheit auszulöschen droht. Diese Flamme zu ersticken und eine neue Achtung vor dem Wert und der Bedeutung sowohl biologischer als auch kultureller Vielfalt zu wecken, ist eine der großen Herausforderungen unserer Zeit.

Die Ethnischen Gruppen der Erde

Die folgende Liste enthält die Namen von mehr als 5000 traditionellen Ethnien und nennt die Regionen, in denen die Gruppen jeweils am verbreitetsten sind. Die Regionen korrespondieren mit denen in den Hauptkapiteln des Buches. Die aufgeführten Namen sind die für die Gruppen am häufigsten verwendeten, und alternative Namen einer Gruppe sind in Klammern angefügt. Wegen der räumlichen Beschränkungen umfasst die Liste keine ausgestorbenen Ethnien, Einwanderergruppen oder solche, deren vorrangiges Identifizierungsmerkmal auf Nationalität oder Abstammungslinien basiert. Gruppen, die eine ausgeprägte Vorstellung von ihrer Ethnizität und einer auf Religion basierenden gemeinsamen Kultur haben, wurden aufgenommen. Diakritische Schrägstriche oder Ausrufungszeichen am Anfang der Namen einiger südafrikanischer Gruppen, zeigen die in ihrer Sprache gebräuchlichen Schnalzlaute an.

N=Nord O=Ost S=Süd W=West
Z=Zentral
NA=Nordamerika SA=Südamerika

ABANYANDA – *Z Afrika*
ABAU – *Melanesien*
ABAYDAT – *N Afrika*
ABCHASEN – *Kaukasus*
ABEGWEIT – *NO NA*
ABELAM – *Melanesien*
ABIDA – *Naher Osten*
ABIPON – *Z SA*
ABITIBIWINNI – *NO NA*
ABNAKI – *NO NA*
ABOR (Adi) – *S Asien*
ABOURE – *W Afrika*
ABRIWI – *W Afrika*
ABRON – *W Afrika*
ABSENTEE SHAWNEE – *Plains NA*
ABUKAYA – *Z Afrika*
ABUNG – *SO Asien*
ABURRA – *Karibikküste SA*
ABUTIA – *W Afrika*
ACADIA – *NO NA*
ACATEKEN (Aguateken, Awakateken) – *Mittelamerika*
ACAXEE – *Mittelamerika*
ACEHNESEN – *SO Asien*
ACHAGUA (Achawa) – *Amazonasbecken*
ACHANG – *O Asien*
ACHAWA (Achagua) – *Amazonasbecken*
ACHE (Guayaki) – *Anden*
ACHI – *Mittelamerika*
ACHIKOUYA – *Z Afrika*
ACHO DENE KOE – *Subarktis*
ACHOLI – *O Afrika*
ACHOMAWI – *Ferner Westen NA*
ACHUALE – *Amazonasbecken*
ACHUAR – *Amazonasbecken*
ACOMA PUEBLO – *SW NA*
ACUERA – *SO NA*
ADA – *W Afrika*
ADAMAUA – *W Afrika*
ADANGBE – *W Afrika*
ADI (Abor) – *S Asien*
ADIVASIS – *S Asien*
ADJA – *W Afrika*
ADSCHAREN (Atschareli) – *Kaukasus*
ADYUMBA – *Z Afrika*
AFAR (Danakil) – *O Afrika*
AFAWA – *W Afrika*
AFO – *W Afrika*
AFRIKAANDER (Buren) – *S Afrika*
AFRIKANISCHE KARIBEN – *Karibik*
AFSHAR – *Z Asien*
AFUSARE – *W Afrika*
AGARIA – *S Asien*
AGIRYAMA – *O Afrika*
AGMIUTEN – *Arktis*
AGNI – *W Afrika*
AGOI – *W Afrika*
AGTA – *SO Asien*
AGTO – *Arktis*
AGUACADIBE – *Karibik*
AGUANO – *Anden*
AGUARUNA – *Anden*
AGUATEZKEN (Acateken, Awakateko) – *Mittelamerika*
AGULEN – *Kaukasus*
AGUSAN – *SO Asien*
AHIARIUT – *NO NA*
AHIR – *S Asien*
AHOUSAHT – *Nordwestküste NA*
AHTAHKAKOOP – *Plains NA*
AHTENA – *Subarktis*
AHTNA – *Nordwestküste NA*
AIGA – *Melanesien*
AIMAQ – *Z Asien*
AINI – *O Asien*
AINU – *O Asien*
AIR – *W Afrika*
AIRIMAN – *Australien*
AIRITUMIUT – *NO NA*
AIS – *SO NA*
AISHIHIK – *Subarktis*
AIT-ATTA – *N Afrika*
AIT-IDRASSEN – *N Afrika*
AIT-KHEBACHE – *N Afrika*
AIT-OUMALOU – *N Afrika*
AIT-WALNZGIT – *N Afrika*
AIT-YAFELMAN – *N Afrika*
AIVILLIRMIUT – *Arktis*
AIZO – *W Afrika*
AJA – *W Afrika*
AJABAKAN – *Australien*
AJABATHA – *Australien*
AJIE – *Melanesien*
AK POSSO – *W Afrika*
AKA – *Z Afrika*
AKAN – *W Afrika*
AKANSA (Quapaw) – *Plains NA*
AKAWAIO – *Orinokobecken*
AKHA (Kaw, Ko) – *SO Asien*
AKIE – *O Afrika*
AKLANON – *SO Asien*
AKLAVIK – *Arktis*
AKOKISA – *Plains NA*
AKOKO – *W Afrika*
AKOSA – *S Afrika*
AKUDNIRMIUT – *Arktis*
AKULIARMIUT – *Arktis*
AKUNA – *Melanesien*
AKURIO – *Orinokobecken*
AKWA'ALA (Paipai) – *Mittelamerika*

Die Liebe von Kindern ist
wie Wasser in einem Korb.

Argentinisches Sprichwort

AKWE – *Amazonasbecken*
AKWESASNE-MOHIKANER – *NO NA*
AKYEM – *W Afrika*
ALANDER – *N Europa*
AL HARABA – *N Afrika*
AL HAWAASHIB – *Naher Osten*
AL HIBAB – *Naher Osten*
AL MAJAABRA – *N Afrika*
AL MURAIKHAT – *Naher Osten*
AL MURRA – *Naher Osten*
AL SHALAWAH – *Naher Osten*
ALA – *O Afrika*
ALA'NGAN – *SO Asien*
ALABA – *O Afrika*
ALABAMA – *SO NA*
ALABAMA-COUSHATTA – *Plains NA*
ALABAMA-QUASSARTE – *Plains NA*
ALACALUF (Halakwulup) – *Patagonien*
ALAK – *SO Asien*
ALAMAMRA – *N Afrika*
ALAS – *SO Asien*
ALASKISCHE ESKIMOS – *Arktis*
ALAWA – *Australien*
ALAWITEN – *Naher Osten*
ALBANER – *S Europa*
ALE – *S Asien*
ALEIQAT – *Naher Osten*
ALEUTEN – *Arktis*
ALGONKIN – *NO NA*
ALI BIN MORRAH – *Naher Osten*
ALLEGHENNY – *NO NA*
ALLENTIAC – *Anden*
ALOENE – *SO Asien*
ALORESEN – *SO Asien*
ALSEA – *Nordwestküste NA*
ALTAIER – *O Asien*
ALTGLÄUBIGE – *Z Asien, O Europa, Nordwestküste NA*
ALUKU – *Orinokobecken*
ALUR – *O Afrika*
ALURA – *Australien*
ALUTIIQ (Pazifik-Eskimos) – *Arktis*
ALYAWARRE – *Australien*
AMAHUACA – *Amazonasbecken*
AMAHUMBU – *S Afrika*
AMALEH – *Z Asien*
AMANAYE – *Amazonasbecken*
AMANGU – *Australien*
AMARAK – *Australien*
AMARAKAERI – *Anden*
AMARAR – *N Afrika*
AMARKEN – *Melanesien*
AMASILI – *S Afrika*
AMBA – *O Afrika*
AMBAE – *Melanesien*
AMBERBAKEN – *Melanesien*
AMBO (Ovambo) – *S Afrika*
AMBONESEN – *SO Asien*
AMBUELLA – *S Afrika*
AMDO – *Z Asien*
AMERALIK – *Arktis*
AMERIND (Amerindianer, Amerindios) – *Karibik*
AMERINDIANER (Amerind, Amerindios) – *Karibik*
AMERINDIOS (Amerind) – *Karibik*
AMEYAO – *Karibik*
AMHARA – *O Afrika*
AMI – *O Asien*
AMIJANGAL – *Australien*
AMIS – *O Asien*
AMISH – *NO NA*
AMMASSALIMIUT – *Arktis*
AMNIAPE – *Amazonasbecken*
AMOIPIRA – *Z SA*
AMR – *Naher Osten*
AMRAAL – *S Afrika*
AMUESHA – *Anden*
AMURAG – *Australien*
AMUZGO – *Mittelamerika*
AMYU – *Melanesien*
ANADYR-INUIT – *Arktis*
ANAIWAN – *Australien*
ANAKAMUTI – *Australien*
ANAKAZZA – *N Afrika*
ANAMBE – *Amazonasbecken*
ANANG – *W Afrika*
ANARKAT – *Arktis*
ANATOLISCHE TÜRKEN – *Naher Osten*
ANCASH – *Anden*
ANDAKEREBINA – *Australien*
ANDALUSIER – *W Europa*
ANDAMANER – *SO Asien*
ANDHRA – *S Asien*
ANDI – *Kaukasus*
ANDINGARI – *Australien*
ANDOA – *Amazonasbecken*
ANDOKE – *Amazonasbecken*
ANGAITE – *Z SA*
ANGARA – *Anden*
ANGKU – *O Asien*
ANGMAGSQLIK – *N Europa*
ANGOLANER – *W Afrika*
ANGONI – *O Afrika*
ANGOON – *Nordwestküste NA*
ANGU – *Melanesien*
ANIA – *O Afrika*
//ANIKHOE – *S Afrika*
ANISHINABEG – *Plains NA*
ANIZAH – *Naher Osten*
ANKAZA – *N Afrika*
ANKOLE (Banyankole, Nkole) – *O Afrika*
ANLO – *W Afrika*
ANMATJERA – *Australien*
ANMATYERR – *Australien*
ANTAIMORO – *O Afrika*
ANTAISKA – *O Afrika*
ANTAKIRINJA – *Australien*
ANTANDROJ – *O Afrika*
ANTIPA – *Amazonasbecken*
ANUAK – *O Afrika*
ANUFO – *W Afrika*
ANUM BOSO – *W Afrika*
ANUTA-INSULANER – *Melanesien*
APA TANI – *S Asien*
APALACHEE – *SO NA*
APALAI – *Amazonasbecken*
APANYEKRA – *Amazonasbecken*
APAPOCURA – *Z SA*
APATSCHEN – *SW NA*
APAYAO – *SO Asien*
APIAKA – *Amazonasbecken*
APINAYÉ – *Amazonasbecken*
APOLISTA – *Amazonasbecken*
AQUITANIER – *W Europa*
ARABA – *Australien*
ARABAMA – *Australien*
ARABER – *Naher Osten, N Afrika*
ARABO-BEDUINEN – *Naher Osten*
ARABO-BERBER (Imazighen) – *N Afrika*
ARACHANE – *Z SA*
ARAFAH – *N Afrika*
ARAGO – *W Afrika*
ARAKANESEN (Rohingya) – *SO Asien*
ARAKE – *Amazonasbecken*
ARALWA – *Australien*
ARAMDA – *Australien*
ARANA – *Z SA*
ARANDA (Arrernte, Arunta) – *Australien*
ARAONA – *Amazonasbecken*
ARAPAHO-PLAINS – *Plains NA*
ARAPESH – *Melanesien*
ARAPIUM – *Amazonasbecken*
ARARAIBOS – *Amazonasbecken*
ARAUAKI – *Amazonasbecken*
ARAUKANER (Pehuenche) – *Anden*
ARAWAK – *Orinokobecken*
ARAWETE – *Orinokobecken*
ARECUNA – *Orinokobecken*
AREQUIPA – *Anden*
ARGOBBA – *O Afrika*
ARGUNI – *Melanesien*
ARHUACO – *Karibikküste SA*
ARICA – *Anden*
ARICOBI – *Amazonasbecken*
ARIKARA-PLAINS – *Plains NA*
ARIKEM – *Amazonasbecken*
ARINAGOTO – *Orinokobecken*
ARMENIER – *Kaukasus*
ARNA – *N Afrika*
ARNGA – *Australien*
AROLAND – *NO NA*
AROMA – *Melanesien*
AROOSTOOK- MICMAC – *NO NA*
ARRERNTE (Aranda, Arunta) – *Australien*
ARSUK – *Arktis*
ARUA – *Amazonasbecken*
ARU-INSULANER – *Melanesien*
ARUNTA (Aranda, Arrernte) – *Australien*
ARUSHA – *O Afrika*
ARUSI – *O Afrika*
ARVIQUURMIUT – *Arktis*
ASANTE (Ashanti) – *W Afrika*
ASERBAIDSCHANER (Aseri) – *Kaukasus*
ASERI (Aserbaidschaner) – *Kaukasus*
ASHAN – *Naher Osten*
ASHANINKA – *Amazonasbecken*
ASHANTI (Asante) – *W Afrika*
ASHKENASIM – *Europa*
ASHLUSLAY – *Z SA*
ASIAGMIUT – *Arktis*
ASMAT – *Melanesien*
ASSAMESEN – *S Asien*
ASSINIBOIN-PLAINS-INDIANER – *Plains NA*
ASUA – *Z Afrika*
ASURINI – *Orinokobecken*
ATA SIKKA – *SO Asien*
ATA TANA 'AI – *SO Asien*
ATACAMA – *Anden*
ATAHUN-SCHOSCHONEN – *Großes Becken NA*
ATAYAL – *O Asien*
ATHAPASKEN-CHIPEWYAN – *Plains NA*
ATIE – *W Afrika*

ATIKAMEG – Plains NA
ATJEHER – SO Asien
ATJINURI – Australien
ATLIN – Subarktis
ATMANIKA – Kaukasus
ATNA – Arktis
ATONI – SO Asien
ATORAI – Orinokobecken
ATROARI – Amazonasbecken
ATSAHUACA – Amazonasbecken
ATSCHARELI (Adscharen) – Kaukasus

AZANDE (Zande) – Z Afrika
AZOREANER – W Europa

BA MBENZELE – Z Afrika
BAADA – Australien
BABA – Melanesien
BABA-CHINESEN – SO Asien
BABENZELE – Z Afrika
BABOBO – SO Asien
BABOUTÉ – Z Afrika
BACHTIAREN – Naher Osten
BADAGA – S Asien

Hunger ist vielen ein Lehrer.

Griechisches Sprichwort

ATSI – O Asien
ATSINA – NO NA
ATSUGEWI – Ferner Westen NA
ATTAWAPISKAT – NO NA
ATTIKAMEK – NO NA
ATUENCE – O Asien
AUANBURA – Australien
AUCA (Huaorani, Wao, Waorani) – Amazonasbecken
//AU//EI (Auen) – S Afrika
AUEN (//Au//ei) – S Afrika
AUETI – Amazonasbecken
AUGU – Melanesien
AUGUSTINE – Ferner Westen NA
AUK – Nordwestküste NA
AULAD SOLIMAN – N Afrika
AULLIMINDEN – W Afrika
AUSH – Patagonien
AUSHI – Z Afrika
AUSTRALISCHE ABORIGINES – Australien
AUVERGNATEN – W Europa
AUYANA – Melanesien
AVA – Z SA
AVE – W Afrika
AVERIANO – Orinokobecken
AVEYRONNAIS – W Europa
AVIL – Naher Osten
AVUKAYA – Z Afrika
AWA – Melanesien
AWA KWAIKER (Koakir) – Anden
AWABAKAL – Australien
AWAI – Melanesien
AWAKATEKO (Acateken, Aguateken) – Mittelamerika
AWAMIR – Naher Osten
AWAQIR – N Afrika
AWARAI – Australien
AWAREN – Kaukasus
AWASIM – Naher Osten
AWE – W Afrika
AWEER (Kilii, Somali Boni) – O Afrika
AWEIKOMA – Z SA
AWI – O Afrika
AWIN – Melanesien
AWINMUL – Australien
AWISHIRI – Amazonasbecken
AWLAD'ALI – N Afrika
AWYU – Melanesien
AYACUCHO – Anden
AYAIDA – N Afrika
AYAMARO – Melanesien
AYISENGA – S Afrika
AYMARA – Anden
AYOREO (Moro) – Z SA

BADI – Australien
BADIMAIA – Australien
BADJALANG – Australien
BADJIRI – Australien
BADUI – SO Asien
BADUTU – O Afrika
BAFFINLAND-ESKIMOS – Arktis
BAFIA – W Afrika
BAGA – W Afrika
BAGANDA – O Afrika
BAGARRA – W Afrika
BAGAZ – Mittelamerika
BAGGARA- ARABER – N Afrika
BAGIRMI – W Afrika
BAGISU (Gisu) – O Afrika
BAGOBO – SO Asien
BAGU – Australien
BAHAR LU – Naher Osten
BAHINEMO – Melanesien
BAHNAR – SO Asien
BAHWETIG MACKINAC – NO NA
BAHWETIG OJIBWA – NO NA
BAI (Baizu) – O Asien
BAIA – Z Afrika
BAIALI – Australien
BAIGA – S Asien
BAIJUNGU – Australien
BAILGU – Australien
BAINOA – Karibik
BAINOUK – W Afrika
BAIT IMANI – Naher Osten
BAIT KATHIR – Naher Osten
BAIZU (Bai) – O Asien
BAJAU – SO Asien
BAKA – Z Afrika
BAKAIRI – Amazonasbecken
BAKALAHARI – S Afrika
BAKAMBA – Z Afrika

BAKANAMBIA – Australien
BAKELE – Z Afrika
BAKIL – Naher Osten
BAKO – O Afrika
BAKONGO – Z Afrika
BAKOVI – Melanesien
BAKWE – W Afrika
BALALA – S Afrika
BALALI – Z Afrika
BALANTAK – SO Asien
BALANTE – W Afrika
BALARDONG – Australien
BALE – O Afrika
BALEAREN – W Europa
BALESE NDAKE – Z Afrika
BALGARN – Naher Osten
BALI – W Afrika
BALI AGA – SO Asien
BALINESEN – SO Asien
BALKAREN – Kaukasus
BALLOUK – W Afrika
BALOULOU (Mongo) – Z Afrika
BALOUNDOU – Z Afrika
BALTI – S Asien
BALUA – Z Afrika
BALUTSCHEN – Z Asien
BAMAKOMA (Makoma) – S Afrika
BAMAREN (Burmanen) – SO Asien
BAMBARA – W Afrika
BAMBUTI (Mbuti) – Z Afrika
BAMILEKE – W Afrika
BAMU – Melanesien
BAMUN – W Afrika
BANABAN – Mikronesien
BANAGAL – Z Afrika
BANARO – Melanesien
BANBAI – Australien
BANDA – Z Afrika
BANDI – W Afrika
BANDJIN – Australien
BANDZA – Z Afrika
BANEN – W Afrika
BANGALA – Z Afrika
BANGGAI – SO Asien
BANGGALA – Australien
BANGU – Z Afrika
BANHUN – W Afrika
BANI – Karibik
BANIA – S Asien
BANI-HAJIR – Naher Osten
BANI-HILAL – Naher Osten
BANI-KHALID – Naher Osten
BANI-KITAB – Naher Osten
BANI-SHAHR – Naher Osten
BANIVA – Orinokobecken
BANI-YAM – Naher Osten
BANJARESEN – S Asien

BANKA – SO Asien
BANKS-INSEL, BEWOHNER DER – Melanesien
BANNOCK – Großes Becken NA
BANTU – S Afrika
BANYAK – SO Asien
BANYANKOLE (Ankole, Nkole) – O Afrika
BANYORO – O Afrika
BANYUA – W Afrika
BANZIRI – Z Afrika
BAOULE – W Afrika
BAPOTO – Z Afrika
BAQUM – Naher Osten
BARA – Amazonasbecken
BARA – O Afrika
BARABA BARABA – Australien
BARABAIG – O Afrika
BARADA – Australien
BARAMA-KARIBEN – Orinokobecken
BARANBINJA – Australien
BARANZAI – Naher Osten
BARAPARAPA – Australien
BARARA – Australien
BARASANA – Amazonasbecken
BARBACOA – Karibik
BARBARAM – Australien
BARBOCOA – Anden
BARE – Amazonasbecken
BARI – Karibikküste SA
BARI (Beri) – O Afrika
BARIBA – W Afrika
BARIMAIA – Australien
BARINDJI – Australien
BARIYAH – Naher Osten
BARKINDJI – Australien
BARLAMOMO – Australien
BARNA – Australien
BAROK – Melanesien
BARONA – Ferner Westen NA
BARRUMBINYA – Australien
BARTANG – Z Asien
BARUNGA – Australien
BARUNGGAM – Australien
BARUNGGUAN – Australien
BARUYA – Melanesien
BASAKOMO – W Afrika
BASARWA (Buschmänner, San) – S Afrika
BASCHKIREN – O Europa
BASHILANGE – Z Afrika
BASHILELE (Lele) – Z Afrika
BASIRI – Z Afrika
BASKEN – W Europa
BASKETO – O Afrika

BASOGA – O Afrika
BASOTHO – S Afrika
BASRAI – W Afrika
BASSA – Z Afrika
BASSARI – W Afrika
BASSERI – Naher Osten
BASUA – Z Afrika
BATAHIN – N Afrika
BATAK – SO Asien
BATATELA – Z Afrika
BATEK – SO Asien
BATJALA – Australien
BATJAN – SO Asien
BATLARO – S Afrika
BATLOKWA – S Afrika
BATORO – O Afrika
BAUL – S Asien
BAULE – W Afrika
BAURE – Amazonasbecken
BAWAKI – Melanesien
BAWEANESEN – SO Asien
BAYA (Gbaya) – Z Afrika
BAYAKA – Z Afrika
BAYAMO – Karibik
BAYAQUITIRI – Karibik
BAYEI – S Afrika
BAYERN – W Europa
BAYOT – W Afrika
BE – W Afrika
BEAFADA – W Afrika

BELUBBA – O Afrika
BEMBA – O Afrika
BEMBE – Z Afrika
BEN GUIL – N Afrika
BENA – O Afrika
BENABENA – Melanesien
BENDE – O Afrika
BENE ISRAEL – Naher Osten, S Asien
BENGALEN – S Asien
BENGLONG (Deang) – O Asien
BENI AMER (Beja) – N Afrika
BENI ATIYAH – Naher Osten
BENI HAJAR – Naher Osten
BENI SACHR BEDU – Naher Osten
BENI SUEF – N Afrika
BEOTHUK – NO NA
BERABICHE – W Afrika
BERBERI – Z Asien
BERGAMASKEN – W Europa
BERGDAMA – S Afrika
BERGVEEDAN – S Asien
BERI (Bari) – O Afrika
BERIQURUK – Australien
BERRIAIT – Australien
BERSEBA – S Afrika

Blumen lassen etwas
von ihrem Duft in der Hand
des Spenders zurück.

Chinesisches Sprichwort

BEARSPAW – Plains NA
BEAUSOLEIL –CHIPPEWA – NO NA
BEAVER – Subarktis
BEDERIAT – Z Afrika
BEDIK – W Afrika
BEGA – O Afrika
BEHERIA – N Afrika
BEICO DE PAU – Amazonasbecken
BEIR – O Afrika
BEJA (Beni Amer) – N Afrika
BELANDA – SO Asien
BELAU – Mikronesien
BELGIER – W Europa
BELLABELLA – Nordwestküste NA
BELLACOOLA – Nordwestküste NA
BELLE – W Afrika
BELLIKAN – Kaukasus
BELORUSSEN (Weißrussen) – O Europa

BERSIMI – NO NA
BERTA – O Afrika
BESORUBE – W Afrika
BETA ISRAEL (Falasha) – O Afrika
BETE – W Afrika
BETHANIE – S Afrika
BETOI – Amazonasbecken
BETSIAMITEN – NO NA
BETSILEO – O Afrika
BETSIMISARAKA – O Afrika
BETTAKURUMBA – S Asien
BEZANOZANO – O Afrika
BHACA – S Afrika
BHIL – S Asien
BHILALA – S Asien
BHOTIA (Ngalop) – S Asien
BHOTTADA – S Asien
BHUIYA – S Asien
BHUTANESEN – S Asien
BHUTIA – S Asien
BIAGAI – Melanesien
BIAK – Melanesien
BIAT – SO Asien
BIBELMEN – Australien
BICOLANO – SO Asien
BIDAWAL – Australien
BIDAYUH – SO Asien
BIDIA – Australien
BIDJANDJARA – Australien
BIDUN – Naher Osten
BIGAMBUL – Australien
BIHARI – S Asien
BIKALBURA – Australien
BIKINI – Mikronesien
BIKOL – SO Asien
BILAAN – SO Asien
BILEN – O Afrika
BILINGARA – Australien
BILLI – Naher Osten
BILLITON – SO Asien
BILOXI – SO NA

DOGON-STELZENTÄNZER IN MALI RUHEN SICH AN EINER LEHMWAND AUS

BIMA – *SO Asien*
BINANDERE – *Melanesien*
BINBINGA – *Australien*
BINDAL – *Australien*
BINDJAREB – *Australien*
BINDUBI – *Australien*
BINGA – *Z Afrika*
BINGABURA – *Australien*
BINGONGINA – *Australien*
BINI – *W Afrika*
BINIGURA – *Australien*
BINJI – *Z Afrika*
BINTUKUA – *Karibikküste SA*
BINUMARIEN – *Melanesien*
BIRA – *O Afrika*
BIRDI – *Naher Osten*
BIRHOR – *S Asien*
BIRI – *Z Afrika*
BIRIA – *Australien*
BIRIFOR – *W Afrika*
BIROM – *W Afrika*
BIRPAI – *Australien*
BISA – *O Afrika*
BISAYAH – *SO Asien*
BISIS – *Melanesien*
BISSA – *W Afrika*
BISSAGO – *W Afrika*
BIT – *SO Asien*
BITJARA – *Australien*
BLACKFEET (SCHWARZFUSS-INDIANER) – *Plains NA*
BLANG – *O Asien*
BLOOD – *Plains NA*
BLOODVEIN – *Plains NA*
BOANBURA – *Australien*
BOARDJI – *Melanesien*
BOAZI – *Melanesien*
BOBO – *W Afrika*
BOFI – *Z Afrika*
BOHANE – *Z SA*
BOHOLANO – *SO Asien*
BOHRA – *S Asien*
BOIKEN – *Melanesien*
BOIKEN – *O Europa*
BOKAR – *S Asien*
BOLAANG MONGONDOW – *SO Asien*
BOLEWA – *W Afrika*
BOLI – *Melanesien*

> *Wenn der Mund ausrutscht,*
> *rutscht er stärker aus als der Fuß.*
>
> Ghanaisches Sprichwort

BOMA – *Z Afrika*
BOMBESA – *Z Afrika*
BOMVANA – *S Afrika*
BONAN – *O Asien*
BONARI – *Orinokobecken*
BONBARABUA – *Australien*
BONDEI – *O Afrika*
BONDO – *S Asien*
BONERATE – *SO Asien*
BONGA – *Z Afrika*
BONGO (Bungu) – *Z Afrika*
BONGUE – *Z Afrika*
BONI (Aweer) – *O Afrika*
BONO – *W Afrika*
BONTOK – *SO Asien*
BOOTHROYD – *Nordwestküste NA*
BORA – *Amazonasbecken*
BORAN – *O Afrika*
BORO – *Amazonasbecken*
BORO – *S Asien*
BORORO – *Amazonasbecken*
BORUCA – *Mittelamerika*
BOSKIEN – *Melanesien*
BOSNISCHE MUSLIME – *Z Europa*
BOSYEBA – *Z Afrika*
BOTLICHEN – *Kaukasus*
BOTOCUDO – *Z SA*
BOUBANGI (Mboshi) – *Z Afrika*
BOUGAINVILLE-INSULANER – *Melanesien*
BOUN – *Australien*
BOUYEI – *O Asien*
BOYACA – *Karibik*
BOZO – *W Afrika*
BRABRALUNG – *Australien*
BRAHUI – *Z Asien*
BRAIAKAULUNG – *Australien*
BRAO – *SO Asien*
BRAOYA – *N Afrika*
BRATAUOLUNG – *Australien*
BRETONEN – *W Europa*
BRIBRI – *Mittelamerika*
BROKENHEAD OJIBWA – *Plains NA*
BROTHERTON – *NO NA*
BRU – *SO Asien*
BTSISI – *SO Asien*
BUBI – *Z Afrika*
BUCTOUCHE – *NO NA*
BUDIDJARA – *Australien*
BUDU – *Z Afrika*
BUDUGEN – *Kaukasus*
BUDUMA – *W Afrika*
BUGAKHOE – *S Afrika*
BUGAKWE – *S Afrika*
BUGANDA – *O Afrika*
BUGINESEN – *SO Asien*
BUGLE – *Mittelamerika*
BUGULMARA – *Australien*
BUGUSU (Lhuya, Luyia) – *O Afrika*
BUHA – *O Afrika*
BUKIDNON – *SO Asien*
BUKITAN – *SO Asien*
BUKSA – *S Asien*
BUKULI – *O Afrika*
BULALLI – *Australien*
BULGAREN – *O Europa*
BULLOM – *W Afrika*
BULUSU – *SO Asien*
BULUWAI – *Australien*
BUMBA – *Z Afrika*
BUMBU – *W Afrika*
BUMIPUTRA (Malaien) – *SO Asien*
BUNABA – *Australien*
BUNDA – *Z Afrika*
BUNDI – *Melanesien*
BUNGANDITJ – *Australien*
BUNGU (Bongo) – *Z Afrika*
BUNTAMURRA – *Australien*
BUNUN – *O Asien*
BUNURONG – *Australien*
BUNYOLE – *O Afrika*
BUNYORO (Kitara, Nyoro) – *O Afrika*
BURAKUMIN (Eta) – *O Asien*
BUREN (Afrikaners) – *S Afrika*
BURGHER – *S Asien*
BURGUNDER – *W Europa*
BURKINABE – *W Afrika*
BURMANEN (Bamaren) – *SO Asien*
BURMESEN – *SO Asien*
BURU – *SO Asien*
BURULI – *O Afrika*
BURUNA – *Australien*
BURUNGI – *O Afrika*
BURUSHASKI – *S Asien*
BURUSCHO (Hunzakut) – *Z Asien*
BURYATEN – *O Asien*
BUSANSI – *W Afrika*
BUSCHMÄNNER (Basarwa, San) – *S Afrika*
BUTONESEN – *SO Asien*
BUTUNG – *SO Asien*
BUWALLAH – *Naher Osten*
BUYI – *O Asien*
BVIRI – *Z Afrika*
BWA – *W Afrika*
BWAIDOGA – *Melanesien*
BWAKA – *Z Afrika*
BWE – *SO Asien*
BWILE – *Z Afrika*

CAAPOR – *Amazonasbecken*
CABAZON – *Ferner Westen NA*
CABECAR – *Mittelamerika*
CABO – *Mittelamerika*
CABRE – *Orinokobecken*
CACHIL DEHE WINTUN – *Ferner Westen NA*
CADDO – *Plains NA*
CADDO ADAIS – *SO NA*
CAETE – *Z SA*
CAGA – *O Afrika*
CAGABA (Kogi) – *Karibikküste SA*
CAHIBO – *Karibik*
CAHTO – *Ferner Westen NA*
CAHUILLA – *Ferner Westen NA*
CAINGUA – *Z SA*
CAIRI – *Z SA*
CAIZCIMU – *Karibik*
CAJAMARCA – *Anden*
CAJATAMBO – *Anden*
CAKCHIQUEL (Kaqchikel) – *Mittelamerika*
CALABAR – *W Afrika*
CALAPUYA – *Nordwestküste NA*
CALAVERAS MIWOK – *Ferner Westen NA*
CALAYUA – *Orinokobecken*
CALISTA – *Subarktis*
CALLAHUAYA – *Anden*
CALUSA – *Karibik*
CAMACAN – *Z SA*
CAMANA – *Anden*
CAMPA – *Amazonasbecken*
CAMPO (Tipai) – *Far West NA*
CANA – *Anden*
CANAMARI – *Amazonasbecken*
CANARI – *Anden*
CANCHI – *Anden*
CANDOSHI – *Amazonasbecken*
CANELA (Ramkokamekra) – *Amazonasbecken*
CANELOS QUECHUA – *Anden*
CANICHANA – *Amazonasbecken*
CANON COSTANOAN – *Ferner Westen NA*
CAPANAHUA – *Amazonasbecken*
CAPITAN GRANDE – *Ferner Westen NA*
CAQUETIO – *Karibikküste SA*
CARA – *Anden*
CARACA – *Karibikküste SA*
CARAHYABY – *Amazonasbecken*
CARANGA – *Anden*
CARAVAYA – *Anden*
CARI'A – *Orinokobecken*
CARIGUANO – *Orinokobecken*
CARIJO – *Z SA*
CARIJONA – *Amazonasbecken*
CARINA – *Orinokobecken*
CARIPUNA – *Amazonasbecken*
CARIRI – *Amazonasbecken*
CARMEL – *Ferner Westen NA*
CARRIER – *Subarktis*
CASCADE – *Nordwestküste NA*
CASHIBO – *Anden*
CASHINAHUA – *Amazonasbecken*
CASHITE – *O Afrika*
CASMA – *Anden*
CATABA – *Plains NA*
CATAWBA – *SO NA*
CATIO – *Anden*
CATUKINA – *Amazonasbecken*
CAUATAMBO – *Anden*
CAUDUVEO – *Z SA*
CAVINA – *Amazonasbecken*
CAVINENA – *Amazonasbecken*
CAWAHIB – *Amazonasbecken*
CAYABI – *Amazonasbecken*
CAYAGUAYO – *Karibik*
CAYAPA – *Anden*
CAYOOSO CREEK – *Nordwestküste NA*
CAYUGA – *NO NA*
CAYUISHANA – *Amazonasbecken*
CAYUSO – *Plateau NA*
CAYUVAVA – *Amazonasbecken*
CAZCAN – *Mittelamerika*
CEBAUN – *SO Asien*
CEBU – *SO Asien*
CERAM – *SO Asien*
CH'ORTI' – *Mittelamerika*
CHAAMBA – *N Afrika*
CHABEANER – *Karibik*
CHACHAPOYA – *Anden*
CHACOBO – *Amazonasbecken*
CHAGGA – *O Afrika*
CHAIMA – *Karibikküste SA*
CHAKCHIUMA – *SO NA*
CHAKMA (Changma) – *SO Asien*
CHALDÄER – *Z Asien*
CHAM – *SO Asien*
CHAMA – *Amazonasbecken*
CHAMACOCO – *Z SA*
CHAMAREN – *S Asien*
CHAMBA – *W Afrika*
CHAMBRI – *Melanesien*
CHAMI – *Amazonasbecken*
CHAMORRO – *Mikronesien*
CHAMPAGNE – *Subarktis*
CHAMSEH – *Naher Osten*
CHAMULA – *Mittelamerika*
CHANA – *Z SA*
CHANE – *Z SA*
CHANGMA (Chakma) – *SO Asien*
CHANTY – *Subarktis*
CHAOBON – *SO Asien*
CHAOUIA – *N Afrika*
CHAPAKURA – *Amazonasbecken*
CHARA – *O Afrika*
CHARCA – *Amazonasbecken*
CHARIA – *S Asien*
CHARIGURIQUA – *S Afrika*
CHARRUA – *Z SA*
CHASAREN – *Z Asien*
CHASTACOSTA – *Nordwestküste NA*
CHATINO – *Mittelamerika*
CHATOT – *SO NA*
CHAUBUNAGUNGAMAUG – *NO NA*
CHAUDHRI – *S Asien*
CHAVCHYVEN – *Arktis*
CHAWAI – *W Afrika*
CHAYAHUITA – *Anden*
CHE WONG – *SO Asien*

> *Man begegnet seinem Schicksal oft*
> *auf der Straße,*
> *die man wählt,*
> *um ihm zu entgehen.*
>
> Französisches Sprichwort

CHECHEHET – *Z SA*
CHEHALI – *Nordwestküste NA*
CHELAN – *Plateau NA*
CHEMAINUS – *Nordwestküste NA*
CHEMAWAWIN – *Plains NA*
CHEMEHUEVI – *Großes Becken NA*
CHENCHU – *S Asien*
CHENG – *SO Asien*
CHEPARA – *Australien*
CHERO – *S Asien*
CHEROKEE – *Plains, SO NA*
CHESLATTA CARRIER – *Nordwestküste NA*
CHETCO – *Nordwestküste NA*
CHEWA – *O Afrika*
CHEWSUREN – *Kaukasus*
CHEYENNE – *Plains NA*
CHEYENNE ARAPAHO – *Plains NA*
CHIBCHA – *Anden*
CHICHA – *Amazonasbecken*
CHICKAHOMINY – *SO NA*
CHICKAMOGEE-CHEROKEE – *SO NA*
CHICKASAW – *Plains NA*
CHICORA-SIOUX – *SO NA*
CHICOUTIMI – *NO NA*
CHIKUNDA – *O Afrika*
CHILCOTIN – *Nordwestküste NA*
CHILKAT – *Subarktis*
CHILULA – *Ferner Westen NA*
CHIMAKUM – *Nordwestküste NA*
CHIMANE – *Amazonasbecken*
CHIMARIKO – *Ferner Westen NA*
CHIMBU – *Melanesien*
CHIMILA – *Karibikküste SA*
CHIMO – *NO NA*
CHIMU – *Anden*
CHIN – *S Asien*
CHINALUGEN – *Kaukasus*
CHINANTEC – *Mittelamerika*
CHINCHA – *Anden*
CHINCHAYCOCHA – *Anden*
CHING – *O Asien*
CHINGALI – *Australien*
CHINIKI – *Plains NA*
CHINOOK – *Nordwestküste NA*
CHIPAYA (Uru) – *Anden*
CHIPEWYAN – *Subarktis*
CHIPEWYAN PLAINS – *Plains NA*
CHIPPEWA (Ojibwa) – *NO NA*
CHIPPEWA-CREE – *Plains NA*
CHIQUITANO – *Z SA*
CHIQUITO – *Amazonasbecken*
CHIQUIYAMI – *Anden*
CHIRICAHUA APACHEN – *SW NA*
CHIRIGUANO (Guarayo) – *Anden*
CHIRIPA – *Z SA*
CHIRMA – *Melanesien*
CHISASIBI – *NO NA*
CHISHINGA – *Z Afrika*
CHISOS – *Plains NA*
CHITAR – *Naher Osten*
CHITIMACHA – *SO NA*
CHLI (Try) – *SO Asien*
CHOCO – *Anden*
CHOCTAW – *Plains, SO NA*
CHOCTAW-APACHE – *SO NA*
CHOIAH – *Z Asien*
CHOINUMNI-YOKUTS – *Ferner Westen NA*
CHOISEUL-INSULANER – *Melanesien*
CHOKWE – *Z Afrika*
CHOL – *Mittelamerika*
CHOLON – *Anden*
CHONA – *O Asien*
CHONG – *SO Asien*
CHONO – *Patagonien*
CHONTAL – *Mittelamerika*
CHONYI – *O Afrika*
CHOPI – *S Afrika*
CHOQUE – *Orinokobecken*
CHOROTE – *Z SA*
CHORTI – *Mittelamerika*
CHRAU – *SO Asien*
CHRU – *SO Asien*
CHUABO – *O Afrika*
CHUANG – *O Asien*
CHUCKBUKMIUT – *NO NA*
CHUGACH – *Arktis*
CHUJ – *Mittelamerika*
CHUKCHANSI-YOKUT – *Ferner Westen NA*
CHULUPI – *Z SA*
CHUMASH – *Ferner Westen NA*
CHUPAYACHU – *Anden*
CHUUK -INSULANER (Trukesen) – *Mikronesien*
CHUVANZY – *Arktis*
CINTA LARGA – *Amazonasbecken*
CIPUNGU – *S Afrika*

CISAMA – Z Afrika
CISANJI – S Afrika
CLACKAMA – Nordwestküste NA
CLATSKANIE – Nordwestküste NA
CLATSOP – Nordwestküste NA
CO SUNG (Kuy, Lahu) – SO Asien
COAHUILTECA – Mittelamerika
COAIQUER – Amazonasbecken
COANI – Orinokobecken
COCAMA – Amazonasbecken
COCAMILLA – Amazonasbecken
COCHAPAMPA – Amazonasbecken
COCHIMI – Mittelamerika
COCHITI-PUEBLO – SW NA
COCONUCO – Anden
COCOPAH – SW NA
COEUR D'ALENES – Plateau NA
COFAN – Amazonasbecken
COHARIE – SO NA
COLLA – Anden
COLLAGUA – Anden
COLLO (Shilluk) – Z Afrika
COLORADO (Tsatchela) – Anden
COLUMBIA – Plateau NA
COLVILLE – Nordwestküste NA
COMOX – Nordwestküste NA
CONCHO – Mittelamerika
CONCHUCO – Anden
CONHAQUE – W Afrika
CONIBO – Anden
CONOY – NO NA
COOK-INSULANER – Polynesien
COORG – S Asien
COOS – Nordwestküste NA
COPALI – Nordwestküste NA
COPPER -INUIT – Arktis
COQUILLE – Nordwestküste NA
CORA – Mittelamerika
COREE – SO NA
CORNISCH (KERNEWEK) – N Europa
COROADO – Z SA
CORTINA-WINTUN – Ferner Westen NA
COSTANOAN (Mutsun) – Ferner Westen NA
COSTANOAN-ESSELEN – Ferner Westen NA
COTABATO MANOBO – SO Asien
COTE – Plains NA
COTO (Orejon) – Amazonasbecken
COTOPAXI QUECHUA – Anden
COUCHICHING – NO NA
COUSHATTA – SO NA
COUSSARI – Orinokobecken
COWESSESS – Plains NA
COWICHAN (Halkomelem) – Nordwestküste NA
COWLITZ – Nordwestküste NA
COYAIMA – Amazonasbecken
CREE – Plains NA
CREEK – Plains NA
CROW – Plains NA
CUA – SO Asien
CUAUHCOMECA – Mittelamerika
CUBANACAN – Karibik
CUBEO (Kobewa) – Amazonasbecken
CUCIBA – Karibik
CUICATEKEN – Mittelamerika
CUITLATEKEN (Teco) – Mittelamerika
CUIVA – Orinokobecken
CULINA – Amazonasbecken
CUMANA – Karibikküste SA
CUMANAGOTO – Karibikküste SA
CUNA (Kuna) – Mittelamerika
CUNIBA – Amazonasbecken
CUPACA – Anden
CUPENO – Ferner Westen NA
CURRIPACO – Orinokobecken
CURUMINACA – Amazonasbecken
CUSCO – Anden
CUYAPAIPE – Ferner Westen NA
CYMRY (Waliser) – N Europa

DAAROOD – O Afrika
DABA – W Afrika
DAFLA – S Asien
DAGABA (Dagarti) – W Afrika
DAGADA – SO Asien
DAGAMBA (Dagomba) – W Afrika
DAGARA (Dogara) – W Afrika
DAGARTI (Dagaba) – W Afrika
DAGESTANI – Kaukasus
DAGOMBA (Dagbamba) – W Afrika
DAGURU – O Afrika
DAHALO – O Afrika
DAHM – Naher Osten
DAHOMEY (Fon) – W Afrika
DAI – O Asien
DAII – Australien
DAILU – O Asien
DÄNEN – N Europa
DANGANI – Australien
DANGBON – Australien
DANGGALI – Australien
DANGU – Australien
DANI – Amazonasbecken
DANI – Melanesien
DANISAN – S Afrika
DARAB-KHANI – Naher Osten
DARAMBAL – Australien
DARASA – O Afrika
DARAWA – Amazonasbecken
DARAZI – Naher Osten
DARD – Z Asien
DARGINEN – Kaukasus
DARIA – Mittelamerika
DARIBI – Melanesien
DARKINJANG – Australien
DARREHSHURI – Z Asien
DARS – N Afrika
DARU – Naher Osten
DARUK – Australien
DARUSAR – Naher Osten
DARWA – N Afrika
DARWIN – Australien
DATAB – W Afrika
DAUR – O Asien
DAZA – N Afrika
DE – W Afrika
DEA – Melanesien
DEANG (Benglong) – O Asien
DECHERDA – N Afrika
DEHI-HAZARAS – Z Asien
DEHWAR – Naher Osten
DELAWARE – Plains NA
DELAWARE-MUNCIE – Plains NA
DENCA – Polynesien
DENDI – W Afrika
DENE – Subarktis
DENE THA' – Plains NA
DEORI – S Asien
DERESA – O Afrika
DERN – Melanesien
DERONG – O Asien
DERSIMILI – Kaukasus
DESANA – Amazonasbecken
DETI – S Afrika
DEUTSCHE – W Europa
DEUTSCH-SCHWEIZER – W Europa
DEWA – Melanesien

Unwissenheit bringt dich nicht um, aber sie lässt dich viel schwitzen.

HAITIANISCHES SPRICHWORT

DAINA – O Asien
DAINGGATI – Australien
DAIOMONI – Melanesien
DAJAK – SO Asien
DAKOTA – Plains NA
DAKOTA-TIPI – Plains NA
DAKWA – Z Afrika
DAL – S Asien
DALABON – Australien
DALLA – Australien
DALLEBURRA – Australien
DALLES (Ochiichagwe'babigo'ining) – NO NA
DALMATIER – Z Europa
DAMA – S Afrika
DAMANI – Naher Osten
DAMARA (Herero) – S Afrika
DAMBARA – W Afrika
DAMERGU – N Afrika
DAMURA – Melanesien
DAN – W Afrika
DANAKIL (Afar) – O Afrika
DANDA – S Afrika
DEY – W Afrika
DHAKAR – S Asien
DHANKA – S Asien
DHODIA – S Asien
DHURWA – S Asien
DIAGUITA – Anden
DIAKUI – Australien
DIALONKE – W Afrika
DIANBO – O Asien
DIANKHANKE – W Afrika
DIBEYAT – N Afrika
DIDA – W Afrika
DIDI – Kaukasus
DIDINGA – O Afrika
DIEGUENO – Ferner Westen NA
DIERI – Australien
DIETKO – W Afrika
DIGIL – O Afrika
DIGIRI – O Afrika
DIGO – O Afrika
DIGUENO – Mittelamerika
DIKGALE – S Afrika
DIMASA – S Asien
DINE (Navajo) – SW NA
DINKA – O Afrika

KOMANTSCHEN BEIM ROTE-ERDE-FEST, OKLAHOMA CITY

DIOLA (Jola) – W Afrika
DIOULA – W Afrika
DIR – O Afrika
DIRITYANGURA – Australien
DISKO – Arktis
DIVEHI – S Asien
DJABERADJABERA – Australien
DJAGADA – N Afrika
DJAGARAGA – Australien
DJAKUNDA – Australien
DJALAKURU – Australien
DJALENDI – Australien
DJAMINDJUNG – Australien
DJAMSHIDI – Z Asien
DJANGU – Australien
DJANKUN – Australien
DJARA – Australien
DJARAI – SO Asien
DJARGUDI – Australien
DJARU – Australien
DJARWA – S Asien
DJAUAN – Australien
DJAUI – Australien
DJERAIT – Australien
DJERIMANGA – Australien
DJERMA – W Afrika
DJILAMATANG – Australien
DJINANG – Australien
DJINBA – Australien
DJIRINGANJ – Australien
DJIRU – Australien
DJIRUBAL – Australien
DJIWALI – Australien
DJOWEI – Australien
DJUKA – Orinokobecken
DJUNGUN – Australien
DOBU – Melanesien
DODOS (Dodoth) – O Afrika
DODOTH (Dodos) – O Afrika
DOGARA (Dagara) – W Afrika
DOGLAS – Karibik
DOGON – W Afrika
DOGORDA – N Afrika
DOGRIB – Subarktis
DOKIS – NO NA
DOKO – Z Afrika
DOLGANEN – Arktis
DOMA (Mvura, VaDema) – S Afrika
DOMU – Melanesien
DONDO – Z Afrika
DONG – O Asien
DONGO – O Afrika
DONGXIANG – O Asien
DORAZAI – Naher Osten
DORLA GOND – S Asien
DOROBO (Okiek) – O Afrika
DOROBURA – Australien
DOROMBA – W Afrika
DOU MENIA – N Afrika
DOUBLA – S Asien
DOUKHOBORS – Nordwestküste NA
DOURA – Melanesien
DRAWIDEN – S Asien
DRUKPA – S Asien
DRUNG – O Asien
DRUSEN – Naher Osten
DUALA – Z Afrika
DUAN – SO Asien
DUANE – SO Asien
DUBLA – S Asien
DUCIE – Polynesien
DUDUROA – Australien
DUKKALA – N Afrika
DULONG (Qui) – O Asien
DUMA – Z, S Afrika
DUMU – Melanesien
DUNA – Melanesien
DUNGANEN – Z Asien
DURRANI – Z Asien
DURUMA – O Afrika
DUSUN – SO Asien
DUTCH – W Europa
DUULNGARI – Australien
DUWALA – Australien
DUWAMISH – Nordwestküste NA
DUWASIR – Naher Osten
DUZDGAH – Naher Osten
DXERIKU – S Afrika
DYULA – W Afrika
DZAYUL – Z Asien

E'NAPA (Panare) – Orinokobecken
EABAMETOONG – NO NA
EBITOSO – Z SA
ECHOTA-CHEROKEE – SO NA
EDISTO – SO NA
EDO – W Afrika
EFE – Z Afrika
EFIK – W Afrika
EGBA – W Afrika
EGEDESMINDE – Arktis
EHATTESHAHT – Nordwestküste NA
EIPO – Melanesien
EKAGI – Melanesien
EKOI (Yako) – W Afrika
EKONDA – Z Afrika
EL ARBAA – N Afrika
ELATO – Mikronesien
ELEM POMO – Ferner Westen NA
ELIPTAMIN – Melanesien
ELKO TE MOAK – Großes Becken NA
ELMOLO – O Afrika
ELSÄSSER – W Europa
ELY-SCHOSCHONEN – Großes Becken NA
EMBERA – Mittelamerika
EMBU – O Afrika
EMERILLON – Amazonasbecken
EMON – Australien
ENCABELLADO – Amazonasbecken
ENDENESEN – SO Asien
ENDO (Keiyo) – O Afrika
ENETEN – Arktis
ENGA – Melanesien
ENGGANESEN – SO Asien
ENGLÄNDER – N Europa
ENOCH-CREE – Plains NA
ENTIAT – Nordwestküste NA
EORA – Australien
ERAWIRUNG – Australien
EREMA – Melanesien
ERI – Australien
ERIGPACTSA – Amazonasbecken
ERMINESKIN – Plains NA
ERUKALA – S Asien
ESCOUMAIN – NO NA
ESELE – Z Afrika
ESHIRA – Z Afrika
ESKASONI – NO NA
ESKIMO – Arktis
ESMERALDA – Anden
ESQUIMALT – Nordwestküste NA
ESSELEN – Ferner Westen NA
ESSIPIT – NO NA
ESTEN – O Europa
ETA (Burakumin) – O Asien
ETCHAOTTINE – Nordwestküste NA
ETON – Z Afrika
ETORO – Melanesien
ETOWAH-CHEROKEE – SO NA
EUDEVE – Mittelamerika
EURO-KARIBEN – Karibik
EVEN (Lamuten) – Arktis
EVENKI (Nordtungusen) – Arktis, O Asien
EWAMIN – Australien
EWE – W Afrika
EWENEN – O Asien
EWENKEN (Tungusen) – Arktis
EYAK – Arktis
EYLE – O Afrika

FAJELU – O Afrika
FAKFAK – Melanesien
FALASCHA (Beta Israel) – O Afrika
FALI – W Afrika
FANG – Z, W Afrika
FANTE – W Afrika
FANTI – W Afrika
FÄRÖER – N Europa
FARSI-MADAN – Z Asien
FARSIWAN – Z Asien
FASU – Melanesien
FAUR – Melanesien
FAUSA – W Afrika
FAWAKHIR – N Afrika
FAWAYID – N Afrika
FERAMIN – Melanesien
FERGUSSON-INSULANER – Melanesien
FEUERLANDINDIANER – Patagonien
FEZZAN – N Afrika
FIDSCHI – Melanesien
FILIPINOS – SO Asien
FINGO – S Afrika
FINNEN – N Europa
FIPA – O Afrika
FLAMEN – W Europa
FLATHEAD – Plateau NA
FOI – Melanesien
FOKENG – S Afrika
FOLL – Melanesien
FON (Dahomey) – W Afrika
FORE – Melanesien
FORMOSANER (Hakka, Min) – O Asien
FOX – Plains NA
FRANZOSEN – W Europa
FRIAULER – S Europa
FRIESEN – W Europa
FUGON – W Afrika
FUKIENER – O Asien
FULANI (Fulbe, Peul) – W Afrika
FULBE (Fulani, Peul) – W Afrika
FULNIO – Amazonasbecken
FUMBU – Z Afrika
FUR – N Afrika
FURIIRU – Z Afrika
FUTUNAN – Polynesien
FUYUGHE – Melanesien

SCHÄFER IN DER LÜNEBURGER HEIDE IN DEUTSCHLAND

G//ANA – *S Afrika*
/GWOACHU – *S Afrika*
G/WI – *S Afrika*
GA – *W Afrika*
GA MASHPIE – *W Afrika*
GAARI – *Australien*
GABADI – *Melanesien*
GABBRA – *O Afrika*
GABOU – *Z Afrika*
GABRIELENO – *Ferner Westen NA*
GABRIELINO-TONGVAH – *Ferner Westen NA*
GADABA – *S Asien*
GADABOURSI – *O Afrika*
GADDANG – *SO Asien*
GADE – *W Afrika*
GADJALIVIA – *Australien*
GADJERONG – *Australien*
GADOA – *N Afrika*
GADSUP – *Melanesien*
GADUDJARA – *Australien*
GAFERUT – *Mikronesien*
GAGADJU – *Australien*
GAGAUSEN – *O Europa*
GAGU – *W Afrika*
GAHUKUGAMA – *Melanesien*
GAIDEMOE – *Melanesien*
GAINJ – *Melanesien*
GAIWA – *Melanesien*
GALAGO – *Australien*
GÄLEN – *N Europa*
GALEVA – *Melanesien*
GALIBI (Kariben) – *Orinokobecken*
GÄLISCHE SCHOTTEN – *N Europa*
GALIZIER – *W Europa*
GALLA (Oromo) – *O Afrika*
GAMBALANG – *Australien*
GAMBIER-INSULANER – *Polynesien*
GAMIT – *S Asien*
GAMMATTI – *Australien*
GAMO – *O Afrika*
GAMTA – *S Asien*
GANANWA (Mmalebogo) – *S Afrika*
GANDA – *O Afrika*
GANDANGARA – *Australien*
GANDJU – *Australien*
GANEANG – *Australien*
GANGULU – *Australien*
GAOSAZHU (Yuanzhumin) – *O Asien*
GAOSHAN – *O Asien*
GARADJERI – *Australien*
GARASIA – *S Asien*
GARIA – *Melanesien*
GARIA – *S Asien*
GARIFUNA – *Mittelamerika*
GARO – *S Asien*
GASIM – *Naher Osten*
GASPE – *NO NA*
GAURNA – *Australien*
GAVIOES – *Amazonasbecken*
GAWA – *Melanesien*
GAWARI – *S Asien*
GAYO – *SO Asien*
GAYON – *Orinokobecken*
GBANDE – *W Afrika*
GBARI – *W Afrika*
GBAYA (Baya) – *Z Afrika*
GBUGBLE – *W Afrika*
GCOIKA – *S Afrika*
GE – *W Afrika*
GEAWEGAL – *Australien*
GEBUSI – *Melanesien*
GEGEN – *S Europa*
GELAMAI – *Australien*
GELAO (Gelo) – *O Asien*
GELO (Gelao) – *O Asien*
GEN – *W Afrika*
GENDE – *Melanesien*
GEORGIER – *Kaukasus*
GESELLSCHAFTS-INSELN, BEWOHNER DER – *Polynesien*
GESGAPEGIAG – *NO NA*
GHALJI – *Z Asien*
GHAMID – *Naher Osten*
GHANZI – *S Afrika*
GHORBAT – *Z Asien*
GHURGHUSHT-PATHANEN – *Z Asien*
GIA – *Australien*
GIABAL – *Australien*
GIAI (Nung, Whang) – *SO Asien*
GIBE – *O Afrika*
GIEN – *W Afrika*
GIKUYU – *O Afrika*
GILAKI – *Z Asien*
GILAMBABURA – *Australien*
GILBERT-INSULANER (Kiribati) – *Mikronesien*
GILIU – *W Afrika*
GIMI – *Melanesien*
GIMIRA – *O Afrika*
GIMR – *N Afrika*
GINOOGAMING – *NO NA*
GIO – *W Afrika*
GIRAVARU – *S Asien*
GIRIAMA – *O Afrika*
GISHU – *O Afrika*
GISU (Bagisu) – *O Afrika*
GITANMAAX – *Nordwestküste NA*
GITKSAN – *Nordwestküste NA*
GITLAKDAMIX – *Nordwestküste NA*
GITSEGUKLA – *Nordwestküste NA*
GITWANGAK – *Nordwestküste NA*
GITWINKSIHLKW – *Nordwestküste NA*
GITXSAN – *Nordwestküste NA*
GJELLI – *Z Afrika*
GLEN-VOWELL – *Nordwestküste NA*
GNAU – *Melanesien*
GOA – *Australien*
GOAN – *S Asien*
GOAT – *Subarktis*
GODTHIAAB – *Arktis*
GOENG – *Australien*
GOFA – *O Afrika*
GOG – *Melanesien*
GOGADA – *Australien*
GOGO – *O Afrika*
GOGODALA – *Melanesien*
GÖKLEN-TURKMENEN – *Z Asien*
GOLA – *W Afrika*
GOND – *S Asien*

Um die Straße, die vor dir liegt,
zu kennen, frage die,
die auf dem Rückweg sind.

INDIANISCHES SPRICHWORT

GONJA – *W Afrika*
GOODENOUGH-INSULANER – *Melanesien*
GOONIYANDI – *Australien*
GORENG – *Australien*
GORINDJI – *Australien*
GOROKA – *Melanesien*
GORONTALENSEN (Gorontalo) – *SO Asien*
GORONTALO (Gorontalensen) – *SO Asien*
GOROTIRE – *Amazonasbecken*
GOROWA – *O Afrika*
GOSHUTE (Gosiute) – *Großes Becken NA*
GOSIUTE (Goshute) – *Großes Becken NA*
GOTO – *Karibikküste SA*
GOUNDA – *N Afrika*
GOURMANTCHE – *W Afrika*
GOURO – *W Afrika*
GOUROA – *N Afrika*
GOWA – *S Afrika*
GRASIA – *S Asien*
GREBO – *W Afrika*
GRIECHEN – *S Europa*
GRIECHISCHE ZYPRIOTEN – *S Europa*
GRIGUA – *S Afrika*
GRINGAI – *Australien*
GRÖNLÄNDER – *Arktis*
GROS VENTRE – *Plains NA*
GRUSI – *W Afrika*
GU – *W Afrika*
GUACHICHILE – *Mittelamerika*
GUADALCANAL-INSULANER (Kaoka) – *Melanesien*
GUAHARIBO – *Orinokobecken*
GUAHIBO – *Orinokobecken*
GUAICA – *Orinokobecken*
GUAIMARO – *Karibik*
GUAIPUAVE – *Orinokobecken*
GUAIQUERI – *Karibikküste SA*
GUAITACA – *Z SA*
GUAJA – *Amazonasbecken*
GUAJAJARA – *Amazonasbecken*
GUAJIRO (Wayuu) – *Karibikküste SA*
GUAMAHAYA – *Karibik*
GUAMAR – *Mittelamerika*
GUAMBIANO – *Anden*
GUAN – *W Afrika*
GUANA – *Z SA*
GUANACHAHIBE – *Karibik*
GUANACOA – *Anden*
GUANEBUCAN – *Karibikküste SA*
GUANIGUANICO – *Karibik*
GUARANI – *Z SA*
GUARATEGAYA – *Amazonasbecken*
GUARAYO (Chiriguano) – *Anden*
GUAREQUENA – *Orinokobecken*
GUARIBA (Nadobo) – *Amazonasbecken*
GUARIJIO – *Mittelamerika*
GUARINE (Palenque) – *Orinokobecken*
GUARINI – *Z SA*
GUARNA – *Australien*
GUASAVE – *Mittelamerika*
GUATO – *Z SA*
GUAYA – *Amazonasbecken*
GUAYABERO – *Orinokobecken*
GUAYAKI (Ache) – *Anden*
GUAYANA – *Z SA*
GUAYAPE – *Amazonasbecken*
GUAYMI (Ngawbe) – *Mittelamerika*
GUAYTACA – *Z SA*
GUENNAKIN (Puelche) – *Z SA*
GUENOA – *Z SA*
GUERANDI – *Z SA*
GUERE – *W Afrika*
GUEREN – *Amazonasbecken*
GUERNO – *Australien*
GUETARE – *Mittelamerika*
GUIDAR – *W Afrika*
GUIZIGA – *W Afrika*
GUJAR – *S Asien*
GUJARATEN – *S Asien*
GULAY – *Z Afrika*
GULNGAI – *Australien*
GUMUZ – *O Afrika*
GUNAVIDJI – *Australien*
GUNDITJMARA – *Australien*
GUNGOROGONE – *Australien*
GUNI – *Melanesien*
GUNWINGGU – *Australien*
GURAGE – *O Afrika*
GURAMA – *Australien*
GURINDJI – *Australien*
GURKHA – *S Asien*
GURMA – *W Afrika*
GURMANCHE – *W Afrika*
GURO – *W Afrika*
GURU – *O Afrika*
GURUNG – *S Asien*
GURUNSI – *W Afrika*
GURURUMBA – *Melanesien*
GUSII – *O Afrika*
GUTSULEN – *O Europa*
GWANDARA – *W Afrika*
GWE – *O Afrika*
GWICH'IN – *Subarktis*
GWINI – *Australien*

/HUA – *S Afrika*
H. RE (Hre) – *SO Asien*
HA – *O Afrika*
HA NHI (Ha Nhy) – *SO Asien*
HA NHY (Ha nhi) – *SO Asien*
HADYA – *O Afrika*
HADZA (Hadzabe) – *O Afrika*
HADZABE (Hadza) – *O Afrika*
HADZAPI – *O Afrika*
HAGWILGET – *Nordwestküste NA*
HAI//OM – *S Afrika*
HAIDA – *Nordwestküste NA*
HAINNA – *SO Asien*
HAISLA – *Nordwestküste NA*
HAKAVONA – *S Afrika*
HAKKA (Formosaner, Min) – *O Asien*
HALAKWULUP (Alacaluf) – *Patagonien*
HALALT – *Nordwestküste NA*
HALANG DOAN – *SO Asien*
HALIWA – *SO NA*
HALIWA SAPONI – *SO NA*
HALKOMELEM (COWICHAN) – *Nordwestküste NA*
HALMAHERA – *SO Asien*
HAMAR – *N Afrika*
HAMBUKUSHU – *S Afrika*
HAMIYAN – *N Afrika*
HAN – *O Asien*
HAN – *Subarktis*
HANAMANA – *Karibik*
HANANWA – *S Afrika*
HANERAGMIUT – *Arktis*
HANI – *O Asien*
HANINGAYOGMIUT – *Arktis*
HANUNOO – *SO Asien*
HANYA – *S Afrika*
HARABI – *N Afrika*
HARADO – *Melanesien*
HARARI – *O Afrika*
HARASIS – *Naher Osten*
HARB – *Naher Osten*
HARE – *Subarktis*

Anregung ist die Kunst des Lehrens.

UNGARISCHES SPRICHWORT

HARVAQTORMIUT – *Arktis*
HASA – *Naher Osten*
HASCHID – *Naher Osten*
HASINAI – *SO NA*
HASSALARU – *S Asien*
HASSANAMISCO NIPMUC – *NO NA*
HASSANANLI – *Kaukasus*
HATTADARE – *SO NA*
HATTERAS TUSCARORA – *SO NA*
HAUDENOSAUNEE (Irokesen) – *NO NA*
HAUE – *Orinokobecken*
HAUSSA – *W Afrika*
HAUSH – *Patagonien*
HAUT – *Z Afrika*
HAVANA – *Karibik*
HAVASUPAI – *SW NA*
HAW (Ho) – *SO Asien*
HAWAIIANER (Kanaka Maoli) – *Polynesien*
HAWAWIR – *N Afrika*
HAWEITAT – *N Afrika*
HAWIYE – *O Afrika*
HAYA – *O Afrika*
HAZARA – *Z Asien*
HEHE – *O Afrika*
HEILTSUK – *Nordwestküste NA*
HELONG – *SO Asien*
HEMBA – *Z Afrika*
HENGA – *O Afrika*
HENKISON – *Polynesien*
HENYA – *Nordwestküste NA*
HERERO (Damara) – *S Afrika*
HESQUIAHT – *Nordwestküste NA*
HESSEQUE – *S Afrika*
HETA (Xeta) – *Z SA*
HEVERO (Jebero) – *Amazonasbecken*
HEWA – *Melanesien*
HEZHEN – *O Asien*
HIAWATHA OJIBWAY – *NO NA*
HIBITO – *Anden*
HIDATSA – *Plains NA*
HIECHWARE – *S Afrika*
HIJRA – *S Asien*
HILIGAYNON – *SO Asien*
HILLERI – *Australien*
HIMA – *O Afrika*
HIMBA – *S Afrika*
HITNU – *Orinokobecken*
HIWI – *Orinokobecken*
HIXKARYANA – *Amazonasbecken*
HLENGWE – *S Afrika*
HLUBI – *S Afrika*
HMAR – *S Asien*
HMONG (Meo, Miao, Mong, Tai) – *S, SO Asien*
HO – *W Afrika*
HO (Haw) – *SO Asien*
HOANYA – *SO Asien*
HOCHLAND-MAYA – *Mittelamerika*
HOCHLANDSCHOTTEN – *N Europa*
HODH – *W Afrika*
HOH – *Nordwestküste NA*
HOKKIEN – *O Asien*
HOLIKACHUK – *Subarktis*
HOLOHOLO – *Z Afrika*
HOLSTEINSBORGER – *Arktis*
HONIBO – *Melanesien*
HOONAH – *Nordwestküste NA*
HOPEWELL – *NO NA*
HOPI – *SW NA*
HOPI TEWA – *SW NA*
HORNEPAYNE – *NO NA*
HOTI – *Orinokobecken*
HOTTENTOTTEN (Khoi, Khokhoi) – *S Afrika*
HOULTON MALISEET – *NO NA*
HOUMA – *SO NA*
HOZAYL – *Naher Osten*
HRE (H. Re) – *SO Asien*
HROY – *SO Asien*
HTIN (T'in, Thin) – *SO Asien*

HU – O Asien
HUA – Melanesien
HUACHO – Anden
HUALAPAI – SW NA
HUAMBISA – Amazonasbecken
HUAMBO – Anden
HUANCA – Anden
HUANCABAMBA – Anden
HUANCAVILCA – Anden
HUANUCO – Anden
HUAORANI (Auca, Wao, Waorani) – Amazonasbecken
HUARAYO – Amazonasbecken
HUARPE – Anden
HUAVE – Mittelamerika
HUAXTEKEN (Wasteko) – Mittelamerika
HUAYLAS – Anden
HUBABO – Karibik
HUCHNOM – Ferner Westen NA
HUDDAN – Naher Osten
HUEREO – Karibik
HUI – O Asien
HUICHOL-INDIANER – Mittelamerika
HUILLICHE – Anden
HUITOTO (Witoto) – Amazonasbecken
HUKWE – S Afrika
HULA – Melanesien
HULI – Melanesien
HUMPTULIPS – Nordwestküste NA
HUMR – Z Afrika
HUMUM – Naher Osten
HUNGAROS – W Europa
HUNZAKUT (Burusho) – Z Asien
HUPA – Ferner Westen NA
HUPDA – Amazonasbecken
HURAN POTAWATOMI – NO NA
HURONEN – NO NA
HURONEN WENDAT – NO NA
HURUTHSO – S Afrika
HUTAIM – Naher Osten
HUTTERER – Nordwesten, Plains NA
HUTU – Z, O Afrika
HUU AY AHT – Nordwestküste NA
HWADUBA – S Afrika
IADINO – Mittelamerika
IATMUL – Melanesien
IBALOI – SO Asien
IBAN – SO Asien
IBANAG – SO Asien
IBENAMA – Amazonasbecken
IBIBIO – W Afrika
IBN AMIR – Naher Osten
IBO (Igbo) – W Afrika

ICA – Karibikküste SA
ICHKILIK – Z Asien
IDINDJI – Australien
IDOMA – W Afrika
IFE ILESHA – W Afrika
IFUGAO – SO Asien
IFULUK – Mikronesien
IGARA – W Afrika
IGBIRA – W Afrika
IGBO (Ibo) – W Afrika
IGIDLORSSUIT – Arktis
IGLULIK-INUIT – Arktis
IGNACIANO – Amazonasbecken
IGNERI – Karibikküste SA
IGOROT (Kankanay) – SO Asien
IJAW – W Afrika
IJEBU – W Afrika
IJO – W Afrika
IK – O Afrika
IKA – W Afrika
IKUNG – S Afrika
ILA – S Afrika
ILANON – SO Asien
ILBA – Australien
ILDAWONGGA – Australien
ILIAURA – Australien
ILLINOIS – NO NA
ILOCANO – SO Asien
ILONGO – SO Asien
ILONGOT – SO Asien
ILSAVEN (Schahsewenen) – Kaukasus
IMAKLIMUIT – Arktis
IMAZIGHEN (Berber) – N Afrika
IMRAGUEN – N Afrika
INAHUKWA – Amazonasbecken
INAJA – Ferner Westen NA
INAN IU – Naher Osten
INAWONGGA – Australien
INDJIBANDI – Australien
INGALIK – Subarktis
INGANO – Amazonasbecken
INGGARDA – Australien
INGILOS – Kaukasus
INGUKLIMIUT – Arktis
INGURUA – Australien
INGUSCHEN – Kaukasus
ININGAI – Australien
INJIBANDI – Australien
INKJINANDI – Australien
INNU – Subarktis
INNU MAMIT INNUAT – NO NA
INQUA – S Afrika
INUIT – Arktis
INUPIAT – Arktis
INUVIALUIT – Arktis
IONE MIWOK – Ferner Westen NA
IOWA – Plains NA
IPAI – Ferner Westen NA
IPECA – Amazonasbecken
IPILI – Melanesien
IPURINA – Amazonasbecken
IQUITO – Amazonasbecken
IRAMBA – O Afrika
IRANGI – O Afrika
IRANXE – Amazonasbecken
IRAQW – O Afrika
IRAYA – SO Asien
IREN – N Europa
IRIANESEN – SO Asien
IRIFIYEN – N Afrika
IROKESEN (Haudenosaunee) – NO NA
IRUKANDII – Australien
IRULA (Irulu) – S Asien
IRULAR – S Asien
IRULU (Irula) – S Asien
ISAAQ – O Afrika
ISCONAHUA – Amazonasbecken
ISERTORMEEQ – Arktis
ISHAN – W Afrika
ISHINDE – S Afrika
ISHKASHIMI – Z Asien
ISINAY – SO Asien
ISKUT – Nordwestküste NA
ISKUTEWIZAAGEGAN – NO NA
ISLAND TLINGIT – Subarktis
ISLÄNDER – N Europa
ISLETA – Plains NA
ISLETA PUEBLO – SW NA
ISLINGTON (Wabasseemoong) – NO NA
ISMAILITEN – Naher Osten
ISNEG – SO Asien
ISOBEI – Melanesien
ISSAK – O Afrika
ISSAS – O Afrika
ISUKHA – O Afrika
ITA ESKIMO – Arktis
ITALIENER – S Europa
ITALIENSCHE SCHWEIZER – W Europa
ITELMEN – Subarktis
ITENE (More) – Amazonasbecken

Luft hat die schärfsten Ohren.

Russisches Sprichwort

ITENM'I – Arktis
ITESEO – O Afrika
ITESO – O Afrika
ITHU – Australien
ITIVIMIUT – Arktis
ITNEG – SO Asien
ITOGAPUK – Amazonasbecken
ITONAMA – Amazonasbecken
ITSEKIRI – W Afrika
ITTU – O Afrika
ITZA – Mittelamerika
IVORI – Melanesien
IWA – O Afrika
IWAIDJA – Australien
IXIL – Mittelamerika
IZOCENO – Z SA

JAADWA – Australien
JAAKO – Australien
JAARA – Australien
JABURARA – Australien
JACALTEKEN – Mittelamerika
JACOBSHAVN – Arktis
JADGAL – Naher Osten
JADIRA – Australien
JADLIAURA – Australien
JAGALINGU – Australien
JAGARA – Australien
JAGUA – Karibik
JAH HUT – SO Asien
JAHAI – SO Asien
JAHANKA – W Afrika
JAIN – S Asien
JAITMATHANG – Australien
JAKALTEKO – Mittelamerika
JAKUN – SO Asien
JAKUTEN – O Asien
JAKUTEN (Sakha) – Arktis
JALANGA – Australien
JALUIT – Mikronesien
JAMA – SO Asien
JAMA MAPUN – SO Asien
JAMBINA – Australien
JAMINAWA – Amazonasbecken
JAMUL – Ferner Westen NA
JANAMBRE – Mittelamerika
JANDA – Australien
JANDRUWANTA – Australien
JANGAA – Australien
JANGGA – Australien
JANGGAL – Australien
JANGIZAI MAID – Naher Osten
JANGMAN – Australien
JANI KAHN – Naher Osten
JANJERO – O Afrika
JANJULA – Australien
JANKUNDJARA – Australien
JANO – Plains NA
JAPANER – O Asien
JARALDI – Australien
JARIJARI – Australien
JARILDEKALD – Australien
JAROINGA – Australien
JAROWAIR – Australien
JARSO – O Afrika
JARU – Amazonasbecken
JASGULEMEN – Z Asien
JASSIDI (Chassiden) – Naher Osten
JAT – Z Asien
JAT – Z, S Asien
JATAV – S Asien
JATHAIKANA – Australien
JAUAPERY – Orinokobecken
JAUDJIBAIA – Australien
JAUF – Naher Osten
JAUNSARI – S Asien
JAURAWORKA – Australien
JAVAHE (Karaja) – Amazonasbecken
JAVANER – SO Asien
JAWABIS – N Afrika
JAWONY – Australien
JAWURU – Australien
JEBERO (Hevero) – Amazonasbecken
JEIDJI – Australien
JEITHI – Australien
JEKRI – W Afrika
JELIENDI – Australien
JEMEZ PUEBLO – SW NA
JENA CHOCTAW – SO NA
JENU – S Asien
JERAWA – W Afrika
JETENERU – Australien
JETIMARALA – Australien
JIARONG – O Asien
JIBANA – O Afrika
JIBRANLI – Kaukasus
JICAQUE (Tolupan, Torrupanes) – Mittelamerika
JICARILLA APACHEN – Southwest NA
JIE – O Afrika
JIEGERA – Australien
JIJI – O Afrika
JILNGALI – Australien
JIMAN – Australien
JING – O Asien
JINGPO (Kachinen) – O, S, SO Asien
JINIGUDIRA – Australien
JINO – O Asien
JINWUM – Australien
JIRAJARA – Karibikküste SA
JIRANDALI – Australien
JIRJORONT – Australien
JITA – O Afrika
JITAJITA – Australien
JIVARO (Shuar) – Amazonasbecken
JOCOME – Plains NA
JOGULA – Australien
JOKULA – Australien
JOLA (Diola) – W Afrika
JOMUD – Z Asien
JOMUTEN (Turkmenen) – Z Asien
JONGGA – Australien
JONGN – O Afrika
JOPADHOLA – O Afrika
JOTIJOTA – Australien
JOVA – Mittelamerika
JU/'HOANSI (Kung) – S Afrika
JUANENO – Ferner Westen NA
JUANG – S Asien
JUAT – Australien
JUGUR – O Asien
JUHAINAH – Naher Osten
JUIPERA – Australien
JUKAGIREN – Arktis
JUKAGIREN – Subarktis
JUKAGIREN (Odulen) – Arktis
JUKAMBAL – Australien
JUKAMBE – Australien
JUKUL – Australien
JUKUN – W Afrika
JULAOLINJA – Australien
JULIANEHAAB – Arktis
JUMANO – Mittelamerika
JUMU – Australien
JUNGGOR – Australien
JUNGKURARA – Australien
JUNIN – Anden
JUNUBA – Naher Osten
JUPAGALK – Australien
JUPANGATI – Australien
JUR – Z Afrika
JURAKEN – Arktis
JURASSEN – W Europa
JURU – Australien
JURUNA – Amazonasbecken
JUULA – W Afrika
!KHARA – S Afrika
!KO (!Xoo) – S Afrika

KA'WIARI – Amazonasbecken
KAAPOR (Urubu) – Amazonasbecken
KADJERONG – Australien
KADOHADACHO – Plains NA
KADU – O Asien
KAFA – O Afrika
KAFIMA – S Afrika
KAFIREN – S Asien
KAGWAHIV – Amazonasbecken
KAH BAY KAH NONG (Warroad Chippewa) – Plains NA
KAHKEWISTAHAW – Plains NA
KAHNAWAKE – NO NA
KAI – Melanesien
KAIABARA – Australien
KAIADILT – Australien
KAIBA PAIUTE – Großes Becken NA
KAIGANI – Nordwestküste NA
KAIMBI – Melanesien
KAINGANG – Z SA
KAIOWA – Z SA
KAIRI – Australien
KAITITIA – Australien
KAJANG – SO Asien
KAJAREN – Z Asien
KAKA – Z Afrika
KAKADU – Australien
KAKOLI – Melanesien
KAKWA – Z Afrika
KALAAKO – Australien
KALAALLIT – Arktis
KALABARI – W Afrika
KALABRA – Melanesien
KALABRESEN – S Europa
KALAGAN – SO Asien
KALAKUT – O Europa
KALALI – Australien
KALAMAIA – Australien
KALANGA – S Afrika
KALANKE – W Afrika

PERUANISCHES MÄDCHEN MIT LAMA IN CUZCO, PERU

KABA – Z Afrika
KABABISH – N Afrika
KABALBARA – Australien
KABARDIN – Kaukasus
KABIKABI – Australien
KABISHI – Amazonasbecken
KABORA – Amazonasbecken
KABRE – W Afrika
KABUI – S Asien
KABULA – O Afrika
KABYLEN – N Afrika
KABYLEN – N Afrika
KACHARI – S Asien
KACHETIER – Kaukasus
KACHI – S Asien
KACHINEN (Jingpo) – O, S, SO Asien
KADAR – S Asien
KADAZAN – SO Asien
KADIWEU – Z SA
KALAPALO – Amazonasbecken
KALASH – Z Asien
KALENJIN – O Afrika
KALIBAL – Australien
KALIBAMU – Australien
KALIBUGAN – SO Asien
KALINGA – SO Asien
KALISPEL – Plateau NA
KALKADUNGA – Australien
KALLAWAYA – Anden
KALMÜCKEN (Westmongolen) – Z Asien
KALO – SO Asien
KALULI – Melanesien
KAM MOU (Kammu, Khmu, Kmhmu) – SO Asien
KAMABE – O Afrika
KAMANGA – O Afrika

KAMAYURA – *Amazonasbecken*
KAMBA – O *Afrika*
KAMBATA – O *Afrika*
KAMBURE – *Australien*
KAMBUWAL – *Australien*
KAMERAIGAL – *Australien*
KAMILAROI – *Australien*
KAMLOOPS – *Nordwestküste NA*
KAMMU (Kam Mou, Khmu, Kmhmu) – *SO Asien*
KAMOR – *Australien*
KAMORO – *Melanesien*
KAMSA – *Anden*
KAMSE – *Naher Osten*
KAMTANGA – O *Afrika*
KANA – *W Afrika*
KANAKA MAOLI (Hawaiianer) – *Polynesien*
KANAKEN – *Melanesien*
KANARESEN – *S Asien*
KANBI – *S Asien*
KANDJU – *Australien*
KANDYANS – *S Asien*
KANEANG – *Australien*
KANEMBOU – *W Afrika*
KANESATAKE – *NO NA*
KANG – O *Asien*
KANGALA – *Arktis*
KANGAMIUT – *Arktis*
KANGATSIAK – *Arktis*
KANGERD – *Arktis*
KANGHIRYUARMIUT – *Arktis*
KANGHIRYUATJIAGMIUT – *Arktis*
KANGULU – *Australien*
KANICHANA – *Anden*
KANIDJI – *Australien*
KANIOKA – *Z Afrika*
KANITHLUA – *NO NA*
KANJAR – *S Asien*
KANJOBAL (Q'anjob'al) – *Mittelamerika*
KANKANAY (Igorot) – *SO Asien*
KANNADA – *S Asien*
KANOLU – *Australien*
KANSA – *Plains NA*
KANTONESEN – O *Asien*
KANUM – *W Afrika*
KANUM ANIM – *Melanesien*
KANURI – *W Afrika*
KAOKA (Guadalcanal-Insulaner) – *Melanesien*
KAPAU – *Melanesien*
KAPAUKU – *Melanesien*
KAPAWE'NO – *Plains NA*
KAPCHEPKENDI – O *Afrika*
KAPECHENE – *Amazonasbecken*
KAPINGAMARANGI – *Mikronesien*
KAPLELACH – O *Afrika*
KAPORE – *Melanesien*
KAPSIKI – *W Afrika*
KAPU – *S Asien*
KAPVERDEN – *W Europa*
KAP-YORK-VÖLKER – *Australien*
KAQCHIKEL (Cakchiquel) – *Mittelamerika*
KARABI – *Naher Osten*
KARADJERI – *Australien*
KARAGO – *W Afrika*
KARAITEN – O *Europa*
KARAJA (Javahe) – *Amazonasbecken*
KARAJAK – *Arktis*
KARAKALPAK – *Z Asien*
KARAKATSCHANER – O *Europa*
KARAMAN – *Australien*
KARAMOJONG – O *Afrika*
KARANGA – *S Afrika*

KARANGURU – *Australien*
KARANJA – *Australien*
KARANKAWA – *Mittelamerika*
KARATSCHAIER – *Kaukasus*
KARAWA – *Australien*
KARE – *Z Afrika*
KARELDI – *Australien*
KARELISCHE ISCHOREN – *Arktis*
KAREN – *SO Asien*
KARENDALA – *Australien*
KARENGGAPA – *Australien*
KARIARA – *Australien*
KARIBEN (Galibi) – *Karibik, Orinokobecken*
KARIBU-INUIT – *Arktis*
KARIHONA – *Orinokobecken*
KARINA – *Orinokobecken*
KARINGBAL – *Australien*
KARINNI – *SO Asien*
KARIPUNA – *Amazonasbecken*
KARMALI – *S Asien*
KAROK – *Nordwestküste NA*
KAROLINEN-INSULANER – *Mikronesien*
KARPATO- UKRAINER (Lemkos) – *Z Europa*
KARPATO-RUSYNEN – O *Europa*
KARRANGA – *N Afrika*
KARRETIJIE – *S Afrika*
KARTALINER – *Kaukasus*
KARTUDJARA – *Australien*
KARUNBURA – *Australien*
KARUWALI – *Australien*
KASACHEN (Qazaq) – *Z, O Asien*
KASCHUBEN – *Z Europa*
KASHECHEWAN – *NO NA*
KASHIA POMO – *Ferner Westen NA*
KASHINAWA – *Amazonasbecken*
KASHMIRI – *S Asien*
KASKA – *Subarktis*
KASKASKIA – *NO NA*
KASKINAMPO – *SO NA*
KASSENG – *SO Asien*
KASSONKE – *W Afrika*
KASTILIER – *W Europa*
KASUA – *Melanesien*
KASUIANA – *Orinokobecken*
KATALANEN – *W Europa*
KATALIGAMUT – *Arktis*
KATE – *Melanesien*
KATHLAMET – *Nordwestküste NA*
KATHODI – *S Asien*
KATI – *Melanesien*
KATO – *Ferner Westen NA*

EIN AUSTRALISCHER UREINWOHNER

KATTANG – *SO Asien*
KATTUNAICKENS – *S Asien*
KATU – *SO Asien*
KATUBANUT – *Australien*
KAUMA – O *Afrika*
KAURAREG – *Australien*
KAURNA – *Australien*
KAVANGO – *S Afrika*
KAVIAGMUT – *Arktis*
KAVINENYA – *Anden*
KAVIRONDO – O *Afrika*
KAW – *Plains NA*
KAW (Aka, Ko) – *SO Asien*
KAWACATOOSO – *Plains NA*
KAWADJI – *Australien*
KAWAHIWA – *Orinokobecken*
KAWAHLA – *N Afrika*
KAWAIB – *Amazonasbecken*
KAWAIISU – *Ferner Westen NA*
KAWAMBARAI – *Australien*
KAWCHOTTINE – *Arktis*
KAWEAH – *SO NA*
KAXUYANA – *Amazonasbecken*
KAYABI – *Amazonasbecken*

KEINJAN – *Australien*
KEIYO (Endo) – O *Afrika*
KEKCHI (Q'eqchi) – *Mittelamerika*
KEL AIR – *N Afrika*
KELA – *Melanesien*
KELABIT – *SO Asien*
KELE – *Z Afrika*
KELIKO – *Z Afrika*
KEMBATA – O *Afrika*
KENAI – *Arktis*
KENOY – *SO Asien*
KENSIA – *SO Asien*
KENSIU – *SO Asien*
KENYA – *SO Asien*
KEPKIRIWAT – *Amazonasbecken*
KERABI – *Melanesien*
KERAKI – *Melanesien*
KERAMAI – *Australien*
KERES – *Plains NA*
KERES PUEBLO – *SW NA*
KEREWE – O *Afrika*
KERINTJI – *SO Asien*
KETAGALAN – *SO Asien*
KETE – *Z Afrika*
KETEN (Ostyken) – *Subarktis*
KEWA – *Melanesien*
KEY – *Plains NA*
KGAKGA – *S Afrika*

Hoffnung ist
des armen Mannes Unterhalt.

DÄNISCHES SPRICHWORT

KAYACH – *SO Asien*
KAYAH (Rote Karen) – *SO Asien*
KAYAN – *SO Asien*
KAYAPO (Xikrin) – *Amazonasbecken*
KAYONG – *SO Asien*
KAYUVAVA – *Amazonasbecken*
KAZANI – O *Europa*
KEDANG – *SO Asien*
KEDAYAN – *SO Asien*
KEDE – *S Afrika*
KEDERU – O *Afrika*
KEE WAY WIN – *NO NA*
KEECHI – *Plains NA*
KEESEEKOOSO – *Plains NA*
KEESEEKOOWENIN – *Plains NA*
KEETOOWAH CHEROKEE – *Plains NA*
KEFA – O *Afrika*
KEHEWIN CREE – *Plains NA*
KEIADJARA – *Australien*
KEI-INSULANER – *Melanesien*

KGALAGADI – *S Afrika*
KGATLA – *S Afrika*
KHA ME (Khmer) – *SO Asien*
KHAKASI – *Z Asien*
KHALKA – O *Asien*
KHAN – *Z Asien*
KHASI – *S Asien*
KHAWAR – *S Asien*
KHAWLAN AL AKIYA – *Naher Osten*
KHENI – *S Afrika*
KHMER (Kha Me) – *SO Asien*
KHMER LOEU – *SO Asien*
KHMU (Kam Mou, Kammu, Kmhmu) – *SO Asien*
KHOI (Hottentots, Khokhoi) – *S Afrika*
KHOJA – *Z, S Asien*
KHOKHOI (Hottentotten, Khoi) – *S Afrika*
KHOND – *S Asien*
KHORIN – O *Asien*
KHOWARI – *S Asien*
KHUA – *SO Asien*
KHUMI – *SO Asien*
KHUZE – *S Afrika*
KIALEGEE CREEK – *Plains NA*
KIBENEL – *Melanesien*
K'ICHE' (Quiche) – *Mittelamerika*
KICKAPOO – *Plains NA*
KIELTAI – *Plains NA*
KIGA – O *Afrika*
KIGIKTAGMIUT – *Arktis*
KIKAPU – *Mittelamerika*
KIKITARMIUT – *Arktis*
KIKUYU – O *Afrika*
KIL – *SO Asien*
KILENGE – *Melanesien*
KILII (Aweer, Somali Boni) – O *Afrika*
KILIWA (Quiligua) – *Mittelamerika*
KILLINERMIUT – *Arktis*
KILLTINHUNMIUT – *NO NA*

KILUSIKTOGMIUT – *Arktis*
KIMBU – O *Afrika*
KINARAYA – *SO Asien*
KINCOLITH – *Nordwestküste NA*
KINDA – *Naher Osten*
KINGA – O *Afrika*
KINGNAITMIUT – *Arktis*
KINISTIN – *Plains NA*
KINIYEN – *Australien*
KINKA – *Z Afrika*
KINTAG – *SO Asien*
KINUGUMINT – *Arktis*
KIOWA – *Plains NA*
KIOWA APACHEN (Plains Apachen) – *Plains NA*
KIOWIAI – *Melanesien*
KIPAWA – *NO NA*
KIPCHORNWONEK – O *Afrika*
KIPSANG'ANY' – O *Afrika*
KIPSIGI – O *Afrika*
KIRANTI – *S Asien*
KIRDI – *W Afrika*
KIRGISEN – *Z Asien*
KIRGISEN (Qyrghyz) – O *Asien*
KIRIBATI (Gilbert-Insulaner) – *Mikronesien*
KIRITIMATI-INSULANER (Bewohner der Weihnachtsinseln) – *Polynesien*
KIRM – *W Afrika*
KIRRAE – *Australien*
KISAR – *SO Asien*
KISPIOX – *Nordwestküste NA*
KISSI – *W Afrika*
KITA – *Melanesien*
KITABAL – *Australien*
KITAMAAT – *Nordwestküste NA*
KITANEMUK – *Ferner Westen NA*
KITARA (Bunyoro, Nyoro) – O *Afrika*
KITCISAKIK – *NO NA*
KITIGAN ZIBI ANISHINABEG – *NO NA*
KITJA – *Australien*
KITSELA – *Nordwestküste NA*
KITSUA – *Anden*
KITSUMKALUM – *Nordwestküste NA*
KIWAI – *Melanesien*
KLALLAM – *Nordwestküste NA*
KLAMANTAN – *SO Asien*
KLAMATH – *Plateau NA*
KLEINRUSSEN (Ukrainer) – O *Europa*
KLUANE – *Arktis*
KMHMU (Kam Mou, Kammu, Khmu) – *SO Asien*
KO (Aka, Kaw) – *SO Asien*
KOA – *Australien*
KOAKA – *Melanesien*
KOAKIR (Awa Kwaiker) – *Anden*
KOAMU – *Australien*
KOARA – *Australien*
KOARATIRA – *Amazonasbecken*
KOASATI – *SO NA*
KOBEWA (Cubeo) – *Amazonasbecken*
KODI – *SO Asien*
KOENPAL – *Australien*
KOFAN – *Amazonasbecken*
KOFJAR – *W Afrika*
KOGI (Cagaba) – *Karibikküste SA*
KOGLUKTOGMIUT – *Arktis*
KOHISTANI – *Z Asien*
KOHO – *SO Asien*

KOIARI – *Melanesien*
KOINJMAL – *Australien*
KOITA – *Melanesien*
KOKAMA – *Amazonasbecken*
KOKANGOL – *Australien*
KOKATJA – *Australien*
KOKI – O *Afrika*
KOKNA – *S Asien*
KOKO – *Australien*
KOKOBIDIDJI – *Australien*
KOKOBUJUNDJI – *Australien*
KOKOIMUDJI – *Australien*
KOKOJAWA – *Australien*
KOKOJEKODI – *Australien*
KOKOJELANDJI – *Australien*
KOKOKULUNGGUR – *Australien*
KOKOMINI – *Australien*
KOKOPATUN – *Australien*
KOKOPERIA – *Australien*
KOKORDA – *N Afrika*
KOKOWALANDJA – *Australien*
KOKOWARA – *Australien*
KOKRAIMORO – *Amazonasbecken*
KOKSOAKUIUT – *NO NA*
KOL – *S Asien*
KOLA – *Z Afrika*
KOLAKNGAT – *Australien*
KOLAM – *S Asien*
KOLE – *W Afrika*
KOLI – *S Asien*
KOLISUCH'OK – O *Asien*
KOM – *Z, W Afrika*
KOMANTSCHEN – *Plains NA*
KOMBAINGHERI – *Australien*
KOMBE – *Z Afrika*
KOMBOBURA – *Australien*
KOMI – O *Europa*
KOMOLOM – *Melanesien*
KOMORANER – O *Afrika*
KONAI – *Melanesien*
KOND – *S Asien*
KONDA – *Melanesien*
KONE – *S Afrika*
KONEJANDI – *Australien*
KONGABULA – *Australien*
KONGALU – *Australien*
KONGKANDJI – *Australien*
KONGO – *Z Afrika*
KONIAGUI – *W Afrika*
KONITH LUSHUAMIUT – *NO NA*
KONJO – O *Afrika*
KONKAN – *S Asien*
KONKOMBA – *W Afrika*
KONKOW – *Ferner Westen NA*
KONKUBURA – *Australien*
KONO – *W Afrika*
KONSO – O *Afrika*
KONYAK (Naga) – *S Asien*
KOOBE – *Melanesien*
KOOCHICHING – *NO NA*
KOORIE – *Australien*
KOOTENAI (Kutenai) – *Nordwestküste NA*
KOPAR – *Melanesien*
KOPTEN – *N Afrika*
KORA – *Melanesien*
KORANA – *S Afrika*
KORANKO – *W Afrika*
KOREANER – O *Asien*
KOREKORE – *S Afrika*
KORENG – *Australien*
KORENGGORENG – *Australien*
KOREWAHE – *Anden*
KORIKI – *Melanesien*
KORINDJI – *Australien*
KORJAKEN – *Arktis*
KORKU – *S Asien*

KORO – *W Afrika*
KORSEN – *S Europa*
KORWA – *S Asien*
KOSRAE-INSULANER – *Mikronesien*
KOTA – *S Asien*
KOTA – *Z Afrika*
KOTANDJI – *Australien*
KOUGNI – *Z Afrika*
KOUNTA – *W Afrika*
KOUYOU – *Z Afrika*
KOYA – *S Asien*
KOYUKON – *Subarktis*
KPANDO – *W Afrika*
KPE – *Z Afrika*
KPELLE – *W Afrika*
KRAHN – *W Afrika*
KRAHO – *Amazonasbecken*
KRAMO – *Melanesien*
KRAN – *W Afrika*
KRÄSCHENTATAREN – *O Europa*
KRAUATUNGALUNG – *Australien*
KREDA – *N Afrika*
KREENAKAROKE – *Amazonasbecken*
KREISH – *Z Afrika*
KRENE – *Orinokobecken*
KREOLEN – *SO NA*
KRETER – *S Europa*
KRIKATI – *Amazonasbecken*
KRIM – *W Afrika*
KRIMTATAREN – *Z Asien, E Europa*
KRJASCHENEN – *O Europa*
KROATEN – *Z Europa*
KROBOB – *W Afrika*
KROU – *W Afrika*
KRU – *W Afrika*
KRUAN – *W Afrika*
KRUNG – *SO Asien*
KRY – *SO Asien*
KRYSIER – *Kaukasus*
KUA – *S Afrika*
KUBA – *Z Afrika*
KUBATSCHINEN – *Kaukasus*
KUBENKRANKEIN – *Amazonasbecken*
KUBOR – *Melanesien*
KUBU – *SO Asien*
KUERETU – *Amazonasbecken*

Lehre in der Jugend ist wie Meißeln in Stein.

Marokkanisches Sprichwort

KUHGALU – *Z Asien*
KUHGILA – *Naher Osten*
KUI – *SO Asien*
KUIKURA – *Amazonasbecken*
KUINMURBURA – *Australien*
KUITSH – *Nordwestküste NA*
KUJAI – *Australien*
KUKABRAK (Narrinyeri, Ngarrindjeri, Yaraldi) – *Australien*
KUKATJA – *Australien*
KUKPARUNGMIUT – *Arktis*
KUKU – *Z Afrika*
KUKURUKU – *W Afrika*
KULA – *Australien*
KULAMAN – *SO Asien*
KULIN – *Australien*
KULUMALI – *Australien*
KUMA – *Melanesien*
KUMAN – *O Afrika*
KUMBAINGGIRI – *Australien*
KUMBU – *W Afrika*
KUMEYAAY – *Ferner Westen NA*
KUMÜCKEN – *Kaukasus*
KUNA (Cuna) – *Mittelamerika*
KUNAGUASAYA – *Karibikküste SA*
KUNAMA – *O Afrika*
KUNBI – *S Asien*
KUNFEL – *O Afrika*
KUNG (Ju/'hoansi) – *S Afrika*
KUNGADUTJI – *Australien*
KUNGARAKAN – *Australien*
KUNGGARA – *Australien*
KUNGGARI – *Australien*
KUNGKALENJA – *Australien*
KUNIMAIPA – *Melanesien*
KUNINDIRI – *Australien*
KUNINI – *Melanesien*
KUNJA – *Australien*
KUPANGESEN – *SO Asien*
KUPCHAKEN – *Z Asien*
KURAMA – *Z Asien*
KURDEN – *Naher Osten*
KUREINJI – *Australien*
KURIA – *O Afrika*
KURNAI – *Australien*
KURNANDABURI – *Australien*
KURRIPAKO – *Orinokobecken*
KURTATCHI – *Melanesien*
KURUMBA – *S Asien*
KURUNG – *Australien*
KURUYA – *Orinokobecken*
KUSASO – *W Afrika*
KUSSO – *SO NA*
KÜSTEN-CHUMASH – *Ferner Westen NA*
KÜSTEN-MIWOK – *Ferner Westen NA*
KÜSTEN-SALISH – *Nordwestküste NA*
KÜSTEN-TSIMSHIAN – *Nordwestküste NA*
KÜSTEN-YUKI – *Ferner Westen NA*
KUTCHIN – *Subarktis*
KUTENAI (Kootenai) – *Nordwestküste NA*
KUTIAL – *Australien*
KUTJALA – *Australien*
KUTSWE – *S Afrika*
KUTU – *O Afrika*
KUTZADIKAA – *Großes Becken NA*
KUUNGKARI – *Australien*
KUVALAN – *SO Asien*
KUVALE – *S Afrika*
KUY (Co Sung, Lahu) – *SO Asien*
KUYANI – *Australien*
KVENEN – *N Europa*
KWA WA AINEUK – *Nordwestküste NA*
KWAHU – *W Afrika*
KWAIO – *Melanesien*
KWAJALEIN – *Mikronesien*
KWAKIUTL (Kwakwaka'wakw) – *Nordwestküste NA*
KWAKWAKA'WAKW (Kwakiutl) – *Nordwestküste NA*
KWAMATWI – *S Afrika*
KWANDU – *S Afrika*
KWANGALI – *S Afrika*
KWANGARE – *S Afrika*
KWANKHWALA – *Z Afrika*
KWANTARI – *Australien*
KWANYAMA – *S Afrika*
KWARANDJI – *Australien*
KWARE – *Melanesien*
KWATKWAT – *Australien*
KWAYHQUITLUM – *Nordwestküste NA*
KWENA – *S Afrika*
KWENGO – *S Afrika*
KWEPE – *S Afrika*
KWERA – *S Afrika*
KWERE – *O Afrika*
KWIAKAH – *Nordwestküste NA*
KWIAMBAL – *Australien*
KWICKSUTAINEUK AH KWAW AH MISH – *Nordwestküste NA*
KWINTI – *Orinokobecken*
KWISI – *S Afrika*
KWOMA – *Melanesien*
KXOE (Makwengo) – *S Afrika*
KYAKA – *Melanesien*
KYEREPONG – *W Afrika*
KYKLADEN – *S Europa*
KYUQUOT – *Nordwestküste NA*

LA – *W Afrika*
LA VE – *SO Asien*
LA VEN – *SO Asien*
LA VY – *SO Asien*
LABBAI – *S Asien*
LABU – *SO Asien*
LABWOR – *O Afrika*
LACANDON – *Mittelamerika*
LADAKHI – *S Asien*
LADINER – *S Europa*
LAGUNA PUEBLO – *SW NA*
LAGUNERO – *Mittelamerika*
LAHEIWAT (Safaiha) – *Naher Osten*
LAHIWAPA – *Melanesien*
LAHU (Co Sung, Kuy) – *SO Asien*
LAIA – *Australien*
LAIAPO – *Melanesien*
LAK – *Melanesien*
LAKA – *O Asien*
LAKA – *Z Afrika*
LAKAHI – *Melanesien*
LAKALAI – *Melanesien*
LAKALZAP – *Nordwestküste NA*
LAKANDONEN – *Mittelamerika*
LAKE – *Nordwestküste NA*
LAKEN – *Kaukasus*
LAKHER – *SO Asien*
LAKI – *SO Asien*
LAKMIUT – *Nordwestküste NA*
LAKOTA SIOUX (Teton Sioux) – *Plains NA*
LALA – *Z Afrika*
LALI – *Z Afrika*
LALUNDWE – *Z Afrika*
LALUNG – *S Asien*
LAMA – *O Asien*
LAMAHOLOT – *SO Asien*
LAMBA – *Z Afrika*
LAMBADI – *S Asien*
LAMBAYEQUE – *Anden*
LAMBYA – *O Afrika*
LAMET – *SO Asien*
LAMISTO – *Anden*
LAMOTREK – *Mikronesien*
LAMUTEN (Even) – *Arktis*
LANDOGO (Loko) – *W Afrika*
LANDUMA – *W Afrika*
LANGAMAR – *Melanesien*
LANGI – *O Afrika*
LANGO – *O Afrika*
LANIMA – *Australien*
LANO – *O Afrika*
LANOH – *SO Asien*
LAO ISAN (Thai Lao) – *SO Asien*
LAO LOUM – *SO Asien*
LAO SOUNG – *SO Asien*
LAO THEUNG – *SO Asien*
LAPPEN (Sami) – *N Europa*
LARAGIA – *Australien*
LARAKIA – *Australien*
LARANTUKA – *SO Asien*
LARDIIL – *Australien*
LARTEH – *W Afrika*
LASHI – *O Asien*
LASSIK – *Ferner Westen NA*
LATI – *O Asien*

Der Frosch im Brunnen weiß nichts vom weiten Meer.

Japanisches Sprichwort

LATJILATJI – *Australien*
LAVONGAI – *Melanesien*
LAWA (Lua) – *SO Asien*
LAX KW'ALAAMS – *Nordwestküste NA*
LAZ – *Naher Osten*
LEBE – *W Afrika*
LEBOU – *W Afrika*
LECO – *Amazonasbecken*
LEGA – *Z Afrika*
LELE (Bashilele) – *Z Afrika*
LEMBU – *S Afrika*
LEMKEN – *O Europa*
LEMKOS (Karpatho-Ukrainer) – *Z Europa*
LENCA – *Mittelamerika*
LENDU – *Z Afrika*
LENGOLA – *Z Afrika*
LENGUA – *Z SA*
LENJE – *S Afrika*
LEONESEN – *W Europa*
LEPANTO (Sagada Igorot) – *SO Asien*
LEPCHA – *S Asien*
LESGIER – *Kaukasus*
LESO – *Z Afrika*
LESU – *Melanesien*
LETI – *SO Asien*
LETTEN – *O Europa*
LEU (Lue) – *SO Asien*
LEYA – *S Afrika*
LEYTE – *SO Asien*
LHEIT LIT'EN – *Nordwestküste NA*
LHOBA – *O Asien*
LHOMI – *O Asien*
LHUYA (Bugusu, Luyia) – *O Afrika*
LI – *O Asien*
LIARD – *Nordwesten Coast NA*
LIBIDO – *O Afrika*
LIKOUALA – *Z Afrika*
LILLOOET – *Plateau NA*
LIMBA – *W Afrika*
LIMBANG – *SO Asien*
LIMBU – *S Asien*
LINGAYAT – *S Asien*
LIONESEN – *SO Asien*
LIPAN APACHE – *SW NA*
LIPE – *Anden*
LISTUGUJ – *NO NA*
LISU – *O, SO Asien*
LISUM – *SO Asien*
LITTAUER – *O Europa*
LITTLE LAKE – *Plateau NA*
LITTLE SASKATCHEWAN – *Plains NA*
LITTLE SHUSWAP – *Nordwestküste NA*
LIVEN – *O Europa*
LO LO – *SO Asien*
LOBEDU – *S Afrika*
LOBI – *W Afrika*
LOD – *Z Asien*
LODAGABA – *W Afrika*
LOGAULENG – *Melanesien*
LOGO – *Z Afrika*
LOGOLI – *O Afrika*
LOHARA – *S Asien*
LOINANG – *SO Asien*
LOKO (Landogo) – *W Afrika*
LOKONO – *Orinokobecken*
LOMA – *W Afrika*
LOMAMI – *Z Afrika*
LOMWE – *O Afrika*
LONG PLAIN – *Plains NA*
LORIDJA – *Australien*
LORITCHA – *Australien*
LOSSO – *W Afrika*
LOTIGA – *Australien*
LOTUKO – *O Afrika*
LOVEN – *SO Asien*
LOWIILI – *W Afrika*
LOWWE – *O Afrika*
LOYALITÄTS-INSELN, BEWOHNER DER – *Melanesien*
LOZI – *S Afrika*
LU – *SO Asien*
LUA (Lawa) – *SO Asien*
LUANO – *S Afrika*
LUAPULA – *Z Afrika*
LUBA – *Z Afrika*
LUBALE (Lwena) – *S Afrika*
LUE (Leu) – *SO Asien*
LUENA – *Z Afrika*
LUFA – *Melanesien*
LUGAT – *SO Asien*
LUGBARA – *O Afrika*
LUGSIATSIAK – *Arktis*
LUHYA – *O Afrika*
LUILANG – *SO Asien*
LUIMBE – *Z Afrika*
LUISENO – *Ferner Westen NA*
LUKSHUAMIUT – *NO NA*
LULE – *Z SA*
LULUA – *Z Afrika*
LUMAD – *SO Asien*
LUMBEE – *SO NA*
LUMMI – *Nordwestküste NA*
LUNDA – *Z Afrika*
LUNGGA – *Australien*
LUNGU – *Z Afrika*
LUNTU – *Z Afrika*
LUO – *O Afrika*
LUPACA – *Anden*
LUR – *Z Asien*
LURABUNNA – *Australien*
LUREN – *Naher Osten*
LUSHAI (Mizo) – *S Asien*
LUSHANGE – *S Afrika*
LUYIA (Bugusu, Lhuya) – *O Afrika*
LWENA (Lubale) – *S Afrika*
LYANGALILE – *O Afrika*
LYTTON POMO – *Ferner Westen NA*

MA – *SO Asien*
MA'AZA – *N Afrika*
MAANYAN – *SO Asien*
MABINZA – *Z Afrika*
MACASSARESEN – *SO Asien*
MACHIA LOWER CREEK – *SO NA*
MACHIGUENGA (Matsigenka) – *Amazonasbecken*
MACHIS CREEK – *SO NA*
MACKINAC – *NO NA*
MACORIZE – *Karibik*
MACUNA – *Amazonasbecken*
MADA – *W Afrika*
MADANG – *SO Asien*
MADAWASKA MALISEET – *NO NA*
MADEIRANER – *W Europa*
MADHHIJ – *Naher Osten*
MADI – *O Afrika*
MADIRI – *Melanesien*
MADJANDJI – *Australien*
MADNGELA – *Australien*
MADOITJA – *Australien*
MADURESEN – *SO Asien*
MADUWONGGA – *Australien*
MAE – *Melanesien*
MAFULU – *Melanesien*
MAGAR – *S Asien*
MAGATIGE – *Australien*
MAGH (Marma) – *S Asien*
MAGNETAWAN – *NO NA*
MAGON – *S Afrika*
MAGUANA – *Karibik*
MAGUINDANAO – *SO Asien*
MAGUZAWA – *W Afrika*
MAGYAREN (Ungarn) – *Z Europa*
MAHAFALY – *O Afrika*
MAHAR – *S Asien*
MAHARASHTRA (Maratha) – *S Asien*
MAHEI – *O Asien*
MAHI – *W Afrika*
MAHICAN (Mohikaner) – *NO NA*
MAHMERI – *SO Asien*
MAHRA – *Naher Osten*
MAHURA – *S Afrika*
MAIA – *Australien*
MAIAWALI – *Australien*
MAID – *Naher Osten*
MAIDU – *Ferner Westen NA*
MAIJABI – *Australien*
MAIKUDUNU – *Australien*
MAIKULAN – *Australien*
MAILU – *Melanesien*
MAISIN – *Melanesien*
MAITHAKARI – *Australien*
MAIVA – *Melanesien*
MAJI – *O Afrika*
MAJURO – *Mikronesien*
MAKA – *Z SA*
MAKAA – *Z Afrika*
MAKAH – *Nordwestküste NA*
MAKASSAREN – *SO Asien*
MAKHANYA – *S Afrika*
MAKIANESEN – *SO Asien*
MAKIEWAHIN – *Melanesien*
MAKIN – *Mikronesien*
MAKIRITARE (Yekuana) – *Orinokobecken*
MAKKA – *Z Afrika*
MAKLEW – *Melanesien*
MAKO – *Z Afrika*
MAKO (Maku) – *Amazonasbecken*
MAKOMA (Bamakoma) – *S Afrika*
MAKONDE – *O Afrika*
MAKONG – *SO Asien*
MAKOUA – *Z Afrika*
MAKU (Mako) – *Amazonasbecken*
MAKUA – *O Afrika*

MAKUNA – *Amazonasbecken*
MAKUSHI – *Orinokobecken*
MAKWA SAHGAIEHCAN – *Plains NA*
MAKWENGO (Kxoe) – *S Afrika*
MALAGASY – *O Afrika*
MALAIEN (Bumiputra) – *SO Asien*
MALAITA-INSULANER – *Melanesien*
MALANTJI – *Australien*
MALAYALAM – *S Asien*
MALAYALI – *S Asien*
MALAYO – *Karibikküste SA*
MALECITE – *NO NA*
MALEKU – *Mittelamerika*
MALEKULA – *Melanesien*
MALEMIUT – *Arktis*
MALGANA – *Australien*
MALGARU – *Australien*
MALI – *Melanesien*
MALINKE (Manding) – *W Afrika*
MALISEET – *NO NA*
MALJANGAPA – *Australien*
MALNGIN – *Australien*
MALNKANIDJI – *Australien*
MALOH – *SO Asien*
MALTESER – *S Europa*
MAM – *Mittelamerika*
MAMALELEQALA QWE QWA SOT ENOX – *Nordwestküste NA*
MAMANUA – *SO Asien*
MAMASSANI – *Naher Osten*

TURKMENISCHE VOLKSTÄNZER, TURMENISTAN

MAMBOE (Mbowe) – *S Afrika*
MAMBWE – *O Afrika*
MAMEAN – *Mittelamerika*
MAMIKON – *Melanesien*
MAMPRUSI – *W Afrika*
MAMU – *Australien*
MAMUMBA – *W Afrika*
MAN (Mien, Yao) – *SO Asien*
MANADRA – *W Afrika*
MANALA – *S Afrika*
MANAM – *Melanesien*
MANAO – *Amazonasbecken*
MANAREN – *Z Asien*
MANASI – *Amazonasbecken*
MANAWAN – *NO NA*
MANCHU – *O Asien*
MANDA – *O Afrika*
MANDAK – *Melanesien*
MANDAN – *Plains NA*
MANDANDANJI – *Australien*
MANDARA – *Australien*
MANDARESEN – *SO Asien*
MANDARI – *Z Afrika*
MANDAYA – *SO Asien*
MANDE (Mandinka) – *W Afrika*
MANDI – *Australien*
MANDIKA – *W Afrika*
MANDING (Malinke) – *W Afrika*
MANDINKA (Mande) – *W Afrika*
MANDJA – *Z Afrika*
MANDJILDJARA – *Australien*
MANDJINDJA – *Australien*
MANDYAK – *W Afrika*
MANG – *O Asien*
MANGALA – *Australien*
MANGARAI – *Australien*
MANGAREVA – *Polynesien*
MANGARIDJI – *Australien*
MANGARRAYI – *Australien*
MANGBETI – *Z Afrika*
MANGGARAI – *SO Asien*
MANGYAN – *SO Asien*
MANHUY – *Z SA*
MANIE – *Melanesien*
MANIEMA – *Z Afrika*
MANIHIKI – *Polynesien*
MANIPO – *Anden*
MANJA – *Z Afrika*
MANKANYA – *W Afrika*
MANMIT – *O Asien*
MANO – *W Afrika*
MANOBO – *SO Asien*
MANSI – *Subarktis*
MANSIM – *Melanesien*
MANSOANKA – *W Afrika*
MANTA – *Anden*
MANTION – *Melanesien*
MANUS – *Melanesien*
MANUVU – *SO Asien*
MANX – *N Europa*
MANYIKA – *S Afrika*
MANZANITA – *Ferner Westen NA*
MAONAN – *O Asien*
MAOPITYAN – *Orinokobecken*
MAORI – *Polynesien*
MAPOUNOU – *Z Afrika*
MAPPILA – *S Asien*
MAPUCHE – *Anden*
MAPUTA – *S Afrika*
MAQUINDANAO – *SO Asien*
MARA – *Australien*
MARAGOTO – *W Europa*
MARANAO – *SO Asien*
MARANGANJI – *Australien*
MARATHA (Maharashtra) – *S Asien*
MARATHEN – *S Asien*
MARATI – *S Asien*
MARAURA – *Australien*
MARAWA – *Amazonasbecken*
MARAZIG – *N Afrika*
MARDITJALI – *Australien*
MARDUDJARA – *Australien*
MARDUDUNERA – *Australien*
MARI (TSCHEREMISSEN) – *O Europa*
MARIAMO – *Australien*
MARIANEN-INSULANER – *Mikronesien*
MARICOPA – *SW NA*
MARIDAN – *Australien*
MARIDJABIN – *Australien*
MARIEN – *Karibik*
MARIJEDI – *Australien*
MARIMANINDJI – *Australien*
MARINAHUA – *Amazonasbecken*
MARIND ANIM – *Melanesien*
MARING – *Melanesien*
MARINGAR – *Australien*
MARINUNGGO – *Australien*
MARISI – *Karibik*
MARITHIEL – *Australien*
MARIU – *Australien*
MARIUSA – *Karibikküste SA*
MARIWUNDA – *Australien*
MARKA – *W Afrika*
MARLGU – *Australien*
MARMA (Magh) – *S Asien*
MARONI-KARIBEN – *Orinokobecken*
MARONITEN – *Naher Osten*
MARQUESAS-INSULANER – *Polynesien*
MARRAGO – *Australien*
MARRAKWET – *O Afrika*
MARSHALLESEN – *Mikronesien*
MARU – *O Asien*
MARUBO – *Amazonasbecken*
MARULTA – *Australien*
MARUNGU – *Z Afrika*
MASA'ID – *Naher Osten*
MASBATEMO – *SO Asien*
MASCOY – *Amazonasbecken*
MASHANTUCKET PEQUOT – *NO NA*
MASHCO – *Amazonasbecken*
MASHI – *S Afrika*
MASHPEE WAMPANOAG – *NO NA*
MASIKORO – *O Afrika*
MASSAI – *O Afrika*
MASSET HAIDA – *Nordwestküste NA*
MATACHEWAN – *NO NA*
MATACO – *Z SA*
MATAGALPA – *Mittelamerika*
MATAKAM – *W Afrika*
MATAWAI – *Orinokobecken*
MATCH Z BE NASH SHE WISH POTTAWATOMI – *NO NA*
MATENGO – *O Afrika*
MATHABATHE – *S Afrika*
MATHIAS COLOMB – *Plains NA*
MATLAZINCA – *Mittelamerika*
MATSIGENKA (Matsigenka) – *Amazonasbecken*
MATTAGAMI – *NO NA*
MATTAPONI – *SO NA*
MATTOLE – *Ferner Westen NA*
MATUNTARA – *Australien*
MAU – *W Afrika*

Bildung ist eine Zierde
im Wohlstand und
eine Zuflucht in der Not.

GRIECHISCHES SPRICHWORT

MAUE (Mawe) – *Amazonasbecken*
MAUNDAN – *W Afrika*
MAUNG – *Australien*
MAWE (Maue) – *Amazonasbecken*
MAXAKALI – *Z SA*
MAXINJE – *Z Afrika*
MAY – *SO Asien*
MAYA – *Mittelamerika*
MAYAGUEZ – *Karibik*
MAYLAYALI – *S Asien*
MAYO – *Mittelamerika*
MAYOP – *Orinokobecken*
MAYORUNA – *Amazonasbecken*
MAZAHUA – *Mittelamerika*
MAZANDARANI – *Z Asien*
MAZATEKEN – *Mittelamerika*
MAZEDONIER – *S Europa*
MAZHI – *O Afrika*
MAZIDI – *Naher Osten*
MBA – *O Afrika*
MBAKA – *Z Afrika*
MBALA – *Z Afrika*
MBAM – *W Afrika*
MBANDERU – *S Afrika*
MBATA – *Z Afrika*
MBAY – *Z Afrika*
MBEERE – *O Afrika*
MBEGUA – *Z SA*
MBERENZABI – *Z Afrika*
MBETE – *Z Afrika*
MBEWUM – *Australien*
MBO – *Z Afrika*
MBOKO – *W Afrika*
MBONGGU – *Melanesien*
MBOSHI (Boubangi) – *Z Afrika*
MBOUM – *W Afrika*
MBOWE (Mamboe) – *S Afrika*
MBUDJA – *Z Afrika*
MBUI – *Z Afrika*
MBUKUSHU – *S Afrika*
MBUM – *Z Afrika*
MBUNDA (Bamileke) – *S Afrika*
MBUNDU – *S Afrika*
MBUNGA – *O Afrika*
MBUTI (Bambuti) – *Z Afrika*
MBWEI – *Melanesien*
MBWELA – *S Afrika*
MBWERA – *S Afrika*
MBYA – *Z SA*
MDEWAKANTON DAKOTA – *Plains NA*
ME WUK – *Ferner Westen NA*
MEANAMBU – *Melanesien*
MEDZAN – *Z Afrika*
MEENA – *S Asien*
MEGANIN – *N Afrika*
MEGARHA – *N Afrika*
MEGIAR – *Melanesien*
MEHERRIN – *SO NA*
MEHINAKU – *Amazonasbecken*
MEHNI – *Naher Osten*
MEINTANGK – *Australien*
MEJBRAT – *Melanesien*
MEKEO – *Melanesien*
MEKRANOTI – *Amazonasbecken*
MEKWA – *S Afrika*
MELABUGAN – *SO Asien*
MELANAU – *SO Asien*
MELATEN – *Karibik*
MELOCHUNDUM TOLOWA – *Ferner Westen NA*
MELPA – *Melanesien*
MEMBERTOU – *NO NA*
MENDE – *W Afrika*
MENDI – *Melanesien*
MENDRIO – *SO Asien*
MENDRIQ – *SO Asien*
MENGHUA – *O Asien*
MENNONITEN – *Plains NA*
MENOMINEE – *NO NA*
MENTAWAI – *SO Asien*
MENTAWEIAN – *SO Asien*
MENTHAJANGAL – *Australien*
MENYA – *Melanesien*
MEO (Hmong, Miao, Mong, Tai) – *S, SO Asien*
MERIAM (Murray-Insulaner) – *Australien*
MERINA – *O Afrika*
MERU – *O Afrika*
MES'CHETEN (Osmanische/Meski-Türken) – *Z Asien*
MESA GRANDE – *Ferner Westen NA*
MESCALERO APACHEN – *SW NA*
MESKI/OSMANISCHE TÜRKEN (Mes'cheten) – *Z Asien*
METHOW – *Nordwestküste NA*
METI – *Subarktis*
METOAC – *NO NA*
METOKO – *Z Afrika*
MEXTITLANECA – *Mittelamerika*
MEYACH – *Melanesien*
MFENGU – *S Afrika*
MIAMI – *Plains NA*
MIAN – *Australien*
MIANA – *Z Asien*
MIAO (Hmong, Meo, Mong, Tai) – *S, SO Asien*
MIAWPUKEK – *NO NA*
MICCOSUKEE – *SO NA*
MICHIGAMEA – *Plains NA*
MICHIKAMAU – *NO NA*
MICHIPICOTEN – *NO NA*
MICMAC (Mikmac) – *NO NA*
MIDOB – *N Afrika*
MIEN (Man, Yao) – *SO Asien*
MIJI – *S Asien*
MIJIKENDA (Nyika) – *O Afrika*
MIKEA – *O Afrika*
MIKIR – *S Asien*
MIKISEW CREE – *Plains NA*
MIKMAC (Micmac) – *NO NA*
MIKUD – *Melanesien*
MIKWOK – *Ferner Westen NA*
MILLCAYAC – *Anden*
MILPULKO – *Australien*
MILPULO – *Australien*
MIMIKA – *Melanesien*
MIMUNGKUM – *Australien*
MIN (Hakka, Formosaner) – *O Asien*
MINA – *S Asien*
MINAHASA – *SO Asien*
MINANG – *Australien*
MINANGKABAU – *SO Asien*
MINGAN – *NO NA*
MINGENDI – *Melanesien*
MINGIN – *Australien*
MINGRELIER – *Kaukasus*
MINJAMBUTA – *Australien*
MINJUNGBAL – *Australien*
MINNESOTA CHIPPEWA – *Plains NA*
MINUANE – *Z SA*
MINUNG – *Australien*
MINYONG – *S Asien*
MIRI (Mishming) – *S Asien*
MIRING – *Australien*
MIRIWUNG – *Australien*
MIRNING – *Australien*
MISCHAREN – *O Europa*
MISHKEEGOGAMANG – *NO NA*
MISHMING (Miri) – *S Asien*
MISHULUNDU – *S Afrika*
MISKITO (Mosquitos) – *Mittelamerika*
MISSANABE CREE – *NO NA*
MISSISSAUGA – *NO NA*
MISSISSIPPI ANISHINABE – *Plains NA*
MISSISSIPPI CHOCTAW – *SO NA*
MISSOURI – *Plains NA*
MISTAWASI – *Plains NA*
MISTISSINI – *NO NA*
MITAKA – *Australien*
MITJAMBA – *Australien*
MITTLERE- SEPIK-FLUSSVÖLKER – *Melanesien*
MITTU – *Z Afrika*
MIWA – *Australien*
MIWOK – *Ferner Westen NA*
MIXE – *Mittelamerika*
MIXTEKEN – *Mittelamerika*
MIYANMIN – *Melanesien*
MIZO (Lushai) – *S Asien*
MLABRI – *SO Asien*
MMALEBOGO (Gananwa) – *S Afrika*
MMAMABOLO – *S Afrika*
MNJIKANING – *NO NA*
MNONG – *SO Asien*
MOANDO – *Melanesien*
MOAPA PAIUTE – *Großes Becken NA*
MOBA – *W Afrika*
MOCHA – *O Afrika*
MOCOVI – *Z SA*
MODANG – *SO Asien*
MODEKI – *Kaukasus*
MODOC – *Nordwestküste NA*
MOER – *Z Afrika*
MOGOBOYA – *S Afrika*
MOHAVE (Mojave) – *SW NA*
MOHAWK – *NO NA*
MOHEGAN – *NO NA*
MOHIKANER (Mahikaner) – *NO NA*

MOINBA – O Asien
MOISIE – NO NA
MOJAVE (Mohave) – SW NA
MOJO – Amazonasbecken
MOKEN – SO Asien
MOLALLA – Nordwestküste NA
MOURDIA – N Afrika
MOVIMA – Amazonasbecken
MOWA CHOCTAW – SO NA
MOWACHAHT – Nordwestküste NA
MPHAHLELE – S Afrika
MPONDO – S Afrika

Tritt die Welt
und brich dir den Fuß.

KOREANISCHES SPRICHWORT

MOLDAUER – O Europa
MOLET E – S Afrika
MOLUKKER – SO Asien
MOMPOX – Karibikküste SA
MON – SO Asien
MONACAN – SO NA
MONACHE – Ferner Westen NA
MONDARI – O Afrika
MONETON – SO NA
MONG (Hmong, Meo, Miao, Tai) – SO Asien
MONGO (Baloulou) – Z Afrika
MONGOLEN – O Asien
MONGONDOW – SO Asien
MONGUOR (Tu) – O Asien
MONI – Melanesien
MONO – Ferner Westen NA
MONOM – SO Asien
MONPA – S Asien
MONTAGNAIS – NO NA
MONTAGNARDS – SO Asien
MONTANA – Plains NA
MONTAUK – NO NA
MONTENEGRINER – Z Europa
MOOLUKURUMBAS – S Asien
MOORANG (Mro, Tipura) – S Asien
MOOSO CREE – NO NA
MOOSOMIN – Plains NA
MOPAN – Mittelamerika
MOPNDOMISO – S Afrika
MOQUEGUA – Anden
MORAORI – Melanesien
MORATUC – SO NA
MORDOWIER – O Europa
MORDWINEN – Z Asien
MORE (Itene) – Amazonasbecken
MORI – SO Asien
MORO (Ayoreo) – Z SA
MORONGO – Ferner Westen NA
MOROTAI – SO Asien
MOROWARI – Australien
MORU – Z Afrika
MOSAKAHIKEN CREE – Plains NA
MOSES – Nordwestküste NA
MOSETEN – Amazonasbecken
MOSOPELEA – SO NA
MOSQUITOS (Miskito) – Mittelamerika
MOSSI – W Afrika
MOTILON (Yukpa) – Karibikküste SA
MOTU – Melanesien
MOU XOE (Museu) – SO Asien
MOUNDAN – Z Afrika
MOUNDANG – W Afrika
MOUNTAIN – Subarktis
MPONDOMISO – S Afrika
MPONGWE – Z Afrika
MRO (Moorang, Tipura) – S Asien
MRU – S Asien
MTITAMBA – Australien
MUCHIC – Anden
MUCKLESHOOT – Nordwestküste NA
MUDBARA – Australien
MUGHARBAH – N Afrika
MUHAJIREEN (Neue Sindhi) – Z Asien
MUKJARAWAINT – Australien
MUKLASA – SO NA
MULAM – O Asien
MULLUK MULLUK – Australien
MULTNOMAH – Nordwestküste NA
MULURIDJI – Australien
MUM – W Afrika
MUN – O Asien
MUNA – SO Asien
MUNCIE – Plains NA
MUNDA – S Asien
MUNDU – O Afrika
MUNDUGUMOR – Melanesien
MUNDURUCU – Amazonasbecken
MUNGO – W Afrika
MUNGOOBRA – Australien
MUNKIBURA – Australien
MUNSEE – NO NA
MUNYABORA – Australien
MUONG – SO Asien
MUR – Polynesien
MURA – Amazonasbecken
MURAGAN – Australien
MURIAS – S Asien
MURIK – Melanesien
MURILO – Mikronesien
MURINBATA – Australien
MURINGURA – Australien
MURMIS – S Asien
MURNGIN (Yolngu) – Australien
MURRAY-INSULANER (Meriam) – Australien
MURUBURA – Australien
MURUNITJA – Australien
MURUT – SO Asien
MUSCOGEE CREEK – Plains NA
MUSCOWPETUNG – Plains NA
MUSEU (Mou Xoe) – SO Asien
MUSKODAY – Plains NA
MUSKOGEE CREEK – SO NA
MUSKOWEKWAN – Plains NA
MUSQUEAM – Nordwestküste NA
MUTABURA – Australien
MUTAIR – Naher Osten
MUTHIMUTHI – Australien
MUTJATI – Australien
MUTPURA – Australien
MUTSUN (Costanoan) – Ferner Westen NA
MUTUMUI – Australien
MUYU – Melanesien
MUYUW – Melanesien
MUZEINA – Naher Osten
MVURA (Doma, VaDema) – S Afrika
MWANGA – S Afrika
MWENYI – S Afrika
MWERA – O Afrika
MWILA – S Afrika
MYENE – Z Afrika
MZAB – N Afrika

NAATH (Nuer) – O Afrika
NABALOI – SO Asien
NABESNA – Arktis
NABESNA – Nordwestküste NA
NACHO NYAK DUN – Subarktis
NADOBO (Guariba) – Amazonasbecken
NAFAR – Naher Osten
NAGA (Konjaken) – S Asien
NAGARWAPUNA – Melanesien
NAGOT (Yoruba) – W Afrika
NAGYUKTOGMIUT – Arktis
NAHANE – Arktis
NAHD – Naher Osten
NAHUA – Mittelamerika
NAHUATL – Mittelamerika
NAHUATLATO – Mittelamerika
NAICATCHEWENIN – NO NA
NAICHEN (Naiken, Nayaka) – S Asien
NAIKDA – S Asien
NAIKEN (Naichen, Nayaka) – S Asien
NAJAKEN – S Asien
NAKAKO – Australien
NAKANAI – Melanesien
NAKARA – Australien
NAKOTA SIOUX – Plains NA
NALU – W Afrika
NAMA – S Afrika
NAMAU – Melanesien
NAMBE PUEBLO – SW NA
NAMBICUARA – Amazonasbecken
NAMOLUK – Mikronesien
NAMONUITO – Mikronesien
NANA – Australien
NANÄER – O Asien
NANAIER – Subarktis
NANAIMO – Nordwestküste NA
NANATICOKE – NO NA
NANATICOKE LENNI LENNAPE – NO NA
NANDA – Australien
NANDE – Z Afrika
NANDI – O Afrika
NANGATADJARA – Australien
NANGATARA – Australien
NANGGIKORONGO – Australien
NANGGUMIRI – Australien
NANGO – Australien
NANOOSO – Nordwestküste NA
NANOPTAIM – Arktis
NANSEMOND – SO NA
NANTICOKE – SO NA
NANUMBA – W Afrika
NAPORE – O Afrika
NARA – O Afrika
NARAK – Melanesien
NARANGGA – Australien
NARENE – S Afrika
NARINARI – Australien
NARINYERI – Australien
NARON – S Afrika
NARRAGANSETT – NO NA
NARRINYERI (Kukabrak, Ngarrindjeri, Yaraldi) – Australien
NARUNGA – Australien
NASIOI – Melanesien
NASKAPI – NO NA
NASS GITKSAN – Nordwestküste NA
NATASHQUAN – NO NA
NATCHEZ – Plains NA
NAUALKO – Australien
NAUO – Australien
NAURUANER – Mikronesien
NAUSET – NO NA
NAUTHAR – Z Asien
NAVA – Melanesien
NAVAJO (Dine) – SW NA
NAWAGI – Australien
NAWASH CHIPPEWA – NO NA
NAXI – O Asien
NAYAKA (Naichen, Naiken) – S Asien
NAYAR – S Asien
NBOMVE – Z Afrika
NDALI – O Afrika
NDAONESEN – SO Asien
NDAU – S Afrika
NDEBELE – S Afrika
NDEMBU – Z Afrika
NDENGE – Z Afrika
NDERE – Z Afrika
NDEREKO – O Afrika
NDIBU – Z Afrika
NDJIBAND – Australien
NDOGO – Z Afrika
NDOMBE – S Afrika
NDONGO – Z Afrika
NDOP – W Afrika
NDOWE – Z Afrika
NDU – Z Afrika
NDUGA – Melanesien
NDUNDULU – S Afrika
NDZUNDZA – S Afrika
NEE TAHI BUHN – Nordwestküste NA
NEGIDALZEN – Subarktis
NEKANEET – Plains NA
NEMADI – N Afrika
NEMASKA – NO NA
NENET – Arktis
NENET (Samojeden) – Arktis
NENZEN – Arktis
NEPALI – S Asien
NESKONLITH – Nordwestküste NA
NESPELEM – Nordwestküste NA
NESTORIANER – Naher Osten
NETCETUMIUT – NO NA
NETSILIK-INUIT – Arktis
NEUA – SO Asien
NEUE SINDHI (Muhajireen) – Z Asien
NEUGEORGIA-INSULANER – Melanesien
NEUKALEDONIER – Melanesien
NEUSIOK – SO NA
NEVA – Amazonasbecken
NEWAR – S Asien
NEZ PERCE – Plateau NA
NGADA – SO Asien
NGADADJARA – Australien
NGADI – Australien
NGADJU – SO Asien
NGADJUNMAIA – Australien
NGADJURI – Australien
NGAIAWANG – Australien
NGAIAWONGGA – Australien
NGAKU – Australien
NGALA – Australien
NGALAKAN – Australien
NGALEA – Australien
NGALIA – Australien
NGALIK – Melanesien
NGALIWURU – Australien
NGALONG – S Asien
NGALOP (Bhota) – S Asien
NGALUMA – Australien
NGAMBA – Australien
NGAMBWE – S Afrika
NGAMENI – Australien
NGANASANEN (Nia) – Arktis
NGANDA – Australien
NGANDANGARA – Australien
NGANDI – Australien
NGANGELA – Z Afrika
NGANGURUKU – Australien
NGAPOU – Z Afrika
NGARABAL – Australien
NGARALTA – Australien
NGARDI – Australien
NGARDOK – Australien
NGARIGO – Australien
NGARINJIN – Australien
NGARINMAN – Australien
NGARKAT – Australien
NGARLA – Australien
NGARLAWONGGA – Australien
NGARO – Australien
NGARRINDJERI (Kukabrak, Narrinyeri, Yaraldi) – Australien
NGATATJARA – Australien
NGATHOKUDI – Australien
NGUNAWAL – Australien
NGUNDJAN – Australien
NGUNI (Xhosa) – S Afrika
NGUOI KINH (Vietnamesen) – SO Asien
NGURAWOLA – Australien
NGURELBAN – Australien
NGURI – Australien
NGURLU – Australien
NGURUNTA – Australien
NGWAKETSO – S Afrika
NGWATO – S Afrika
NHANG – O Asien
NHARO – S Afrika
NHLANGWINI – S Afrika
NHUON (Nyouan) – SO Asien
NI MI WIN OJIBWA – Plains NA
NI VANUATU – Melanesien
NIA (Nganasanen) – Arktis
NIABALI – Australien
NIANTIC – NO NA
NIASSER – SO Asien
NIBINAMIK – NO NA
NICICKOUSEMENECANING – NO NA
NICOMEN – Nordwestküste NA
NIKOBARER – S Asien
NILOTEN – Z Afrika
NIMANBURU – Australien
NINANU – Australien
NINGEBUL – Australien
NINGERUM – Melanesien
NINGO – W Afrika
NINZAM – W Afrika
NIPMUCK – NO NA
NIPPISING – NO NA
NIQUIRAN – Mittelamerika
NISENAN – Ferner Westen NA
NISHI – S Asien
NISKA – Nordwestküste NA

Verlasse dein Dorf, aber lass
dein Dorf dich nie verlassen.

AFGHANISCHES SPRICHWORT

NGATJARA – Australien
NGAUN – Australien
NGAWAIT – Australien
NGAWBE (Guaymi) – Mittelamerika
NGBAKA – Z Afrika
NGBANDI – Z Afrika
NGE – SO Asien
NGEH – SO Asien
NGEMBA – Australien
NGERE – W Afrika
NGEWIN – Australien
NGGAMADI – Australien
NGINDO – O Afrika
NGINTAIT – Australien
NGOBORINDI – Australien
NGOIKA – S Afrika
NGOLIBARDU – Australien
NGOLOKWANGGA – Australien
NGOMANE – S Afrika
NGOMBAL – Australien
NGONDE – O Afrika
NGONI – O Afrika
NGORMBUR – Australien
NGOUAN – SO Asien
NGUGAN – Australien
NGUGI – Australien
NGULU – O Afrika
NGULUNGBARA – Australien
NGUMBO – O Afrika
NGUNA – Melanesien
NISQUALLY – Nordwestküste NA
NISSAN – Melanesien
NISTROWIANER – O Europa
NIUE-INSULANER – Polynesien
NIVAKLE – Z SA
NIWCHEN – Subarktis
NJAKINJAKI – Australien
NJAMAL – Australien
NJANGAMARDA – Australien
NJIKENA – Australien
NJININ – Australien
NJULNJUL – Australien
NJUNGA – Australien
NJUWATHAI – Australien
NKANSI – O Afrika
NKOLE (Ankole, Banykole) – O Afrika
NKOMI – Z Afrika
NKOSI – S Afrika
NKOYA – S Afrika
NKUMBI – S Afrika
NKUTU – Z Afrika
NNGALIK – Melanesien
NO ALABAMA CHEROKEE – SO NA
NOAHONIRMIUT – Arktis
NOALA – Australien
NOANAMA – Anden
NOARMA – N Afrika
NOGAIER – Kaukasus

GÄSTE BEI EINER TUAREG-HOCHZEIT REISEN ZU EINER ZEREMONIE IN NIGER

NOKON – *Melanesien*
NOLE – O *Afrika*
NOMLAKI – *Ferner Westen NA*
NOMOI – *Mikronesien*
NONGAIT – *Australien*
NONGATL – *Ferner Westen NA*
NONTAGNAIS – *NO NA*
NOO WHA HA – *Nordwestküste NA*
NOOAITCH – *Nordwestküste NA*
NOOKSACK – *Nordwestküste NA*
NOOTKA (Nuu chah nulth aht) – *Nordwestküste NA*
NOQUET – *NO NA*
NOR EL MUK WINTU – *Ferner Westen NA*
NORAGUE – *Orinokobecken*
NORDIREN – *N Europa*
NÖRDLICHE CHEROKEE – *NO NA*
NÖRDLICHE CHEYENNE – *Plains NA*
NÖRDLICHE CHICAMUNGA CHEROKEE – *Plains NA*
NÖRDLICHEN INSELN, BEWOHNER DER – *N Europa*
NÖRDLICHE MAIDU – *Ferner Westen NA*
NÖRDLICHE MONO – *Ferner Westen NA*
NÖRDLICHE PAIUTE – *Plateau NA*
NÖRDLICHE PIEGAN – *Plains NA*
NORDÖSTLICHE MIAMI – *NO NA*
NORDÖSTLICHE PAIUTE – *Großes Becken NA*
NORD-TEHUELCHE – *Z SA*
NORD-TEPEHUAN – *Mittelamerika*
NORD-THAI (Yuan) – *SO Asien*
NORDTUNGUSEN (Evenki) – O *Asien*
NORDWEST-SCHOSCHONEN – *Großes Becken NA*
NORWEGER – *N Europa*
NSENGA – O *Afrika*
NSO – *W Afrika*
NSULA – *N Afrika*
NTWANE – *S Afrika*
NU – O *Asien*
NUBA – O *Afrika*
NUBIER – *N Afrika*
NUCHATLAHT – *Nordwestküste NA*
NUER (Naath) – O *Afrika*
NUGSUAK – *Arktis*
NUKAK – *Amazonasbecken*
NUKUBURA – *Australien*
NUKULO – *Z Afrika*
NUKUNU – *Australien*
NUMFOR – *Melanesien*
NUMIC – *Großes Becken NA*
NUNAMIUT – *Arktis*
NUNATAGMIUT – *Arktis*
NUNENUMIUT – *NO NA*
NUNG (Giai, Whang) – *SO Asien*
NUNGGUBUJU – *Australien*
NUNUKUL – *Australien*
NUPE – *W Afrika*
NURISTANI – *Z Asien*
NUSU – *Melanesien*
NUU CHAH NULTH AHT (Nootka) – *Nordwestküste NA*
NUVUGMIUT – *Arktis*
NUXALK – *Nordwestküste NA*
NYA HEUN – *SO Asien*
NYAANYADJARRA – *Australien*
NYAGINYAGI – *Australien*
NYAKYUSA – O *Afrika*
NYALA – O *Afrika*
NYAMAL – *Australien*
NYAMB – O *Afrika*
NYAMWEZI – O *Afrika*
NYANEKA – *Z Afrika*
NYANGA – *Z Afrika*
NYANGAMADA – *Australien*
NYANGBARA – O *Afrika*
NYANJA (Chewa) – *S Afrika*
NYATURU – O *Afrika*
NYEMBA – *S Afrika*
NYENGO – *S Afrika*
NYERI – O *Afrika*
NYGENGO – *S Afrika*
NYIABALI – *Australien*
NYIGENA – *Australien*
NYIHA – O *Afrika*
NYIKA (Mijikenda) – *O Afrika*
NYIKINA – *Australien*
NYINBA – *S Asien*
NYINING – *Australien*
NYOONGAH (Nyungah) – *Australien*
NYORO (Bunyoro, Kitara) – O *Afrika*
NYOUAN (Nhuon) – *SO Asien*
NYUNGAH (Nyoongah) – *Australien*
NZAKARA – *Z Afrika*
NZIMA – *W Afrika*

O CHI CHAK KO SIPI – *Plains NA*
O'CHIESO – *Plains NA*
OATCHI – *W Afrika*
OAYCA – *Karibikküste SA*
OBEDJIWAN – *NO NA*
OBERE KISKOPO SHAWNEE – *NO NA*
OBERE KUSKOKWIM – *Subarktis*
OBERE MATAPONI – *SO NA*
OBERE NICOLA – *Nordwestküste NA*
OBERE SIMILKMEEN – *Nordwestküste NA*
OBERE SIOUX – *Plains NA*
OBERE SKAGIT – *Nordwestküste NA*
OBERE UMPQUA – *Nordwestküste NA*
OBI – *SO Asien*
OCAINA – *Amazonasbecken*
OCALE – *SO NA*
OCHAPOWACE – *Plains NA*
OCHIICHAGWE'BABIGO'I NING (Dalle) – *NO NA*
ODANAK – *NO NA*
ODAWA – *NO NA*
ODUL (Jukagiren) – *Arktis*
OGADEIN – O *Afrika*
OGAN BESEMAH – *SO Asien*
OGLALA SIOUX – *Plains NA*
OGONI – *W Afrika*
OHEKWE – *S Afrika*
OHINDO – *Z Afrika*
OHIO ALLEGHENNY – *NO NA*
OHLONE MUWEKMA – *Ferner Westen NA*
OITBI – *Australien*
OJIBWA (Chippewa) – *NO NA*
OJMANEN – *Naher Osten*
OK – *Melanesien*
OKANAGAN – *Nordwestküste NA*
OKANESEN – *Plains NA*
OKEBO – O *Afrika*
OKIEK (Dorobo) – O *Afrika*
OKINAWAN (Ryukyu-Insulaner) – O *Asien*
OKKALIGA – *S Asien*
OKLEWAHA SEMINOLEN – *SO NA*
OKZITANIER – *W Europa*
OLA – *Australien*
OLKOLO – *Australien*
OLONGBURA – *Australien*

Wer keinen Anfang findet,
findet nie ein Ende.

UNGARISCHES SPRICHWORT

OMAGUA – *Amazonasbecken*
OMAGUACA – *Z SA*
OMAHA – *Plains NA*
OMBILA – *Australien*
OMETO – O *Afrika*
OMOTIK – O *Afrika*
ONA (Selknam) – *Patagonien*
ONABASULU – *Melanesien*
ONDO – *W Afrika*
ONEGAMING OJIBWA (Sabaskong) – *NO NA*
ONEIDA (Onyota'a:ka) – *NO NA*
ONGBE – O *Asien*
ONGE – *SO Asien*
ONGKARANGO – *Australien*
ONGKOMI – *Australien*
ONGONA – *S Afrika*
ONONDAGA – *NO NA*
ONTONAGON CHIPPEWA – *NO NA*
ONTONG JAVA-INSULANER – *Melanesien*
ONYOTA'A:KA (Oneida) – *NO NA*
OPASKWAYAK CREE – *Plains NA*
OPATA – *Mittelamerika*
OPAU – *Melanesien*
OPAYE SHAVANTE – *Z SA*
OPETCHESAHT – *Nordwestküste NA*
OPOLJANER – O *Europa*
ORA – *W Afrika*
ORAMBUL – *Australien*
ORANG AMBON – *SO Asien*
ORANG ASLI – *SO Asien*
ORANG BABIAN – *SO Asien*
ORANG DARAT – *SO Asien*
ORANG GLAI – *SO Asien*
ORANG KEPOR – *SO Asien*
ORANG LAUT – *SO Asien*
ORANG LOM – *SO Asien*
ORANG MALUKA SELATAN – *SO Asien*
ORANG MAPOR – *SO Asien*
ORANG MELAYU – *SO Asien*
ORANG RAWA – *SO Asien*
ORANG TIMOR ASLI – *SO Asien*
ORANG UTAN – *SO Asien*
ORANGKANAQ – *SO Asien*
ORAON – *S Asien*
ORCADIANS – *N Europa*
OREJON (Coto) – *Amazonasbecken*
OREMANO – *Orinokobecken*
ORIOTEN – O *Asien*
ORIWA – *Melanesien*
ORIYA – *S Asien*
ORMUT – *Melanesien*
ORNORAY – *Karibik*
OROCHI – *Subarktis*
OROIMO – *Melanesien*
OROKAIVA – *Melanesien*
OROKEN – *Subarktis*
OROKOLO – *Melanesien*
OROMO (Galla) – O *Afrika*
OROMOCTO – *NO NA*
OROQEN – O *Asien*
OROTINA – *Mittelamerika*
OROTSCHEN – O *Asien*
OROTSCHONEN – O *Asien*
ORU – *W Afrika*
OSAGE – *Plains NA*
OSER – *Melanesien*
OSMANISCHE/MESKI TÜRKEN (Mes'cheten) – *Z Asien*
OSOCHI – *SO NA*
OSOYOOS – *Nordwestküste NA*
OSPREY CHEROKEE – *NO NA*
OSSETEN – *Kaukasus*
OST- PEQUOT – *NO NA*
OSTERINSEL, BEWOHNER DER (Rapa Nui) – *Polynesien*
ÖSTERREICHER – *Z Europa*
OSTGRÖNLÄNDER – *Arktis*
OST-HUPA – *Ferner Westen NA*
OSTINDIANER – *Karibik*
OST-LAMUTEN – *Arktis*
ÖSTLICHE CHEROKEE – *SO NA*
ÖSTLICHE CHICKAHOMINY – *SO NA*
ÖSTLICHE SHAWNEE – *Plains NA*
OSTPENAN – *SO Asien*
OST-SCHOSCHONEN – *Plains NA*
OSTYK (Keten) – *Subarktis*
OT DANOM – *SO Asien*
OTATI – *Australien*
OTAVALENO – *Anden*
OTAVALO – *W Europa*
OTO – *Plains NA*
OTOE MISSOURIA – *Plains NA*
OTOMAC – *Orinokobecken*
OTOMI – *Mittelamerika*
OTTAWA – *NO NA*
OTUKE – *Z SA*
OUACHITA – *SO NA*
OUARSENI – *N Afrika*
OUCHESTIGOUEK – *NO NA*
OUIBA – *Orinokobecken*
OUJE BOUGOUMOU – *NO NA*
OULAD DJERIR – *N Afrika*
OUMAMIOUEK – *NO NA*
OUNIE – *N Afrika*
OURIA – *N Afrika*
OVAMBO (Ambo) – *S Afrika*
OVATIJIMBA – *S Afrika*
OVIMBUNDU – *Z Afrika*
OWLAND – *Z Asien*
OY – *SO Asien*
OYAMPI (Wayapi) – *Orinokobecken*
OYANA – *Orinokobecken*
OYBEA – *Melanesien*
OZBEKEN – O *Asien*
OZETTE – *Nordwestküste NA*
P'U NOI – *SO Asien*

PA KO – *SO Asien*
PA O – *SO Asien*
PABINEAU – *NO NA*
PACAAS NOVAS – *Amazonasbecken*
PACAGUARA – *Amazonasbecken*
PACAJA – *Amazonasbecken*
PACAJE – *Anden*
PACHEENAHT – *Nordwestküste NA*
PACHTUNEN (Passhai, Paschtunen, Pathanen) – *Z Asien*
PADAM – *S Asien*
PADAUNG – *SO Asien*
PADEBU – *W Afrika*
PADHOLA – O *Afrika*
PADLIMIUT – *Arktis*
PADOUCA – *Plains NA*
PAEZ – *Anden*
PAHARI – *S Asien*
PAHOUIN – *Z Afrika*
PAHRUMP PAIUTE – *Großes Becken NA*
PAI – *S Afrika*
PAI TAVYTERA – *Z SA*
PAIKONEKA – *Amazonasbecken*
PAIPAI (Akwa'ala) – *Mittelamerika*
PAIUTE (Piute) – *Großes Becken NA*
PAIUTE-SCHOSCHONEN – *Großes Becken NA*
PAIWAN – O *Asien*
PAK THAI (Süd-Thai) – *SO Asien*
PAKADJI – *Australien*
PAKAGUARA – *Amazonasbecken*
PAKOH HOE – *SO Asien*
PAKUA SHIPI – *NO NA*
PALA – *Ferner Westen NA*
PALÄSTINENSER – *Naher Osten*
PALAUER – *Mikronesien*
PALAUNG – *SO Asien*
PALAWA – *Australien*
PALAWAN – *SO Asien*
PALENQUE (Guarine) – *Orinokobecken*
PALIKUR – *Orinokobecken*
PALIYAN – *S Asien*
PALLIRMIUT – *Arktis*
PALLISA – O *Afrika*
PALOUSO – *Plateau NA*
PALTA – *Anden*
PALU'E – *SO Asien*
PAMBIA – *Z Afrika*
PAME – *Mittelamerika*
PAMIAGIKUK – *Arktis*
PAMIRI (Pamiri-Tadschiken) – *Z Asien*
PAMIRI-TADSCHIKEN (Pamiri) – *Z Asien*
PAMPANGAN – *SO Asien*
PAMUNKEY – *SO NA*
PANAG – O *Asien*
PANARE (E'napa) – *Orinokobecken*
PANCENU – *Karibikküste SA*
PANCHE – *Anden*
PANDARAM – *S Asien*
PANDE – *Z Afrika*
PANDIT – *S Asien*
PANDJIMA – *Australien*
PANGAN – *SO Asien*
PANGASINAN – *SO Asien*
PANGERANG – *Australien*
PANGKALA – *Australien*
PANGWA – O *Afrika*
PANIYAN – *S Asien*
PANTAGORO – *Karibikküste SA*
PANZALEO – *Anden*
PAOAN – O *Asien*

PAPAGO (Tohono O'odham) – SW NA
PAPEL – W Afrika
PAPINACHOS – NO NA
PAPUA (Papua-Neuguineaner) – Melanesien
PAPUA-NEUGUINEANER (Papua) – Melanesien
PARAITIRY – Amazonasbecken
PARAKANA – Orinokobecken
PARAMAKA – Orinokobecken
PARAUJANO – Karibikküste SA
PARE – O Afrika
PARESSI – Amazonasbecken
PARINGNOGA – Australien
PARIRI – Orinokobecken
PARNKALLA – Australien
PAROJA – S Asien
PARSI – S Asien
PARUNDJI – Australien
PASCHAI (Pachtunen, Paschtunen, Pathanen) – Z Asien
PASCHTUNEN (Pachtunen, Paschai, Pathanen) – Z Asien
PASCUA YAQUI – SW NA
PASIEGOS – W Europa
PASKENTA NOMLAKI – Ferner Westen NA
PASO – Amazonasbecken
PASQUA – Plains NA
PASSAMAQUODDY – NO NA
PASTO – Anden
PATAMONA – Orinokobecken
PATASHO – Z SA
PATELIA – S Asien
PATHANEN (Pachtunen, Paschai, Paschtunen) – Z Asien
PATWIN – Ferner Westen NA
PAUCATUCK ÖSTLICHE PEQUOT – NO NA
PAUGUSSETT – NO NA
PAUINGASSI – Plains NA
PAUISHANA – Amazonasbecken
PAUMA – Ferner Westen NA
PAUMARI – Amazonasbecken
PAUQUACHIN – Nordwestküste NA
PAUSERNA – Amazonasbecken
PAUSHIANA – Amazonasbecken
PAVAGUA – Z SA
PAVIVAN – S Asien
PAWAIA – Melanesien
PAWNAKA – Amazonasbecken
PAWNEE – Plains NA
PAWUMWA – Amazonasbecken
PAYA (Pech) – Mittelamerika
PAYANSO – Anden
PAYS PLAT – NO NA
PAZIFIK-INUIT (Alutiiq) – Arktis
PEAR – SO Asien
PECH (Paya) – Mittelamerika
PECHANGA – Ferner Westen NA
PEDA – W Afrika
PEDI (Sotho) – S Afrika
PEE DEE – SO NA
PEEPEEKISIS – Plains NA
PEGUIS – Plains NA
PEHUENCHE (Araukaner) – Anden
PEIGAN – Plains NA
PEKI – W Afrika
PELOPONNES-BEWOHNER – S Europa
PEMBINA CHIPPEWA – Plains NA
PEMON (Taulipang) – Orinokobecken
PENAN – SO Asien
PEND D'OREILLES – Nordwestküste NA
PENDE – Z Afrika
PENELAKUT – Nordwestküste NA
PENOBSCOT – NO NA
PENSACOLA – SO NA
PENTECOST-INSULANER – Melanesien
PEORIA – Plains NA
PEPEHA – Melanesien
PEQUOT – NO NA
PERAK JAHAI – SO Asien
PERAMANGK – Australien
PERANAKAN – SO Asien
PERICU – Mittelamerika
PERSER – Naher Osten
PETAMINI – Melanesien
PETITSIKAPAU – NO NA
PEUL (Fulani, Fulbe) – W Afrika
PEWENCHE – Anden
PHALABORWA – S Afrika
PHOKA – O Afrika
PHONG – SO Asien
PHÖNIX-INSULANER – Polynesien
PHOU NOY – SO Asien
PHOU THAY – SO Asien
PHUAN – SO Asien
PIANOKOTO – Orinokobecken
PIAPOCO – Amazonasbecken
PIAPOT – Plains NA
PIAROA – Orinokobecken
PIBELMEN – Australien
PICAYUNE CHUKCHANSI – Ferner Westen NA
PICUNCHE – Anden
PICURIS PUEBLO – SW NA
PIEGAN – Plains NA
PIEMONTESEN – S Europa
PIJAO – Anden
PIKANGIKUM – NO NA
PIKELOT – Mikronesien
PILAGA – Z SA
PILATAPA – Australien
PIMA – SW NA
PIMA BAJO – Mittelamerika
PINDE – Z Afrika
PINDIINI – Australien
PINDJARUP – Australien
PINE CREEK – Plains NA
PINGANGNAKTOGMIUT – Arktis
PINI – Australien
PINOLEVILLE POMO – Ferner Westen NA
PINTUBI – Australien
PIPIL – Mittelamerika
PIQUAL SEPT SHAWNEE – NO NA
PIRAHA – Amazonasbecken
PIRIOU – Orinokobecken
PIRO – Amazonasbecken
PIRO – SW NA
PISA – Melanesien
PISCATAWAY – NO NA
PISCATAWAY CONOY – NO NA
PISIGSARIFIK – Arktis
PITAPITA – Australien
PITCAIRN – Polynesien
PITJANTATJARA – Australien
PITJARA – Australien
PIT-RIVER-STAMM – Ferner Westen NA
PIUTE (Paiute) – Großes Becken NA
PIZ MOBERT – NO NA
PLAINS APACHEN (Kiowa Apachen) – Plains NA
PLAINS CREE – Plains NA
PLAWI – W Afrika
POARCH CREEK – SO NA
PODZO – O Afrika
POGORO – O Afrika
PRAIRIE POTAWATOMI – Plains NA
PRANJE – Melanesien
PREMINGANA – Australien
PROVENCALEN – W Europa
PSCHAWEN – Kaukasus
PUEBLO – SW NA
PUELCHE (Guennakin) – Z SA
PUINAVE – Amazonasbecken
PUIPLIRMIUT – Arktis
PUISORTOK – Arktis
PUKAPUKA – Polynesien

Das Leben ist kurz, aber ein Lächeln braucht kaum eine Sekunde.

KUBANISCHES SPRICHWORT

POHEY – Karibik
POHLIK – Ferner Westen NA
POHNPEI-INSULANER – Mikronesien
POHOY – SO NA
POJOAQUE PUEBLO – SW NA
POJULU – O Afrika
POKAGON POTAWATOMI – NO NA
POKOMAM – Mittelamerika
POKOMAN – Mittelamerika
POKOMO – O Afrika
POKONCHI – Mittelamerika
POKOT (Suk) – O Afrika
POLAR-ESKIMOS – Arktis
POLEN – Z Europa
POLNISCHE TSCHUKTSCHEN – O Europa
POMAKEN – Naher Osten
POMO – Ferner Westen NA
POMOUIK – SO NA
PONAPE – Mikronesien
PONCA – Plains NA
PONGAPONGA – Australien
PONGO – W Afrika
PONTI – S Europa
PONTUNJ – Australien
POOSPATUCK – NO NA
POPAYANENSO – Anden
POPOLOCA – Mittelamerika
POPOLUCA – Mittelamerika
POQOMAM – Mittelamerika
POQOMCHI' – Mittelamerika
PORTARUWUTJ – Australien
PORTAULUN – Australien
PORTUGIESEN – W Europa
POTANO – SO NA
POTAWATOMI – Plains NA
POTIDJARA – Australien
POTIGUARA – Amazonasbecken
POTTER POMO – Ferner Westen NA
POVEN – Arktis
POWHATAN – SO NA
POWHATAN RENAPE – NO NA
POYA – Anden
POYNDU – Australien
POZO – Anden
PULANA – S Afrika
PULAP – Mikronesien
PULAYAN – S Asien
PULUSUK – Mikronesien
PUMAN – O Asien
PUME (Yaruro) – Orinokobecken
PUMI – O Asien
PUN – S Asien
PUNABA – Australien
PUNAN – SO Asien
PUNEITJA – Australien
PUNJABI – S Asien
PUNTHAMARA – Australien
PUNU – O Asien
PUNU – Z Afrika
PURANETER – Australien
PUREPECHA (Tarasken) – Mittelamerika
PURI – Z SA
PURIGOTO – Orinokobecken
PURIK – O Asien
PURUHA – Anden
PURUM – S Asien
PUSHT I KUH – Naher Osten
PUTHAI – SO Asien
PUTHLAVAMIUT – NO NA
PUYALLUP – Nordwestküste NA
PUYUMA – O Asien
PWO – SO Asien

Q'ANJOB'AL (Kanjobalen) – Mittelamerika
Q'EQCHI (Kekchen) – Mittelamerika

KAYAPÓ-INDIANER IN BRASILIEN

Q'EROS – Anden
QAERNERMIUT – Arktis
QAHATIKA – SW NA
QAHTAN – Naher Osten
QALANDAR – S Asien
QARARSHA – Naher Osten
QASHQAI – Naher Osten
QAUMAUANGMIUT – Arktis
QAZAQ (Kasachen) – Z, O Asien
QIANG – O Asien
QIMANT – O Afrika
QINGUAMUIT – Arktis
QIZILBASH – Z Asien
QUAKERS – NO NA
QUALICUM – Nordwestküste NA
QUAMAUANGMIUT – NO NA
QUAPAW (Akansa) – Plains NA
QUDA'A – Naher Osten
QUECHAN – SW NA
QUECHUA (Runa) – Anden
QUEET – Nordwestküste NA
QUERANDI – Z SA
QUERO – Mittelamerika
QUI (Dulong, Qui) – O Asien
QUIANG – O Asien
QUICHE (K'iche') – Mittelamerika
QUICHUA – Anden
QUIENJIANG – O Asien
QUILEUTE – Nordwestküste NA
QUILIGUA (Kiliwi) – Mittelamerika
QUILLACA – Anden
QUILLACINGA – Anden
QUIMBAYA – Anden
QUINAULT – Nordwestküste NA
QUINDIO – Anden
QYRGHYZ (Kirgisen) – O Asien

RABAI – O Afrika
RABHA – S Asien
RACHA – Kaukasus
RAGLAI – SO Asien
RAHANWAYN – O Afrika
RAI – S Asien
RAIAPU – Melanesien
RAINBARNGO – Australien
RAINTANA – Melanesien
RAIS – Naher Osten
RAJPUTEN – S Asien
RAKHINES – SO Asien
RAKKAIA – Australien
RAMA – Mittelamerika
RAMINDJERI – Australien
RAMKOKAMEKRA (Canela) – Amazonasbecken
RAMONA – Ferner Westen NA
RANA – S Asien
RAPA – W Europa
RAPA NUI (Bewohner der Osterinsel) – Polynesien
RAPPAHANNOCK – SO NA
RAROIA – Polynesien
RASCHIDEN – Naher Osten
RASTAFARI – Karibik
RATAGNON – SO Asien
RATHAWA – S Asien
REDDI – S Asien
REDJANG – SO Asien
REGEIBAT – N Afrika
RELA – N Afrika
REMBARUNGA – Australien
REMO – Anden
RENDILLE – O Afrika
RENGAO – SO Asien
RENNELL-INSULANER – Melanesien
RESIGHINI YUROK – Ferner Westen NA
REYESANO – Amazonasbecken
RHADE – SO Asien
RIANG – O Asien
RIBE – O Afrika
RIF – N Afrika
RIJAL AL MA – Naher Osten
RINCON – Ferner Westen NA
RINGARINGA – Australien
RISTEBURA – Australien
RITARNGO – Australien
RIYAM – Naher Osten
RIZEGAT – Z Afrika
ROANOKE – SO NA
ROBODA – Melanesien
ROCKY CREE – NO NA
ROGLAI – SO Asien
ROHINGYA (Arakanesen) – SO Asien
ROKA – S Afrika
ROLONG – S Afrika
ROM – Mittelamerika
ROMA (Zigeuner) – Europa
RORO – Melanesien
ROSCHANI – Z Asien
ROSEBUD SIOUX – Plains NA
ROSSEL-INSULANER – Melanesien
ROTE KAREN (Kayah) – SO Asien
ROTE THAI (Tai Deng) – SO Asien
ROTINESEN – SO Asien
ROTUMAN – Polynesien
ROUCOUYENNE (Wayana) – Orinokobecken
ROZVI – S Afrika
RUCANA – Anden
RUCUYEN – Amazonasbecken
RUFIJI – O Afrika
RUKAI – O Asien
RUKUBA – W Afrika
RUMAI – O Asien
RUMÄNEN – O Europa
RUMELISCHE TÜRKEN – Naher Osten
RUMSEY WINTUN – Ferner Westen NA
RUNA (Quechua) – Anden
RUNBUBURA – Australien
RUNGARUNGAWA – Australien

RUNGUS – SO Asien
RUSCHANEN – Z Asien
RUSSEN – Z, O Asien, O Europa
RUTULER – Kaukasus
RYUKYU-INSULANER (Okinawin) – O Asien

SA DANG – SO Asien
SAAR – Naher Osten
SABANEQUE – Karibik
SABASKONG (Onegaming Ojibway) – NO NA
SABERI – Melanesien
SABRA – Naher Osten
SADHU – S Asien
SAEK (Xek) – SO Asien
SAFAIHA (Laheiwat) – Naher Osten
SAFWA – O Afrika
SAGADA IGOROT (Lepanto) – SO Asien
SAGAMOK ANISHNAWBEK – NO NA
SAGARA – O Afrika
SAGDLIRMIUT – Subarktis
SAGINAW CHIPPEWA – NO NA
SAHARWAIS – N Afrika
SAHI – W Afrika
SAHO – O Afrika
SAHTU DENE – Arktis
SAID ATBA – N Afrika
SAISIAT – O Asien
SAKALAVA – O Afrika
SAKHA (Jakuten) – Arktis
SAKIMAY – Plains NA
SAKUYE – O Afrika
SALA – O Afrika
SALAJAR – SO Asien
SALAKAHADI – Melanesien
SALAR – O Asien
SALASAKA – Anden
SALAWATI – Melanesien
SALINAN – Ferner Westen NA
SALISCH – Nordwestküste NA
SALISHAN BELLA COOLA – Nordwestküste NA
SALIVA – Orinokobecken
SALOR – Z Asien
SALUAN – SO Asien
SAM TAO – SO Asien
SAMAAL – O Afrika
SAMAHQUAM – Nordwestküste NA
SAMAL – SO Asien
SAMALEK – Melanesien
SAMARITER – Naher Osten
SAMARSAKAN – Kaukasus
SAMBAA – O Afrika
SAMBAL – SO Asien
SAMBALEN – SO Asien
SAMBAS – SO Asien
SAMBIA – Melanesien
SAMBIOA – Amazonasbecken
SAMBURU – O Afrika
SAMEN (Lappen) – N Europa
SAMIA – O Afrika
SAMISCH – Nordwestküste NA
SAMO – W Afrika
SAMOANER – Polynesien
SAMOJEDEN (Nenet, Nenzen) – Arktis
SAMPIT – Plains NA
SAMRE – SO Asien
SAMTAL – S Asien
SAN (Basarwa, Buschmänner) – S Afrika
SAN CRISTOBAL-INSULANER – Melanesien
SAN'HA – Karibikküste SA
SANAPANA – Z SA
SANDAWE – O Afrika
SANDIA PUEBLO – SW NA
SANEI – O Asien
SANEMA – Karibikküste SA
SANGA – Z Afrika
SANGIL – SO Asien
SANGIR – SO Asien
SANGO – Z Afrika
SANGU – O Afrika
SANHAJA – N Afrika
SANPOIL – Nordwestküste NA
SANSU – O Asien
SANTA-CRUZ-INSULANER – Melanesien
SANTAL – S Asien
SANTANDAR – W Europa
SANTEE SIOUX – Plains NA
SANTIAM – Nordwestküste NA
SANYE – O Afrika
SAOCH – SO Asien
SAPARA – Melanesien
SAPO – W Afrika
SAPONI – SO NA
SAPOTAWEYAK CREE – Plains NA
SAR – Z Afrika
SARA – Z Afrika
SARAGURO – Anden
SARAKATSANI – S Europa
SARAMAKA – Amazonasbecken
SARCEE – Plains NA
SARDEN – S Europa
SARIG – Z Asien
SARIKOLI – Z Asien
SARNIA CHIPPEWA – NO NA
SARSI – Nordwestküste NA
SART (Tadschiken) – Z Asien
SASAK – SO Asien
SATAR – S Asien
SATSUP – Nordwestküste NA
SATURIWA – SO NA
SAUGEEN – NO NA
SAUI – Melanesien
SAUIANA – Amazonasbecken
SAUK (Sac) – Plains NA
SAUK SUIATTLE – Nordwestküste NA
SAULTEAUX – Plains NA
SAUMINGMIUT – Arktis
SAVARA – S Asien
SAVUNESEN – SO Asien
SAWAI – SO Asien
SAWOS – Melanesien
SAYISI DENE – Plains NA
SAYYIDEN – Naher Osten
SAZ (Sauk) – Plains NA
SCATICOOK – NO NA
SCHACHSEWENEN (Ilsaven) – Kaukasus
SCHAGHTICOKE – NO NA
SCHAMATAIRI – Orinokobecken
SCHIRIANA – Orinokobecken
SCHLESIER – Z Europa
SCHOREN – Z Asien
SCHOSCHONEN (Shoshoni) – Großes Becken NA
SCHOSCHONEN-BANNOCK – Großes Becken NA
SCHOSCHONEN-PAIUTE – Großes Becken NA
SCHOTTEN – N Europa
SCHWARZE THAI (Tai Dam) – SO Asien
SCHWEDEN – N Europa
SCHWEIZER – W Europa
SCUGOG MISSISSAUGA – NO NA
SEBEI – O Afrika
SEBUANO – SO Asien
SECHELT – Nordwestküste NA
SECOTAN – SO NA
SECOYA – Amazonasbecken
SEDANG (Xo dang) – SO Asien
SEGEJU – O Afrika
SEHARIA – S Asien
SEK – SO Asien
SEKANI – Nordwestküste NA
SEKELE – S Afrika
SELEPET – Melanesien
SELETZ – Nordwestküste NA
SELKNAM (Ona) – Patagonien
SELKUPEN – Subarktis
SELUNG – SO Asien
SEMAI – SO Asien
SEMALAI – SO Asien
SEMANG – SO Asien
SEMARIJI – Melanesien
SEMELAI – SO Asien
SEMIAHMOO – Nordwestküste NA
SEMINOLEN – Plains, SO NA
SEMOQ BERI – SO Asien
SENA – O Afrika
SENECA – NO NA
SENECA CAYUGA – Plains NA
SENGA – O Afrika
SENGSENG – Melanesien
SENOI – SO Asien
SENTINELESEN – S Asien
SENUFO – W Afrika
SEPHARDISCHE JUDEN – Naher Osten
SERAHULI – W Afrika
SERAMINA – Melanesien
SERBEN – Z Europa
SERE – O Afrika
SERER – W Afrika
SERI – Mittelamerika
SERRANO – Ferner Westen NA
SESO – O Afrika
SEWA – Z Afrika
SGAW – SO Asien
SHABAR – S Asien
SHACKAN – Nordwestküste NA
SHACRIABA – Z SA

Jene, die keinen Zaun
um ihr Land haben,
kennen keine Feinde.

BURUNDISCHES SPRICHWORT

SHADERLI – Kaukasus
SHAKE – Z Afrika
SHAKOPEE SIOUX – Plains NA
SHAMATARI – Amazonasbecken
SHAMATTAWA – Plains NA
SHAMBAA – O Afrika
SHAMRAN – Naher Osten
SHAN – O, SO Asien
SHANAFIR – Naher Osten
SHANGANA – S Afrika
SHANJO – S Afrika
SHARANAHUA – Amazonasbecken
SHARARAT – Naher Osten
SHARCHOP – S Asien
SHASHI – O Afrika
SHASTA – Ferner Westen NA
SHAVANTE – Amazonasbecken
SHAWANAGA – NO NA
SHAWIYA – N Afrika
SHAWNEE – Plains NA
SHE – O Asien
SHEGUIANDAH – NO NA
SHEIKH – Z Asien
SHENABLA – Z Afrika
SHERBRO – W Afrika
SHERENTE – Amazonasbecken
SHERPA – S Asien
SHESHEGWANING – NO NA
SHETEBO – Anden
SHETLÄNDER – N Europa
SHEWA – O Afrika
SHI – Z Afrika
SHILA – Z Afrika
SHILLUK (Collo) – Z Afrika
SHINAN – Z Asien
SHINNECOCK – NO NA
SHIPAYA – Amazonasbecken
SHIPIBO – Amazonasbecken
SHIRIANA – Amazonasbecken
SHLEUH – N Afrika
SHLUH – N Afrika
SHOKLENG – Z SA
SHONA – S Afrika
SHOSHONI (Schoschonen) – Großes Becken NA
SHUA (Tshwa, Tyua) – S Afrika
SHUAR (Jivaro) – Amazonasbecken
SHUBENACADIE – NO NA
SHUCURU (Shukuru) – Amazonasbecken
SHUGNAN – Z Asien
SHUI – O Asien
SHUKURU (Shucuru) – Amazonasbecken
SHUMA – Plains NA
SHUSWAP – Nordwestküste NA
SHUWA – W Afrika
SIAMESEN (Thai) – SO Asien
SIAN – SO Asien
SIANE – Melanesien
SIBEA – Naher Osten
SIBIRISCHE ESTLÄNDER – N Europa
SIDAMA – O Afrika
SIDAMO – O Afrika
SIDI – S Asien
SIERRA MIWOK – Ferner Westen NA
SIHANAKA – O Afrika
SIKAIANAN-INSULANER – Melanesien
SIKANESEN – SO Asien
SIKON – W Afrika
SIKSIKA – Plains NA
SIKUANI – Orinokobecken
SILA (Sy La) – SO Asien
SIMAA – S Afrika
SIMBA – Z SA
SIMONG – S Asien
SIMORE – Melanesien
SINABO – Amazonasbecken
SINDAGUA – Anden
SINDHI – S Asien
SINGMUN (Xing Moun) – SO Asien
SINHALESEN – S Asien
SIO – Melanesien
SIONA – Amazonasbecken
SIOUX – Plains NA
SIPACAPA – Mittelamerika
SIPAKAPENSE – Mittelamerika
SIRAYA – SO Asien
SIRIONO – Z SA
SISKA – Nordwestküste NA
SISO – Z Afrika
SISSETON WAHPETON SIOUX – Plains NA
SITKA – Nordwestküste NA
SIUAI (Siwai) – Melanesien
SIUSLAW – Nordwestküste NA
SIWAI (Siuai) – Melanesien
SIWANG – SO Asien
SIZILIANER – S Europa
SKAGIT – Nordwestküste NA
SKANDINAVIER – N Europa
SKAWAHLOOK – Nordwestküste NA
SKEETCHESTN – Nordwestküste NA
SKILLOOT – Nordwestküste NA
SKOKOMISCH – Nordwestküste NA
SKOLT-LAPPEN – N Europa
SKOOKUMCHUK – Nordwestküste NA
SKOWKALE – Nordwestküste NA
SKUPPAH – Nordwestküste NA
SLAVEY – Subarktis
SLAWEN – Z Europa
SLEB – Naher Osten
SLIAMMON – Nordwestküste NA
SLOWAKEN – Z Europa
SLOWENEN – Z Europa
SNAKE – Großes Becken NA
SNAUSI – N Afrika
SNOHOMISH – Nordwestküste NA
SNOQUALMIE – Nordwestküste NA
SO – SO Asien
SO ALABAMA CHEROKEE – SO NA
SOBO – W Afrika
SOBOBA – Ferner Westen NA
SODA CREEK – Nordwestküste NA
SOGA – O Afrika
SOKAOGON CHIPPEWA – NO NA
SOLI – S Afrika
SOLIGARU – S Asien
SOLIMAN – Amazonasbecken
SOLOMON-INSULANER – Melanesien
SOLORESEN – SO Asien
SOMALI – O Afrika
SOMALI BONI (Aweer, Kilii) – O Afrika
SOMBRA – W Afrika
SONGHAI – W Afrika
SONGHEES – Nordwestküste NA
SONGISH – Nordwestküste NA
SONGO – Z Afrika
SONGU – Melanesien
SONGYE – Z Afrika
SONINKE – W Afrika
SOOKE – Nordwestküste NA
SOP – SO Asien
SORA – S Asien
SORBEN (Wenden) – W Europa
SORK – SO Asien
SOROL – Mikronesien
SORONGO – Z Afrika
SOTAK – O Europa
SOTATIPO – O Asien
SOTHO (Pedi) – S Afrika
SOU – SO Asien
SOUEI (Xouay) – SO Asien
SOUNGOR – N Afrika
SOUNINKE – W Afrika
SPALLUMCHEEN – Nordwestküste NA
SPANIER – W Europa
SPOKANE – Nordwestküste NA
SPUZZUM – Nordwestküste NA
SQUAMISH – Nordwestküste NA
SQUAXIN – Nordwestküste NA
SRAGHNA – N Afrika
SSINGO – O Afrika
STALO – Nordwestküste NA
STANJIKOMING – NO NA
STAR CREEK – SO NA
STEILACOOM – Nordwestküste NA
STIENG (X. Tieng) – SO Asien
STIKINE – Nordwestküste NA
STILETZ – Nordwestküste NA
STILLAGUAMISH – Nordwestküste NA
STO:LO – Nordwestküste NA
STOCKBRIDGE – NO NA
SUA – Z Afrika
SUAHELI – O Afrika
SUAU – Melanesien
SUBANUN – SO Asien
SUBI – O Afrika
SUBIYA – S Afrika
SÜD-EPEHUAN – Mittelamerika
SÜDLICHE CHEROKEE – SO NA
SÜDLICHE CHEYENNE – Plains NA
SÜDLICHE PAIUTE – Großes Becken NA
SÜDLICHE PIEGAN – Plains NA
SÜDLICHE SIERRA MIWUK – Ferner Westen NA
SÜDLICHE UTE – Großes Becken NA
SÜD-TEHUELCHE – Patagonien
SÜD-THAI (Pak Thai) – SO Asien
SUFRAI – Melanesien
SUHULEN – Naher Osten
SUK (Pokot) – O Afrika
SUKA – Melanesien
SUKI – Melanesien
SUKKERTOPPEN – Arktis
SUKU – Z Afrika

KINDER UND EIN PONY IN DUBLIN, IRLAND

SUKUMA – O Afrika
SULA – SO Asien
SULOD – SO Asien
SUMBA – SO Asien
SUMBANESEN – SO Asien
SUMBAWAN – SO Asien
SUMBWA – O Afrika
SUMU – Mittelamerika
SUNDANESEN – SO Asien
SUNDI – Z Afrika
SUNWAR – S Asien
SUQUAMISH – Nordwestküste NA
SURI – O Afrika
SURUI – Amazonasbecken
SUSQUEHANA – NO NA
SUSU – W Afrika
SUTENAI – Plains NA
SUTRAI – Melanesien
SUWARKA – Naher Osten
SUYA – Amazonasbecken
SWAKA – Z Afrika

Sei froh, solange du lebst,
tot bist du lange genug.

SCHOTTISCHES SPRICHWORT

SWAMPY CREE – NO NA
SWANEN – Kaukasus
SWANGLA – S Asien
SWAZI – S Afrika
SWINOMISH – Nordwestküste NA
SY LA (Sila) – SO Asien
SYCUAN – Ferner Westen NA
SYRJÄNEN – N Europa
SZEKLER – O Europa

/TAISO – S Afrika
/TANNEKWE – S Afrika
T'EN – O Asien
T'IN (Htin, Thin) – SO Asien
TA LIANG – SO Asien
TA OY – SO Asien
TABASARANER – Kaukasus
TABTULABAL – Ferner Westen NA
TABUN – SO Asien
TABWA – Z Afrika
TACANA – Amazonasbecken
TACARIGUA – Karibikküste SA
TACATACURA – SO NA
TADO – Anden
TADOUSSAC – NO NA
TADSCHIKEN (Sart) – Z Asien
TADVI – S Asien
TADYAWAN – SO Asien
TAGABILI – SO Asien
TAGAKAOLO – SO Asien
TAGAL – SO Asien
TAGALAG – Australien
TAGALOG – SO Asien
TAGBANOUA – SO Asien
TAGIN – S Asien
TAGISH – Subarktis
TAGOMAN – Australien
TAHITIANER – Polynesien
TAHLTAN – Nordwestküste NA
TAI (Hmong, Meo, Miao, Mong) – S, SO Asien
TAI DAM (Schwarze Thai) – SO Asien
TAI DENG (Rote Thai) – SO Asien
TAI KHAO (Weiße Thai) – SO Asien
TAIMANI (Taimuri) – Z Asien
TAIMORO – O Afrika
TAIMURI (Taimani) – Z Asien
TAINO – Karibik
TAIOR – Australien
TAIRA – Orinokobecken
TAIRORA – Melanesien
TAISAKA – O Afrika
TAKU – Nordwestküste NA
TALAMANCA – Mittelamerika
TALANDJI – Australien
TALI – SO NA
TALISCHEN – Kaukasus
TALLANEN – Anden
TALLCREE – Plains NA
TALLENSI – W Afrika
TAMA – N Afrika
TAMACHEQ (Tuareg) – N Afrika
TAMANACO – Orinokobecken
TAMANG – S Asien
TAMATHLI – SO NA
TAMAULIPECO – Mittelamerika
TAMAYA – Melanesien
TAMAZIGHT – N Afrika
TAMBAHOAKA – O Afrika
TAMBARO – O Afrika
TAMBO – O Afrika
TAMILEN – S Asien
TAMONG – S Asien
TAMOYO – Z SA
TANACROSS – Subarktis
TANAINA – Subarktis
TANALA – O Afrika
TANDROY – O Afrika
TANG – W Afrika
TANGA – Z Afrika
TANGA-INSULANER – Melanesien
TANGANEKALD – Australien
TANGARA – Australien
TANGGUM – Melanesien
TANGU – Melanesien
TANIKUTTI – Australien
TANIMBAR – Melanesien
TANKA – O Asien
TANKARANA – O Afrika
TANNESEN – Melanesien
TANOSY – O Afrika
TANUMUKU – Amazonasbecken
TAONKAWA – Plains NA
TAOS PUEBLO – SW NA
TAPAJO – Amazonasbecken
TAPARITO – Orinokobecken
TAPE – Z SA
TAPIETE – Z SA
TAPIRAPE – Amazonasbecken
TAPKO – Z Asien
TAPOAJA – Amazonasbecken
TARAHUMARA – Mittelamerika
TARAHUMARA – SW NA
TARARIU – Z SA
TARASKAN-NDIANER (Purepecha) – Mittelamerika
TAREUMIUT – Arktis
TARGARI – Australien
TARIANA – Amazonasbecken
TARIBELANG – Australien
TARMA – Anden
TARO – Melanesien
TARUBURA – Australien
TARUMA – Amazonasbecken
TARUMBUL – Australien
TASADAY – SO Asien
TASETSAUT – Nordwestküste NA
TASHILHIT – N Afrika
TASIUSAK – Arktis
TATAREN – O Asien
TATEN – Kaukasus
TATITATI – Australien
TATSANUTTINE – Arktis
TATUNGALUNG – Australien
TATUYO – Amazonasbecken
TAU – S Afrika
TAUADE – Melanesien
TAULIPANG (Pemon) – Orinokobecken
TAUNGTHU – SO Asien
TAUNGURONG – Australien
TAUSUG – SO Asien
TAVETA – O Afrika
TAVGI JAKUTEN – Arktis
TAWAHKA – Mittelamerika
TAWAKONIE – Plains NA
TAWANA – S Afrika
TAWARA – O Afrika
TAY – SO Asien
TAYY – Naher Osten
TCHAMBULI – Melanesien
TCHINOUK – Nordwestküste NA
TE MOAK – Großes Becken NA
TEBRANUYKUNA – Australien
TEBU – N Afrika
TECO (Cuitlateken) – Mittelamerika
TEDA – N Afrika
TEDEI – Australien
TEDONG – SO Asien
TEGLIN – Nordwestküste NA
TEHATCHAPI – Ferner Westen NA
TEHEULCHE (Tsoneca) – Patagonien
TEITA – O Afrika
TEKASTA – SO NA
TEKE – Z Afrika
TEKESTA – Karibik
TEKKE – Z Asien
TEKNA – N Afrika
TELEFOLMIN – Melanesien
TELUGU – S Asien
TEMAGAMI – NO NA
TEMBA – W Afrika
TEMBE – Amazonasbecken
TEMIAR – SO Asien
TEMNE (Timmannee) – W Afrika
TEMOQ – SO Asien
TEMUAN – SO Asien
TENANA – Subarktis
TENE – W Afrika
TENETEHARA – Amazonasbecken
TENGGERESEN – SO Asien
TENINO – Nordwestküste NA
TENMA – Australien
TEOCHIU – O Asien
TEPECANO – Mittelamerika
TEPEHUAN – Mittelamerika
TEPETH – O Afrika
TEPITI – Australien
TEPPATHIGGI – Australien
TEQUE – Karibikküste SA
TEQUISTLATEKEN – Mittelamerika
TERABIN – Naher Osten
TERALINAK – Australien
TERECUMA – Amazonasbecken
TEREMEMBE – Amazonasbecken
TERENA – Z SA
TERIBE – Mittelamerika
TERIK – O Afrika
TERNATAN – SO Asien
TERRABA – Mittelamerika
TERRABURA – Australien
TESLIN TLINGIT – Arktis
TESO – O Afrika
TESUQUE PUEBLO – SW NA
TETON SIOUX (Lakota Sioux) – Plains NA
TETUM – SO Asien
TEUESH – Patagonien
TEVE – S Afrika
TEWA – Plains NA
TEWA PUEBLO – SW NA
TEWELCHE – Patagonien
TEWI – W Afrika
TH WENE – S Afrika
THADOU – S Asien
THAGICU – O Afrika
THAI (Siamesen) – SO Asien
THAI LAO (Lao Isan) – SO Asien
THAKALI – S Asien
THAKURI – S Asien
THAPA – S Asien
THAQIF – Naher Osten
THARAKA – O Afrika
THARAWAL – Australien
THARU – S Asien
THAUA – Australien
THEDDORA – Australien
THEMBU – S Afrika
THEREILA – Australien
THESSALON – NO NA
THIN (Htin, T'in) – SO Asien
THLALERWA – S Afrika
THLOPTHLOCCO CREEK – Plains NA
THO – SO Asien
THUG – S Asien
THURI – Z Afrika
THURIBURA – Australien
TIAK – Melanesien
TIATINAGUA – Amazonasbecken
TIBETER – O Asien
TIDOG – SO Asien
TIDONG – SO Asien
TIDORESEN – SO Asien
TIEFLANDMAYA – Mittelamerika
TIEFLANDSCHOTTEN – N Europa
TIGRAY – O Afrika
TIGRE – O Afrika
TIGUA – Plains NA
TIKAR – W Afrika
TIKERAMIUT – Arktis
TIKOPIA-INSULANER – Melanesien
TIKUNA – Amazonasbecken
TILBABURA – Australien
TILLAMOOK – Nordwestküste NA
TIMANAMBONDRO – O Afrika
TIMBA SHA SCHOSCHONEN – Großes Becken NA
TIMBARO – O Afrika
TIMBIRA – Amazonasbecken
TIMBU – Z SA
TIMISKAMING – NO NA
TIMMANNEE (Temne) – W Afrika
TIMORINI – Melanesien
TIMOTE – Karibikküste SA
TIMUCUA – SO NA
TINGAIAN – SO Asien
TINGAMITMIUT – Arktis
TIO – Z Afrika
TIONONATI – NO NA
TIPAI (Campo) – Ferner Westen NA
TIPURA (Moorang, Mro) – S Asien

Güte sieht nur die Not,
nicht die Ursache.

DEUTSCHES SPRICHWORT

TIRARI – Australien
TIRIKI – O Afrika
TIRIO (Trio) – Amazonasbecken
TIRIS – N Afrika
TIROLER – Z Europa
TIRURAY – SO Asien
TIV – W Afrika
TIWA – SW NA
TIWI – Australien
TIYAHA – Naher Osten
TJALKADJARA – Australien
TJAPUKAI – Australien
TJAPWURONG – Australien
TJERARIDJAL – Australien
TJIAL – Australien
TJINGILI – Australien
TJONGKANDJI – Australien
TJURORO – Australien
TJUUNDJI – Australien
TL'ETINQOX T'IN – Nordwestküste NA
TLA O QUI AHT – Nordwestküste NA
TLAPANEKEN – Mittelamerika
TLHAPING – S Afrika
TLHARA – S Afrika
TLINGIT – Nordwestküste NA
TLOWITSIS MUMTAGILA – Nordwestküste NA
TOAKA – SO Asien
TOALA – SO Asien
TOARIPI – Melanesien
TOBA – Z SA
TOBAJARA – Amazonasbecken
TOBELORESEN (Tobolesen) – SO Asien
TOBIQUE – NO NA
TOBOLESEN (Tobeloresen) – SO Asien
TOBOSO – Plains NA
TOCOBAGA – SO NA
TODA – S Asien
TOFALAREN – Z Asien
TOGEMAN – Australien
TOHONO O'ODHAM (Papago) – SW NA
TOJOLAB'AL – Mittelamerika
TOKA – S Afrika
TOKELAUN – Polynesien
TOLAI – Melanesien
TOLOWA – Ferner Westen NA
TOLUPAN (Jicaque, Torrupanen) – Mittelamerika
TOMA – W Afrika
TOMAGRA – N Afrika
TOMBEMA – Melanesien
TOMINI – SO Asien
TONAWANDA SENECA – NO NA
TONGA – S Afrika
TONGAER – Polynesien
TONGAREVA – Polynesien
TONGASS – Nordwestküste NA
TONGWE – O Afrika
TONKAWA – Mittelamerika
TONKAWA – Plains NA
TONOCOTE – Z SA
TONTO APACHEN – SW NA
TOOSEY – Nordwestküste NA
TOOTINAOWAZIIBEENG – Plains NA
TOPACHULA – SO NA
TOPOSA – O Afrika
TOQUAHT – Nordwestküste NA
TOR – Melanesien
TORADJA – SO Asien
TORAJA – SO Asien
TORI – W Afrika
TORO – O Afrika
TOROMONA – Amazonasbecken
TORRES MARTINEZ – Ferner Westen NA

TORRES-STRASSE-INSULANER – *Australien*
TORRUPANEN (Jicaque, Tolupanen) – *Mittelamerika*
TORY-INSULANER – *N Europa*
TOSKANER – *S Europa*
TOSKEN – *S Europa*
TOSTO – *Karibikküste SA*
TOTBOSOS – *Mittelamerika*
TOTELA – *S Afrika*
TOTJ – *Australien*
TOTOK – *SO Asien*
TOTONAKEN – *Mittelamerika*
TOUBOU – *N Afrika*
TOUBOURI – *W Afrika*
TOUCOULEUR (Tukulor) – *W Afrika*
TOUM (Tum) – *SO Asien*
TOWA PUEBLO – *SW NA*
TRALAKUMBINA – *Australien*
TRINITARIO – *Amazonasbecken*
TRIO (Tirio) – *Amazonasbecken*
TRIQUE – *Mittelamerika*
TROBRIANDER – *Melanesien*
TRUKESEN (Chuuk-Insulaner) – *Mikronesien*
TRUMAI – *Amazonasbecken*
TRY (Chli) – *SO Asien*
TS'KW'AYLAXW – *Nordwestküste NA*
TSACHURIER – *Kaukasus*
TSARTLIP – *Nordwestküste NA*
TSATCHELA (Colorado) – *Anden*
TSATTINE – *Nordwestküste NA*
TSAUKWE – *S Afrika*
TSAWATAINEUK – *Nordwestküste NA*
TSAWOUT – *Nordwestküste NA*
TSAY KEH DENE – *Nordwestküste NA*
TSCHECHEN – *Z Europa*
TSCHEREMISSEN (Mari) – *O Europa*
TSCHETSCHEN – *Kaukasus*
TSCHUKOTKA – *Arktis*
TSCHUKTSCHEN – *Arktis*
TSCHUWANEN – *Arktis*
TSCHUWASCHEN – *O Europa*
TSEGA – *S Afrika*
TSEKU – *O Asien*
TSEREKWE – *S Afrika*
TSESHAHT – *Nordwestküste NA*
TSEYCUM – *Nordwestküste NA*
TSHASI – *S Afrika*
TSHWA (Shua, Tyua) – *S Afrika*
TSIMIHETY – *O Afrika*
TSIMSHIAN – *Nordwestküste NA*
TSNUNGWE – *Ferner Westen NA*
TSOGO – *Z Afrika*
TSONECA (Teheulche) – *Patagonien*
TSONGAA – *S Afrika*
TSOU – *O Asien*
TSUU T'INA – *Plains NA*
TSWA – *Z Afrika*
TSWANA – *S Afrika*
TU (Monguor) – *O Asien*
TUALATIN – *Nordwestküste NA*
TUAMOTU – *Polynesien*
TUAREG (Tamacheq) – *N Afrika*
TUAREG KEL AHAGGAR – *N Afrika*
TUAREG KEL AJJER – *N Afrika*
TUAREG KEL FEROUAN – *N Afrika*
TUAREG KEL IFORA – *N Afrika*

Die Füße tragen einen Menschen dorthin, wo sein Herz ist.

ÄTHIOPISCHES SPRICHWORT

TUAREG URAREN – *N Afrika*
TUBAR – *Mittelamerika*
TUBATULABAL – *Ferner Westen NA*
TUBUAI – *Polynesien*
TUCANO – *Amazonasbecken*
TUGEN – *O Afrika*
TUIRIMNAINAI – *Orinokobecken*
TUJEN – *O Asien*
TUJIA – *O Asien*
TUKKONGO – *Z Afrika*
TUKULOR (Toucouleur) – *W Afrika*
TUKYLOR – *W Afrika*
TULU – *S Asien*
TULUA – *Australien*
TUM (Toum) – *SO Asien*
TUMBEZ – *Anden*
TUMBUKA – *O Afrika*
TUMBWE – *Z Afrika*
TUMEREHA – *Z SA*
TUNEBO – *Anden*
TUNG – *SO Asien*
TUNGUSEN (Ewenken) – *Arktis*
TUNICA – *SO NA*
TUNUNIRMIUT – *Arktis*
TUNUNIRUSIRMIUT – *Arktis*
TUNUVIVI – *Australien*
TUOLUMNE ME WUK – *Ferner Westen NA*
TUPARI – *Amazonasbecken*
TUPI – *Z SA*
TUPINAMBA – *Z SA*
TUPINAMBARANA – *Amazonasbecken*
TURA – *W Afrika*
TURKANA – *O Afrika*
TÜRKEN – *Naher Osten*
TÜRKISCHE ZYPRIOTEN – *S Europa*
TURKMENEN (Jomuten) – *Z Asien*
TURRBAL – *Australien*
TUSCARORA – *NO NA*
TUSCHEN – *Kaukasus*
TUSCOLA CHEROKEE – *SO NA*
TUSKEGEE – *SO NA*
TUTCHONE – *Subarktis*
TUTSI (Watussi) – *Z, O Afrika*
TUVALUANER – *Polynesien*
TUWINEN – *O Asien*
TUYUNERI – *Amazonasbecken*
TWA – *W Afrika*
TWANA – *Nordwestküste NA*
TXIKAO – *Amazonasbecken*
TXUKAHAMAI – *Amazonasbecken*
TYAVIKWA – *S Afrika*
TYOKWE – *S Afrika*
TYUA (Shua, Tshwa) – *S Afrika*
TZELTAL – *Mittelamerika*
TZOTZIL – *Mittelamerika*
TZUTUHIL – *Mittelamerika*

UAKA – *Orinokobecken*
UAKHANI – *Z Asien*
UALARAI – *Australien*
UANAN – *Amazonasbecken*
UASHAT MAK MANI UTENAM – *NO NA*
UBINA – *Anden*
UCHECKLESAHT – *Nordwestküste NA*
UCLUELET – *Nordwestküste NA*
UDAM – *W Afrika*
UDEGE – *O Asien*
UDEGEI – *Subarktis*
UDEN – *Kaukasus*
UDMURTEN (Wotjaken) – *O Europa*
UGARUNG – *Australien*
UHUNDUNI – *Melanesien*
UIGUREN – *Z, O Asien*
UKIT – *SO Asien*
UKONONGO – *O Afrika*
UKRAINER (Kleinrussen) – *O Europa*
UL'CHE – *O Asien*
ULAD YIHYA – *N Afrika*
ULITHI – *Mikronesien*
ULKATCHO – *Nordwestküste NA*
ULTSCHEN – *Subarktis*
UMANAK – *Arktis*
UMATILLA – *Nordwestküste NA*
UMBANDU – *Z Afrika*
UMEDE – *Australien*
UMOTINA – *Amazonasbecken*
UMPQUA – *Nordwestküste NA*
UNALIGMUT – *Arktis*
UNANGAN – *Arktis*
UNCOMPAHGRE – *Plains NA*
UNDANBI – *Australien*
UNGA – *Z Afrika*
UNGARINYIN – *Australien*
UNGARN (Magyaren) – *Z Europa*
UNGI – *Australien*
UNGORRI – *Australien*
UNJADI – *Australien*
UNKECHAUG POOSPATUCK – *NO NA*
UNTERE BRULE SIOUX – *Plains NA*
UNTERE CHINOOK – *Nordwestküste NA*
UNTERE CREEK – *SO NA*
UNTERE ELWHA KLALLAM – *Nordwestküste NA*
UNTERE KOOTENAY – *Nordwestküste NA*
UNTERE MUSKOGEE CREEK – *SO NA*
UNTERE NICOLA – *Nordwestküste NA*
UNTERE SIMILKAMEEN – *Nordwestküste NA*
UNTERE SIOUX – *Plains NA*
UNTERE UMPQUA – *Nordwestküste NA*
UNTSURI SHUAR – *Amazonasbecken*
UPERNAVIK – *Arktis*
UPILA – *W Afrika*
URALI – *S Asien*
URAMA – *Melanesien*
URAPMIN – *Melanesien*
URARINA – *Amazonasbecken*
URHOBO – *W Afrika*
URU (CHIPAYA) – *Anden*
URUBU (Kaapor) – *Amazonasbecken*
URUPA – *Amazonasbecken*
USHI – *O Afrika*
USINO – *Melanesien*
USPANTEKEN – *Mittelamerika*
USUKUMA – *O Afrika*
UTAIBAH – *Naher Osten*
UTE – *Großes Becken NA*
UTINA – *SO NA*
UTU UTU GWAITU PAIUTE – *Großes Becken NA*
UTUADO – *Karibik*
UVEANER – *Polynesien*
UZBEKEN – *Z Asien*

VACAROS DE EL ZADA – *W Europa*
VADEMA (Doma, Mvura) – *S Afrika*
VADEYEU NGANASANEN – *Arktis*
VAI – *W Afrika*
VAISI – *Naher Osten*
VALE – *S Afrika*
VALUNKA – *W Afrika*
VANATINAI – *Melanesien*
VARLI – *S Asien*
VASAVA – *S Asien*
VATWA – *S Afrika*
VEDDA (Wanniyala) – *S Asien*
VELLALA – *S Asien*
VENDA – *S Afrika*
VEZO – *O Afrika*
VIDUNDA – *O Afrika*
VIEJA – *Ferner Westen NA*
VIETNAMESEN (Nguoi Kinh) – *SO Asien*
VILELA – *Z SA*
VILI – *Z Afrika*
VINZA – *O Afrika*
VISAYAN – *SO Asien*
VOLTAIER – *W Afrika*
VONOMA – *O Afrika*
VOTO – *Mittelamerika*
VUGUSU – *O Afrika*

WA – *SO Asien*
WAAGAI – *Australien*
WAATA – *O Afrika*
WABAGA – *Melanesien*
WABASSEEMOONG (Islington) – *NO NA*
WABAUSKANG – *NO NA*
WABIGOON – *NO NA*
WABO – *Melanesien*
WACCAMAW SIOUX – *SO NA*
WACHANEN – *Z Asien*
WACO – *Plains NA*
WADAI – *N Afrika*
WADAMAN – *Australien*
WADANDI – *Australien*
WADERE – *Australien*
WADIJA – *Australien*
WADIKALI – *Australien*
WADJABANGAI – *Australien*
WADJALANG – *Australien*
WADJARI – *Australien*
WAGERA – *Z Afrika*
WAGGUMBURA – *Australien*
WAGMATCOOK – *NO NA*
WAGOMAN – *Australien*
WAHGOSHIG – *NO NA*
WAHNAPITAE – *NO NA*
WAHPETON DAKOTA – *Plains NA*
WAHTA MOHAWK – *NO NA*
WAICA (Yanomami) – *Amazonasbecken*
WAICURI – *Mittelamerika*
WAIGEO – *Melanesien*
WAIIEMI – *Melanesien*
WAILAKI – *Ferner Westen NA*
WAILBRI – *Australien*
WAILPI – *Australien*
WAIMIRI – *Amazonasbecken*
WAIRACU – *Amazonasbecken*
WAIWAI – *Amazonasbecken*
WAIYANA – *Amazonasbecken*
WAIYARIKULE – *Amazonasbecken*
WAKA – *Melanesien*
WAKABUNGA – *Australien*
WAKAJA – *Australien*
WAKAMAN – *Australien*
WAKARA – *Australien*
WAKAWAKA – *Australien*
WAKELBURA – *Australien*
WAKHI – *Z Asien*
WAKUENAI – *Amazonasbecken*
WALA – *W Afrika*
WALAMO – *O Afrika*
WALANGAMA – *Australien*
WALAPAI – *SW NA*
WALBANGA – *Australien*
WALBIRI (Walpiri, Warlpiri) – *Australien*
WALGALU – *Australien*
WALISER (Cymry) – *N Europa*
WALJEN – *Australien*
WALLA WALLA – *Nordwestküste NA*
WALLIRMIUT – *Arktis*
WALLONEN – *W Europa*
WALMADJARI – *Australien*
WALMADJE – *Australien*

Verlangen verschönert, was hässlich ist.

SPANISCHES SPRICHWORT

WALMBARIA – *Australien*
WALPIRI (Walbiri, Warlpiri) – *Australien*
WALU – *Australien*
WALUWAR – *Australien*
WAMA – *Amazonasbecken*
WAMBAIA – *Australien*
WAMIRA – *Melanesien*
WAMPANOAG AQUINNAH – *NO NA*
WANAMARA – *Australien*
WANANO – *Amazonasbecken*
WANAPAM – *Nordwestküste NA*
WANDA – *O Afrika*
WANDANDIAN – *Australien*
WANDARANG – *Australien*
WANDJIRA – *Australien*
WANEIGA – *Australien*
WANGAN – *Australien*
WANGARA – *W Afrika*
WANGKAJUNGA – *Australien*
WANJI – *Australien*
WANJIWALKU – *Australien*
WANJURU – *Australien*
WANKI – *Mittelamerika*
WANMAN – *Australien*
WANNIYALA (Vedda) – *S Asien*
WANTOAT – *Melanesien*
WAO (Auca, Huaorani, Waorani) – *Amazonasbecken*
WAORANI (Auca, Huaorani, Wao) – *Amazonasbecken*
WAPE – *Melanesien*
WAPEKEKA – *NO NA*
WAPISIANA – *Orinokobecken*
WAPPO – *Ferner Westen NA*
WAR – *W Afrika*
WARABUL – *Australien*
WARAKAMAI – *Australien*
WARAMANGA – *Australien*
WARANBURA – *Australien*
WARAO – *Orinokobecken*
WARAY WARAY – *SO Asien*
WARBAA – *Australien*
WARDAL – *Australien*
WARDAMAN – *Australien*
WARDANDI – *Australien*
WARE – *Melanesien*
WAREI – *Australien*
WARIANGGA – *Australien*
WARIPERIDAKENA – *Orinokobecken*
WARJAWA – *W Afrika*
WARKAWARKA – *Australien*
WARKI – *Australien*
WARLPIRI (Walbiri, Walpiri) – *Australien*
WARNDARRANG – *Australien*
WAROPEN – *Melanesien*
WARROAD CHIPPEWA (Kah Bay Kah Nong) – *Plains NA*
WARRUMUNGU – *Australien*
WARUNGU – *Australien*
WARURA – *Amazonasbecken*
WARWA – *Australien*
WASAGAMACK – *Plains NA*
WASAUKSING – *NO NA*
WASCO – *Nordwestküste NA*
WASHOE – *Großes Becken NA*
WASKAGANISH – *NO NA*
WASONGOLA – *Z Afrika*
WASTEKO (Huaxteken) – *Mittelamerika*
WASWANIPI – *NO NA*
WATERHEN – *Plains NA*
WATHAURUNG – *Australien*
WATIWATI – *Australien*
WATTA – *Australien*

WATUSSI (Tutsi) – *Z, O Afrika*
WATYI – *W Afrika*
WAURA – *Amazonasbecken*
WAUZHUSHK ONIGUM – *NO NA*
WAWAKAPEWIN – *NO NA*
WAYANA (Roucouyenne) – *Orinokobecken*
WAYAPI (Oyampi) – *Orinokobecken*
WAYORO – *Amazonasbecken*
WAYUMARA – *Amazonasbecken*
WAYUU (Guajiro) – *Karibikküste SA*
WAYWAYSEECAPPO – *Plains NA*
WAZIMBA – *Z Afrika*
WE WAI KAI – *Nordwestküste NA*
WE WAI KUM – *Nordwestküste NA*
WEAPEMEOC – *SO NA*
WEBEQUIE – *NO NA*
WEBER UTE – *Großes Becken NA*
WEENUSK – *NO NA*
WEIHNACHTSINSEL, BEWOHNER DER (Kiritimati-Insulaner) – *Polynesien*
WEILWAN – *Australien*
WEISSE KAREN – *SO Asien*
WEISSE TAI – *O Asien*
WEISSE THAI (Tai Khao) – *SO Asien*
WEISSRUSSEN (Belorussen) – *O Europa*
WELAMO – *O Afrika*
WELEGA – *O Afrika*
WELI – *Melanesien*
WEMBAWEMBA – *Australien*
WEMINDJI – *NO NA*
WENAMBA – *Australien*
WENAMBAL – *Australien*
WENATCHEE – *Nordwestküste NA*
WENDEN (Sorben) – *W Europa*
WERAERAI – *Australien*
WERIGHA – *N Afrika*
WESTAPACHEN – *SW NA*
WESTGRÖNLÄNDER – *Arktis*

GEMÜSEHÄNDLER BEI BANGKOK, THAILAND

WESTLICHE LAMOOT – *Subarktis*
WESTLICHE PENAN – *SO Asien*
WESTLICHE SHOSHONI – *Großes Becken NA*
WESTMONGOLEN (Kalmüken) – *Z Asien*
WETAR – *SO Asien*
WEYMONTACHIE – *NO NA*
WHADJUK – *Australien*
WHANG (Giai, Nung) – *SO Asien*
WHAPMAGOOSTUI – *NO NA*
WHILKUT – *Ferner Westen NA*
WHITECAP DAKOTA – *Plains NA*
WHYCOCOMAGH – *NO NA*
WICHITA – *Plains NA*
WIDEKUM – *W Afrika*
WIDI – *Australien*
WIDJABAL – *Australien*
WIILMAN – *Australien*
WIIMBAIO – *Australien*
WIK – *Australien*
WIK KALKAN – *Australien*
WIKAMPAMA – *Australien*
WIKANJI – *Australien*
WIKAPATJA – *Australien*
WIKATINDA – *Australien*
WIKEPA – *Australien*
WIKMEAN – *Australien*
WIKMUNKAN – *Australien*
WIKNANTJARA – *Australien*
WIKNATANJA – *Australien*
WIKWEMIKON – *NO NA*
WILAWILA – *Australien*
WILINGURA – *Australien*
WILJAKALI – *Australien*
WILLARA – *Australien*
WILMEN – *Australien*
WILYA – *Australien*
WIMMARAO – *Australien*
WINDUWINDA – *Australien*
WINNEBAGO – *NO NA*
WINTU – *Ferner Westen NA*
WINTUN – *Ferner Westen NA*
WIRADJURI – *Australien*
WIRAM – *Melanesien*
WIRANGU – *Australien*
WIRDANJA – *Australien*
WIRI – *Australien*
WIRNGIR – *Australien*
WIRU – *Melanesien*

WISCONSIN POTAWATOMI – *NO NA*
WISHRAM – *Plateau NA*
WITBOOIS – *S Afrika*
WITOTO (Huitoto) – *Amazonasbecken*
WITSUWIT'EN – *Nordwestküste NA*
WIYA – *W Afrika*
WIYOT – *Nordwestküste NA*
WLACHEN – *O Europa*
WOBE – *W Afrika*
WODA – *Melanesien*
WODIWODI – *Australien*
WOGAIDJ – *Australien*
WOGAIT – *Australien*
WOGEMAN – *Australien*
WOGEO-INSULANER – *Melanesien*
WOLA – *Melanesien*
WOLAMO – *O Afrika*
WOLEAI – *Mikronesien*
WOLF CHEROKEE – *Nordwestküste NA*
WOLGAL – *Australien*
WOLGATATAREN – *Z Asien*
WOLINAK – *NO NA*
WOLLAROI – *Australien*
WOLOCHER – *O Europa*
WOLOF – *W Afrika*
WOM – *Melanesien*
WONGAIBON – *Australien*
WONGKADJERA – *Australien*
WONGKAMALA – *Australien*
WONGKANGURU – *Australien*
WONGKUMARA – *Australien*
WONGO – *Z Afrika*
WONNARUA – *Australien*
WONTOAT – *Melanesien*
WOODLAND CREE – *Subarktis*
WORIMI – *Australien*
WORKIA – *Australien*
WOROR – *Australien*
WOTJAKEN (Udmurten) – *O Europa*
WOTJOBALUK – *Australien*
WOUNAAN – *Mittelamerika*
WOVAN – *Melanesien*
WOWONI – *SO Asien*
WUDJARI – *Australien*
WULGURUKABA – *Australien*
WULILI – *Australien*
WULPURA – *Australien*
WULWULAM – *Australien*
WUNAMBAL – *Australien*
WUNINGAG – *Australien*
WURADJERI – *Australien*
WURANGO – *Australien*
WURUGU – *Australien*
WURUNDJERI – *Australien*
WUSKWI – *Plains NA*
WUTE – *W Afrika*
WYANA – *Orinokobecken*
WYANDOTTE – *Plains NA*
WYNOOCHEE – *Nordwestküste NA*

!XOO (!Ko) – *S Afrika*
X. TIENG (Stieng) – *SO Asien*
XAM – *S Afrika*
XANEKWE – *S Afrika*
XARAY – *Amazonasbecken*
XARIRAWI – *Melanesien*
XARUMA – *Orinokobecken*
XAVANTE – *Amazonasbecken*
XEK (Saek) – *SO Asien*
XENI GWET'IN – *Nordwestküste NA*
XERENTE – *Amazonasbecken*
XESIBE – *S Afrika*
XETA (Heta) – *Z SA*
XHOSA (Nguni) – *S Afrika*
XIBE – *O Asien*
XIKRIN (Kayapo) – *Amazonasbecken*
XINCA – *Mittelamerika*
XING MOUN (Singmun) – *SO Asien*
XIXIME – *Mittelamerika*
XO DANG (Sedang) – *SO Asien*
XOKLENG – *Z SA*
XOUAY (Souei) – *SO Asien*
XU – *S Afrika*

YAB ANIM – *Melanesien*
YADSI – *W Afrika*
YAE (Ye) – *SO Asien*

Erfahrung ist der Kamm,
den uns die Natur gibt,
wenn wir kahl sind.

BELGISCHES SPRICHWORT

YAFI – *Naher Osten*
YAGNOB – *Z Asien*
YAGUA – *Amazonasbecken*
YAGUABO – *Karibik*
YAHGAN (Yamana) – *Patagonien*
YAIWAI – *Australien*
YAKA – *Z Afrika*
YAKAN – *SO Asien*
YAKIMA – *Nordwestküste NA*
YAKO (Ekoi) – *W Afrika*
YAKOMA – *Z Afrika*
YAMADI – *Amazonasbecken*
YAMAMADI – *Amazonasbecken*
YAMANA (Yahgan) – *Patagonien*
YAMEO – *Amazonasbecken*
YAMHILL – *Nordwestküste NA*
YAMI – *O Asien*
YAMIACA – *Amazonasbecken*
YAMINAHUA – *Amazonasbecken*
YANA – *Ferner Westen NA*
YANADI – *S Asien*
YANDJINUNG – *Australien*
YANG – *SO Asien*
YANGHERE – *Z Afrika*
YANGMAN – *Australien*
YANGORU BOIKEN – *Melanesien*
YANGURO – *Melanesien*
YANKIBURA – *Australien*
YANKTON SIOUX – *Plains NA*
YANOMAMI (Waica) – *Amazonasbecken*
YANS MBUN – *Z Afrika*
YANTRUWUNTA – *Australien*
YANZI – *Z Afrika*
YAO – *O Afrika*
YAO (Man, Mien) – *SO Asien*
YAORO – *Australien*
YAP-INSULANER – *Mikronesien*
YAQUI – *Mittelamerika*
YAQUI – *SW NA*

YARALDI (Kukabrak, Narrinyeri, Ngarrindjeri) – *Australien*
YARGO – *Australien*
YARMBURA – *Australien*
YARO – *Z SA*
YARURO (Pume) – *Orinokobecken*
YASA – *Z Afrika*
YATE – *Melanesien*
YAULAPITI – *Amazonasbecken*
YAURORKA – *Australien*
YAUYO – *Anden*
YAVAPAI – *SW NA*
YAVAPAI APACHE – *SW NA*
YAWANI – *Orinokobecken*
YE (Yae) – *SO Asien*
YEI – *S Afrika*
YEKE – *Z Afrika*
YEKOOCHE – *Nordwestküste NA*
YEKUANA (Makiritare) – *Orinokobecken*
YELA – *Melanesien*
YELMEK – *Melanesien*
YELYUYENDI – *Australien*
YEMAI – *Melanesien*
YEMICI – *Karibikküste SA*
YEMRELI – *Z Asien*
YENADI – *S Asien*
YERAKI – *Melanesien*
YERAVA – *S Asien*
YESEY – *Subarktis*
YESIBE – *S Afrika*
YESKWA – *W Afrika*
YETI – *Melanesien*
YEZIDI (Chassidi) – *Naher Osten*
YHAMADEN – *Naher Osten*
YI – *O Asien*
YIMA – *Melanesien*
YIR YORONT – *Australien*
YOKAYO – *Ferner Westen NA*
YOKUT – *Ferner Westen NA*
YOLNGU (Murngin) – *Australien*
YOMBA SCHOSCHONEN – *Großes Becken NA*
YOMBE – *Z Afrika*
YONCALLA – *Nordwestküste NA*
YONGGOM – *Melanesien*
YORUBA (Nagot) – *W Afrika*
YORUKEN – *Naher Osten*
YOSKO – *Mittelamerika*
YOUGHIOGHENY SHAWNEE – *NO NA*
YSABEL – *Melanesien*
YSLETA DEL SUR PUEBLO – *SW NA*
YUAN (Nord-Thai) – *SO Asien*
YUANZHUMIN (Gaosazhu) – *O Asien*
YUCATAN-MAYA – *Mittelamerika*
YUCHI – *Plains NA*
YUED – *Australien*
YUGUL – *Australien*
YUIN – *Australien*
YUIT – *Arktis*
YUKATEKEN – *Mittelamerika*
YUKI – *Ferner Westen NA*

YUKO – *Karibikküste SA*
YUKPA (Motilones) – *Karibikküste SA*
YUKUNA – *Amazonasbecken*
YULBARIDJA – *Australien*
YUMA – *Amazonasbecken*
YUMBO – *Amazonasbecken*
YUMBRI – *SO Asien*
YUNGAR – *Australien*
YUNNAN – *SO Asien*
YUPIAT (Yupik) – *Arktis*
YUPIK (Yupiat) – *Arktis*
YUQUI – *Anden*
YURACARE – *Amazonasbecken*
YURI – *Amazonasbecken*
YUROK – *Nordwestküste NA*
YURUNA – *Amazonasbecken*
YUSTAGA – *SO NA*
YUSUFZAI – *Z Asien*

ZAFISORO – *O Afrika*
ZAGAWA – *N Afrika*
ZAKATEKEN – *Mittelamerika*
ZAMINDARI – *S Asien*
ZAMUCO – *Z SA*
ZANDE (Azande) – *Z Afrika*
ZAPOTEKEN – *Mittelamerika*
ZARAMO – *O Afrika*
ZARANIQ – *Naher Osten*
ZARMA – *W Afrika*
ZAYR – *N Afrika*
ZEMMUR – *N Afrika*
ZENTAN – *N Afrika*
ZENTRALASIATISCHE TÜRKEN – *Naher Osten*
ZENTRAL-INUIT – *Arktis*
ZENTRAL-MIWOK – *Ferner Westen NA*
ZENTRAL-THAI – *SO Asien*
ZEZHRU – *S Afrika*
ZHONGJIA – *O Asien*
ZHUANG – *O Asien*
ZIA PUEBLO – *SW NA*
ZIGEUNER (Roma) – *Europa*
ZIGULA – *O Afrika*
ZIMAKANI – *Melanesien*
ZIMBA – *S Afrika*
ZINZA – *O Afrika*
ZIRKASSIER – *Kaukasus, Naher Osten*
ZOMBO – *Z Afrika*
ZOQUE – *Mittelamerika*
ZOROASTRISMUS-ANHÄNGER – *Naher Osten*
ZULU – *S Afrika*
ZUNI – *SW NA*
ZUWAYAH – *N Afrika*
ZYPRIOTEN – *Z Europa*

Bildnachweis

UMSCHLAGVORDERSEITE: James L. Stanfield

UMSCHLAGRÜCKSEITE: (Mitte, oben) Steve McCurry; (oben rechts) David Alan Harvey; (unten rechts) Steve McCurry; (Mitte, unten) Jodi Cobb, Fotograf für National Geographic; (unten links) Ed Kashi; (oben links) David Edwards.

EINLEITUNG: 2-3, Bruno Barbey; 4, Sam Abell, Fotograf für National Geographic; 6 (von oben nach unten), Eric Valli und Debra Kellner, George Steinmetz, Robert Caputo, David Alan Harvey, Maggie Steber, Cary Wolinsky, Angela Fisher/Carol Beckwith/Robert Estall Agency, Nik Wheeler/BLACK STAR, Natalie Fobes; 8-9, Robert Caputo.

ASIEN: 15, Eric Valli und Debra Kellner; 18-19, Steve McCurry; 20 (oben links), David Edwards; 20 (oben rechts), Harry N. Naltchayan; 20 (unten links), Bruce Dale; 20 (unten rechts), Charles O'-Rear; 21-23 (beide), REZA; 24-25, Jonathan Blair; 26-27, James L. Stanfield; 31, Kenneth Garrett; 32-33, David Edwards; 34 (oben links), Jonathan Wright; 34 (oben rechts), Jodi Cobb, Fotograf für National Geographic; 34 (unten), Gordon Wiltsie; 37, Roger Ressmeyer; 38-39, Charles O'Rear; 40-41, Jodi Cobb, Fotograf für National Geographic; 42, Michael S. Yamashita; 44-45, 46, Steve McCurry; 47, Raghubir Singh.

OZEANIEN: 49, George Steinmetz; 52-53, Peter Essick; 54 (oben), George Steinmetz; 54 (unten links), Sam Abell, Fotograf für National Geographic; 54 (unten rechts), Jay Dickman; 55, Medford Taylor; 56, Sam Abell, Fotograf für National Geographic; 58, Belinda Wright; 60-61, Paul Chesley; 62-63, George Steinmetz; 66, Jodi Cobb, Fotograf für National Geographic; 68, Peter Essick; 70-71, Jodi Cobb, Fotograf für National Geographic; 72-73, John Eastcott & Yva Momatiuk; 75, Randy Olson; 79, Melinda Berge/Network Aspen.

SÜDAMERIKA: 81, Robert Caputo; 84-85, Lynn Johnson; 86 (oben links), David Alan Harvey; 86 (oben rechts), William Albert Allard, Fotograf für National Geographic; 86 (unten), O. Louis Mazzatenta; 87, Stuart Franklin; 92-93, Robert Caputo; 94-95, Alex Webb/MAGNUM; 99, Anna Susan Post; 100-101, Stuart Franklin; 102-103, Maria Stenzel; 104, Stuart Franklin; 106, Loren McIntyre; 108-109, Stuart Franklin.

MITTELAMERIKA & DIE KARIBIK: 111, 114-115, 116 (oben), David Alan Harvey; 116 (unten links), Bruce Dale; 116 (unten rechts), David Alan Harvey; 117, James Nachtwey; 119, Tomasz Tomaszewski; 120-121, 122-123, David Alan Harvey; 126, Cary Wolinsky; 128-129, David Alan Harvey.

NORDAMERIKA: 131, Maggie Steber; 134-135, Bruce Dale; 136 (oben links), Steve Wall; 136 (oben rechts), Susanne Page; 136 (unten), Stephen Trimble; 137, Maggie Steber; 140-141, Joel Sartore/www.joelsartore.com; 142-143, David Alan Harvey; 144,Tomasz Tomaszewski; 145, Kenneth Jarecke; 149, 150-151, Bruce Dale; 152-153, Paul Chesley; 155, Dan Dry; 156-157, Dewitt Jones.

EUROPA: 159, Cary Wolinsky; 162-163, 164 (oben links), Sisse Brimberg; 164 (oben rechts), James P. Blair; 164 (unten links), Alexandra Avakian; 164 (unten rechts), Anna Susan Post; 167 (oben), Sam Abell, Fotograf für National Geographic; 167 (unten), Annie Griffiths Belt; 168-169, Tomasz Tomaszewski; 170-171, Dean Conger; 173, Jim Richardson; 175, Lynn Johnson; 176-177, Medford Taylor; 178-179, David Alan Harvey; 180, Farrell Grehan; 183, Thomas Nebbia; 184, Alexandra Boulat; 188-189, James L. Stanfield; 190-191, Gerd Ludwig; 194, Ed Kashi; 196-197, Tomasz Tomaszewski.

SUBSAHARISCHES AFRIKA: 199, Angela Fisher und Carol Beckwith/Robert Estall Agentur; 202-203, Chris Johns, Fotograf für National Geographic; 204 (oben links), Angela Fisher & Carol Beckwith; 204 (oben rechts), Michael S. Lewis; 204 (unten links), Chris Johns, Fotograf für National Geographic; 204 (unten rechts), Angela Fisher & Carol Beckwith; 205, Michael S. Lewis; 207, Angela Fisher & Carol Beckwith; 208-209, Michael & Aubine Kirtley; 210-211, José Azel; 212, Angela Fisher & Carol Beckwith; 214, Michael Nichols, Fotograf für National Geographic; 217, Maria Stenzel; 218-219, Michael S. Lewis; 220-221, 222, Frans Lanting; 225, David C. Turnley; 226-227, Frans Lanting; 228-229, Chris Johns, Fotograf für National Geographic; 230, Frans Lanting; 232-233, Ed Kashi.

NORDAFRIKA & DER MITTLERE OSTEN: 235, Nik Wheeler/BLACK STAR; 238-239, James L. Stanfield; 240 (links), Lynn Abercrombie; 240 (rechts, beide), Ed Kashi; 242, Bruno Barbey; 243, REZA; 244-245, Steve McCurry; 246-247, Jodi Cobb, Fotograf für National Geographic; 249, Annie Griffiths Belt; 250-251, Michael S. Yamashita; 252-253, REZA; 254-255, 256, Alexandra Avakian; 259, James L. Stanfield.

ARKTIS: 261, Natalie Fobes; 264-265, Sarah Leen; 266 (oben), Richard Olsenius; 266 (unten), Natalie Fobes; 266 (rechts), Dean Conger; 267, Karen Kasmauski; 269 (links), Dean Conger; 269 (oben rechts), Natalie Fobes; 269 (unten rechts), Joanna B. Pinneo; 270-271, 272, 274-275, Maria Stenzel; 276-277, mit Genehmigung des Ministeriums für Tourismus und Altertümer, Das Haschemitische Königreich Jordanien/Foto von John Tsantes, Smithsonian Institution; 283, José Azel; 285, David Alan Hárvey; 286, Sisse Brimberg; 287, Blaine Harrington; 288, Medford Taylor; 290, REZA; 292, Angela Fisher und Carol Beckwith; 293, Miguel Rio Branco/ MAGNUM; 295, Sam Abell, Fotograf für National Geographic; 297, Blaine Harrington.

Weiterführende Literatur

Bennett, Linda, ed. *Encyclopedia of World Cultures.* G. K. Hall & Co., 1992.
Blunden, Caroline und Mark Elvin. *China.* Christian Verlag, 1992.
Coe, Michael (Hg.). *Amerika vor Kolumbus. Geschichte - Kunst - Lebensformen. (Weltatlas der Alten Kulturen).* Christian Verlag, 1991.
Fitzhugh, William W. and Aron Crowell. *Crossroads of Continents: Cultures of Siberia and Alaska.* Smithsonian Institution Press, 1988.
Freeman, Milton M.R., ed. *Endangered Peoples of the Arctic: Struggles to Survive and Thrive.* Greenwood Press, 2000.
Gall, Timothy L., ed. *Encyclopedia of Cultures and Daily Life.* Gale Group, 1998.
Heine, Peter. *Ethnologie des Nahen und Mittleren Ostens. Eine Einführung.* Reimer, 1989.
Hirschfelder, Arlene. *Die Geschichte der Indianer Nordamerikas.* Gerstenberg, 2001.
Hopkirk, Kathleen. *Central Asia: A Traveller's Companion.* John Murray Publishers Ltd., 1994.
Johnson, Gordon. *Bildatlas der Weltkulturen, Indien.* Bechtermünz, 1998.
Kramer, Fritz (Hg.). *Bikini. Atomares Testgebiet im Pazifik.* Wagenbach, 2000.
Lee, Richard B. and Richard Daly, eds. *The Cambridge Encyclopedia of Hunters and Gatherers.* Cambridge University Press, 1999.
Levinson, David. *Ethnic Groups Worldwide: A Ready Reference Handbook.* NetLibrary Inc., 1998; *The Encyclopedia of World Cultures.* Macmillan Publishing Company, 1995.
Lewis, Bernard. *Der Atem Allahs. Die islamische Welt und der Westen. Kampf der Kulturen?* DTV, 1998.
Malinowski, Sharon and Anna Sheets, eds. *The Gale Encyclopedia of Native American Tribes.* Gale Group, 1998.
Maybury-Lewis, David. *Millennium: Tribal Wisdom and the Modern World.* Viking Press, 1992.
Olson, James S. *The Peoples of Africa: An Ethnohistorical Dictionary.* Greenwood Press, 1996.
Price, David H. *Atlas of World Cultures: A Geographical Guide to Ethnographic Literature.* Sage Publications, 1989.
Reader, John. *Afrika.* National Geographic, 2001.
Rogg, Inga und Eckard Schuster. *Die Völker der Erde. Kulturen und Nationalitäten von A - Z.* Bertelsmann Lexikon Verlag, 1992.
Rogozinski, Jan. *A Brief History of the Caribbean: From the Arawak and the Carib to the Present.* Facts on File, 1999.
Sponsel, Leslie E., ed. *Endangered Peoples of Southeast and East Asia: Struggles to Survive and Thrive.* Greenwood Press, 2000.
Sturtevant, William C., ed. *Handbook of North American Indians.* Smithsonian Institution, 1990.
Wilson, David J. *Indigenous South Americans of the Past and Present.* Westview Press, 1999.

Vielleicht möchten Sie auch folgende Internetseiten konsultieren: Cultural Survival auf www.cs.org und Cultures on the Edge unter www.culturesontheedge.com.

Danksagungen

Die Buchabteilung von National Geographic Books spricht den vielen kundigen Mitwirkenden bei der Vorbereitung von *Völker der Erde* für die Unterstützung Anerkennung und Dank aus. Besonders möchten wir Martha Crawford Christian und Michele Callaghan für ihre hervorragenden redaktionellen Kommentare danken, Blakely Blackford für ihre Gestaltung und Ray Milefsky für seine angebrachten Ratschläge. Wir danken auch Connie D. Binder, Peyton H. Moss, Jr., Lyle Rosbotham, Lisa Thomas, Juan J. Valdés und Anne E. Withers.

REGISTER

Fettdruck verweist auf Illustrationen.

ATLAS DER VÖLKER

Titel der amerikanischen Originalausgabe:
PEOPLES OF THE WORLD

Veröffentlicht von der National Geographic Society, Washington, D.C., 2001, alle Rechte vorbehalten

Deutsche Ausgabe veröffentlicht von NATIONAL GEOGRAPHIC DEUTSCHLAND (G+J/RBA GmbH & Co. KG) Hamburg 2002

ÜBERSETZUNG: Frank Auerbach, Tracey J. Evans, Reinhild Luk, Theresia Übelhör

KOORDINATION/REDAKTION: Carlo Lauer/CLP
FACHLEKTORAT FÜR CLP: Hannelore Forster, Dr. Iris Hahner

SATZ: Buchmacher Bär
TITELGESTALTUNG: Lutz Jahrmarkt
PRODUKTION: Ursula Stahl

DRUCK UND VERARBEITUNG: Mondadori

Printed in Italy
ISBN 3-934385-85-0

Die National Geographic Society wurde 1888 gegründet, um »die geographischen Kenntnisse zu mehren und zu verbreiten«.
Seither unterstützt sie die wissenschaftliche Forschung und informiert ihre mehr als neun Millionen Mitglieder in aller Welt.

Die National Geographic Society informiert durch Magazine, Bücher, Fernsehprogramme, Videos, Landkarten, Atlanten und moderne Lehrmittel.
Außerdem vergibt sie Forschungsstipendien und organisiert den Wettbewerb National Geographic Bee sowie Workshops für Lehrer.
Die Gesellschaft finanziert sich durch Mitgliedsbeiträge und den Verkauf der Lehrmittel.

Die Mitglieder erhalten regelmäßig das offizielle Journal der Gesellschaft: das NATIONAL-GEOGRAPHIC-Magazin.
Falls Sie mehr über die National Geographic Society, ihre Lehrprogramme und Publikationen wissen wollen:
Nutzen Sie die Website unter
www.nationalgeographic.com.

Die Website von NATIONAL GEOGRAPHIC DEUTSCHLAND
können Sie unter
www.nationalgeographic.de
besuchen.